포토샵
CS6

바르바로 할 수 있는

포토샵 CS6

초판 1쇄 2012년 9월 21일
초판 5쇄 2015년 9월 1일

글쓴이 티백(김신애) **펴낸이** 서인석 **펴낸곳** ㈜제우미디어 **출판등록** 제 3-429호 **등록일자** 1992년 8월 17일
주소 서울시 마포구 상수동 324-1번지 한주빌딩 5층 **전화** 02-3142-6845 **팩스** 02-3142-0075
홈페이지 www.jeumedia.com **페이스북** www.facebook.com/jeumedia

ISBN 978 89-5952-262-0 13000
값은 뒤표지에 있습니다.
파본은 본사나 구입하신 서점에서 교환해 드립니다.

만든 사람들 | 출판사업부총괄 손대현 **책임총괄** 한혜영 **기획편집** 홍지영 **기획팀** 신소연, 홍지영
영업 김웅현, 김소영, 김영욱, 신한길 **제작** 김금남 **표지디자인** 디박스 **내지디자인** 이기숙 **표지일러스트** 서혜
인쇄 • 제본 (주)신우디피케이, 정민제본

포토샵 CS6

세상에서 가장 쉬운 포토샵 놀이. 포토샵의 기초부터 활용까지 한 권에!

티백(김신애) 지음

제우미디어

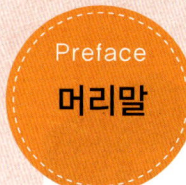

포토샵을 사용한 지 벌써 10년이 훌쩍 넘었습니다.
사용 기간은 꽤 오래되었지만, 포토샵을 처음 접한 3~4년
간은 우습게도 브러시 툴과 지우개 툴만 사용해 그림을 그리
던 왕 초보자였어요. 어깨너머로 포토샵을 배우고, 혼자 끙
끙대며 독학으로 공부하기를 수년이 흘러 이렇게 책까지 쓰
게 되었습니다.

포토샵은 늘 생활이었고, 좋은 친구였으며, 때로는 나 자신이 되기도 했어요. 이것이
'바로바로 할 수 있는 포토샵 CS6'를 집필하게 된 이유입니다. 블로그 이웃님들에게,
친구들에게 포토샵을 자연스럽게 소개해 주고 싶은 마음이 들었거든요. 특히 포토샵
이 필요해서 혼자 공부하시는 분들에게 조금이라도 힘이 되어 드리고 싶었어요. '어떻
게 하면 좀 더 쉽게 받아들일 수 있을까.', '어떻게 하면 좀 더 흥미를 느낄 수 있을까.'
집필 기간 내내 고민하며 과거의 저를 돕는 마음으로 책을 쓰게 되었습니다.

그동안 포토샵과 티격태격 싸우며 터득한 저만의 노하우도 책 속에 깨알같이 담았으
니, 부디 중간에 포기하지 마시고 포토샵과 절친이 되시기를 바랍니다.

이 책은 많은 분의 도움으로 만들어졌습니다. 먼저 불량 작가인 저에게 기회와 도전,
용서(?)를 주신 홍지영님과 제우미디어 관계자분들께 너무 감사드려요. 마음으로 응
원해준 우리 가족, 동동, 옥지, 지혜샘, 이종교님, 한국 콘텐츠 아카데미 식구들, 그리
고 우리 블로그 이웃님들까지 정말 모두 감사드립니다.

티백 **김신애**

디자이너 지망생 이유경
이제까지 나온 다른 포토샵 서적과는 달리 옆에서 조근조근 설명해주는 듯한 친숙한 설명이라 좋았어요. 귀여운 예제들로 가득해 당장에라도 블로그에 자랑하고 싶고, 응용하여 다른 작품들도 금방 만들 수 있을 것 같습니다.

디자이너 지망생 김주희
세세한 설명과 친절한 팁이 참 좋았습니다. 이미 알고 있던 기능들이 이렇게 다양하게 활용될 수 있다는 것을 알게 되었고, 몰랐던 기능들은 쉽게 따라 하며 습득할 수 있는 좋은 교재였어요!

웹툰 작가 노지현
예제를 따라 하다 보니 저절로 CS6의 기능들이 익혀지더군요. 꼼꼼한 팁 덕분에 따라 하기가 쉬워서 포토샵을 모르는 사람이든 아는 사람이든 많은 도움을 받을 것 같습니다. 숨어 있는 기능들과 잘 몰라서 안 쓰던 툴들도 활용하게 되어 기쁘고, 시간 투자 대비 많은 것들을 얻을 수 있어서 이 책을 보게 된 것이 행운처럼 느껴져요!

디자이너 지망생 장은영
클릭 한 번으로 새롭게, 상상하는 모든 것들을 놀라울 정도로 변하게 하는 마술봉 같은 설명이었어요! 초보자도 쉽게 따라 할 수 있는 친절한 설명이 좋았고, 중상급자도 잘 모를 법한 팁을 알게 되어 유익했어요.

디자이너 지망생 정가희
지금까지 포토샵에 대해 많은 것을 알고 있다고 생각했는데, 새로 생긴 3D 기능과 변화된 다양한 기능들을 예제를 통해 쉽고 빠르게 배울 수 있었습니다.

디자이너 지망생 전새암
초보자들도 쉽게 따라 할 수 있는 '친절한 책'인 것 같습니다. 어떤 부분에 어떠한 기능을 어떻게 사용하면 좀 더 쉽고 빠르게 작업할 수 있는지에 대해 그림과 함께 자세하게 설명해주어 좋았습니다.

디자이너 지망생 김재왕
포토샵에 대한 엉켜 있던 고민이 실타래처럼 술술 풀리는 것 같습니다! 주제별로 제시된 쉽고 재미있는 예제들이 포토샵에 이제 갓 입문한 저에게 자신감과 흥미를 모두 갖게 해주었습니다. 포토샵 제압하기! 이제 자신 있습니다!

Contents
차례

09

11

12

13

14

16

17

Contents

Contents

 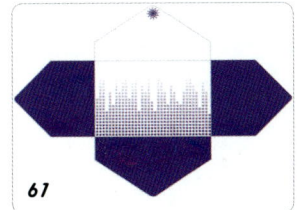 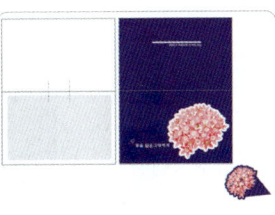 

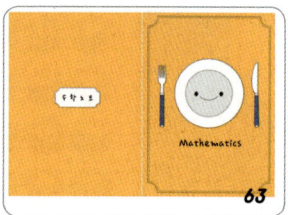

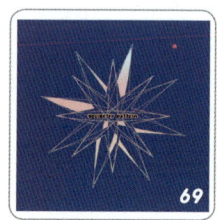

Contents

Section: 실습하는 데 필요한 소스 파일과 완성파일 경로를 알려 주고, 실습 결과물을 미리보기로 보여줍니다.

포인트 기능 : 해당 섹션에서 배우게 될 포인트 기능을 알려줍니다.

따라 하기 : 실습할 내용을 글과 그림으로 자세히 설명합니다.

잠깐: 참고할 내용을 알려줍니다.

Tip: 중요한 내용을 다시 한 번 알려줍니다.

Section 09

모여라, 눈코입

레이어 / 이동 툴

BONUS TIP: 포토샵을 사용하면서 알아두면 좋은 내용을 알려줍니다.

포토샵 파헤치기: 알아두어야 하는 기능이나 패널, 옵션 등을 자세히 설명합니다.

특별 커서 모양에 민감할수록 늘어나는 포토샵 실력

포토샵 파헤치기

MISSION: 해당 조각에서 배운 내용을 응용하여
새로운 예제를 만들어 봅니다.

[샘플예제 다운로드 방법]

제우미디어 홈페이지(www.jeumedia.com)의 〈컴퓨터 서적/샘플파일 다운로드〉에서 내려받을 수 있
습니다. 〈독자참여/자료실/포토샵CS6〉를 통해서도 내려받을 수 있습니다.

＊샘플파일은 상업적인 용도로 사용할 수 없습니다.

첫 번째 조각

두근두근,
포토샵
첫 발 내딛기

포토샵 CS6를 공부하기 전 준비해야 할 것들과 알아두어야 하는 상식들을
모아 놓았습니다. 첫 번째 조각부터 잘 준비하셔서 여섯 번째 조각까지 완벽
하게 맞추시길 바랄게요!

포토샵에 다가가기

적을 알고 나를 알면 백전백승! 포토샵이 어떤 프로그램인지 알아보고, 포토샵을 어떻게 사용하면 좋을지 알아보는 시간입니다. 가까이 하기엔 너무 먼 당신인 포토샵. 이번에는 제대로 알고 시작해서 포토샵 달인이 되어보자고요!

◉ 포토샵이란?

포토샵을 한마디로 말한다면 '이미지를 편집하는 도구'입니다. 컴퓨터 그래픽 분야에서 가장 많이 사용되는 프로그램으로, 멀티미디어, 애니메이션, 캐릭터, 웹디자인, 광고 사진, 3D 등 이미지를 다루는 대부분의 분야에서 폭넓게 활용되고 있습니다. 그래픽 분야에 종사하는 디자이너뿐 아니라 셀카를 찍기 좋아하는 여고생부터 영상 제작에 관심이 많은 대학생, 아이의 학습 교재를 만들어 주는 주부 등 다양한 사람들이 실생활에서 이 포토샵을 애용하고 있습니다. 그만큼 포토샵은 활용도가 높을 뿐 아니라 디자인에 쉽게 접근할 수 있도록 돕는 프로그램이랍니다. 하지만 포토샵을 활용하는 것이 생각처럼 쉽지만은 않습니다. 포토샵 역시 무언가를 만들기 위한 연장(Tool)의 개념이라, 손에 익혀 자연스럽게 사용하기까지는 그만큼의 노력과 공부가 필요합니다. 포토샵과 친구가 되어보세요. 어떻게 하면 포토샵이라는 녀석과 더 친해질 수 있을지 고민하다 보면, 여러분은 어느새 포토샵 고수가 되어있을 거예요.

◉ 포토샵의 활용 분야

(1) 사진 편집

포토샵을 이용한 이미지 보정 및 합성은 실생활에서 가장 많이 사용할 수 있는 기능이랍니다. 재미삼아 찍은 생활 사진들이 전문가의 사진으로 변화되는 재미를 느껴보시기 바랍니다.

(2) 인쇄디자인

노트, 명함, 수첩, 스티커 등 일상생활에서 흔히 쓰는 문구류와 서적들을 포토샵을 이용하여 만들어 볼 수 있습니다. 나만의 감성이 듬뿍 담긴 디자인 문구를 만들어 보세요!

(3) 웹디자인

홈페이지, 블로그, 미니홈피 등의 웹디자인 분야에서도 포토샵은 활용도 높게 이용되고 있습니다. 인터넷 속 세상이 넓고 깊어진 만큼 여러분의 공간도 포토샵을 통해 멋지게 만들어 보시기 바랍니다.

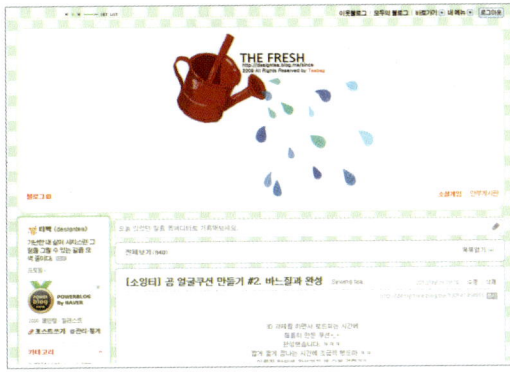

(4) 3D

3D 툴을 이용하여 만든 입체물의 재질 표현 또한 포토샵을 이용하는 경우가 많습니다. 좀 더 사실적이면서 섬세하게 표현할 수 있어 많이 사용되는 툴 중 하나이며, 3D에 관심이 많다면 포토샵은 꼭 알아두어야 할 필수 프로그램이라고 할 수 있습니다.

(5) 캐릭터 & 드로잉

드로잉 프로그램으로도 주목받고 있는 포토샵은 아트워크, 캐릭터, 일러스트를 비롯하여 회화적인 요소들을
표현하는데 있어서도 세련되고 풍부한 효과와 기술을 지원하고 있습니다.

새로워진 포토샵 CS6 살펴보기

포토샵은 오랜 기간 꾸준히 진화해 왔습니다. 매번 새로운 모습으로 놀라움을 선사해주던 포토샵! CS6 역시 이전 버전에 비해 많은 변화가 있었는데요. 포토샵을 본격적으로 배우기에 앞서 달라진 CS6에 대하여 간단히 살펴보도록 하죠.

◉ 인터페이스의 변화

포토샵 CS6에서 가장 눈에 띄는 변화는 바로 인터페이스 색상의 변화입니다. 어두운 색상의 인터페이스는 시각적으로 안정감을 주어 작업에 좀 더 몰입할 수 있다는 장점이 있습니다.

하지만 기존 버전의 포토샵을 사용하던 분들은 어둡게 바뀐 색상이 다소 어색할 수 있는데요. 이때에는 메뉴 바에서 [Edit] − [Preferences] − [General](단축키 Ctrl+K)을 선택 → [Preferences] 대화상자에서 Interface를 선택 → 원하는 'Color Theme'를 선택하면 됩니다.

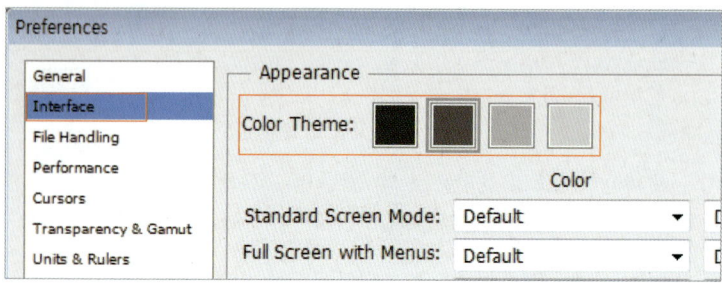

◉ 백그라운드 저장과 자동 복구

포토샵은 새 버전이 나올 때마다 기능들이 점점 더 다양해지고 있습니다. 때문에 프로그램이 무거워지면서 사용자들은 포토샵이 다운되는 현상에 불안해하기 시작했습니다. 이러한 사용자들의 불안감을 해소시키기 위해 포토샵 CS6에는 알아서 저장하고 자동으로 복구까지 해주는 기능이 추가되었습니다. [Preferences] 대화상자에서 File Handling을 선택하면 자동 저장에 대한 옵션을 체크할 수 있습니다.

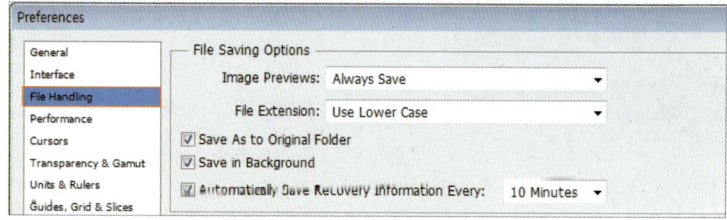

◉ Content−Aware 시리즈의 진화

포토샵 CS4부터 도입된 Content−Aware는 포토샵 CS6에서 놀라울 정도로 강화되었습니다. 간편한 조작만으로 선택된 부분의 이미지가 주변 배경과 어우러져 자연스럽게 사라지거나 이동할 수 있습니다.

▲ 원본 이미지

▲ [Edit] − [Fill]의 Content−Aware 기능 사용

▲ 도구상자의 콘텐츠 어웨어 무브 툴 사용

◉ 향상된 3D 성능

더욱 빨라진 편집, 작업 창간의 컨트롤 및 효율적인 UI는 굳이 3D 프로그램을 따로 사용하지 않아도 멋진 3D 로고와 아트워크를 제작할 수 있습니다.

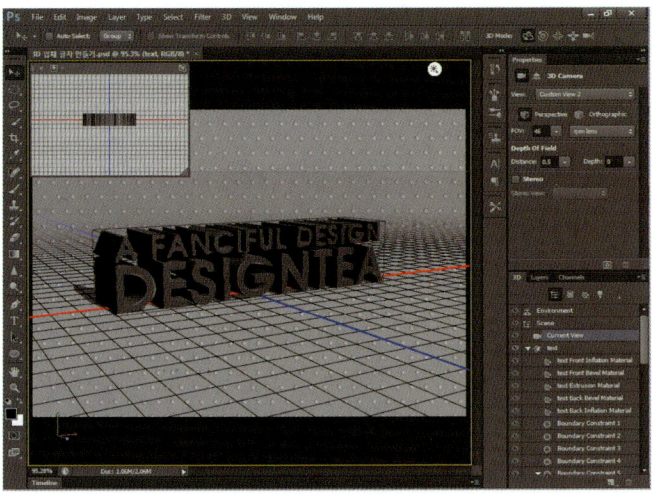

◉ 새로운 블러 갤러리와 유화 필터

새롭게 추가된 유화 필터를 통해 자연스러운 유화느낌이 나도록 이미지를 편집할 수 있는 기능이 추가되었습니다. 블러 기능 또한 활성화 영역을 지정하지 않고도 슬라이더나 핀 등을 통하여 값을 조절할 수 있게 되었습니다.

● 직관적 비디오 제작

비디오 파일을 포토샵을 이용해 편집할 수도 있습니다. 포토샵의 다양한 편집 툴을 적용하여 쉽고 빠르게, 그리고 화려하게 동영상을 제작할 수 있습니다.

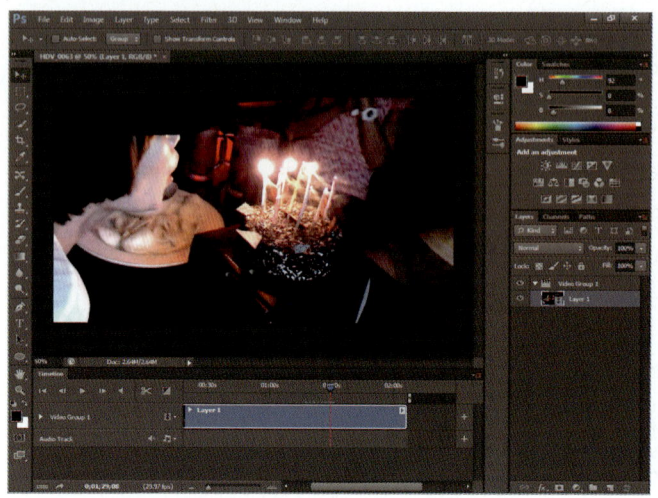

이 밖에도 포토샵 CS6는 레이어의 필터링, 검색 기능 추가, 벡터 기능의 업그레이드, 마우스로 조절되는 브러시의 필압과 굵기 조절, 폰트 속성의 저장 등 사용자가 좀 더 편리한 환경에서 포토샵을 사용할 수 있도록 업그레이드되었습니다.

포토샵 CS6의 설치와 실행

포토샵을 시작하려면, 먼저 프로그램을 설치해야겠죠? 타 프로그램과 비슷한 설치 과정을 거치지만, 몇 가지 주의해야 할 사항이 있으므로 잘 체크하신 후 설치하시기 바랍니다.

◉ 시스템 요구사항

아래 권장 사양을 체크하여 현재 컴퓨터의 사양과 비교해 보고 포토샵을 설치합니다.

Window	Mac OS
✻ Intel Pentium 4 또는 AMD Athlon 64 프로세서	✻ 멀티코어 Intel 프로세서(64비트 지원)
✻ Microsoft Windows XP(서비스 팩 3) 또는 Windows 7(서비스 팩 1)	✻ Mac OS X v10.6.8 또는 v10.7
✻ 1GB RAM	✻ 1GB RAM
✻ 설치를 위한 1GB의 하드디스크 여유 공간	✻ 설치를 위한 2GB의 하드디스크 여유 공간
✻ 16비트 컬러 및 512MB VRAM이 지원되는 1024X768 디스플레이 (1280X800 권장)	✻ 16비트 컬러 및 256MB VRAM이 지원되는 1024X768 디스플레이 (1280X800 권장)
✻ OpenGL 2.0 지원 시스템	✻ OpenGL 2.0 지원 시스템
✻ DVD-ROM 드라이브	✻ DVD-ROM 드라이브

✻ 3D 기능 및 일부 GPS 지원 기능은 Window XP에서 지원되지 않습니다. 또한 Photoshop CS6 Extended 버전에서만 사용할 수 있습니다.
✻ 소프트웨어를 활성화하기 위해서는 인터넷 연결이 필요합니다.

◉ 포토샵 CS6 체험판 다운로드

01 웹 브라우저 주소 창에 'http://www.adobe.com/cfusion/tdrc/index.cfm?product=photoshop'을 입력하여 사이트에 접속합니다.

잠깐 포토샵 CS6 한글 체험판은 'http://www.adobe.com/cfusion/tdrc/index.cfm?product=photoshop&loc=ko'에서 다운로드 받을 수 있습니다.

02 [Download now] 버튼을 클릭합니다.

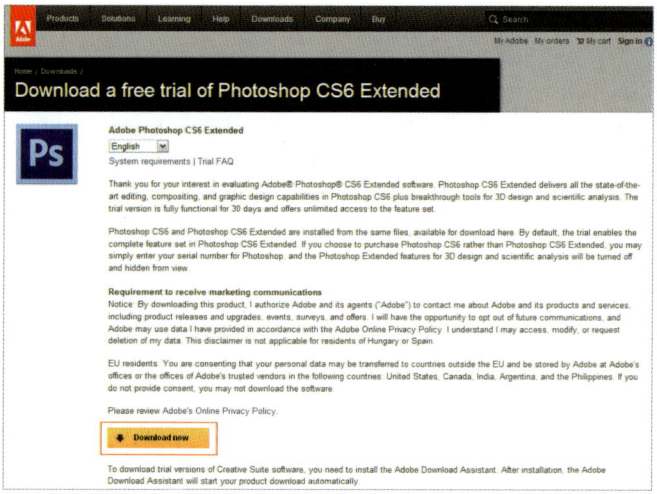

03 ❶ [파일 다운로드] 대화상자에서 [실행] 버튼을 클릭합니다. ❷ [실행] 버튼을 클릭합니다.

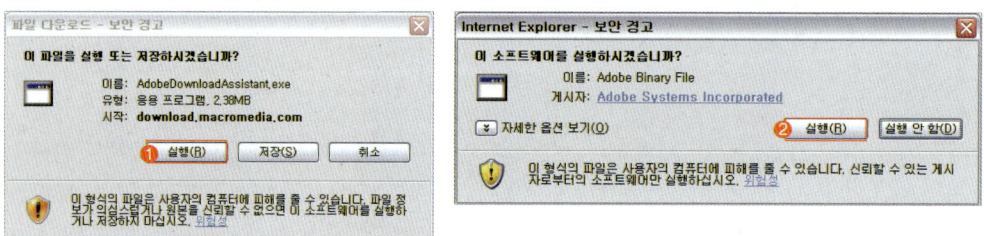

04 [응용 프로그램 설치] 대화상자에서 ❶ [계속] 버튼을 클릭합니다. ❷ 계약 조항을 읽어보고, [동의함] 버튼을 클릭합니다.

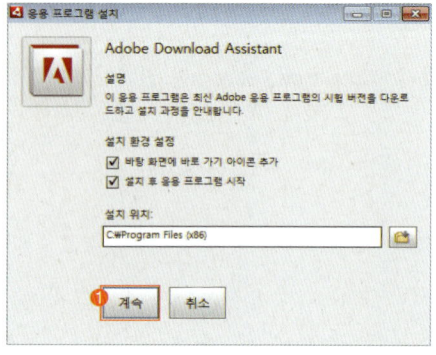
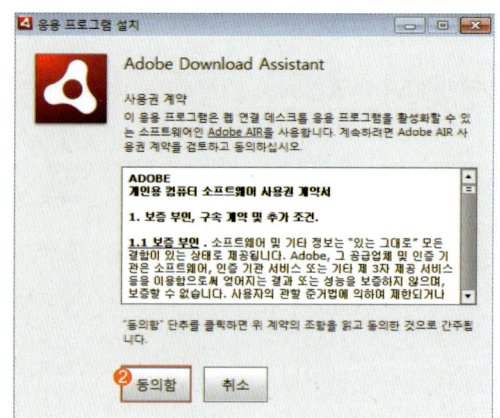

05 ❶ [Create an Adobe ID] 버튼을 클릭해 Adobe 홈페이지에 회원가입을 한 후, ❷ ID와 비밀번호를 입력하고 [Sign In] 버튼을 클릭합니다.

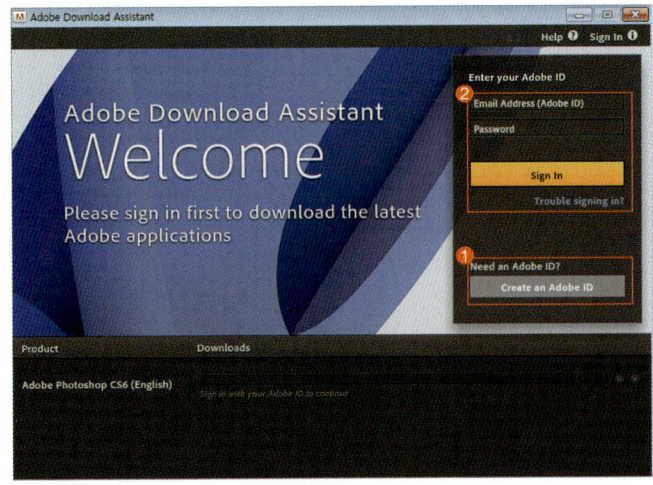

06 ❶ 다운로드할 경로를 지정하고, ❷ [확인] 버튼을 클릭합니다.

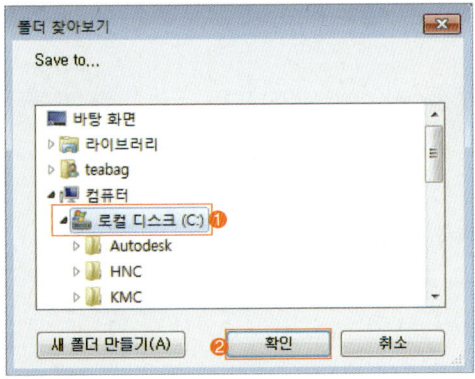

07 파일 다운로드를 시작합니다.

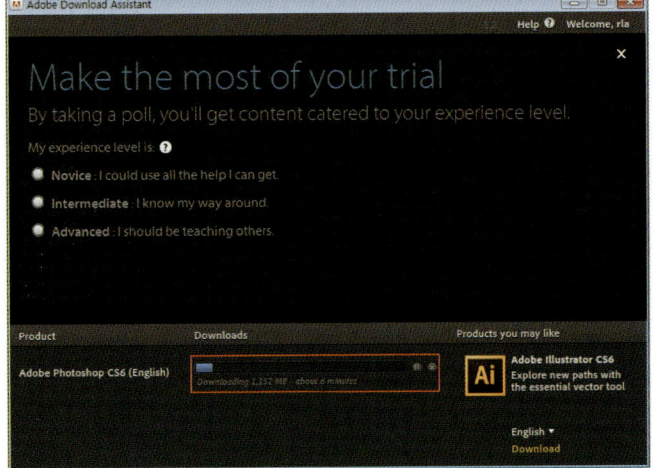

◉ 포토샵 CS6 설치

01 만약 자동으로 설치가 되지 않는다면, 윈도우 탐색기를 열어 다운로드 받은 경로로 들어갑니다. 'Adobe Photoshop CS6' 폴더를 더블클릭합니다.

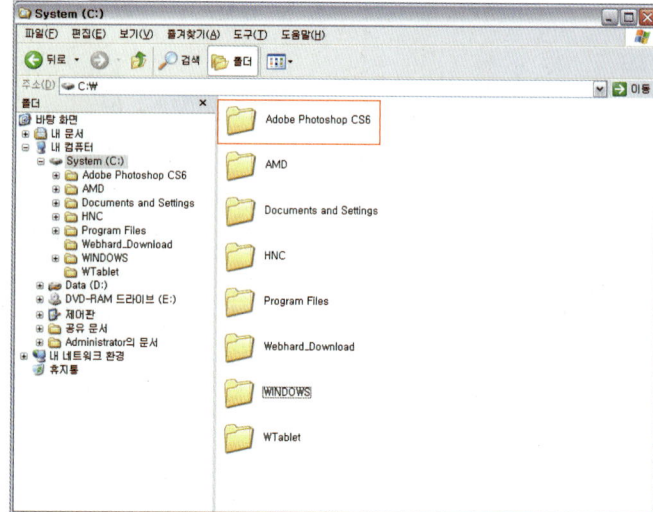

02 'Adobe CS6' 폴더를 더블클릭합니다.

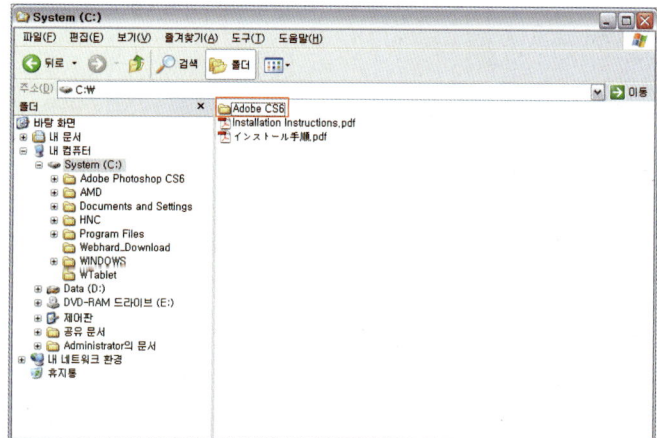

03 'Set-up.exe' 파일을 더블클릭합니다.

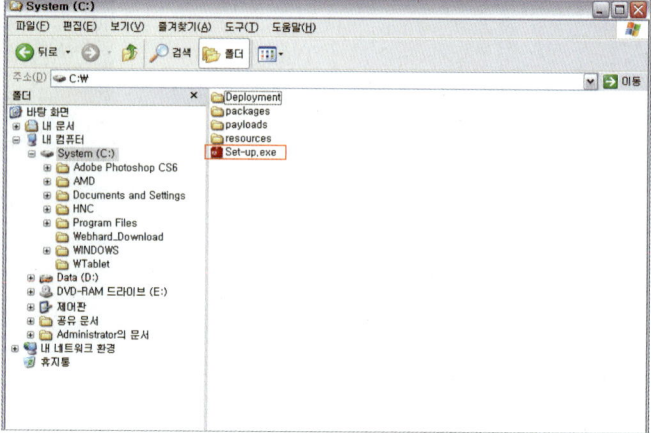

04 설치 프로그램을 초기화하는 대화상자가 나타납니다.

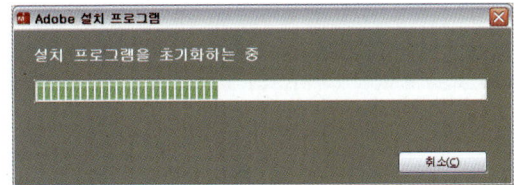

05 설치 시작 페이지의 ❶ [시험 사용] 버튼을 클릭합니다. Adobe 소프트웨어 사용권 계약 페이지의 ❷ [동의] 버튼을 클릭합니다.

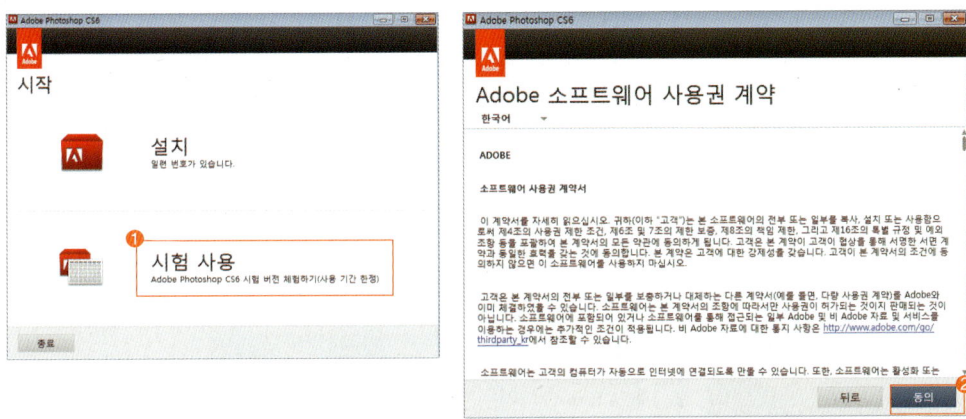

06 ❶ 로그인 필요 페이지에서 Adobe 아이디를 확인합니다. ❷ [로그인] 버튼을 클릭합니다. 옵션 페이지에서 ❸ 파일이 설치될 위치를 확인하고, ❹ [설치] 버튼을 클릭합니다.

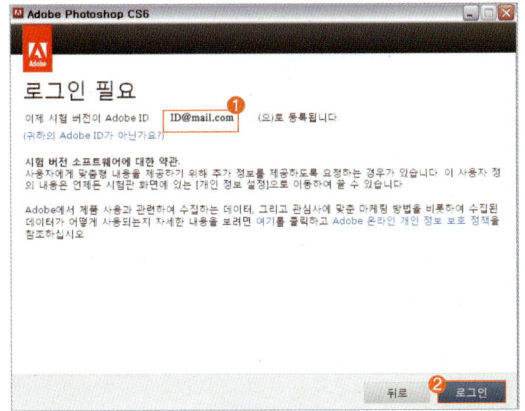
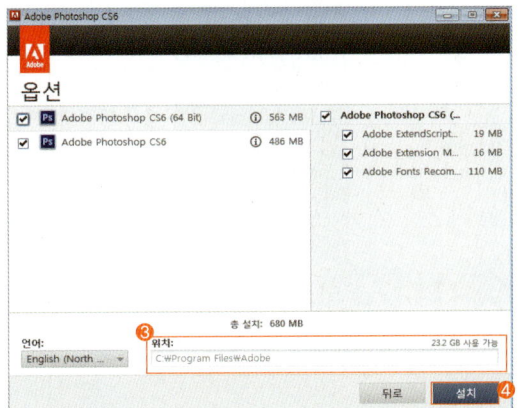

07 설치를 시작합니다. 설치 완료 페이지에서 ❶ 링크 부분을 확인한 후 ❷ [닫기] 버튼을 클릭합니다.

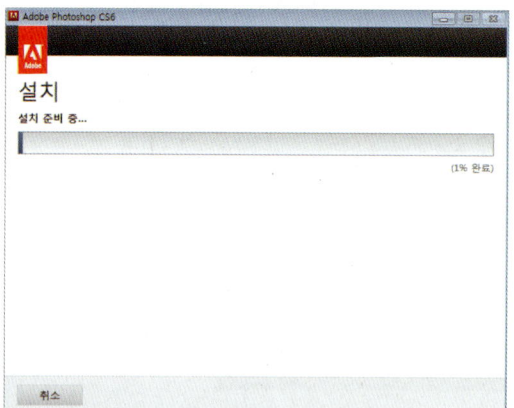 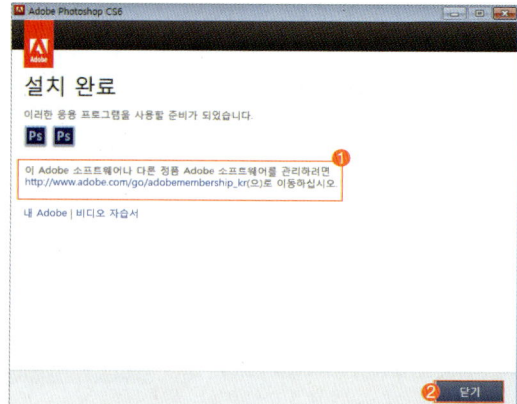

◉ 포토샵 CS6 실행하기

01 ❶ [시작] − ❷ [모든 프로그램] − ❸ [Adobe Photoshop CS6]를 클릭하여 Adobe Photoshop CS6를 실행할 수 있습니다.

 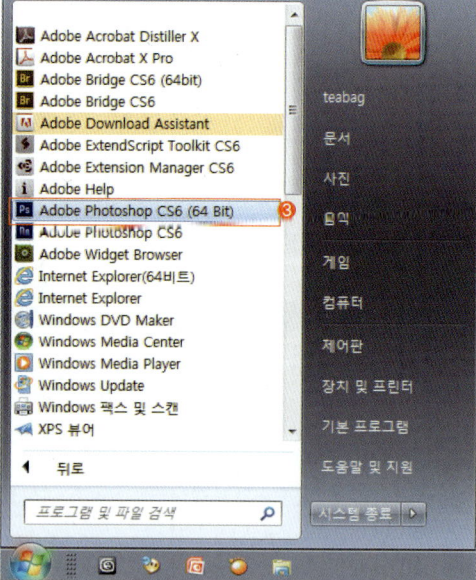

02 [Adobe Photoshop CS6] 위에서 ❶ 마우스 오른쪽 버튼을 클릭한 후 팝업 메뉴에서 ❷ [보내기] - ❸ [바탕화면에 바로가기 만들기]를 선택하면 좀 더 수월하게 포토샵 CS6를 만날 수 있습니다.

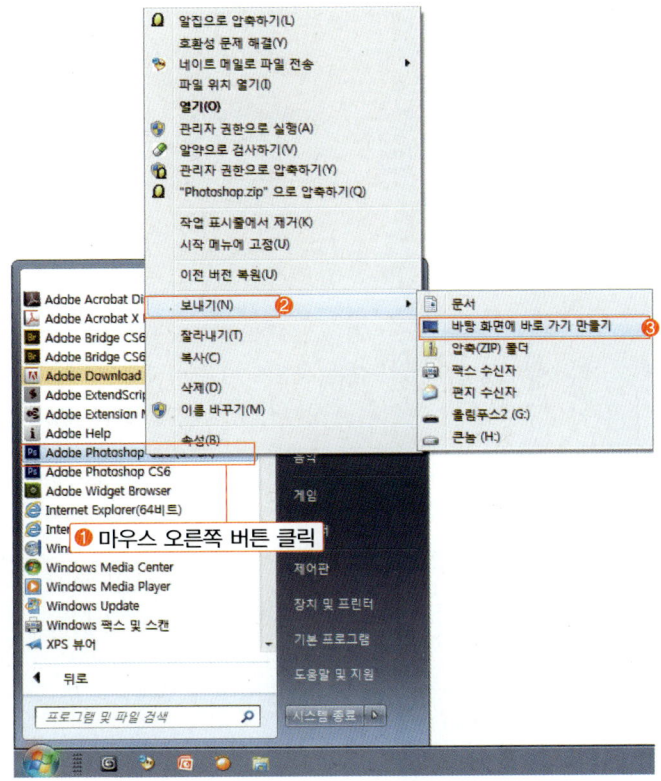

포토샵 CS6 인터페이스

포토샵 CS6의 인터페이스는 사용자에 다르게 설정할 수 있습니다. 자주 사용하는 기능들을 조립하듯 꺼내어 놓을 수 있기 때문에, 사용자의 각기 다른 취향에 따른 인터페이스의 변화가 가장 큰 특징이라고 할 수 있습니다. 포토샵을 좀 더 효과적으로 사용할 수 있는 자신의 작업 환경을 만들어 볼까요?

◉ 인터페이스 구성

❶ 메뉴 바 : 포토샵의 세부 기능들이 정리되어 있는 메뉴입니다.

❷ 작업 창 조절 버튼 : 포토샵을 열고 닫거나, 창의 크기를 조절할 수 있습니다.

❸ 상단 옵션 바 : 도구상자의 툴에 따른 세부 옵션을 보여줍니다.

❹ 도구상자 : 툴을 모아놓은 패널입니다.

❺ 아이콘 패널 : 자주 사용되는 패널들을 아이콘 형태로 정리합니다.

❻ 패널 : 자주 사용하는 패널을 보여줍니다. 아이콘 패널보다는 더 자주 사용하는 기능들로 배치하는 것이 좋습니다.

❼ 이미지 탭 : 작업 중인 파일의 이름과 확대 비율, 컬러 모드를 보여줍니다.

❽ 작업 창 : 편집하는 이미지를 보여줍니다.

◉ 인터페이스 바꾸기

01 메뉴 바에서 [Window] − [Workspace]를 선택하면 포토샵에서 제공하는 작업 환경으로 간단히 바꿀 수 있습니다. 나에게 필요한 작업 환경을 선택해 보세요.

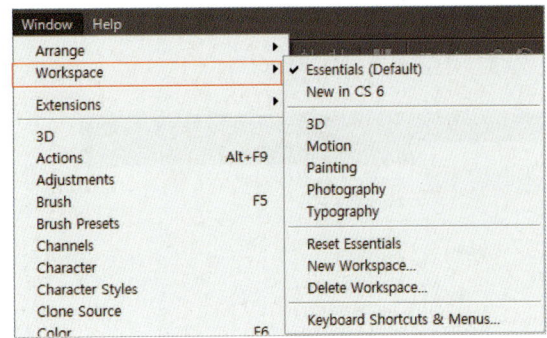

02 ❶을 잡고 드래그하면 자리 이동이 가능해지는 창 모드로 변화합니다. ❷를 잡고 드래그하면, 묶여있는 패널이 함께 움직입니다. ❸을 잡고 드래그하면 패널만 창 모드로 변화합니다.

03 도구상자와 패널을 이동시켜 우측과 좌측에 배치해 본 모습입니다. 인터페이스 바꾸기 팁을 이용하여 자신에게 편리한 작업 환경으로 변경해 보세요!

◉ Workspace

메뉴 바에서 [Window] – [Workspace]를 선택해 사용할 수 있습니다. 필요한 패널들을 위치 값을 저장하거나 이미 저장된 것을 불러올 수 있습니다.

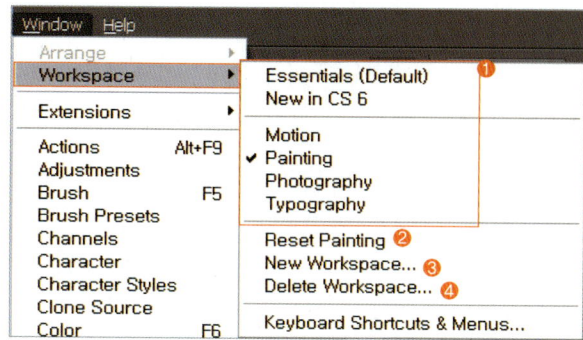

❶ 포토샵 내에 저장된 패널의 위치 값으로 작업 환경을 만듭니다.

❷ Reset Painting : 사용되는 Workspace에 따라 명칭이 달라집니다. ❶의 Workspace를 사용하다 보면 다른 패널들이 개입되는 경우가 생기는데 그것을 초기화합니다.

❸ New Workspace : 자주 사용하는 패널들을 정렬해놓고 저장하면 개인의 Workspace가 생성됩니다.

❹ Delete Workspace : Workspace를 지웁니다.

도구상자와 패널

포토샵 CS6를 구성하는 중요한 요소들은 눈에 잘 보이는 곳에 배치되어 있습니다. 앞서 포토샵 CS6 인터페이스에서 살펴보았던 도구상자와 패널이 그것인데요. 모양과 이름들을 먼저 훑어볼까요?

◉ 도구상자 살펴보기

도구상자의 ❶을 클릭하면 〈그림 2〉와 같이 변하고, ❷를 클릭하면 〈그림 1〉과 같이 변합니다.

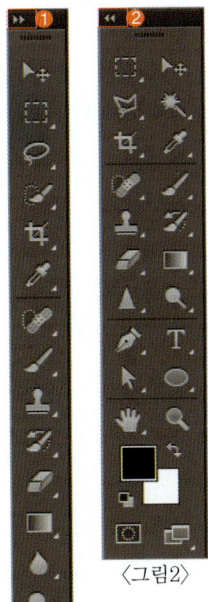

〈그림2〉

이동 툴(V)

네모 선택 툴/원형 선택 툴/가로선 선택 툴/세로선 선택 툴(M)

올가미 툴/다각형 올가미 툴/자석 올가미 툴(L)

빠른 선택 툴/마술봉 툴(W)

자르기 툴/원근 자르기 툴/분할 툴/분할 선택 툴(C)

스포이트 툴/3D 머티리얼 스포이트 툴/컬러 샘플러 툴/측정 툴/노트 툴/카운트 툴(I)

스팟 힐링 브러시 툴/힐링 브러시 툴/패치 툴/콘텐츠 어웨어 무브 툴/레드아이 툴(J)

브러시 툴/연필 툴/색상 대체 툴/혼합 브러시 툴(B)

복제 도장 툴/패턴 도장 툴(S)

히스토리 브러시 툴/아트 히스토리 브러시 툴(Y)

지우개 툴/배경 지우개 툴/자동 지우개 툴(E)

그레이디언트 툴/페인트 통 툴/3D 머티리얼 드롭 툴(G)

블러 툴/샤픈 툴/스머지 툴

닷지 툴/번 툴/스펀지 툴(O)

펜 툴/프리폼 펜 툴/앵커 포인트 추가 툴/앵커 포인트 삭제 툴/앵커 포인트 변환 툴(P)

가로 문자 툴/세로 문자 툴/가로 문자 마스크 툴/세로 문자 마스크 툴(T)

패스 선택 툴/직접 선택 툴(A)

사각형 툴/둥근 사각형 툴/원형 툴/다각형 툴/선 툴/커스텀 셰이프 툴(U)

손바닥 툴(H)/회전 보기 툴(R)

돋보기 툴(Z)

컬러 디폴트(D)/컬러 스위치(X)

전경색/배경색

퀵 마스크 모드(Q)

작업 창 모드 변환(F)

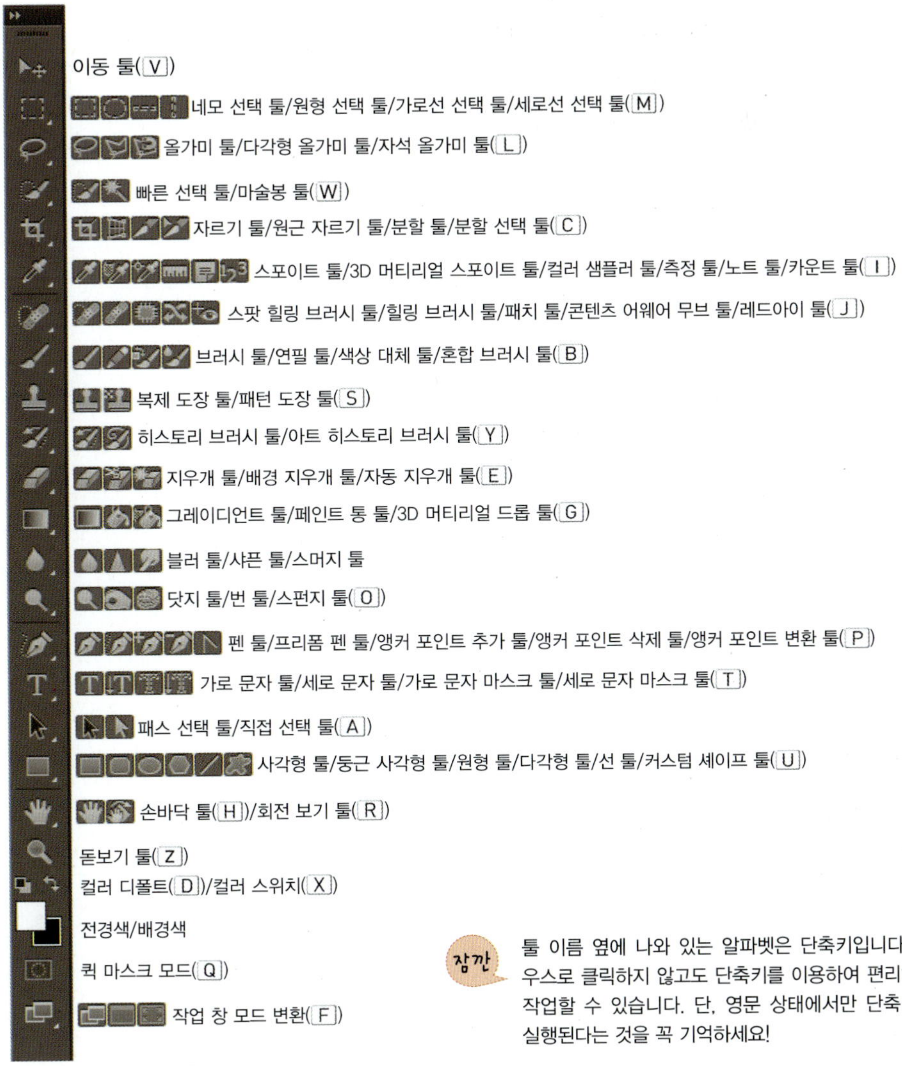

잠깐 툴 이름 옆에 나와 있는 알파벳은 단축키입니다. 마우스로 클릭하지 않고도 단축키를 이용하여 편리하게 작업할 수 있습니다. 단, 영문 상태에서만 단축키가 실행된다는 것을 꼭 기억하세요!

〈그림1〉

◉ 패널 살펴보기

모든 패널은 메뉴 바의 [Window]에서 제어할 수 있습니다. 현재 사용 중인 패널 앞에
는 ✓ 표시가 되어 있고, 자주 사용하는 패널은 임의의 단축키 설정이 되어 있습니다.
[Window]에 보이는 패널의 정렬은 알파벳순으로 되어 있어 찾아보기 쉽습니다.

❶ [3D] 패널

3D 모드 전에는 이미지를 3D로 만들기 위한 옵션을 제공하고, 3D 모드 후에는 모델
링, 맵핑, 라이트 등 3D에 필요한 편집 모드를 제공합니다.

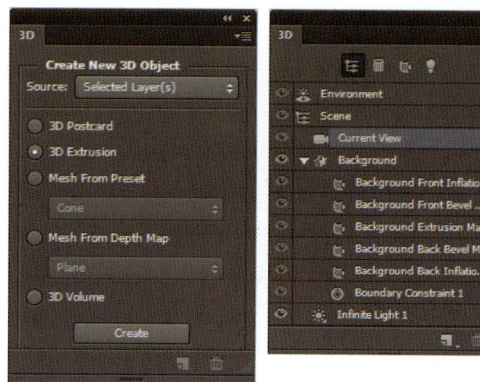

❷ [Actions] 패널

작업 내역을 저장한 후 불러내어 사용할 수 있습니다. 같은 작업을 반복할 때 유용하
게 사용됩니다.

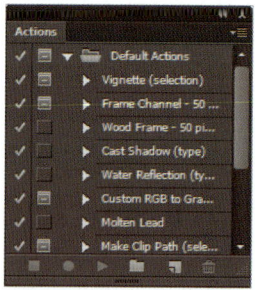

❸ [Adjustments] 패널

Adjustment Layer 메뉴를 빠르게 사용할 수 있도록 버튼화한 패널입니다.

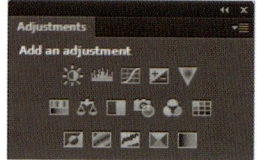

❹ [Brush] 패널

브러시 선택 및 굵기, 간격, 질감 등 다양한 브러시 옵션을 설정할 수 있는 패널입니다.

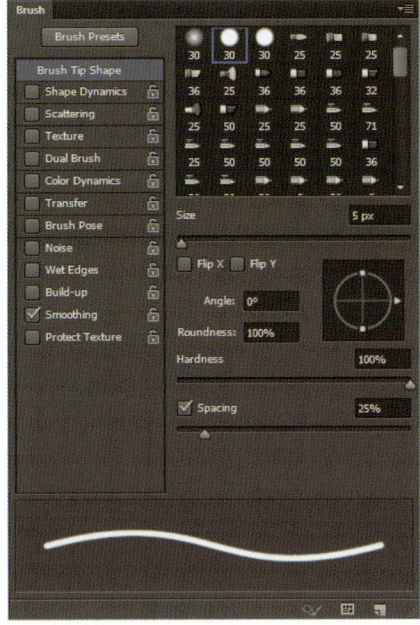

❺ [Channels] 패널

인쇄에 필요한 각 필름의 색상을 나누어서 저장할 수 있는 패널입니다. 알파 채널을 이용하여 활성화 영역을 저장할 때 자주 사용됩니다.

❻ [Character] 패널

글자의 자간, 장평, 크기, 색깔 등 문자 툴의 다양한 옵션을 제공하는 패널입니다.

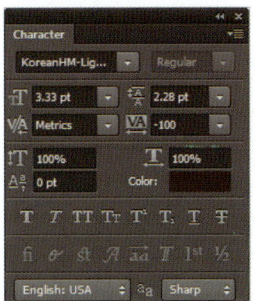

❼ [Clone Source] 패널

복제 도장 툴의 지정된 영역을 저장하여 사용할 수 있습니다.

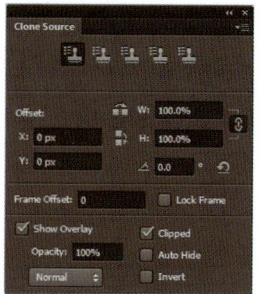

❽ [Color] 패널

전경색과 배경색을 각 컬러 모드에 따라 슬라이더로 조절할 수 있는 패널입니다.

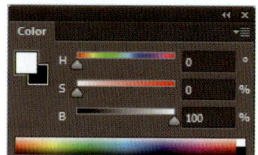

❾ [Histogram] 패널

이미지의 색상 분포를 그래프 형식으로 나타냅니다.

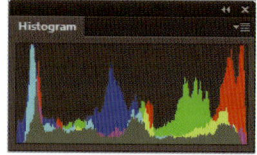

❿ [History] 패널

파일을 불러온 순간부터 작업하는 과정을 지정된 횟수에 따라 저장합니다. 스냅 샷 기능이 있어 필요한 과정
은 저장하여 그 당시의 상태로 불러올 수 있습니다.

⓫ [Info] 패널

현재 마우스 포인터의 위치 값을 알 수 있으며, 컬러 샘플러를 이용하여 뽑아낸 색상 값을 보여줍니다.

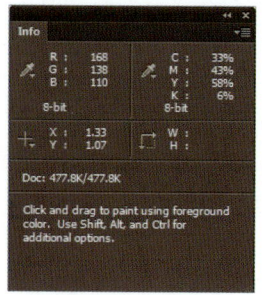

⑫ [Layers] 패널

레이어의 추가, 삭제, 블렌딩 모드, 불투명도, 레이어 스타일 변경 등 레이어의 다양한 기능들을 관리합니다.

⑬ [Measurement Log] 패널

측정한 내용을 추가하고 기록할 수 있습니다.

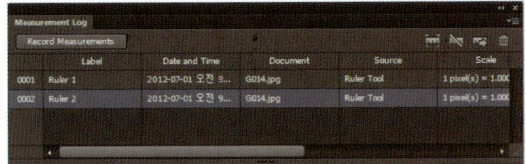

⑭ [Navigator] 패널

현재 작업 중인 이미지를 확대하거나 축소하는 등 화면 보기 관련 기능을 제공합니다. 큰 이미지를 작업할 때 유용하게 사용됩니다.

⑮ [Notes] 패널

노트 툴을 사용하여 작성한 메모를 저장하고 관리하는 패널입니다.

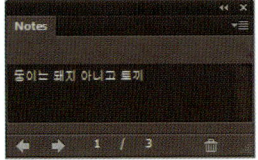

⑯ [Paths] 패널

벡터 형태의 툴을 사용하면 생성되는 Path를 저장하고 관리하는 패널입니다.

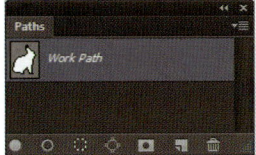

⑰ [Styles] 패널

포토샵에 미리 설정된 레이어 스타일 값을 모아놓은 패널입니다.

⑱ [Swatches] 패널

자주 사용하는 색상을 저장하거나 불러와 사용할 수 있는 패널입니다.

⑲ [Timeline] 패널

GIF 애니메이션은 물론, 동영상 편집이나 3D 애니메이션을 제작할 수 있는 패널입니다.

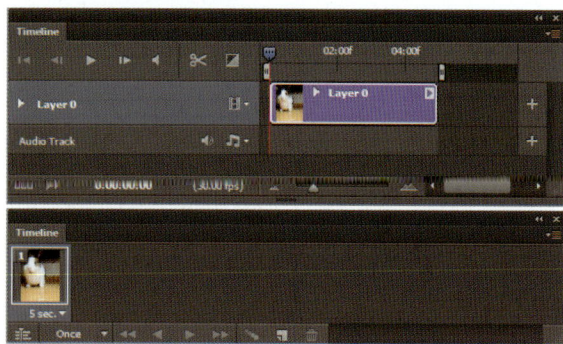

⑳ [Tool Presets] 패널

자주 사용하는 툴의 옵션 값을 저장한 후 다음 작업에 적용할 수 있습니다.

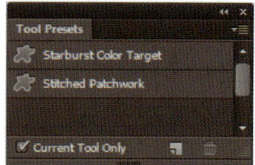

작업 창 만들기

포토샵을 실행시킨 후 가장 먼저 해야 하는 작업은, 이미지 편집을 위한 공간을 만드는 것입니다. 그림을 그릴 종이를 준비하는 것과 비슷하지요. 어떤 크기의, 어떤 색상의, 어떤 질감의 종이에 그림을 그릴지에 대한 것들을 골라보는 단계랄까요?

◉ A4용지 크기의 작업 창 만들기

01 메뉴 바에서 [File] – [New](단축키 Ctrl+N) 를 선택합니다.

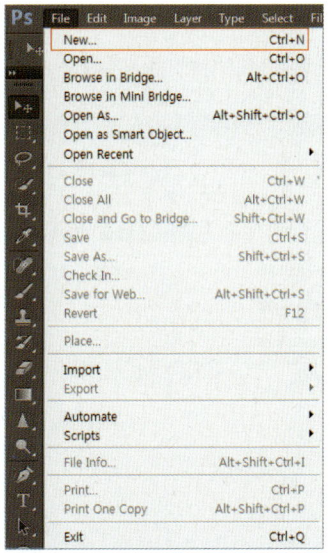

02 [New] 대화상자에서 ❶ Preset을 'International Paper'로 설정하고 ❷ Size를 'A4'로 설정한 후, ❸ [OK] 버튼을 클릭합니다.

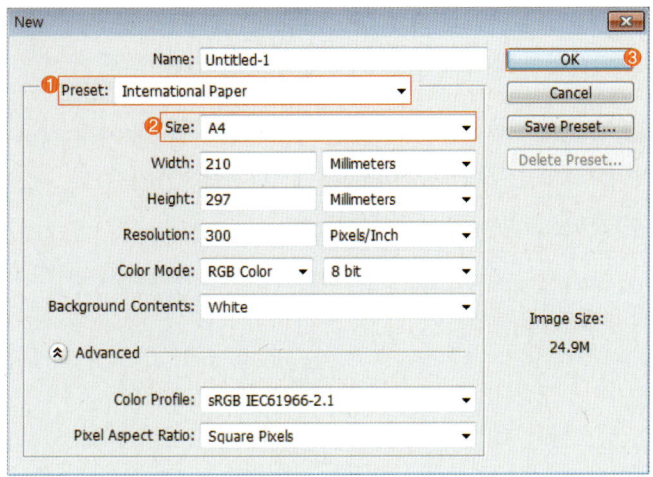

첫 번째 조각 : 두근두근, 포토샵 첫 발 내딛기 **39**

03 A4용지 크기의 작업 창이 생성되었습니다.

◉ 작업 창의 옵션

[New] 대화상자에서는 새로 만들 작업 창의 크기, 이름, 색 등을 설정할 수 있습니다.

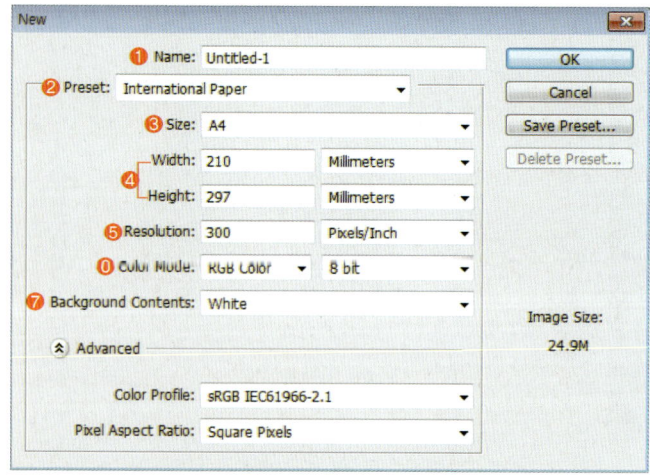

❶ Name : 새 작업 창의 이름을 입력합니다.

❷ Preset : 인쇄용이나 웹용 이미지를 만들 때 자주 사용하는 작업 창의 크
기를 임의로 만들어 모아둔 곳입니다. 사용자가 가로, 세로 사이즈를 입력하
면 자동으로 'Custom'이 설정됩니다.

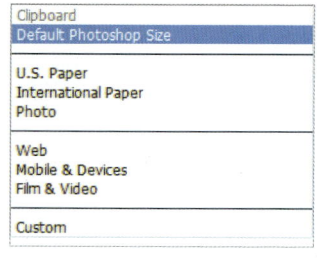

❸ Size : Preset의 부가 옵션입니다. 선택된 Preset에 해당하는 크기의 작업 창 사이즈를 보여줍니다.

❹ Width, Height : 생성할 이미지의 가로와 세로 크기를 지정합니다.

❺ Resolution : 해상도를 선택합니다. 웹용 이미지를 만들 경우에는 '72Pixel/Inch'로, 인쇄용 이미지를 만들 경우에는 '150~300Pixel/Inch'를 사용합니다.

❻ Color Mode : 생성할 이미지의 컬러 상태를 선택합니다.

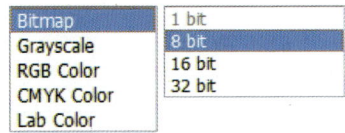

❼ Background Contents : 생성할 작업 창의 바탕색을 선택합니다.

• White : 흰색으로 작업 창을 생성합니다.

• Background Color : 배경색으로 작업 창을 생성합니다.

• Transparent : 투명한 상태로 작업 창을 생성합니다.

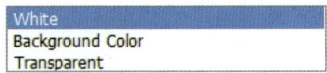

열고, 닫고, 저장하기

새 작업 창을 만드는 것만큼 중요한 일이 바로 작업 파일을 열고, 닫고, 저장하는 것이 아닐까요? 조금씩 다른 메뉴들이 여러 개가 있어 그 차이를 이해하는 것이 중요합니다.

◉ 열기

01 ❶ 메뉴 바에서 [File] – [Open](단축키 Ctrl + O)을 선택하면 이미지 파일을 불러올 수 있습니다. [Open] 대화상자가 열리면 원하는 이미지의 경로를 찾아 ❷ 이미지를 선택한 후, ❸ [열기] 버튼을 누르면 이미지가 작업 창에 나타납니다.

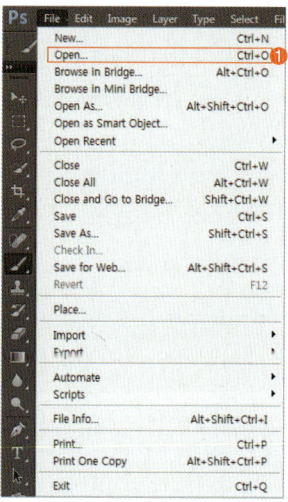
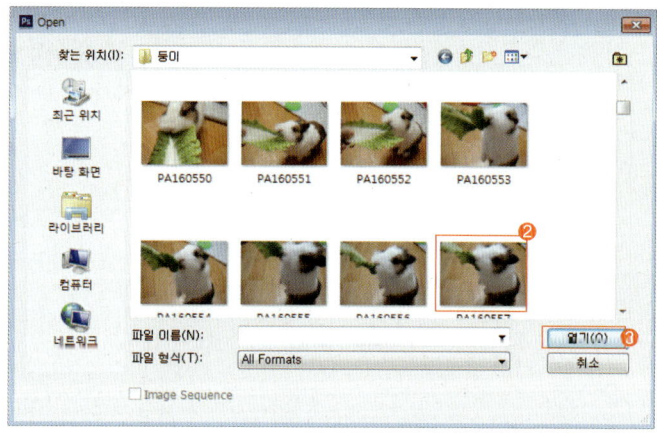

02 작업 창이 없는 상태에서 작업 화면을 더블클릭해도 [Open] 대화상자가 열립니다.

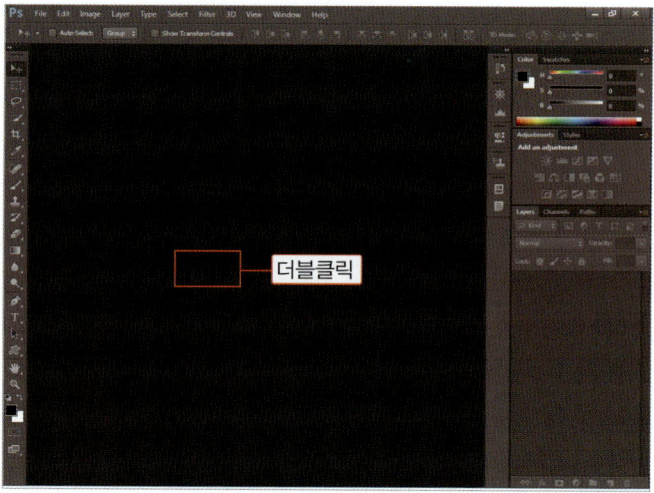

03 메뉴 바에서 [File] – [Open Recent]를 선택하면 최근 작업한 내역을 볼 수 있습니다. 최근에 작업했는데 어디에 저장했는지 기억이 나지 않을 때 사용하면 좋은 기능입니다.

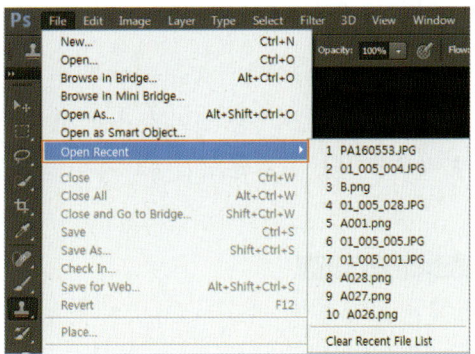

◉ 저장하기

메뉴 바에서 [File] – [Save](단축키 Ctrl + S) 또는 [Save As](단축키 Ctrl + Shift + S)를 선택하면 저장할 수 있습니다. [Save] 대화상자에서 Format을 선택한 후, 파일 이름을 지정하고, [저장] 버튼을 클릭합니다.

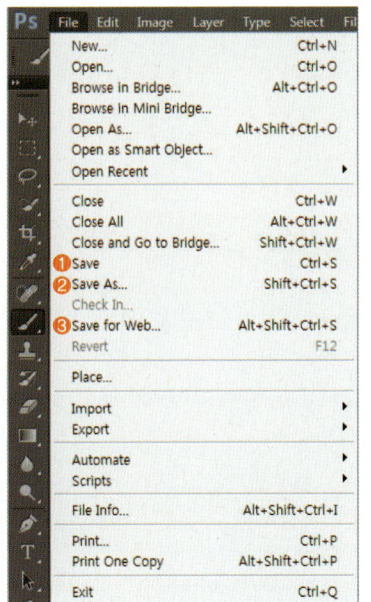 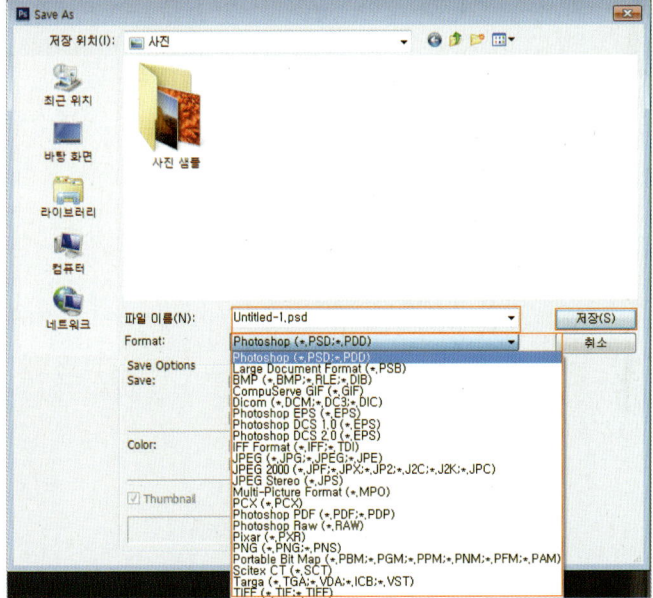

❶ [Save] : 현재 작업 중인 파일에 다시 저장합니다. 파일을 수정하지 않았을 때는 [Save] 메뉴가 보이지 않습니다.

❷ [Save As] : 현재 작업 중인 파일이 아닌 다른 파일을 생성하여 저장합니다.

❸ [Save for Web] : 웹상에서 사용 가능한 가벼운 이미지 또는 GIF 애니메이션 이미지, 링크 이미지, 분할 이미지 등을 저장할 수 있습니다.

◉ 닫기

메뉴 바에서 ❶ [File] − [Close](단축키 Ctrl + W)를 선택하면 작업이 끝난 이미지 파일을 닫을 수 있습니다. 이미지의 편집이 있었다면 저장 여부를 물어본 후에 파일을 닫습니다. ❷ [Close All] 메뉴는 열려 있는 작업 창을 모두 닫을 때 사용합니다. 포토샵을 끝내고 싶다면 메뉴 바에서 ❸ [File]−[Exit](단축키 Ctrl + Q)를 선택합니다.

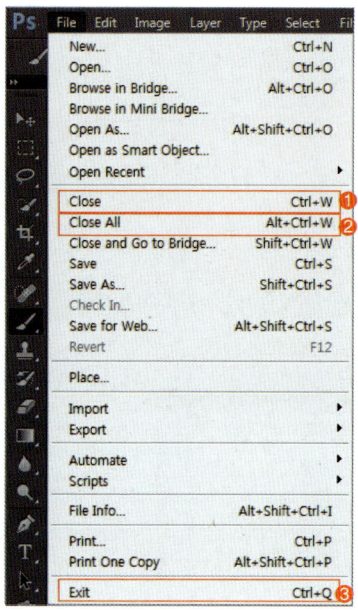

작업 전 알아두면 좋은 포토샵 상식

포토샵을 본격적으로 만나보기 전, 알아두면 좋은 포토샵 상식에 대해 알려 드릴게요. 이미지를 다룰 때 꼭 필요한 정보이니 만큼 꼼꼼히 읽어보고 넘어가시기 바랍니다.

◉ 픽셀

이미지를 구성하는 최소 단위의 점으로, 포토샵에서 편집하는 이미지는 이 '픽셀'이라고 하는 매우 작은 점으로 구성되어 있습니다.

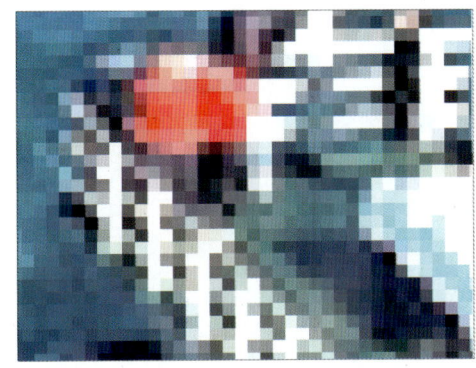

◉ 해상도

이미지를 표현하는 데 필요한 점(픽셀)의 정도입니다. 해상도가 높을수록 이미지가 깨끗하고 선명하게 보이지만, 점의 수가 많아져 그만큼 많은 메모리가 필요합니다. 그래서 작업에 따라 해상도를 달리 설정해 사용하는 것이 좋습니다. 일반적으로 컴퓨터 내에서 사용하는 이미지들은 '72Pixels/Inch'를 사용하고, 출력하여 사용하는 이미지들은 '300Pixels/Inch'를 사용합니다.

◉ 비트맵 이미지와 벡터 이미지

- 비트맵 이미지 : 픽셀로 이루어진 이미지입니다. 이미지를 줄이거나 늘렸을 때 손실이 있습니다.
- 벡터 이미지 : 이미지를 계산 수치로 인식하여 표시하기 때문에 줄이거나 늘려도 손실이 없습니다.

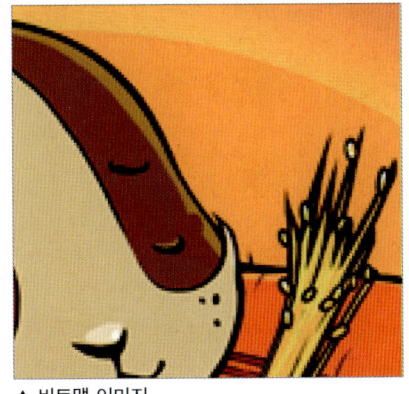

▲ 비트맵 이미지

▲ 벡터 이미지

⦿ RGB와 CMYK

- RGB : 빛의 삼원색인 R(Red), G(Green), B(Blue)를 사용하여, 사람
이 볼 수 있는 거의 모든 색을 표현하는 방식입니다. 빛으로 표현하는
색이기에 세 가지 색을 모두 섞으면 하얀색이 됩니다. 대부분의 그래픽
프로그램에서 사용하는 기본 모드이기도 합니다.
- CMYK: 인쇄, 출판용으로 사용되는 CMYK는 C(Cyan), M(Magenta),
Y(Yellow), K(Black)로 이루어진 컬러입니다. 가까운 프린터기에 꽂
힌 잉크의 색상을 보면 쉽게 이해할 수 있습니다.

⦿ 저장 포맷 형식

포토샵은 다양한 저장 포맷 형식을 지원하지만, 책에서 다루게 될 포맷 형식들만 간단하게 살펴보겠
습니다.

- PSD : 포토샵의 기본 파일 포맷 형식입니다. 모든 레이어와 채널, 패스 등의 정보를 함께 저장하여
이미지가 거의 손실되지 않는다는 장점이 있지만, 파일의 크기가 크다는 단점이 있습니다.
- JPEG : 파일의 크기를 줄이는 인코딩 방식으로 가장 많이 사용하는 파일 포맷 형식입니다. 그래픽
파일 포맷 중 압축률이 가장 뛰어나기 때문에 인터넷에서 가장 널리 사용하고 있습니다. RGB 이미
지의 모든 색상 정보를 담고 있지만, 손실 압축이기 때문에 파일 크기가 줄어들수록 이미지의 질은
떨어집니다.
- GIF : 웹상의 이미지는 전송시간을 줄이기 위해 작은 크기의 파일 포맷을 선호합니다. 그에 적합한 파일
포맷이 GIF이며, 배경이 투명한 파일이나 움직이는 애니메이션으로도 제작 가능한 파일 포맷입니다.

⦿ 단축키 지정하기

지정된 단축키가 있지만 잘 외워지지 않을 때, 분명 자주 사용하는 데 단축키가 없을 때 사용자가 직
접 지정할 수 있답니다. 도구상자에서 단축키가 없는 블러 툴(🫧)의 단축키를 지정해 볼까요?

01 메뉴 바에서 [Edit] − [Keyboard Shortcuts]
(단축키 Alt + Shift + Ctrl + K)를 선택합니다.

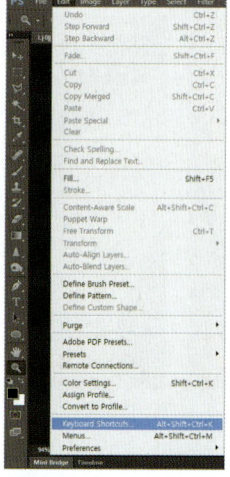

02 [Keyboard Shortcuts and Menus] 대화상자에서 ❶ Shortcuts For를 'Tools'로 선택합니다. ❷ 블러 툴을 선택하여 텍스트 필드에 'K'를 입력합니다. ❸ [OK] 버튼을 클릭합니다.

 같은 그룹인 샤픈 툴과 스머지 툴에도 'K'라고 입력하면 Shift+K를 통해 숨은 메뉴가 순서대로 선택됩니다.

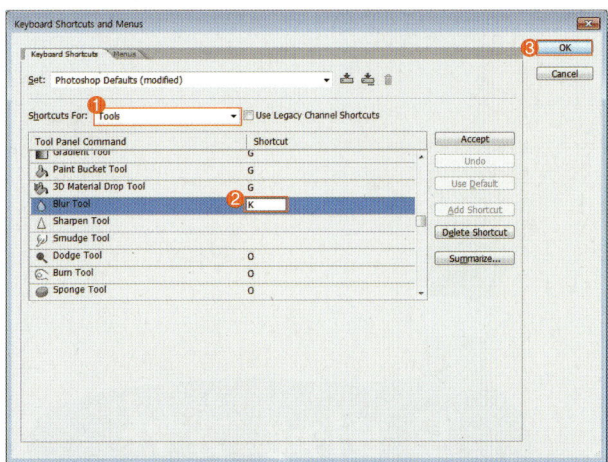

03 설정한 블러 툴의 단축키 K를 눌러 확인합니다.

단축키 K

두 번째 조각

툴

포토샵의 '툴'을 정확히 이해한다면, 포토샵의 절반을 알게된 것이라고 해도
과언이 아닙니다. 그만큼 툴은 포토샵에서 중요한 역할을 하기 때문이죠. 자
주 사용하는 툴 위주로 차근차근 공부해 볼까요?

⊙ 소스파일 : 제우미디어 홈페이지(www.jeumedia.com)의 〈컴퓨터 서적/샘플파일 다운로드〉에서 내려받을 수 있습니다.
〈독자참여/자료실/포토샵CS6〉를 통해서도 내려받을 수 있습니다.

PARIS 글자 찾기

돋보기 툴 / 손바닥 툴

돋보기 툴은 이미지를 확대·축소하는 기능을, 손바닥 툴은 확대된 이미지상에 보이지 않는 부분으로 화면을 이동시키는 기능을 담당하고 있습니다. 물론 두 가지 툴 모두 시각적으로만 그렇게 보일 뿐, 실제 이미지가 편집되는 것은 아닙니다. 그럼, 재미있는 숨은그림찾기를 통해 돋보기 툴과 손바닥 툴을 익혀보기로 해요!

⊙ [예제 파일] Sample/08/PARIS 글자 찾기.psd
⊙ [완성 파일] Sample/08/PARIS 글자 찾기.jpg

01 메뉴 바에서 [File] − [Open](단축키 Ctrl+O)을 선택하여 〈Sample/08/PARIS 글자 찾기.psd〉 파일을 엽니다. ❶ 도구상자에서 돋보기 툴(🔍)을 선택하고, ❷ 상단 옵션 바의 [Zoom In](🔍)을 선택합니다. ❸ 작업 창을 드래그하여 확대합니다(단축키 Ctrl+Space Bar+드래그).

02 이미지가 확대되면서 건물 외벽에 숨겨진 PARIS 글자를 찾을 수 있습니다. 다른 곳에 있는 글자도 찾아볼까요? ❶ 도구상자에서 손바닥 툴(✋)을 선택한 후, ❷ 작업 창을 드래그하며 숨겨진 PARIS 글자를 찾아보세요.

(잠깐) 숨겨진 PAIRS 글자의 위치는 〈Sample/08/PARIS 글자 찾기.jpg〉에서 확인하세요.

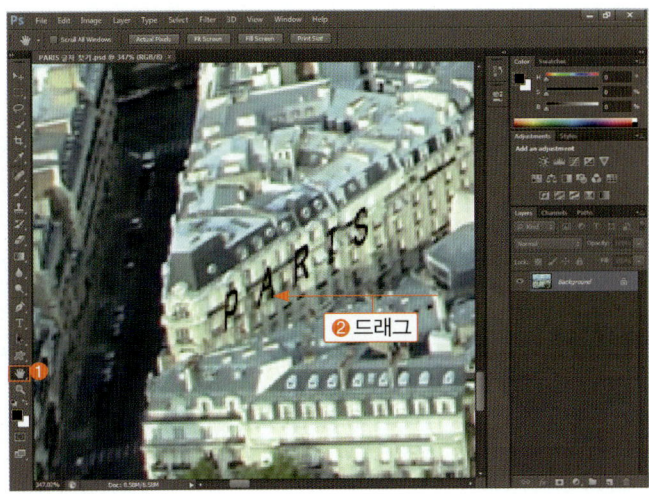

포토샵 파헤치기

⊙ 돋보기 툴의 옵션

돋보기 툴(🔍)의 단축키는 Z로, 이미지를 확대하거나 축소하여 볼 수 있습니다.

01 Zoom In : 이미지를 확대합니다.
02 Zoom Out : 이미지를 축소합니다.
03 Resize Windows to Fit : 이미지 확대 · 축소 시 이미지의 작업 창도 함께 확대 · 축소됩니다.
04 Zoom All Windows : 열려 있는 모든 작업 창에 확대 · 축소 명령이 적용됩니다.
05 Scrubby zoom : 드래그시 마우스 포인트를 따라 확대 · 축소됩니다.

⊙ 손바닥 툴의 옵션

손바닥 툴(✋)의 단축키는 H이며, 숨은 메뉴인 회전 보기 툴(🖐)의 단축키는 R입니다.

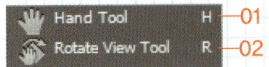

01 손바닥 툴: 확대된 이미지상에 보이지 않는 부분으로 화면을 이동시킵니다.
❶ Scroll All Windows : 열려 있는 모든 작업 창에 화면 이동 명령이 적용됩니다.

(잠깐) 꼭 손바닥 툴을 선택하지 않아도, Space Bar를 누르면 손바닥 툴로 전환됩니다. Space Bar를 떼면 기존 사용하고 있던 툴로 돌아갑니다.

02 회전 보기 툴 : 이미지를 회전시켜 볼 수 있습니다.

잠깐 옆으로 뉘어진 이미지를 그대로 사용하고 싶은데 정방향의 이미지를 보고 싶을 때 사용하면 좋습니다.

❶ Rotation Angles : 텍스트 필드에 원하는 값을 입력하면, 정확한 방향으로 회전합니다.

❷ Reset View : 회전하여 본 이미지를 제자리로 돌립니다.

❸ Rotate All Windows : 열려 있는 모든 작업 창에 회전 명령이 적용됩니다.

◉ 돋보기 툴과 손바닥 툴의 동일한 상단 옵션 바

❶ Actual Pixels(단축키 Ctrl + 1) : 100% 크기의 이미지를 보여줍니다.

❷ Fit Screen(단축키 Ctrl + 0) : 이미지를 작업 창에 맞게 확대 · 축소합니다.

❸ Fill Screen : 작업 창에 이미지가 가득 차도록 확대 · 축소합니다.

❹ Print Size : 종이에 출력되는 크기로 보여줍니다.

Scrubby Zoom 옵션과 회전 보기 툴이 실행되지 않는다?!

메뉴 바에서 [Edit] – [Preferences] – [General]
(단축키 Ctrl + K)을 선택합니다. [Preferences]
대화상자에서 ❶ Performance를 선택합니다. 옵
션의 Graphics Processor Settings에서 ❷ 'Use
Graphics Processor'의 체크박스에 체크하세요.

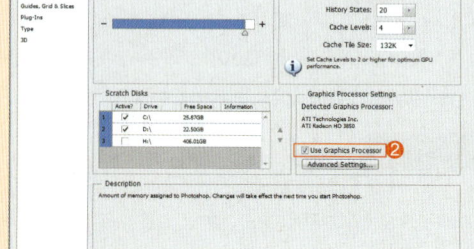

잠깐 그래픽 카드 사양에 따라 설정해도 실행되지 않
을 수 있습니다.

모여라, 눈코입

레이어 / 이동 툴

포토샵에서 레이어는 기본적이면서도 아주 중요한 기능이지만, 포토샵을 처음 접하는 사람들 대부분이 이 '레이어'의 개념을 어려워합니다. 이 부분은 단순히 암기하는 것보다 이해하는 것이 중요해요. 층 구조를 이해하면 레이어의 개념에 좀 더 쉽게 다가갈 수 있습니다.

◉ **[예제 파일]** Sample/09/모여라, 눈코입.psd
◉ **[완성 파일]** Sample/09/모여라, 눈코입.jpg

01 메뉴 바에서 [File] − [Open](단축키 Ctrl+O)을 선택하여 〈Sample/09/모여라, 눈코입.psd〉 파일을 엽니다. ❶ 도구상자에서 돋보기 툴(🔍)을 선택하고, ❷ 상단 옵션 바의 [Fit Screen](단축키 Ctrl+O)을 선택해 작업 창에 이미지 크기를 맞춥니다.

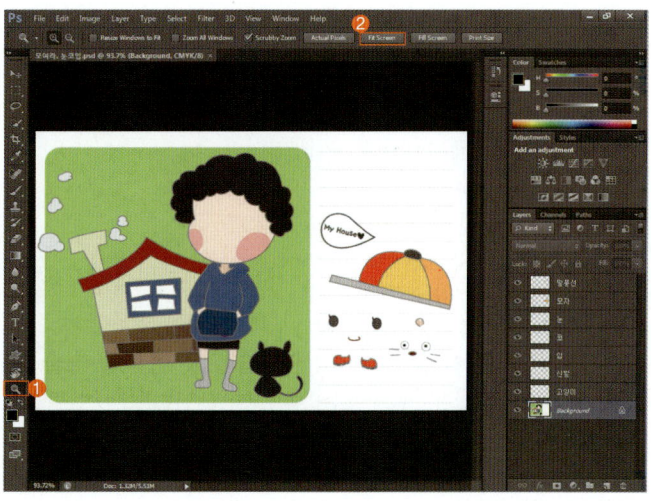

02 ❶ 도구상자에서 이동 툴()을 선택합니다.
❷ '모자' 레이어를 선택합니다.

03 모자 이미지를 드래그하여 머리에 얹어줍니다. 나머지 레이어의 이미지도 각자의 위치에 맞게 옮겨보세요.

잠깐 미세한 조작은 키보드의 방향키를 이용하세요.

PhotoShop CS6

이동 툴로 레이어 바로 선택하기

❶ 이동시킬 말풍선 이미지 위에서 마우스 오른쪽 버튼을 클릭합니다.
❷ 마우스 커서 아래에 있는 이미지 리스트 중 '말풍선'을 클릭합니다.
❸ '말풍선' 레이어가 선택됩니다.

⊙ 이동 툴

이동 툴의 단축키는 V로, 선택된 이미지를 현재 위치에서 다른 위치로 움직일 때 사용합니다. 'Background'에서는 활성화 영역을 지정해야 이동할 수 있습니다(68p 참고).

01 이동 기능 : 이미지 선택 후 마우스로 드래그하면 위치가 이동되며, 미세한 조작은 키보드 방향키를 이용하면 편리합니다.

 ❶ 방향키를 눌러서 이동하면 '1px' 간격으로 이동하고, ❷ Shift +방향키를 눌러서 이동하면 '10px' 간격으로 이동합니다.

02 복제 기능 : Alt 키를 누른 상태로 드래그하면 선택된 이미지가 복제됩니다. Alt + Shift 키를 누른 상태로 드래그하면 이미지가 수평·수직 방향으로 복제됩니다.

 ❶ Alt +방향키를 눌러서 이동하면 '1px' 간격으로 복제되고, ❷ Alt + Shift +방향키를 눌러서 이동하면 '10px' 간격으로 복제됩니다.

  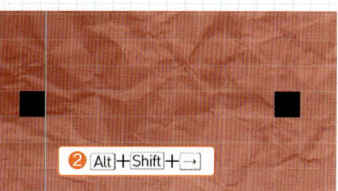

⊙ 상단 옵션 바

❶ Auto-Select : 선택하고자 하는 이미지를 클릭하면 이미지가 있는 레이어가 자동 선택됩니다. 편리한 기능이긴 하지만 Auto-Select보다는 단축키인 Ctrl +클릭을 권장합니다.

❷ Show Transform Controls : 레이어 이미지의 사이즈를 변환하거나 회전시킬 수 있는 변환 박스를 보여줍니다.

❸ Align Top Edges, Align Vertical Centers, Align Bottom Edges : 가로 정렬 (두 개 이상의 레이어 선택)

❹ Align Left Edges, Align Horizontal Centers, Align Right Edges : 세로 정렬 (두 개 이상의 레이어 선택)

❺ Distribute Top Edges, Distribute Vertical Centers, Distribute Bottom Edges : 가로 간격 맞춤 (세 개 이상의 레이어 선택)

❻ Distribute Left edges, Distribute Horizontal Centers, Distribute Right Edges : 세로 간격 맞춤 (세 개 이상의 레이어 선택)

❼ Auto-Align Layers: 여러 개의 레이어로 나누어진 이미지를 자동으로 합성할 때 쓰이는 기능입니다. 여러 장의 사진을 한 장의 파노라마 사진으로 연결하는 것이 바로 그 예이지요. 메뉴 바에서 [Edit] – [Auto-Align Layers]를 선택해 불러올 수 있습니다.

레이어의 모든 것 (1)

포토샵은 레이어를 빼고는 이야기할 수 없습니다. 레이어의 개념을 충분히 이해하고 넘어가야 포토샵이 쉽게 다가 온답니다. 레이어의 개념과 기초적인 레이어 사용법에 대해 알아볼까요?

◉ 레이어의 개념

네 개의 이미지가 있습니다. 각각을 ❶ 연둣빛 색종이(=Background), ❷ 꽃 모양 스티커(=꽃잎 스 티커 레이어), ❸ 잎사귀 모양 스티커(=잎사귀 스티커 레이어), ❹ 꽃 수술 모양 스티커(=꽃 수술 스 티커)라고 가정해 봅니다. 연둣빛 색종이에 세 개의 스티커를 이용해서 꽃을 만들려면 어떻게 붙여야 할지 고민하는 것이 레이어를 이해하는 첫 번째 개념입니다.

연둣빛 색종이 위에 잎사귀 모양 스티커를 붙이고, 그 위 에 꽃 모양 스티커를, 그 위에 꽃 수술 모양 스티커를 순 서대로 붙여야 다음과 같은 이미지를 만들 수 있겠지요.

작업 창에는 이미지를 위에서 본 시점으로, 가장 앞에 있는 이미지가 보이게 됩니다. 뒤에 있는 이미지들은 위에 쌓인 이미지를 제외한 부분만 보이게 되지요. 레 이어 패널은 옆에서 본 시점입니다. 단, 이미지가 쌓여 있는 것을 레이어의 이름, 즉 문자 형태로 관리할 수 있 어요. 이것이 레이어를 이해하는 두 번째 개념입니다.

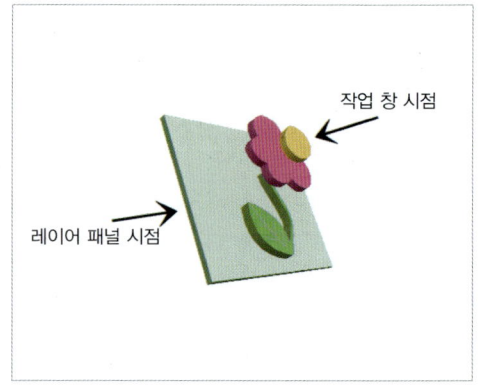

작업 창 시점

레이어 패널 시점

◉ 레이어 패널

❶ 블렌딩 모드 : 레이어 혼합 방식을 설정합니다.

❷ Lock : 레이어의 해당 속성을 잠급니다.(순서대로) 투명 영역 잠그기, 브러시 기능 잠그기, 이동 잠금, 모든 기능 잠금

❸ Layer Visibility: 눈 모양 아이콘으로, 작업 창에서 레이어를 보이거나 감출 수 있습니다.

❹ Opacity : 레이어의 효과를 포함하여 이미지의 투명도를 조절합니다.

❺ Fill : 레이어의 효과를 제외한 이미지의 투명도를 조절합니다.

❻ 레이어의 글씨를 더블클릭하면 텍스트 필드가 생성되어 레이어 이름을 수정할 수 있습니다.

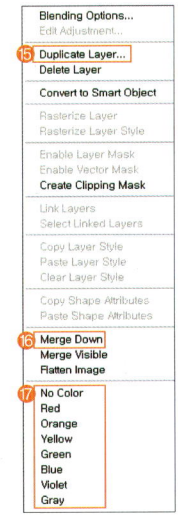

❼ Background : 레이어와는 반대의 개념으로, 불투명한 종이라고 이해하면 됩니다. 더블클릭하면 레이어 상태로 변합니다.

❽ Link Layers : 두 개 이상의 레이어를 묶어줍니다. 이동 시에 함께 움직입니다.

❾ Layer Style : 레이어 스타일을 추가합니다.

❿ Layer Mask : 선택된 레이어에 마스크를 사용합니다.

⓫ Adjustment Layer : 보정 기능 메뉴를 레이어 형태로 사용합니다.

⓬ Create a New Group : 레이어를 모아둘 수 있는 그룹을 만듭니다.

⓭ Create a New Layer : 투명한 새 레이어를 만듭니다.

⓮ Delete Layer : 선택한 레이어를 삭제합니다.

⓯ Duplicate Layer : 선택한 레이어를 복제합니다.

⓰ Merge Down : 선택한 두 개 이상의 레이어를 합칩니다.

⓱ Color : 중요한 레이어를 컬러로 표시합니다.

> **잠깐** 레이어 패널에서 레이어는 드래그하여 위아래로 이동할 수 있습니다. 위쪽에 위치할수록 이미지가 보이는 우선순위가 높아집니다.

몬드리안 식 추상화 그리기

네모 선택 툴

레이어로 분리되지 않은 이미지는 '활성화'라는 기능으로 쉽게 편집할 수 있습니다. 활성화는 편집하고자 하는 이미지 구역을 지정해 그 부분만을 수정할 수 있도록 도와주는 일종의 '마스킹 테이프'같은 역할을 합니다. 네모 선택 툴은 사각형 모양으로 활성화 영역을 지정하는 툴입니다. 몬드리안 식 추상화를 완성하며 네모 선택 툴과 친해져 볼까요?

◉ **[예제 파일]** Sample/10/몬드리안 식 추상화 그리기.psd
◉ **[완성 파일]** Sample/10/몬드리안 식 추상화 그리기.jpg

01 메뉴 바에서 [File] − [Open](단축키 Ctrl+O)을 선택하여 〈Sample/10/몬드리안 식 추상화 그리기.psd〉 파일을 엽니다. ❶ 도구상자에서 돋보기 툴(🔍)을 선택하고, ❷ 상단 옵션 바의 [Zoom In](🔍)을 선택합니다. ❸ 작업 창의 왼쪽 윗부분을 드래그하여 확대합니다(단축키 Ctrl+ Space Bar +드래그).

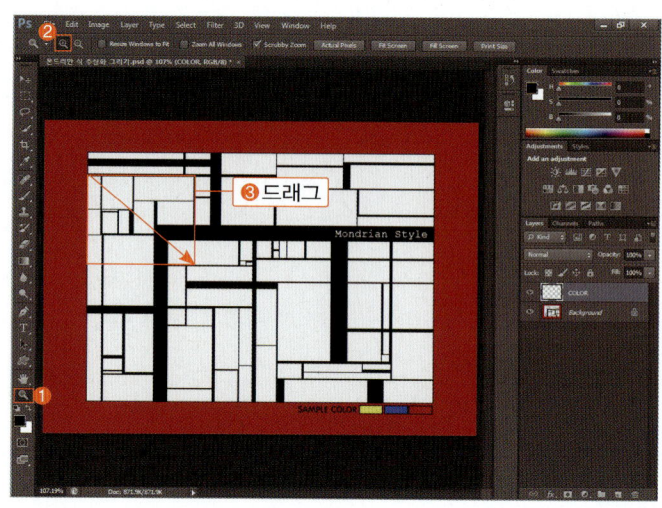

02 도구상자에서 네모 선택 툴(▨)을 선택합니다. ❷ 'Color' 레이어를 선택하고, ❸ 작업 창의 해당 부분을 드래그하여 활성화 영역을 지정합니다.

잠깐 검은 선에 맞게 잘 선택되지 않는다면 단축키 Ctrl + + 를 눌러 더 크게 확대해서 선택하세요.

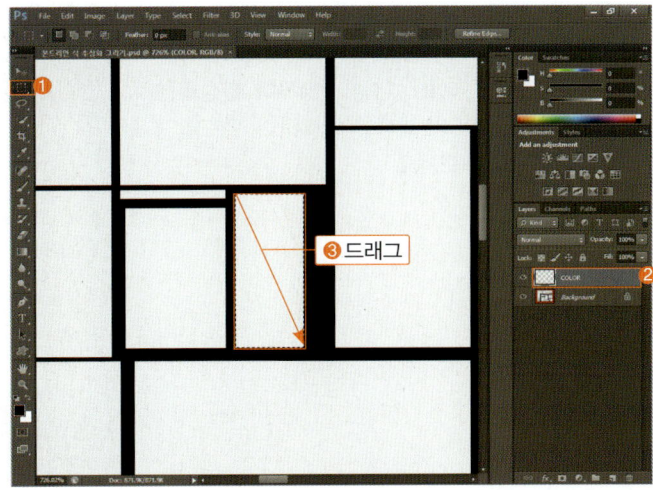

03 ❶ 도구상자에서 돋보기 툴(🔍)을 선택하고, ❷ 상단 옵션 바의 [Fit Screen](단축키 Ctrl + 0)을 선택해 작업 창에 이미지 크기를 맞춥니다.

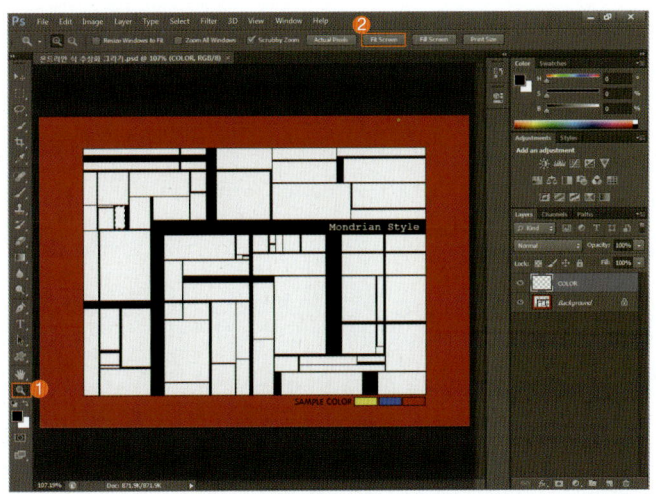

04 ❶ 도구상자에서 스포이트 툴(🖊)을 선택하고, ❷ 이미지 하단의 SAMPLE COLOR 중 노란색을 클릭합니다. ❸ 전경색이 노란색으로 바뀌는 것을 확인할 수 있습니다.

잠깐 스포이트 툴(단축키 I)은 클릭한 색상을 추출하는 툴입니다.

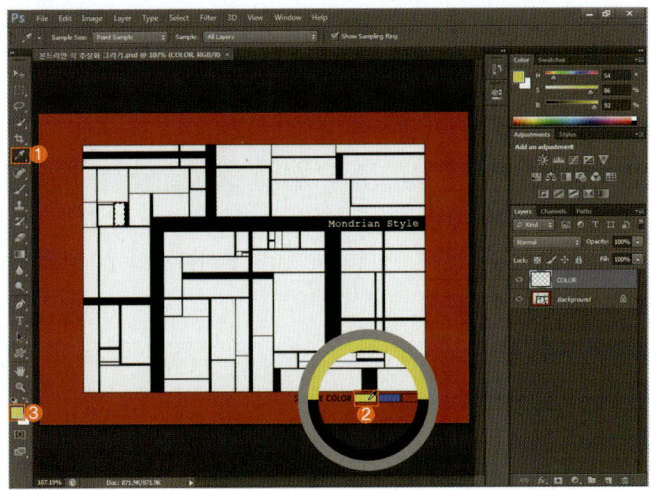

05 ❶ 단축키 `Alt`+`Delete`를 눌러 활성화 영역에 해당 색을 채워준 후, ❷ 메뉴 바에서 [Select] − [Deselect](단축키 `Ctrl`+`D`)를 선택하여 활성화를 해제합니다. 01~05의 과정을 반복하며 몬드리안 식 추상화를 완성해보세요.

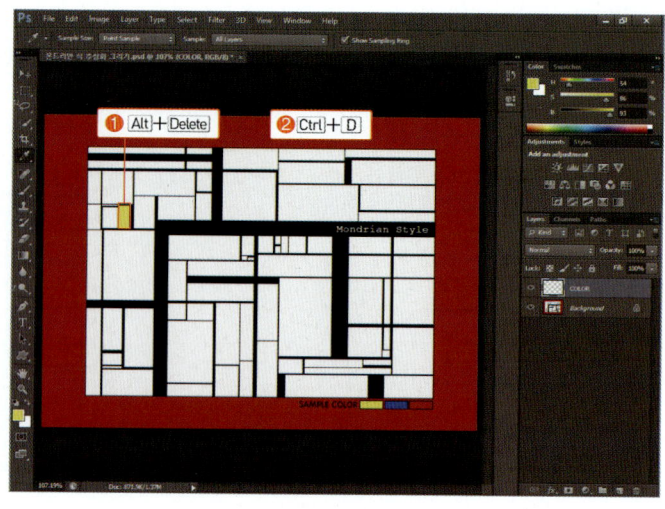

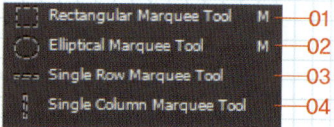

◉ 네모 선택 툴과 숨은 메뉴

네모 선택 툴(▫)의 단축키는 `M`이며, 숨은 메뉴 중 원형 선택 툴(◯)은 단축키 `Shift`+`M`를 눌러 사용할 수 있습니다. 가로선 선택 툴(▭)과 세로선 선택 툴(▯)은 단축키 없이 마우스로 클릭하여 선택할 수 있습니다. 모두 활성화 영역을 지정하는 툴이며, 모양과 약간의 옵션들만 다릅니다.

Rectangular Marquee Tool	M	—01
Elliptical Marquee Tool	M	—02
Single Row Marquee Tool		—03
Single Column Marquee Tool		—04

01 네모 선택 툴 : 드래그하면 사각형 모양으로 활성화 영역이 지정됩니다.

02 원형 선택 툴 : 드래그하면 동그라미 모양으로 활성화 영역이 지정됩니다.

03 가로선 선택 툴 : 클릭하면 가로로 활성화 영역이 '1px' 지정됩니다.

04 세로선 선택 툴 : 클릭하면 세로로 활성화 영역이 '1px' 지정됩니다.

⊙ 상단 옵션 바

❶ 활성화 영역을 선택, 추가(단축키 Shift), 제외(단축키 Alt), 중첩(단축키 Shift + Alt)할 수 있는 옵션입니다.

 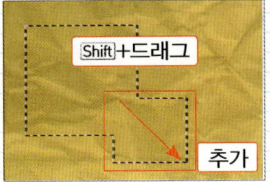 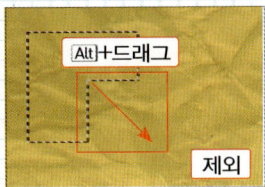 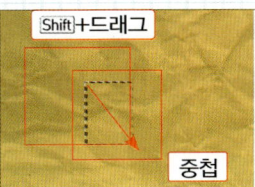

❷ Feather : 선택된 활성화 영역의 가장자리에 흐림 효과를 넣는 옵션입니다. 값이 클수록 흐려지는 농도가 짙어집니다.

❸ Anti-alias : 원형 선택 툴에서만 사용할 수 있습니다. 비트맵 이미지에서 일어날 수 있는 계단 현상을 방지하는 옵션입니다.

❹ Style : 활성화 영역을 원하는 크기로 입력하여 사용할 수 있습니다.

❺ Width/Height : Style 옵션의 Fixed Ratio, Fixed Size를 선택했을 때 값을 입력하는 텍스트 필드입니다.

❻ Refine Edge : 활성화하여 편집해야 하는 이미지가 복잡할 경우, 활성화 영역을 더욱 깔끔하고 손쉽게 생성합니다.

Style 펼침 메뉴 좀 더 자세히 살펴보기

❶ Normal : 활성화 영역 사이즈가 드래그한 만큼 결정됩니다.
❷ Fixed Ratio : Width/Height 텍스트 필드에 입력한 숫자만큼의 비율로 활성화 영역이 생성됩니다.
❸ Fixed Size : Width/Height 텍스트 필드에 입력한 px만큼 활성화 영역이 생성됩니다.

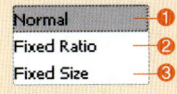

깨끗한 배경 만들기

다각형 올가미 툴

포토샵에서 활성화 영역을 지정하는 방법은 매우 다양합니다. 그 중 내가 원하는 모양으로 그리듯이 활성화할 수 있는 다각형 올가미 툴은 자유도가 높아 다른 툴보다 많이 사용되는 편입니다. 하지만 사용하기가 조금 까다로워 손에 익히기까지 많은 연습이 필요하답니다. 다각형 올가미 툴을 자유자재로 사용할 수 있도록 연습해볼까요!

◉ **[예제 파일]** Sample/11/깨끗한 배경 만들기.psd
◉ **[완성 파일]** Sample/11/깨끗한 배경 만들기.jpg

01 메뉴 바에서 [File] – [Open](단축키 Ctrl + O)을 선택하여 〈Sample/11/깨끗한 배경 만들기.psd〉 파일을 엽니다. ❶ 도구상자에서 돋보기 툴(🔍)을 선택하고, ❷ 상단 옵션 바의 [Zoom In](🔍)을 선택합니다. ❸ 작업 창의 풍선 왼쪽 부분을 드래그하여 확대합니다(단축키 Ctrl + Space Bar +드래그).

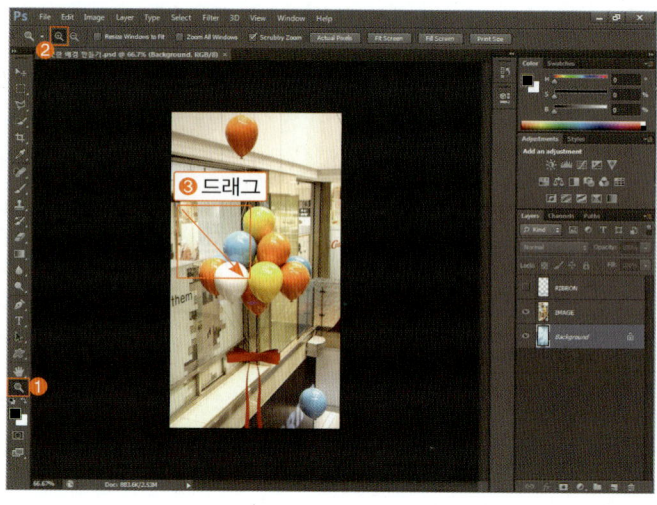

02 도구상자에서 올가미 툴()을 길게 선택하면 숨은 도구 리스트를 볼 수 있는데, ❶ 그 중 다각형 올가미 툴(⌄)을 선택합니다. ❷ 'IMAGE' 레이어를 선택합니다. 그림의 ❸~⑲ 가이드라인을 따라 그려 활성화 영역을 지정한 후, Enter 키를 누릅니다.

> 🔵 **잠깐** 가이드라인은 참고하기 위한 클릭 포인트를 알려주는 것입니다. 배경을 좀 더 자연스럽게 지우고 싶다면 클릭 포인트를 늘려 부드러운 곡선 느낌이 되도록 합니다.

03 클릭한 모양대로 활성화 영역이 지정된 것을 확인할 수 있습니다. Delete 키를 눌러 활성화된 이미지를 삭제합니다. 01~03과 같은 방법으로 풍선을 제외한 배경을 삭제합니다.

> 🔵 **잠깐** 활성화 영역을 지우면, 하단 'Background'의 이미지가 보입니다.

04 배경을 모두 삭제한 후, 'RIBBON' 레이어의 눈 모양 아이콘()을 클릭하여 이미지를 완성합니다.

삭제하는 작업 과정

❶ 가운데 뭉쳐있는 풍선 주변 먼저 다각형 올가미 툴(▽)을 이용해 지워줍니다.

❷ 위에 떨어져 있는 풍선과 아래 리본 주변을 선택해 지워줍니다.

❸ 필요없는 배경을 선택해 지워줍니다.

❹ 완성!

잠깐 다각형 올가미 툴과 자석 올가미 툴을 사용할 때, 올가미를 잘못 생성했다면 Back Space 키를 눌러 이전 단계로 돌아갈 수 있습니다. 더불어 잘못 생성된 올가미를 활성화하지 않고 없애고 싶다면 Esc 키를 눌러줍니다.

◉ 올가미 툴과 숨은 메뉴

올가미 툴(⬤)의 단축키는 [L]이며, 숨은 메뉴는 [Shift]+[L]을 눌러 순서대로 불러내 사용할 수 있습니다. 올가미 툴 외에 다각형 올가미 툴(⬤), 자석 올가미 툴(⬤)이 있으며, 원하는 모양으로 선택하여 활성화 영역을 지정할 수 있다는 공통점이 있습니다. 조금씩 기능이 다르므로 적절하게 사용하는 법을 알아두면 좋습니다.

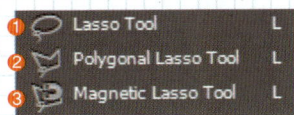

❶ 올가미 툴 : 드래그한 부분이 활성화 영역으로 지정됩니다. 형태를 크게 신경 쓰지 않고 자유롭게 이미지를 자를 때 사용하면 좋습니다.

❷ 다각형 올가미 툴 : 마우스를 클릭하면 시작점이 생기고, 다음 클릭하는 곳을 따라 올가미가 생겨나며, 더블클릭하거나 [Enter]키를 누르면 활성화 영역으로 지정됩니다. 원하는 모양대로 활성화되므로 이미지를 편집할 때 사용하면 좋습니다.

❸ 자석 올가미 툴 : 마우스를 클릭하면 시작점이 생깁니다. 활성화할 이미지 형태를 따라 드래그하면 자동으로 올가미가 생겨나며, 더블클릭하거나 [Enter]키를 누르면 활성화 영역으로 지정됩니다. 색상 대비가 큰 이미지를 활성화하기 좋습니다.

◉ 상단 옵션 바

❶ 활성화 영역을 선택, 추가(단축키 [Shift]), 제외(단축키 [Alt]), 중첩(단축키 [Shift]+[Alt])할 수 있는 옵션입니다.

❷ Feather : 선택된 활성화 영역의 가장자리에 흐림 효과를 넣는 옵션입니다. 값이 클수록 더 흐려집니다.

❸ Anti-alias : 비트맵 이미지에서 일어날 수 있는 계단 현상을 방지해 주는 옵션입니다.

❹ Width : 올가미가 생기는 경계선의 검색 값을 설정합니다. 만약 값이 '10px'라면, 클릭한 위치의 10px내로 검색해 가장 색의 차이가 많은 부분에 올가미가 생깁니다. 값이 작을수록 좁은 범위 안에서 검색되어 정교하게 선택됩니다(자석 올가미 툴에서만 사용 가능).

❺ Contrast : 올가미가 생기는 이미지 경계선의 대비 정도를 설정합니다. 입력한 값이 클수록 색의 대비차가 커져 정교하게 선택됩니다(자석 올가미 툴에서만 사용 가능).

❻ Frequency : 올가미가 생기는 과정에서 만들어지는 포인트 수를 조절합니다. 입력한 값이 클수록 포인트 수가 많아져 더 정교하게 선택됩니다(자석 올가미 툴에서만 사용 가능).

❼ Tablet Pressure : 타블렛 사용 시 필요한 옵션입니다. 타블렛 압력이 올가미 생성에 관여하여 더 정교하게 선택됩니다(자석 올가미 툴에서만 사용 가능).

❽ Refine Edge : 활성화하여 편집해야 하는 이미지가 복잡할 경우, 활성화 영역을 더 깔끔하고 손쉽게 생성합니다.

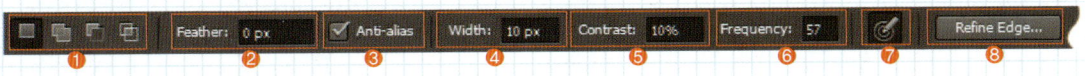

하늘 합성하기

마술봉 툴

클릭하면 비슷한 색상끼리 잡아 활성화하는 마술봉 툴! 활성화 영역을 빠르게 지정할 수 있어 색상 대비가 큰 이미지에서 사용하면 좋은 효과를 볼 수 있어요. 이미지 편집을 좀 더 쉽게 할 수 있도록 도와주는 마술봉 툴에 대해 알아볼까요?

● [예제 파일] Sample/12/하늘 합성하기.psd
● [완성 파일] Sample/12/하늘 합성하기.jpg

01 메뉴 바에서 [File] – [Open](단축키 Ctrl + O)을 선택하여 〈Sample/12/하늘 합성하기.psd〉 파일을 엽니다. 도구상자에서 빠른 선택 툴( )을 길게 선택하면 숨은 도구 리스트를 볼 수 있는데, ❶ 그 중 마술봉 툴( )을 선택합니다. ❷ 상단 옵션 바의 [Tolerance]에 '20'으로 값을 입력합니다. ❸ '하늘 지우기' 레이어를 선택한 후, ❹ 이미지의 하늘을 클릭해 활성화 영역으로 지정합니다.

잠깐 활성화되지 않은 하늘 부분은, Shift 키를 누른 상태로 클릭해 추가합니다.

02 Delete 키를 눌러 삭제하면, 'Background'에
입혀진 하늘이 나타납니다.

포토샵 파헤치기

⊙ 빠른 선택 툴의 옵션

빠른 선택 툴(◢)의 단축키는 W이며, 숨은 메뉴는 Shift+W를 눌러 순서대로 불러내어 사용할 수 있습니다. 숨은 메뉴
로는 마술봉 툴(◣)이 있으며, 이미지의 색상 값으로 선택되어 활성화합니다.

01 빠른 선택 툴 : 브러시로 그리듯이 드래그하면 인접한 지점의 색상들이 자동으로 선택됩니다.

❶ 활성화 영역을 선택, 추가(단축키 Shift), 제외(단축키 Alt)할 수 있는 옵션입니다.

❷ Sample All Layers : 모든 레이어에 걸쳐 선택됩니다.

❸ Auto-Enhance : 활성화된 경계를 선명하고 자연스럽게 합니다.

02 마술봉 툴 : 클릭한 지점을 기준으로 유사한 색상끼리 선택되어 활성화합니다.

❶ 활성화 영역을 선택, 추가(단축키 Shift), 제외(단축키 Alt), 중첩(Shift+Alt)할 수 있는 옵션입니다.

❷ Tolerance : 유사색 범위를 설정합니다. 값이 클수록 허용치가 커집니다.

❸ Anti-alias : 비트맵 이미지에서 일어날 수 있는 계단 현상을 방지해 주는 옵션입니다.

❹ Contiguous : 인접해있는 유사한 색상들만 선택됩니다.

❺ Sample All Layers : 레이어에 상관없이 유사한 색상들이 선택됩니다.

활성화 영역 쉽게 이해하기

활성화 영역(선택 영역)은 지정된 부분만 수정과 편집이 가능하게 만들어 놓은 아주 편리한 기능입니다. 그래서 포토샵은 활성화 영역을 만들 수 있는 툴을 다양하게 지원하고 있어요. 대충은 알겠는데 너무 많아 어떻게 사용해야 할지 모르겠다고요? 그렇다면 지금부터 집중해서 따라해 보세요!

◉ 활성화 영역, 어떻게 활용할까?

활성화 영역을 만들 때 사용할 수 있는 툴은 다양하지만, 개념은 두 가지로 분류할 수 있습니다. **모양을 잡아 선택할 수 있는 툴**(네모 선택 툴(▣), 다각형 올가미 툴(◥) 등)과, **색상을 잡아 선택할 수 있는 툴**(마술봉 툴(✦), 빠른 선택 툴(◢) 등)로 분류할 수 있지요. 자, 사람 머리 모양을 한 돌을 활성화해볼까요? 위의 두 가지 유형 중 어떤 것으로 선택하는 것이 좋을까요? 만약 여러분이 활성화 영역이 필요한 이미지를 만났다면, 바로 이 질문부터 던져야 합니다.

❶ 모양을 잡아 선택하기 : 제가 제일 먼저 생각한 방법은, 원형 선택 툴(◯)로 대강의 윤곽을 잡고 다각형 올가미 툴(◖)을 이용해 나머지 부분을 선택하는 것이었습니다. 물론 이것이 정확한 답이라고는 할 수 없습니다.

❷ 색상을 잡아 선택하기 : 하지만 마술봉 툴(✦)을 이용했다면 꽤 까다로운 작업이 될 것이라는 건 확실합니다. 이 이미지는 비슷한 색상이 분포하고 있어, 색상으로 활성화 영역을 선택하게 되면 원하지 않는 부분까지 선택되어 활성화 영역을 수정하는데 시간이 오래 걸리게 됩니다.

이렇게 활성화 영역을 선택하는 데는 '어떤 유형으로 선택할 것인가?'가 가장 중요한 포인트입니다. 그 유형을 알고 나면 다음으로 어떤 툴을 선택해야 할지 보이게 되니까요.

◉ 활성화 영역의 비슷한 옵션들은 하나로 외우자!

활성화 영역을 만들 수 있는 툴들은 사실 모양만 다를 뿐이지 결론적으로 같은 것을 만들고 있기 때문에 동일한 옵션들이 참 많습니다. 그래서 한 번 외워두면 여러모로 편리하죠. 활성화 영역을 만드는 세 가지 툴(네모 선택 툴과 숨은 메뉴 ⬚⬭⬛⬛, 올가미 툴과 숨은 메뉴 ⬭⬭⬭, 빠른 선택 툴과 숨은 메뉴 ⬭⬭)의 공통된 옵션에 대해 알아볼까요? 설명을 돕기 위해 세 가지 툴을 '활성화 툴'이라 잠시 부르도록 하겠습니다.

❶ **이동** : 활성화 영역 안에서는 커서의 모양이 다음과 같이 변합니다. 활성화 툴을 선택한 상태에서 활성화 영역을 잡고 드래그하면 영역만 이동됩니다. 하지만 이동 툴(⬭)을 선택한 상태에서 드래그하면 활성화 영역뿐 아니라 이미지도 함께 이동됩니다(활성화 툴 선택 시 단축키 Ctrl+드래그).

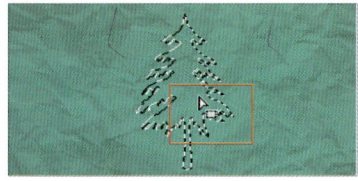 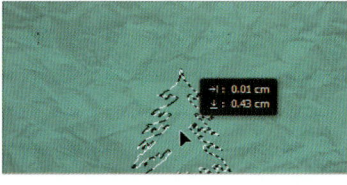 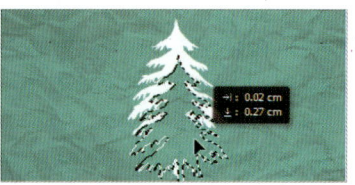

❷ **활성화 영역 추가** : 활성화 영역이 지정된 후 Shift 키를 누른 상태로 드래그하면 영역이 추가됩니다. Shift 키를 누르면 마우스 커서에 + 아이콘이 생성되는 것을 확인할 수 있습니다.

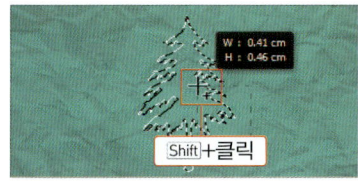 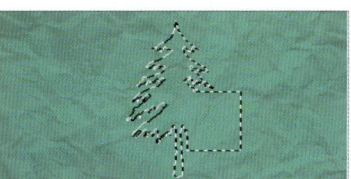

❸ **활성화 영역 제거** : 활성화 영역이 만들어진 상태에서 Alt 키를 누른 상태로 드래그하면 영역이 제거됩니다. Alt 키를 누르면 마우스 커서에 − 아이콘이 생성되는 것을 확인할 수 있습니다.

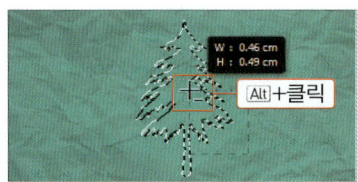 

❹ **반전** : 선택한 활성화 영역 외의 이미지를 수정하고 싶다면, 메뉴 바에서 [Select] − [Inverse](단축키 Shift +Ctrl+ I)를 선택해 활성화 영역을 반전합니다. 활성화 툴이 선택되어 있지 않아도 명령 가능합니다.

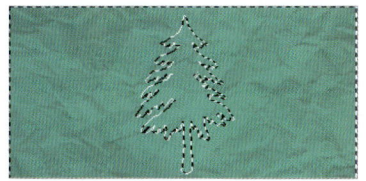

 활성화 영역도 방향키를 이용해 이동할 수 있습니다(55p 참조).

❺ Feather : 활성화 영역의 테두리에 Feather 값을 적용하면, 경계면이 흐릿해지는 효과를 적용할 수 있습니다.

◉ Refine Edge

메뉴 바에서 [Select] − [Refine Edge](단축키 Alt+Ctrl+R)를 선택하면 정교한 이미지를 활성화 영역으로 선택할 때 사용하는 [Refine Edge]를 불러올 수 있습니다.

❶ View Mode : 활성화 영역과 그 외 영역의 색상 차이를 시각적으로 어떻게 볼지 결정합니다.

❷ Smart Radius : 활성화 영역 경계의 반경을 자동으로 조정합니다.

❸ Radius : 활성화 영역의 경계 반경의 크기를 조절합니다. 가장자리를 선명하게 만들려면 작은 값으로, 부드럽게 만들려면 큰 값을 줍니다.

❹ Refine Radius Tool : 선택이 잘못된 부분에 드래그하면 보다 정교하게 선택할 수 있습니다.

❺ Smooth : 불규칙한 활성화 영역의 경계를 매끄럽게 합니다.

❻ Feather : 활성화 영역의 경계를 흐리게 만듭니다.

❼ Contrast : 활성화 영역의 경계를 선명하게 만듭니다.

❽ Shift Edge: 활성화 영역의 테두리를 확장하거나 축소합니다.

❾ Decontaminate Color : 색상 가장자리를 근처에 선택된 픽셀의 색으로 대체합니다.

❿ Output To : 현재 다듬은 활성화 영역을 어디에 나타낼지 지정합니다.

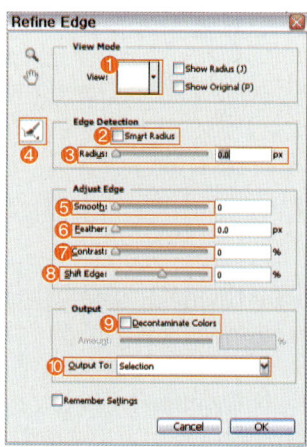

나무 그리기

브러시 툴

그림을 그릴 때 쓰이는 가장 기본적인 툴인 브러시 툴! 브러시 툴은 실제 우리가 사용하는 붓과 같다고 생각하면 조금 더 쉽고 친근하게 다룰 수 있어요. 물감을 모양 붓에 찍어 뿌린다고 생각하면서 따라해 보세요.

- ◉ [예제 파일] Sample/13/나무 그리기.psd
- ◉ [완성 파일] Sample/13/나무 그리기.jpg

01 메뉴 바에서 [File] – [Open](단축키 Ctrl+O)을 선택하여 〈Sample/13/나무 그리기.psd〉 파일을 엽니다. ❶ 도구상자에서 돋보기 툴(🔍)을 선택하고, ❷ 상단 옵션 바의 [Zoom In](🔍)을 선택합니다. ❸ 작업 창의 왼쪽 이미지를 드래그하여 확대합니다(단축키 Ctrl+Space Bar+드래그).

02 ① '나무 그리기' 레이어를 선택합니다. ② 도구 상자에서 브러시 툴( )을 선택합니다. ③ 상단 옵션 바의 [Brush Preset Piker]를 선택합니다. ④ 브러시 리스트에서 나뭇잎 모양의 'Scattered Maple Leaves' 브러시를 선택한 후, ⑤ Size 값을 '27px'로 입력합니다. ⑥ 전경색을 선택합니다.

잠깐 단축키 I , I 를 이용하여 브러시의 크기를 줄이고 늘릴 수 있어요.

03 [Color Picker] 대화상자에서 ① 색상 값을 '#ec4526'로 입력하고, ② [OK] 버튼을 클릭합니다.

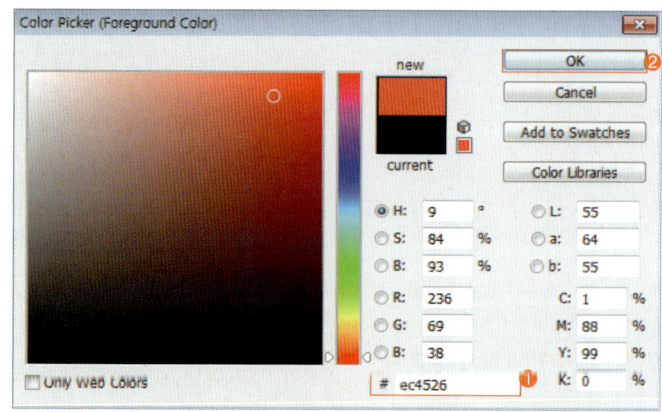

04 이미지에 마치 단풍잎이 달린 것처럼 클릭하거나 드래그하여 그려줍니다.

잠깐 짧게 끊어서 드래그하면 더욱 예쁘게 그릴 수 있습니다.

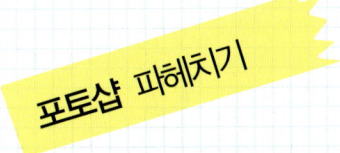

⊙ 브러시 툴과 숨은 메뉴

브러시 툴(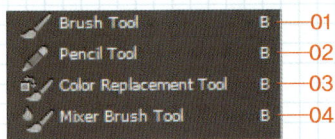)의 단축키는 B이며, 숨은 메뉴는 Shift+B를 눌러 순서대로 불러내어 사용할 수 있습니다. 숨은 메뉴로는 연필 툴(✏), 색상 대체 툴(🖌), 혼합 브러시 툴(🖌)이 있으며, 브러시 설정과 사용법은 비슷하지만 기능들은 조금씩 다릅니다.

🖌 Brush Tool	B	—01
✏ Pencil Tool	B	—02
🖌 Color Replacement Tool	B	—03
🖌 Mixer Brush Tool	B	—04

01 브러시 툴 : 드래그로 부드러운 선의 자유 드로잉이 가능한 툴입니다.

02 연필 툴 : 브러시 툴과 비슷하지만, aliasing(이미지의 계단 현상)으로 표현되는 툴입니다. 주로 도트 이미지를 만드는데 사용됩니다.

03 색상 대체 툴 : 원하는 부분의 색상을 변경할 수 있습니다.

04 혼합 브러시 툴 : 이미지의 색상을 섞어주는 기능을 합니다.

⊙ 상단 옵션 바

❶ Brush Panel을 엽니다.

❷ Opacity : 투명도를 조절합니다.

❸ Flow : 브러시의 흐름을 조절합니다.

❹ Auto Erase : 작업 창 화면의 색이 전경색과 같은 경우 배경색으로 바꿔줍니다.

❺ Mode : 블렌딩 모드를 설정합니다.

❻ 브러시가 칠해지는 부분을 Levels 값에 따라 설정하여 다르게 효과가 나타납니다.

❼ Limit : 색상 경계에 따라 칠 설정을 변경합니다.

❽ Tolerance : 색상 범위 정도를 조절합니다.

❾ Current brush load : 브러시에 설정된 색상을 알 수 있습니다. 브러시를 드래그하면, 이 색상과 함께 섞여 칠해집니다.
　Alt키를 누른 상태로 이미지를 클릭하면, 색상뿐 아니라 이미지도 소스로 사용할 수 있습니다.

❿ 설정된 소스 컬러 사용 방법을 설정합니다.

⓫ 자주 사용되는 설정의 조합을 선택할 수 있습니다.

⓬ Wet : 색이 혼합될 때 섞이는 양을 조절합니다. 값이 클수록 색상이 더 많이 섞입니다.

⓭ Load : 불러오는 페인트 양을 지정합니다.

⓮ Mix : 이미지의 색과 브러시의 비율을 조절합니다. 혼합되는 방법은 Wet의 설정에 따라 결정됩니다.

⓯ Air brush : 압력을 감지할 수 있는 에어 브러시를 이용할 수 있습니다.

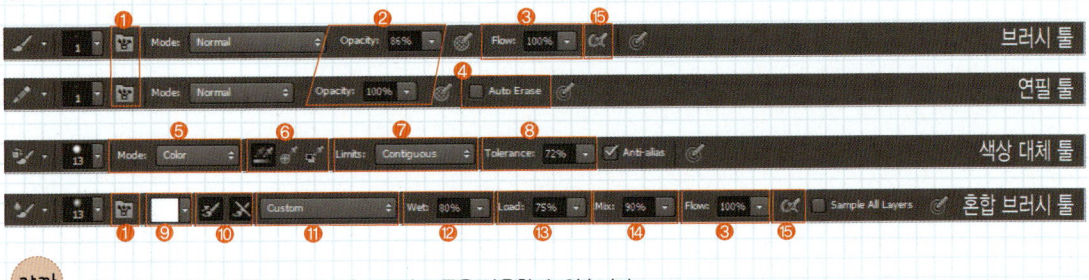

잠깐 브러시 툴 사용 시 Alt키를 누르면 스포이트 툴을 사용할 수 있습니다.

브러시 라이브러리 불러오기

❶ 상단 옵션 바의 [Brush Preset Piker]를 선택(혹은 작업
창에서 마우스 오른쪽 버튼 클릭)합니다.

❷ 오른쪽 윗부분의 톱니바퀴 모양 아이콘(⚙)을 클릭합니다.

❸ 하단의 브러시 라이브러리 중 하나를 선택하세요.

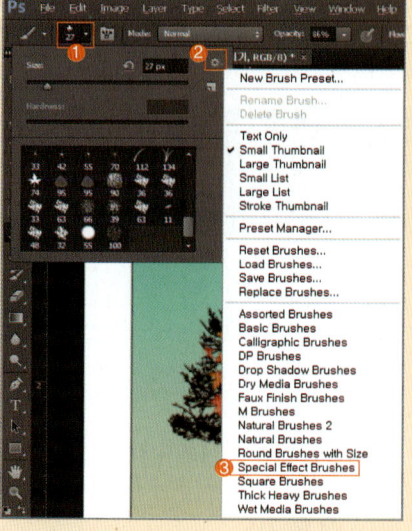

큰 달 작은 별의 밤하늘

그레이디언트 툴

A 색상을 B 색상으로 자연스럽게 변화시키는 것이 그러데이션입니다. 그러데이션을 사용하면 이미지를 다양한 색감으로, 더욱 풍성하고 단조롭지 않게 만들 수 있습니다. 그러데이션 기능을 가진 그레이디언트 툴을 이용해 밤하늘을 좀 더 깊이 있고 낭만적으로 표현해 볼까요!

◉ [예제 파일] Sample/14/큰 달 작은 별의 밤하늘.psd
◉ [완성 파일] Sample/14/큰 달 작은 별의 밤하늘.jpg

01 메뉴 바에서 [File] – [Open](단축키 Ctrl+O)을 선택하여 〈Sample/14/큰 달 작은 별의 밤하늘.psd〉 파일을 엽니다. ❶ 도구상자에서 돋보기 툴(🔍)을 선택하고, ❷ 상단 옵션 바의 [Fit Screen](단축키 Ctrl+O)을 선택해 작업 창에 이미지 크기를 맞춥니다.

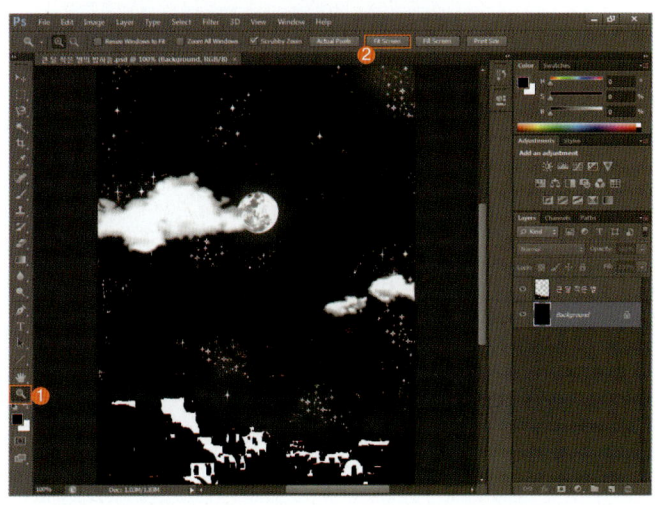

02 ❶ 도구상자에서 그레이디언트 툴(■)을 선택합니다. ❷ 상단 옵션 바의 [Edit the Gradient]를 선택합니다.

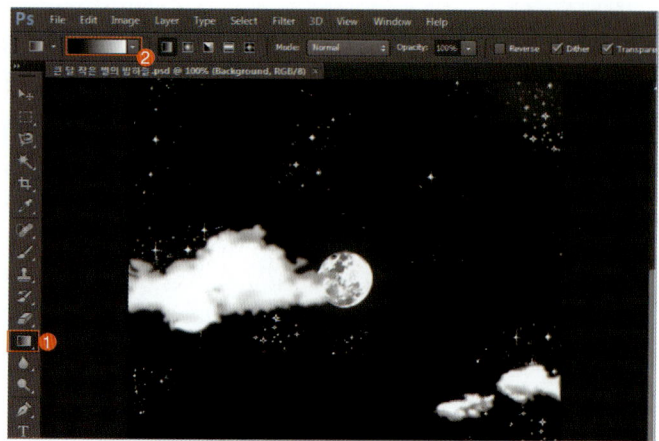

03 ❶ [Gradient Editor] 대화상자의 좌측 Color Stop 슬라이더를 선택합니다. ❷ Color를 클릭하여 [Color Piker] 대화상자를 엽니다. ❸ 색상 값을 '#00030e'로 입력하고, ❹ [OK] 버튼을 클릭합니다.

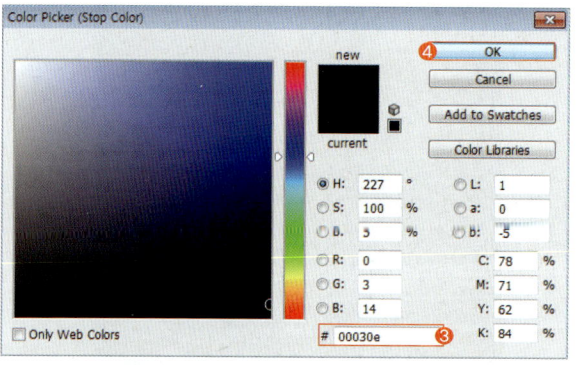

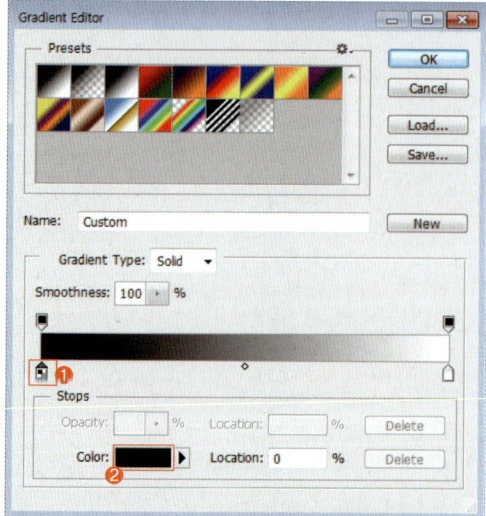

04 ❶ [Gradient Editor] 대화상자의 우측 Color Stop 슬라이더를 클릭하고, ❷ Color를 클릭하여 [Color Piker] 대화상자를 엽니다. ❸ 색상 값을 '#00809e'로 입력하고. ❹ [OK] 버튼을 클릭합니다. ❺ [Gradient Editor] 대화상자의 [OK] 버튼을 클릭합니다.

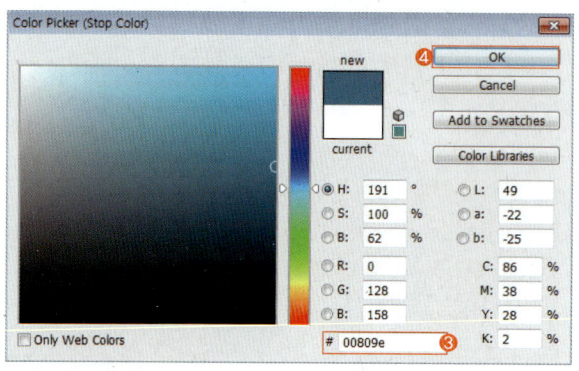

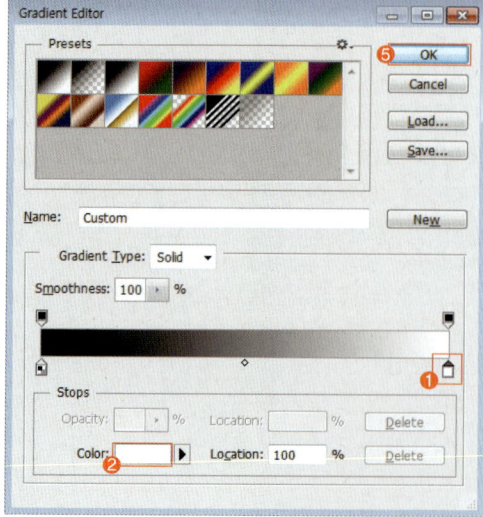

05 'Background'를 선택한 후, ❷ 작업 창에서 위에서 아래로 드래그하면 멋지게 그레이디언트 된 밤하늘이 표현됩니다.

잠깐 Shift 키를 누른 상태로 드래그하면 그러데이션이 수평으로 채워집니다.

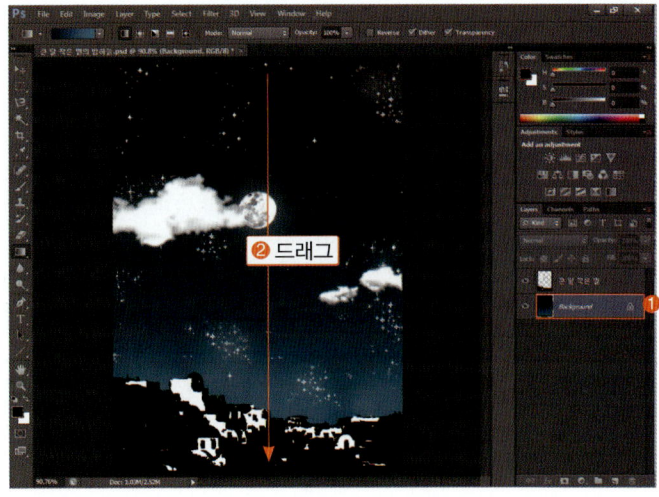

◉ 그레이디언트 툴의 옵션

그레이디언트 툴(■)의 단축키는 G 이며, 숨은 메뉴는 Shift + G 를 눌러 순서대로 불러내어 사용할 수 있습니다. 숨은 메뉴로는 페인트 통 툴(🖌), 3D 머티리얼 드롭 툴(🖌)이 있으며, 색을 칠할 때 사용합니다. 그레이디언트 툴이 색과 색이 이동하며 나타나는 컬러를 사용한다면, 페인트 통 툴은 단색을 사용한다는 차이점이 있습니다. 3D 공간에서 색과 질감을 칠할 때에 3D 머티리얼 드롭 툴을 사용합니다.

01 그레이디언트 툴 : 두 개 이상 지정된 색이 자연스럽게 변화하는 과정을 드래그하여 사용합니다.

❶ Gradient : [Gradient Editor] 대화상자를 엽니다.

❷ 그레이디언트가 적용되는 모양을 설정합니다.

❸ Opacity : 투명도를 조절합니다.

❹ Reverse : 그레이디언트 시작점과 끝점의 색상이 반대로 적용됩니다.

❺ Dither : 변화되는 부분의 그레이디언트 색상을 부드럽게 합니다.

❻ Transparency : 투명 그레이디언트를 사용할 수 있습니다.

[Gradient Editor] 대화상자

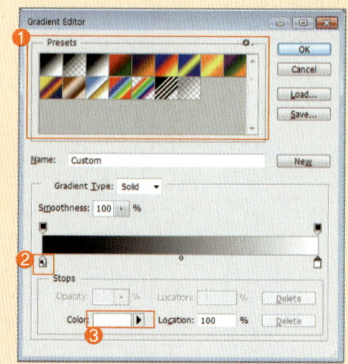

❶ Presets에서 미리 준비된 그레이디언트 색상표를 고릅니다. ❷ Color Stop 슬라이더를 통해 색상 값과 범위를 지정할 수 있습니다. Color Stop 슬라이더를 선택하면 ❸ 하단 Color에서 색상 값을 입력할 수 있고, 드래그하여 범위를 지정할 수 있습니다. 더불어 Alt 키를 누른 상태로 Color Stop 슬라이더를 드래그하면, Color Stop 슬라이더가 하나 더 생성되어 그레이디언트 컬러를 추가할 수 있습니다. 삭제하고자 할 때에는 Color Stop 슬라이더를 클릭하여 그레이디언트 밖으로 드래그합니다.

02 페인트 통 툴 : 원하는 색상을 클릭하여 색칠합니다.

❶ Fill area : 무엇을 칠할지 결정합니다. Foreground는 전경색을, Pattern은 임의의 패턴을 선택하여 칠할 수 있습니다.

❷ Opacity : 투명도를 조절합니다.

❸ Tolerance : 유사색 범위를 설정합니다. 값이 클수록 허용치가 커집니다.

❹ Anti-alias : 비트맵 이미지에서 일어날 수 있는 계단 현상을 방지해주는 옵션입니다.

❺ Contiguous : 함께 인접해 있는 색상들만 선택되어 칠해집니다.

❻ All Layer : 모든 레이어를 고려하여 색상이 칠해집니다.

03 3D 머티리얼 드롭 툴 : 3D 모드에서 사용되는 툴입니다. 질감과 색상을 선택하여 3D 오브젝트에 칠합니다. 3D 작업 환경으로 설정해야 사용 가능합니다.

번거로움을 줄여주는 단축키 사용

페인트 통 툴을 사용하여 작업할 때는 색을 칠할 부분에 바로 클릭하거나(지저분하게 칠해지는 단점), 활성화 영역을 지정하여 클릭하는 방법으로 나누어집니다. 보통은 활성화 영역을 지정하여 채색하게 되며, 〈선택 툴을 이용하여 활성화 → 페인트 통 툴 선택(단축키 G) → 클릭〉 이렇게 세 단계를 거칩니다. 하지만 작업 순서를 좀 더 줄일 수 있는 방법이 있는데요! 〈선택 툴을 이용하여 활성화 → 전경색 채우기 (단축키 Alt + Delete)〉를 사용하면 한 단계를 줄여 더 빠르고 간단하게 작업할 수 있습니다. 더불어 배경색 채우기 단축키(Ctrl + Delete)도 외워두면 훨씬 수월하게 채색할 수 있답니다. 페인트 통 툴보다 훨씬 자주 사용되는 단축키이니 꼭 외워두시길 바랍니다.

심플한 도형 이름표 만들기

도형 툴

도형 툴은 네모, 원, 다각형, 선 등의 다양한 형태를 더욱 간단하게 그릴 수 있으며, 벡터 이미지 방식의 드로잉을 지원하고 있어 확대 · 축소 시 계단 현상이 일어나지 않아 깔끔한 드로잉이 가능합니다. 이렇게 다양한 능력을 갖춘 도형 툴! 과연 어떤 것들을 표현할 수 있는지 차근차근 살펴볼까요?

⦿ **[예제 파일]** Sample/15/심플한 도형 이름표 만들기.psd
⦿ **[완성 파일]** Sample/15/심플한 도형 이름표 만들기.jpg

01 메뉴 바에서 [File] – [Open](단축키 Ctrl+O)을 선택하여 〈Sample/15/심플한 도형 이름표 만들기.psd〉 파일을 엽니다. ❶ 도구상자에서 돋보기 툴(🔍)을 선택하고, ❷ 상단 옵션 바의 [Fit Screen](단축키 Ctrl+0)을 선택해 작업 창에 이미지 크기를 맞춥니다. ❸ '말풍선 이름표' 레이어를 선택합니다. ❹ 전경색을 선택합니다.

02 [Color Picker] 대화상자에서 ❶ 색상 값을 '#ffffff'로 입력하고, ❷ [OK] 버튼을 클릭합니다.

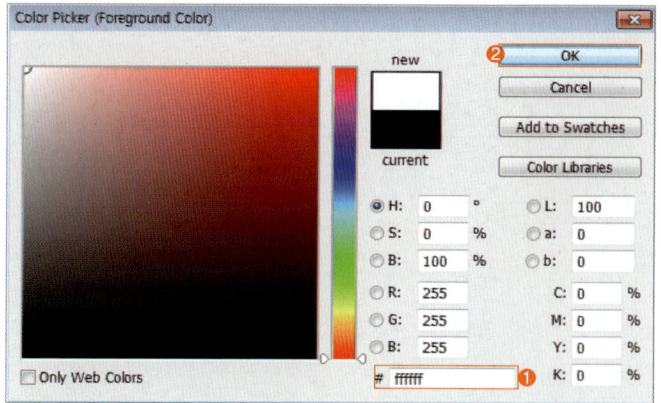

03 도구상자에서 사각형 툴(■)을 길게 선택하면 숨은 도구 리스트를 볼 수 있는데, ❶ 그 중 커스텀 셰이프 툴(▨)을 선택합니다. ❷ 상단 옵션 바의 [Mode]를 'Pixels'로 변경합니다. ❸ 작업 창에서 마우스 오른쪽 버튼을 클릭합니다. ❹ 셰이프 이미지 리스트가 뜨면, 말풍선 이미지를 선택합니다. ❺ 작업 창에서 마우스 왼쪽 버튼을 클릭합니다.

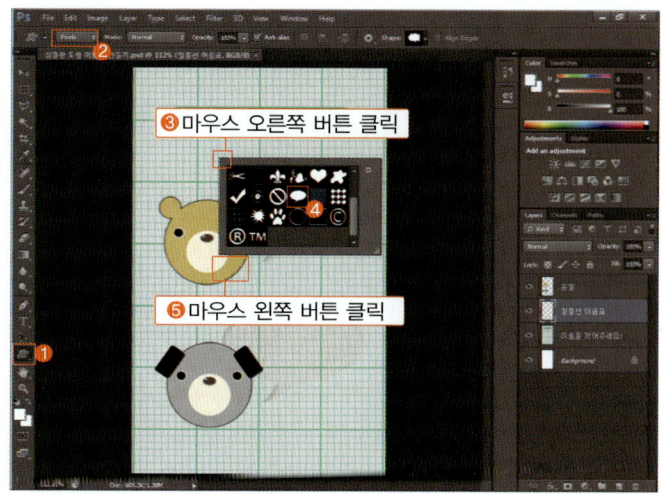

04 [Create Custom Shape] 대화상자에서 ❶ 'Preserve Proportions'에 체크하고, ❷ Width 값을 '200px'로 입력합니다. ❸ [OK] 버튼을 클릭합니다.

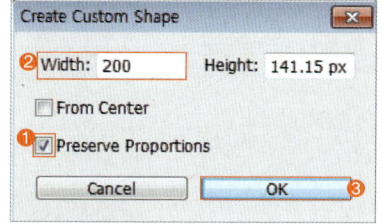

 'Preserve Proportions'에 체크하면 셰이프 이미지가 본래 저장된 비율로 생성됩니다.

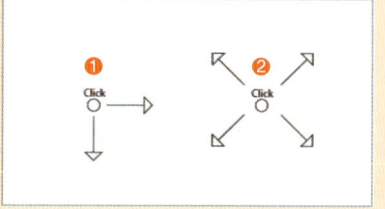

From Center 옵션

'From Center'에 체크하지 않으면 도형이 ❶과 같은 방향으로 그려지고, 체크하면 ❷와 같은 방향으로 그려집니다.

05 말풍선 형태의 이미지가 생성된 것을 확인할 수 있습니다. ❶ 도구상자에서 이동 툴(⊕)을 선택합니다. ❷ 그려놓은 말풍선을 드래그하여 노란 곰돌이 옆으로 이동시킵니다.

잠깐 미세한 조작은 키보드의 방향키를 이용하세요.

06 ❶ Alt+Shift 키를 누른 상태로 밑으로 드래그하여 말풍선을 복사해 회색 곰돌이 옆으로 이동시킵니다. ❷ 말풍선 이미지와 레이어가 복사되면서 심플한 도형 이름표 만들기가 완성되었습니다.

잠깐 Alt+Shift 키를 누르고 드래그하면 수평 · 수직 방향으로 복제됩니다.

⊙ 도형 툴의 옵션

도형 툴의 단축키는 U이며, 숨은 메뉴는 Shift+U를 눌러 순서대로 불러내어 사용할 수 있습니다. 사각형 툴(▢), 둥근 사각형 툴(▢), 원형 툴(◯), 다각형 툴(◯), 선 툴(╱), 커스텀 셰이프 툴(⬡)이 있으며, 작업 창 내에서 마우스 왼쪽 버튼을 클릭하면 옵션을 설정할 수 있는 도구상자가 열립니다. 도구상자는 Width(가로사이즈), Height(세로사이즈)의 기본적인 크기 설정이 가능하고, 도형의 특성에 맞는 자세한 설정을 할 수 있습니다.

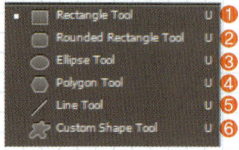

❶ 사각형 툴 : 직사각형이나 정사각형(Shift+드래그)을 그릴 수 있습니다.

❷ 둥근 사각형 툴 : 모서리가 둥근 사각형을 그릴 수 있습니다.

❸ 원형 툴 : 타원과 정원(Shift+드래그)을 그릴 수 있습니다.

❹ 다각형 툴 : 삼각형, 사각형, 오각형 등 다양한 각을 가진 도형을 그릴 수 있습니다.

❺ 선 툴 : 수평선과 수직선과 같은 직선(Shift+드래그)을 그릴 수 있습니다. 선 툴은 상단 옵션 바의 [Weight]에서 선의 굵기를 조절합니다.

❻ 커스텀 셰이프 툴 : 다양한 모양의 이미지를 불러내어 쉽게 그릴 수 있습니다.

셰이프 이미지 라이브러리 불러오기

❶ 작업 창에서 마우스 오른쪽 버튼을 클릭하면 사용할 수 있는 셰이프 이미지 리스트를 볼 수 있습니다. ❷ 혹은 상단 옵션 바의 [Set Shape to Create]를 선택해도 됩니다. ❸ 톱니바퀴 모양 아이콘(⚙)을 클릭하면 셰이프 라이브러리를 선택하거나 사용자가 직접 만든 셰이프를 추가로 저장할 수 있습니다. 예를 들어 셰이프 라이브러리 중 ❹ 'Ornaments'를 클릭하면 새로운 라이브러리를 불러낼 수 있습니다. ❺ Reset Shapes를 클릭하면 기본 셰이프 이미지로 돌아옵니다.

❶ 마우스 오른쪽 버튼 클릭

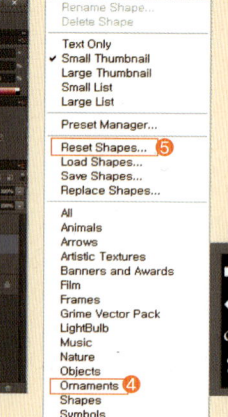

⊙ Pick Tool Mode

도형 툴에서 중요하게 사용되는 [Mode]는 도형 툴을 벡터와 레스터 이미지로 그릴 수 있도록 설정하는 옵션입니다. 자주 사용되는 만큼 정확하게 알고 넘어가면 여러모로 편리하게 사용됩니다.

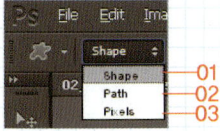

01 Shape : Path 생성 및 면과 선을 조작할 수 있습니다. 수정이 쉽고, 벡터 방식으로 크기를 키웠을 때 이미지 손실이 없습니다. Shape를 생성하였을 때 레이어의 변화를 확인합니다.

 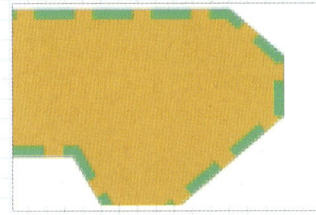 

포토샵 CS6부터 Shape를 생성할 때 면과 선을 설정하는 옵션으로 세분화되어 더욱 편리해졌습니다. [Fill]과 [Stoke] 옵션은 같습니다.

❶ No Color : 속성을 제거합니다.

❷ Solid Color : [Fill]과 [Stoke]를 채웁니다.

❸ Gradient : 그레이디언트를 사용합니다.

❹ Pattern : 패턴으로 채웁니다.

❺ Recently Used Colors : 포토샵 내에 설정된 컬러나 패턴을 선택하여 사용합니다.

❻ Color Picker : [Color Picker] 대화상자를 열어 원하는 색상을 선택합니다.

❼ Set shape stroke width : 선의 굵기를 선택합니다.

❽ Stroke options : 선의 형태를 선택합니다.

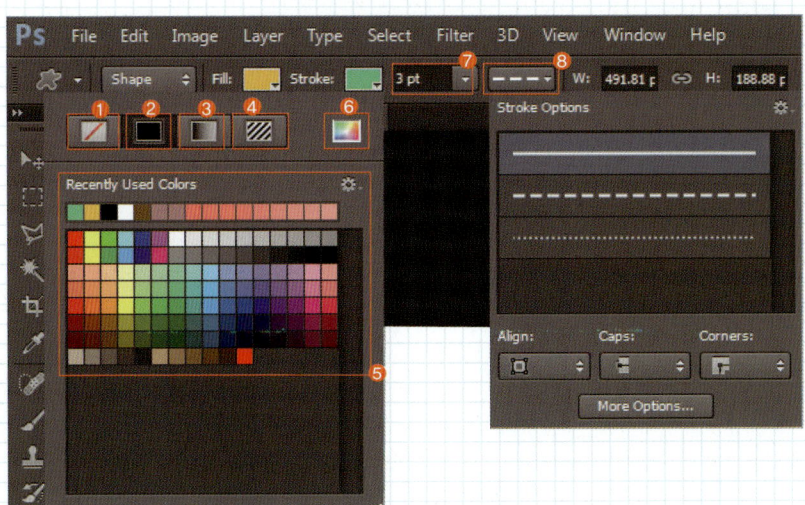

02 Path : 면은 없고 Path만 존재합니다. Shape 모드보다는 좀 더 가벼운 형태로 사용합니다.

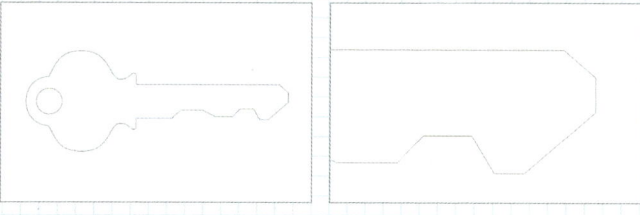

Path는 ❶ Path 범위 내 색상이나 패턴을 지정할 수 있고, ❷ Path를 따라 선을 긋거나 ❸ Path 모양으로 활성화 영역을 생성할 수 있습니다. ❹ Shape와 Path는 Path 패널에 기록되며, 저장한 뒤 불러내어 사용할 수 있습니다.

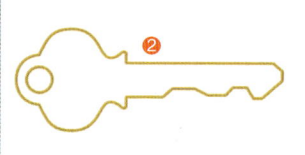
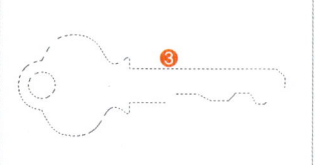

03 Pixels : 면으로만 구성된 형태입니다. 레스터 이미지 형식으로, 크기를 키웠을 때 이미지 손실이 있습니다.

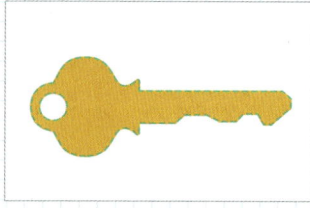

깔끔하게 선 따기

펜 툴

일러스트레이터라는 프로그램을 아시나요? 벡터 형태의 드로잉 툴로, 이미지를 깔끔하게 그릴 수 있는 것이 특징인 프로그램인데요. 포토샵에서도 펜 툴을 이용하면 일러스트레이터처럼 깔끔하게 그림을 그릴 수 있답니다. 펜 툴 역시 벡터 방식을 지원하기 때문에 자유로운 드로잉이 가능합니다.

- ⦿ **[예제 파일]** Sample/16/깔끔하게 선 따기.psd
- ⦿ **[완성 파일]** Sample/16/깔끔하게 선 따기.jpg

01 메뉴 바에서 [File] – [Open](단축키 Ctrl + O)을 선택하여 〈Sample/16/깔끔하게 선 따기.psd〉 파일을 엽니다. ❶ 도구상자에서 돋보기 툴( )을 선택하고, ❷ 상단 옵션 바의 [Zoom In]( )을 선택합니다. ❸ 작업 창의 전구 부분을 드래그하여 확대합니다(단축키 Ctrl + Space Bar +드래그).

02 ❶ 도구상자에서 브러시 툴(✏)을 선택합니다. ❷ 상단 옵션 바의 [Brush Preset Piker]를 선택합니다. ❸ 'Hard Round' 브러시를 선택하고, ❹ Size 값을 '1px'로 입력합니다.

03 ❶ 도구상자에서 펜 툴(✒)을 선택합니다. ❷ 'LINE' 레이어를 선택하고, ❸ 상단 옵션 바의 [Mode]를 'Path'로 설정합니다. ❹ 전구 이미지 바깥 라인에 맞추어 클릭합니다. ❺ 전진하여 한 번 더 클릭하고, 마우스를 떼지 않은 상태에서 해당 방향으로 살짝 드래그하여 둥근 바깥 라인에 Path가 겹치도록 합니다. 같은 방법으로 전구 겉면을 따라 Path를 생성합니다.

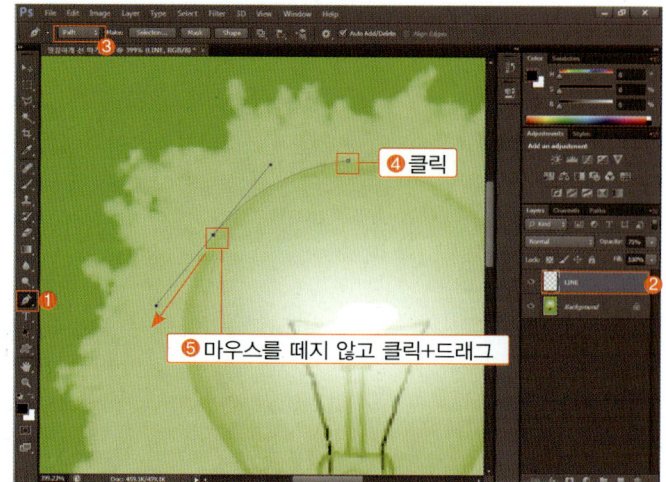

Path 핸들 사용법

❶ 펜 툴(✒)을 선택하고, 클릭하여 기준점을 만듭니다. ❷ 곡선의 경우 마우스를 떼지 않고 클릭하여 해당 방향으로 드래그하면 베지어 곡선이 생성됩니다. 이때 앵커 포인트를 중심으로 두 개의 직선이 생성되는데, 그것을 '핸들'이라 부릅니다. 핸들의 방향에 따라 베지어 곡선의 모양이 달라지니, 핸들을 이리저리 움직여 충분히 연습을 해보는 것이 좋아요. ❸ Alt 키를 누른 상태로 앵커 포인트를 클릭합니다. ❹ 전진하여 다음 베지어 곡선을 만듭니다. 같은 방법으로 반복합니다.

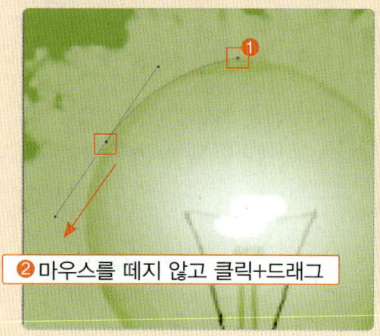

04 ❶ 도구상자에서 돋보기 툴(🔍)을 선택하고, ❷ 상단 옵션 바의 [Fit Screen](단축키 Ctrl + 0)을 선택해 작업 창에 이미지 크기를 맞춥니다. ❸ 도구상자에서 펜 툴(✎)을 선택합니다.

05 ❶ 작업 창에서 마우스 오른쪽 버튼을 클릭합니다. ❷ 팝업 메뉴에서 'Stroke Path'를 선택합니다.

06 ❶ [Stroke Path] 도구상자에서 Tool을 'Brush'로 선택하고, ❷ [OK] 버튼을 클릭합니다.

잠깐 02에서 설정한 브러시 옵션이 적용됩니다.

07 ❶ Path를 따라 브러시 툴에 설정한 선이 생기는 것을 확인할 수 있습니다. ❷ 작업 창에서 마우스 오른쪽 버튼을 클릭합니다. ❸ 팝업 메뉴에서 'Delete Path'를 선택하면 이미지가 완성됩니다.

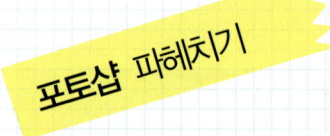

⊙ 펜 툴과 숨은 메뉴

펜 툴(🖊)의 단축키는 P이며, 숨은 메뉴는 Shift+P를 눌러 순서대로 불러내어 사용할 수 있습니다. 숨은 메뉴로는 프리폼 펜 툴(🖊), 앵커 포인트 추가 툴(🖊), 앵커 포인트 삭제 툴(🖊), 앵커 포인트 변환 툴(🖊)이 있으며, 프리폼 펜 툴을 제외한 나머지 툴은 펜 툴의 부차적인 메뉴로 많이 사용됩니다.

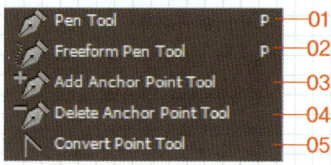

01 펜 툴 : Path를 생성할 때 사용하는 툴입니다.

02 프리폼 펜 툴 : 앵커 포인트가 생기지 않고 드래그하여 Path를 생성합니다.

03 앵커 포인트 추가 툴 : Path 위에 마우스 커서를 가져다 대면 앵커 포인트를 추가할 수 있습니다.

04 앵커 포인트 삭제 툴 : 앵커 포인트 위에 마우스 커서를 가져다 대면 앵커 포인트를 삭제할 수 있습니다.

05 앵커 포인트 변환 툴 : Alt키를 누른 상태로 앵커 포인트를 누르면 베지어 곡선의 방향이 변환됩니다.

⊙ 상단 옵션 바

❶ Mode : Shape 모드와 Path 모드를 선택할 수 있습니다.

❷ Selection : Path가 활성화 모드로 변합니다.

❸ Mask : Path 형태로 마스크가 생성됩니다. 레이어상에서 사용 가능합니다.

❹ Shape : Path 모드가 Shape 모드로 변합니다.

❺ Path operations : 기존 패스 영역에 새로운 패스 영역을 추가할 때 더하거나 뺄 수 있는 옵션입니다.

❻ Path alignment : Shape를 정렬합니다.

❼ Path arrangement : Shape가 겹쳐지는 우선순위를 설정합니다.

❽ 펜 툴의 톱니바퀴 모양 아이콘 : Rubber Band를 선택하면, 패스의 미리보기가 가능합니다.

❾ Auto Add/Delete : 패스를 그리는 도중에 앵커 포인트를 삭제하거나 추가할 수 있습니다.

❿ Magnetic과 톱니바퀴 모양 아이콘 : 톱니바퀴 모양 아이콘의 Curve Fit 옵션은, 드래그한 Path의 디테일 단계를 설정합니다. 값이 클수록 심플하게 나타납니다. Magnetic의 세부 설정은 톱니바퀴 모양 아이콘을 눌러 설정할 수 있습니다. Magnetic 기능은 자동으로 앵커 포인트가 생겨나며, 경계에 Path가 자동으로 생성됩니다.

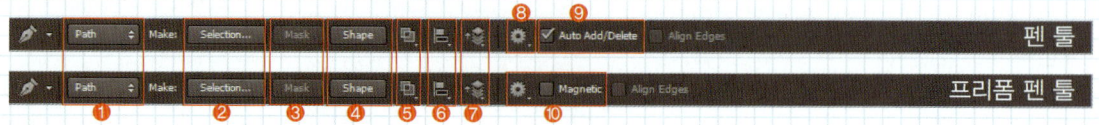

감성 이미지와 어울리는 레터링

가로 문자 툴

엽서나 편지지, 블로그의 사진 등을 보다 보면 사진에 예쁜 글씨가 새겨져 분위기를 더해주는 것을 발견하곤 합니다. 대부분 포토샵으로 만들어진 것들인데요. 문자 몇 개만 더해도 사진을 훨씬 멋지게 표현할 수 있답니다. 감성 이미지에 어울리는 레터링! 원하는 메시지를 사진에 한 번 새겨볼까요?

◉ [예제 파일] Sample/17/감성 이미지와 어울리는 레터링.psd
◉ [완성 파일] Sample/17/감성 이미지와 어울리는 레터링.jpg

01 메뉴 바에서 [File] – [Open](단축키 Ctrl + O)을 선택하여 〈Sample/17/감성이미지와 어울리는 레터링.psd〉 파일을 엽니다. ❶ 도구상자에서 돋보기 툴(🔍)을 선택하고, ❷ 상단 옵션 바의 [[Fit Screen](단축키 Ctrl + O)을 선택해 작업 창에 이미지 크기를 맞춥니다.

02 ❶ 도구상자에서 가로 문자 툴(T)을 선택합니다. ❷ '글씨' 레이어를 선택합니다. ❸ 작업 창을 클릭하면, 커서가 깜빡이는 것을 확인할 수 있습니다. 'They are fine for a traveling bunch'라고 입력합니다.

03 ❶ 문장 사이를 클릭해 Enter 키를 눌러줍니다. ❷ '글씨' 레이어를 선택합니다.

잠깐 레이어를 선택하면 문자 편집 모드가 닫힙니다.

04 ❶ 상단 옵션 바의 [Font Family]를 선택하여 이미지와 어울리는 폰트로 변경합니다. ❷ [Font Size]를 '14pt'로 입력합니다. ❸ [Anti-aliasing method]를 'Smooth'로 변경합니다.

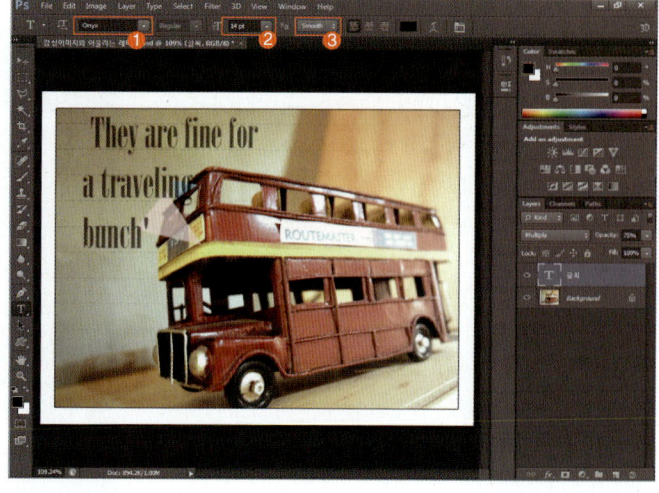

05 ❶ 도구상자에서 이동 툴()을 선택하고, ❷ 드래그하여 적당한 위치로 이동시킵니다.

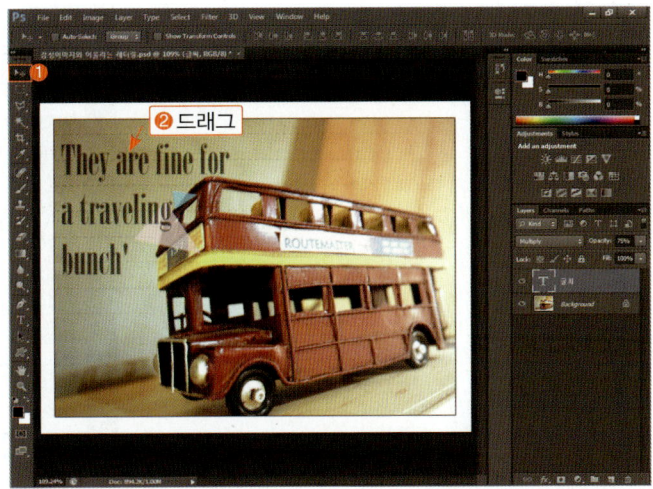

06 ❶ 도구상자에서 가로 문자 툴(T)을 선택합니다. ❷ 작성된 문장의 'e'를 드래그하여 선택합니다. ❸ 상단 옵션 바의 [Font Color]를 선택합니다.

잠깐 문자 위로 커서를 가져다 대면 커서의 모양이 변하는데, 그때 클릭하면 문자 편집 모드로 변화합니다.

07 [Color Picker] 대화상자에서 ❶ 색상 값을 '#696355'로 입력하고, ❷ [OK] 버튼을 클릭합니다.

잠깐 몇 개씩 건너뛰어 글자의 색상을 같은 방법으로 변경해주세요.

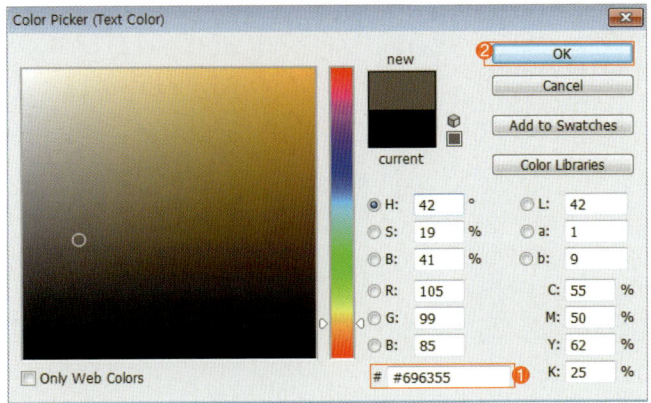

08 ❶ 문장에서 'traveling'을 드래그하여 선택하고, ❷ 상단 옵션 바의 [Font Color]를 선택합니다.

09 [Color Picker] 대화상자에서 ❶ 색상 값을 '#f06f59'로 입력하고, ❷ [OK] 버튼을 클릭해 완성합니다.

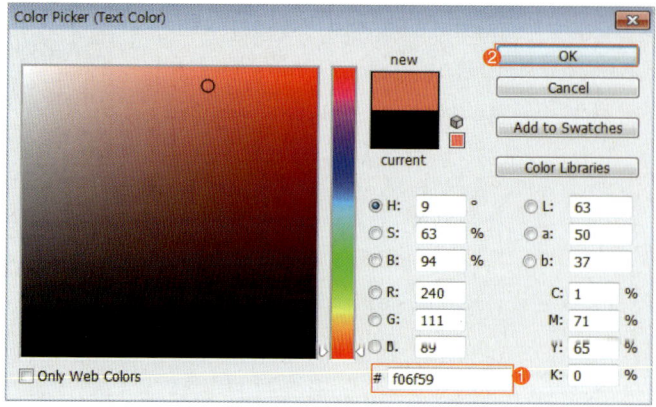

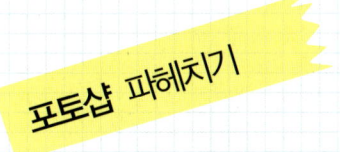

⊙ 가로 문자 툴과 숨은 메뉴

가로 문자 툴(T)의 단축키는 T이며, 숨은 메뉴는 Shift+T를 눌러 순서대로 불러내어 사용할 수 있습니다. 숨은 메뉴로는 세로 문자 툴(IT), 가로 마스크 문자 툴(T), 세로 마스크 문자 툴(IT)이 있으며, 글자를 손쉽게 적고 편집할 수 있도록 도와줍니다.

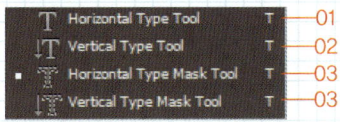

01 가로 문자 툴 : 왼쪽에서 오른쪽으로 문자를 입력합니다.

02 세로 문자 툴 : 위에서 아래로 문자를 입력합니다.

03 가로 문자 마스크 툴 : 왼쪽에서 오른쪽으로 문자를 입력하고, 문자 모양대로 활성화됩니다.

04 세로 문자 마스크 툴 : 위에서 아래로 문자를 입력하고, 문자 모양대로 활성화됩니다.

⊙ 상단 옵션 바

❶ Font Family : 폰트를 선택합니다.

❷ Font Size : 폰트의 크기를 설정합니다.

❸ Anti-aliasing Method : 폰트 외곽선 형태를 변경합니다.

❹ 정렬 : 문단의 정렬을 설정합니다.

❺ Font Color : 폰트의 색상을 설정합니다.

❻ Create warped text : 글씨의 굴곡을 주어 모양을 주는 옵션입니다.

❼ [Character]와 [Paragraph] 패널을 엽니다.

자연스럽게 하나 더

복제 도장 툴

몇 그루 안 되는 나무로 숲을 만들고, 맑은 하늘에 구름을 가득 채웁니다. 실제로는 일어날 수 없는 마법 같은 이야기지만, 포토샵에서는 가능한 일입니다. 바로 복제 도장 툴을 이용해서 말이지요! 필요한 이미지를 기억하고 있다가 도장처럼 찍어 사용할 수 있는 복제 도장 툴! 여러분은 어떤 것을 복제하고 싶으신가요?

- ● [예제 파일] Sample/18/자연스럽게 하나 더A.jpg
- ● [완성 파일] Sample/18/자연스럽게 하나 더B.jpg

01 메뉴 바에서 [File] – [Open](단축키 Ctrl + O)을 선택하여 〈Sample/18/자연스럽게 하나 더A.jpg〉 파일을 엽니다. ❶ 도구상자에서 돋보기 툴(🔍)을 선택하고, ❷ 상단 옵션 바의 [Zoom In](🔍)을 선택합니다. ❸ 작업 창의 등대 부분을 드래그하여 확대합니다(단축키 Ctrl + Space Bar +드래그).

02 ① 도구상자에서 복제 도장 툴()을 선택합니다. ② 상단 옵션 바의 [Brush Preset Picker]를 선택하고, ③ 'Hard Round' 브러시를 선택합니다. ④ Size 값을 '25px'로 입력합니다. ⑤ Alt 키를 누른 상태에서 등대의 동그란 창문을 클릭합니다. ⑥ 복사한 이미지가 보이면 원하는 부분에 클릭하여 복제합니다.

> 잠깐
>
> 브러시의 크기는 이미지 위에 마우스 커서를 올려놓고 브러시 사이즈 조절 단축키 [,] 를 눌러 조절하세요.

⑤ Alt +클릭

⑥ 클릭

포토샵 파헤치기

⊙ 도장 툴과 숨은 메뉴

복제 도장 툴()의 단축키는 S 이며, 숨은 메뉴는 Shift + S 를 눌러 순서대로 불러내어 사용할 수 있습니다. 숨은 메뉴로는 패턴 도장 툴(📛)이 있으며, 이미지를 도장처럼 찍어 사용할 수 있습니다.

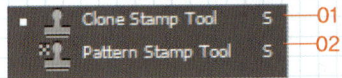

01 복제 도장 툴 : 이미지상에서 똑같은 것을 복제하고 싶을 때 사용하는 툴입니다. Alt 키를 누른 상태에서 복제하고자 하는 대상을 클릭하여 샘플 소스로 저장하고, 원하는 곳에 클릭하거나 드래그하면 복사된 이미지가 입혀집니다.

02 패턴 도장 툴 : 저장된 패턴을 불러와 드래그하면, 패턴이 브러시를 따라 입혀집니다.

⊙ 상단 옵션 바

① Clone Source 패널을 엽니다.
② Opacity : 투명도를 조절합니다.
③ Flow : 브러시의 흐름을 조절합니다.
④ Sample : 여러 개의 레이어로 구성된 경우, 분리되어 있지 않은 것처럼 작업할 수 있도록 설정하는 옵션입니다.
⑤ Laid-horizontal : 패턴을 설정합니다.
⑥ Aligned : 패턴과 복사된 이미지가 끊어지지 않도록 정렬시킵니다.
⑦ Impressionist : 패턴이 뭉개져서 복제됩니다.

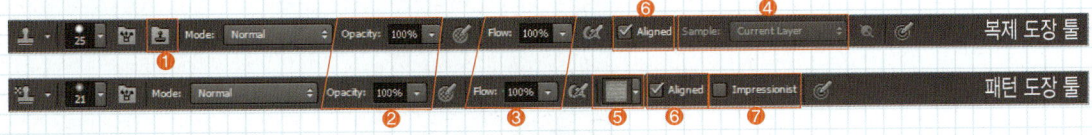

복제 도장 툴

패턴 도장 툴

아웃포커스 사진 만들기

블러 툴 / 샤픈 툴

주인공인 피사체는 선명하고 그 이외의 것들은 흐릿한 사진, 바로 아웃포커스 사진이죠. 선명과 흐림의 차이가 크면 클수록 피사체는 더욱 돋보이게 됩니다. 포토샵을 이용해 아웃포커스가 좀 더 도드라지도록 편집해 보도록 하겠습니다.

◉ **[예제 파일]** Sample/19/아웃포커스 사진 만들기A.jpg
◉ **[완성 파일]** Sample/19/아웃포커스 사진 만들기B.jpg

01 메뉴 바에서 [File] − [Open](단축키 Ctrl+O)을 선택하여 〈Sample/19/아웃포커스 사진 만들기 A.jpg〉 파일을 엽니다. ❶ 도구상자에서 돋보기 툴 (🔍)을 선택하고, ❷ 상단 옵션 바의 [Fit Screen] (단축키 Ctrl+O)을 선택해 작업 창에 이미지 크기를 맞춥니다.

02 ❶ 도구상자에서 블러 툴(◐)을 선택합니다.
❷ 상단 옵션 바의 [Brush Preset Picker]를 선택
하고, ❸ 'Soft Round' 브러시를 선택해 ❹ Size 값
을 '200px'로 입력합니다. ❺ [Strength]는 '50%'로
입력합니다. ❻ 작업 창에서 앞에 있는 병을 제외한
나머지 부분을 드래그하여 흐림 효과를 줍니다.

03 도구상자에서 블러 툴(◐)을 길게 선택하면
숨은 도구 리스트를 볼 수 있는데, ❶ 그 중 샤픈
툴(▲)을 선택합니다. ❷ 상단 옵션 바의 [Brush
Preset Picker]를 선택하고 ❸ 'Soft Round' 브러
시를 선택해 ❹ Size 값을 '200px'로 입력합니다.
❺ [Strength]는 '50%'로 입력합니다. ❻ 작업 창
에서 앞에 있는 병을 드래그하여 선명 효과를 주면
완성입니다.

잠깐 많이 드래그 할수록 더욱 흐려지거나 선명해집니다.

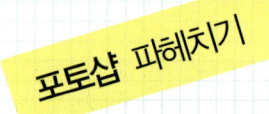

◉ 블러 툴과 숨은 메뉴

블러 툴(◐)과 숨은 메뉴인 샤픈 툴(▲), 스머지 툴(◢)은 이미지를 흐리게, 선명하게, 문지르는 효과를 줍니다. 블러 툴과 샤픈 툴은 사진을 보정할 때 많이 쓰이며, 스머지 툴은 사진뿐 아니라 이미지 채색 시에도 효과적으로 사용됩니다.

01 블러 툴 : 드래그한 부분이 흐려집니다.

02 샤픈 툴 : 드래그한 부분이 선명해집니다.

03 스머지 툴 : 픽셀을 뭉개서 문지르는 효과를 냅니다.

◉ 상단 옵션 바

❶ Strength : 효과의 강도를 설정합니다.

❷ Sample All Layers : 모든 레이어에 걸쳐 효과가 적용됩니다.

❸ Protect Detail : 원본의 디테일을 유지하며 선명 효과가 나타납니다.

❹ Finger Painting : 문지르기 효과에 전경색이 추가되는 효과가 나타납니다.

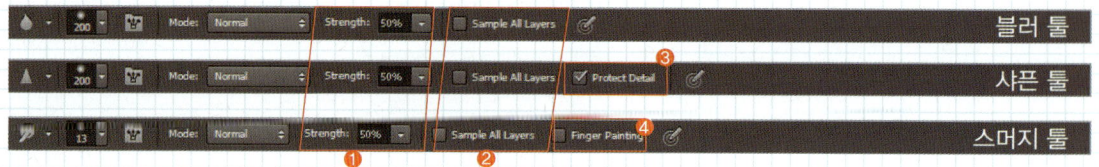

흐릿한 사진을 또렷하게

닷지 툴 / 번 툴

사진의 색감이 흐릿하면 사진이 전체적으로 밋밋하다는 느낌이 듭니다. 밝은 부분은 밝게, 어두운 부분은 어둡게 만들어 주어야 이미지가 강조되기 마련! 닷지 툴과 번 툴을 이용해 흐릿한 사진을 또렷하게 보정해 볼까요?

● [예제 파일] Sample/20/흐릿한 사진을 또렷하게A.jpg
● [완성 파일] Sample/20/흐릿한 사진을 또렷하게B.jpg

01 메뉴 바에서 [File] − [Open](단축키 Ctrl+O)을 선택하여 〈Sample/20/흐릿한 사진을 또렷하게 A.jpg〉 파일을 엽니다. ❶ 도구상자에서 돋보기 툴(🔍)을 선택하고, ❷ 상단 옵션 바의 [Zoom In](🔍)을 선택합니다. ❸ 작업 창을 드래그하여 확대합니다(단축키 Ctrl+Space Bar+드래그).

02 도구상자에서 닷지 툴(🔍)을 길게 선택하면 숨은 도구 리스트를 볼 수 있는데, ❶ 그 중 번 툴(◉)을 선택합니다. ❷ 상단 옵션 바에서 [Brush Preset Picker]를 선택하고, ❸ 'Soft Round' 브러시를 선택해 ❹ Size 값을 '65px'로 입력합니다. ❺ [Exposure] 값을 '20%'로 설정하고, ❻ 인물의 머리카락을 드래그하여 어둡게 만들어 줍니다.

> **잠깐** 브러시의 크기는 이미지 위에 마우스 커서를 올려놓고 브러시 사이즈 조절 단축키 [↑], [↓]를 눌러 조절하세요.

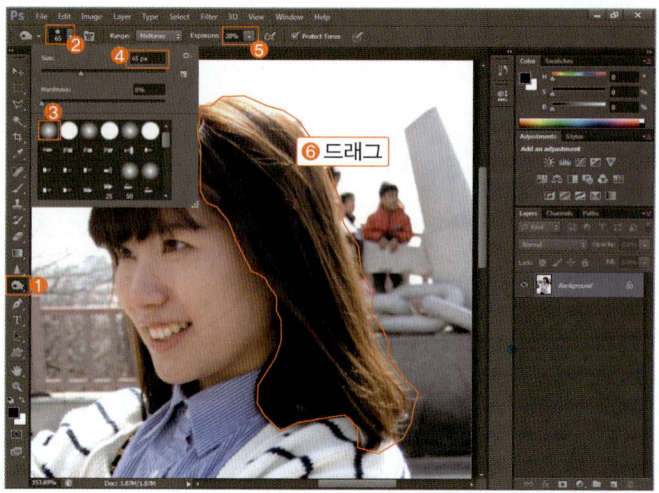

03 드래그한 부분이 어둡게 바뀌는 것을 확인할 수 있습니다. ❶ 도구상자에서 닷지 툴(🔍)을 선택합니다. ❷ 상단 옵션 바의 [Brush Preset Picker]를 선택하고, ❸ 'Soft Round' 브러시를 선택해 ❹ Size 값을 '129px'로 입력합니다. ❺ [Exposure] 값을 '50%'로 설정하고, ❻ 인물의 얼굴을 드래그하여 밝게 만들어 줍니다.

> **잠깐** 브러시의 크기를 키워 얼굴을 전체적으로 밝게 수정하고, 브러시의 크기를 줄여 빛을 더 많이 받는 콧대나 광대에 몇 번 더 드래그해 얼굴을 입체적으로 만들어주세요.

04 ❶ 도구상자에서 돋보기 툴(🔍)을 선택하고, ❷ 상단 옵션 바의 [Zoom In](🔍)을 선택합니다. ❸ 인물의 눈 부분을 드래그하여 확대합니다(단축키 [Ctrl]+[Space Bar]+드래그).

05 ❶ 도구상자에서 번 툴(🔲)을 선택합니다. ❷ 상단 옵션 바의 [Brush Preset Picker]를 선택하고, ❸ 'Soft Round' 브러시를 선택해 ❹ Size 값을 '13px'로 입력합니다. ❺ 인물의 눈썹과 눈동자를 드래그하여 어둡게 만들어 주면 완성입니다.

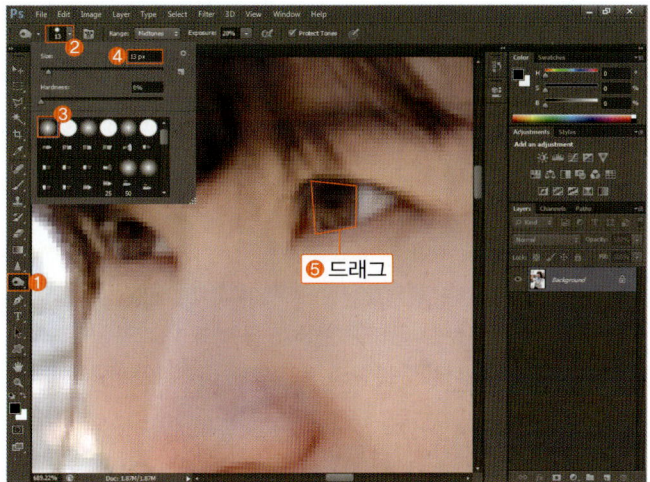

(잠깐) 이미지를 크게 확대하여 디테일하게 수정합니다.

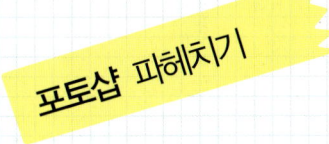

⊙ 닷지 툴과 숨은 메뉴의 옵션

닷지 툴(🔍)의 단축키는 [O]이며, 숨은 메뉴는 [Shift]+[O]를 눌러 순서대로 불러내어 사용할 수 있습니다. 숨은 메뉴로는 번 툴(🖐), 스펀지 툴(🟤)이 있으며, 편집하고자 하는 부분을 드래그하여 효과를 낼 수 있습니다.

01 닷지 툴 : 이미지의 명도를 조절하는 툴로, 드래그한 부분을 밝게 수정합니다.

02 번 툴 : 이미지의 명도를 조절하는 툴로, 드래그한 부분을 어둡게 수정합니다.

❶ Range : 적용될 밝기를 선택합니다. Shadow(어두운 톤), Midtones(중간 톤), Highlight(밝은 톤)의 영역을 선택하여 수정할 수 있습니다.

❷ Exposure : 툴의 효과 정도를 조절합니다. 수치가 높을수록 효과가 더해집니다.

❸ 이미지의 색상 톤을 보호하는 기능입니다. 자연스럽게 색상 톤을 살리며 수정됩니다.

03 스펀지 툴 : 이미지의 채도를 조절하는 툴입니다.

❶ Mode : 채도를 낮출지(Desaturate), 높일지(Saturate) 선택합니다.

❷ Flow : 브러시의 흐름을 조절합니다.

❸ Vibrance : 계조의 손실을 줄여줍니다.

툴별 커서 모양에 민감할수록 늘어나는 포토샵 실력

툴을 사용하다 보면 내가 알고 있던 사실과는 다르게 툴이 그 기능을 다하지 않을 때가 있어요. 왜 그런 걸까요? 바로 사용법이 잘못됐기 때문입니다. 자, 이제부터는 툴의 커서 모양에 집중해 보세요. 커서 모양의 변화에 따른 정확한 사용법을 익혀두면 포토샵의 툴을 완벽하게 사용할 수 있게 됩니다.

◉ 이동 툴의 커서 변화

❶ 이동 툴의 기본 기능인 이동 명령의 커서입니다.

❷ Alt 키를 누른 상태에서 나타나는 복사 명령의 커서입니다.

◉ 변환 박스의 커서 변화

변환 박스는 자르기 툴(🔳), 이동 툴의 상단 옵션 바 [Show Transform Controls] 등에 사용됩니다.

❶ 변환 박스 안쪽과 바깥쪽에 마우스 커서를 가져다 대면 나타나는 이동 명령의 커서입니다.

❷ 변환 박스 포인트에 마우스 커서를 가져다 대면 나타나는 Scale(크기 조정) 명령의 커서입니다.

❸ 변환 박스 모서리 주변에 마우스 커서를 가져다 대면 나타나는 Rotate(회전) 명령의 커서입니다.

❹ Ctrl 키를 누른 상태에서 변환 박스 모서리 포인트에 마우스 커서를 가져다 대면 나타나는 왜곡 명령의 커서입니다.

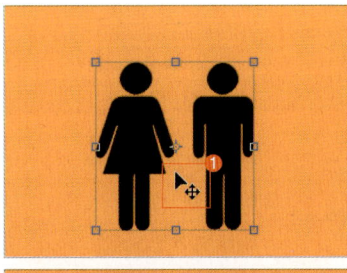 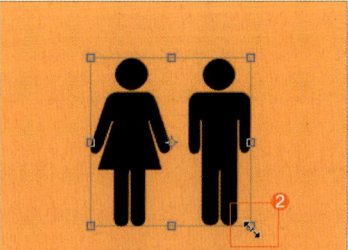

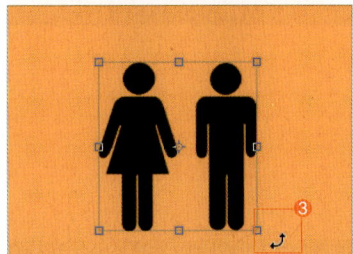 

◉ 펜 툴의 커서 변화

❶ 베지어 곡선에 마우스 커서를 가져다 대면, 펜 툴 모양의 커서 아래 + 기호가 생깁니다. 앵클 포인트 추가 명령의 커서입니다.

❷ 앵클 포인트에 마우스 커서를 가져다 대면, 펜 툴 모양 커서 아래 − 기호가 생깁니다. 앵클 포인트 삭제 명령의 커서입니다.

❸ Alt 키를 누른 상태로 앵클 포인트에 마우스 커서를 가져다 대면, 펜 툴 모양 커서아래 ^ 기호가 생깁니다. 베지어 곡선의 방향 변환 명령의 커서입니다.

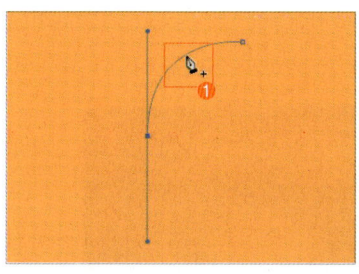 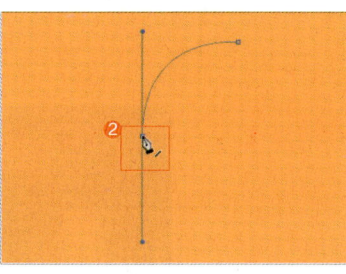 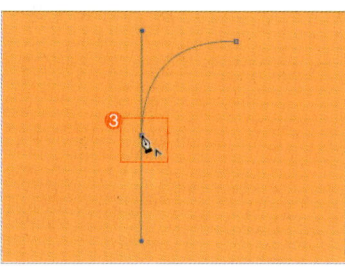

◉ 문자 툴의 커서 변화

❶ 문자 툴 선택 후 작업 창에 나타나는 커서로, 문자 쓰기 준비 명령의 커서입니다.

❷ 클릭하면 클릭한 부분에 커서가 깜빡거리고, 마우스 커서는 이동 툴의 이동 명령을 가진 커서로 변화합니다. 글자를 입력할 수 있고, 드래그하면 글자를 이동할 수 있습니다.

❸ 글자가 있는 상태에서 작업 창에 보이는 커서입니다. **❶**과 같은 문자 쓰기 준비 명령의 커서입니다.

❹ 글자가 있는 곳으로 마우스 커서를 가져다 대면 나타나는 해당 글자 수정 명령의 커서입니다.

❺ 글자를 수정하기 위해 클릭하면 이동 명령 커서로 변화합니다.

 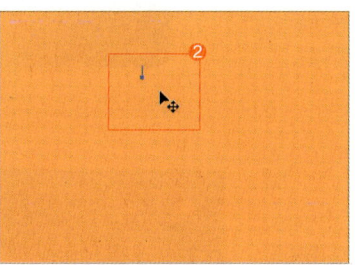

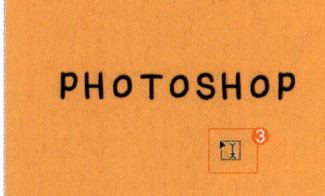 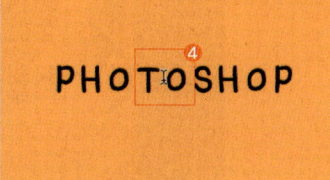 

사진에 잡티 없애기

스팟 힐링 브러시 툴

얼굴에 잡티가 많아 사진 찍는 것이 두려운 분들에게 좋은 스팟 힐링 브러시 툴은 간단한 조작으로 피부를 깨끗하게 만들어 주는 툴입니다. 잡티뿐 아니라 옷에 묻은 먼지나 이에 낀 고춧가루 등을 자연스럽게 제거할 수 있습니다. 사진 속 옷에 티를 스팟 힐링 브러시 툴을 이용해 감쪽같이 없애볼까요?

- ◉ **[예제 파일]** Sample/21/사진에 잡티 없애기A.jpg
- ◉ **[완성 파일]** Sample/21/사진에 잡티 없애기B.jpg

01 메뉴 바에서 [File] − [Open](단축키 Ctrl + O)을 선택하여 〈Sample/21/사진에 잡티 없애기A.jpg〉 파일을 엽니다. ❶ 도구상자에서 돋보기 툴(🔍)을 선택하고, ❷ 상단 옵션 바의 [Zoom In](🔍)을 선택합니다. ❸ 작업 창을 드래그하여 확대합니다(단축키 Ctrl + Space Bar +드래그).

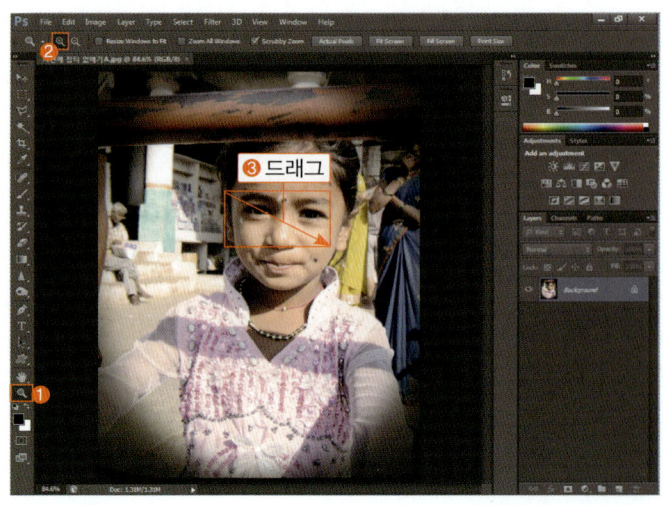

02 ❶ 도구상자에서 스팟 힐링 브러시 툴(🩹)을 선택합니다. ❷ 상단 옵션 바의 [Brush Preset Picker]를 선택하고, ❸ Size 값을 '12px'로 입력합니다. ❹ 잡티가 있는 부분을 드래그 혹은 클릭합니다.

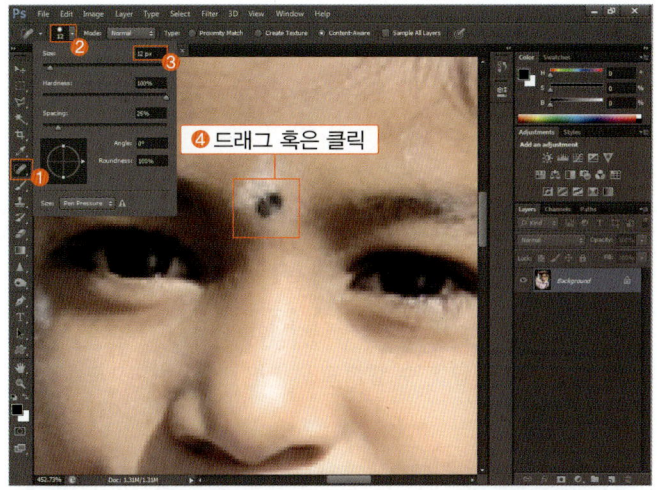

03 ❶ 도구상자에서 돋보기 툴(🔍)을 선택하고, ❷ 상단 옵션 바의 [Fit Screen](단축키 Ctrl + 0)을 선택해 작업 창에 이미지 크기를 맞춥니다. 01~03을 반복하여 얼굴의 다른 잡티도 제거합니다.

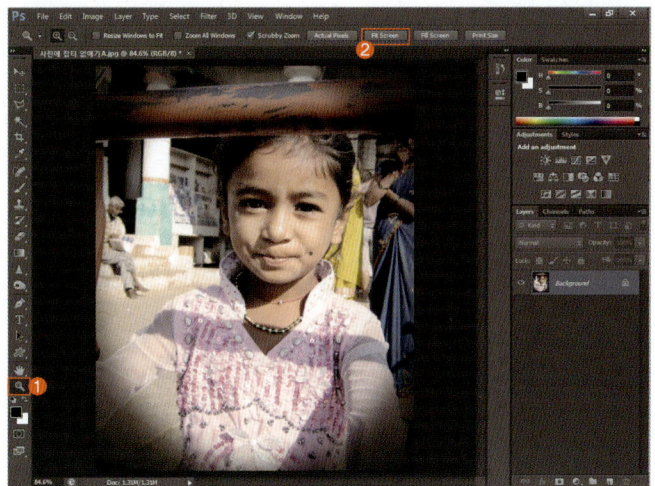

포토샵 파헤치기

⊙ 스팟 힐링 브러시와 숨은 메뉴의 옵션

스팟 힐링 브러시 툴(🩹)의 단축키는 J이며, 숨은 메뉴는 Shift + J를 눌러 순서대로 불러내어 사용할 수 있습니다. 숨은 메뉴로는 힐링 브러시 툴(🩹), 패치 툴(🩹), 콘텐츠 어웨어 무브 툴(🩹), 레드 아이 툴(🩹)이 있으며, 각 툴은 필요 없는 부분을 제거하거나 수정할 때 사용됩니다.

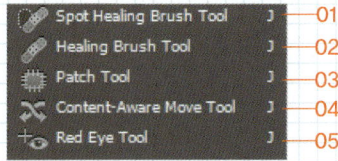

01 스팟 힐링 브러시 툴 : 클릭하는 곳 주변 색상 값의 평균을 구해 색상이 칠해집니다. 피부의 잡티를 제거할 때 효과적인 툴입니다.

❶ Proximity Match : 브러시가 닿은 주변 이미지를 이용하여 샘플로 적용합니다.

❷ Create Texture : 선택한 부분의 픽셀을 사용하여 새로운 질감을 만들어 샘플로 적용합니다.

❸ Content-Aware : 선택된 부분이 주위 배경과 합해져 샘플로 적용됩니다.

02 힐링 브러시 툴 : 샘플 소스 이미지를 복구할 부분에 클릭하거나 드래그하면, 주변의 픽셀 정보와 혼합하여 자연스럽게 수정됩니다.

❶ Sample : 직접 선택한 이미지 소스를 사용합니다.

❷ Pattern : 저장되어있는 패턴을 이미지 소스로 사용합니다.

03 패치 툴 : 이미지에 활성화 영역을 지정하여 수정하고자 하는 부분으로 드래그하면 활성화 영역 안의 이미지가 드래그한 곳으로 변화합니다.

❶ Source : 제거할 이미지 영역을 먼저 선택하고 복제할 이미지로 드래그합니다.

❷ Destination : 복제할 이미지를 먼저 선택하고, 제거할 이미지 위로 드래그합니다.

❸ Transparent : 패치 영역의 이미지가 투명하게 합성됩니다.

❹ Use Pattern : 활성화 영역을 패턴으로 채웁니다.

04 콘텐츠 어웨어 무브 툴 : 이미지에 활성화 영역을 지정하여 수정하고자 하는 부분으로 드래그하면 활성화 영역 안의 이미지와 드래그 된 부분의 이미지가 바뀌면서 자연스럽게 합성됩니다.

❶ Mode : 이동할 것인지 복제할 것인지 선택합니다.

❷ Adaptation : 활성화 영역 주변으로 생기는 효과를 설정합니다.

05 레드아이 툴 : 가끔 사진이 잘못 찍혀 눈이 빨갛게 나오는 적목 현상을 한 번의 클릭으로 수정합니다.

❶ Pupil Size : 눈동자의 크기를 설정합니다.

❷ Darken Amount : 어둠의 양을 조절합니다.

삐뚤어진 사진 균형 맞추기

자르기 툴

찍을 당시만 해도 예쁘게만 보이던 사진들이 컴퓨터로 옮겨서 보았을 때 유독 시점이 불안해 보이거나 허전해 보이는 경우가 있죠. 포토샵을 이용해 완벽한 구도의 사진으로 바꿔볼까요?

◉ **[예제 파일]** Sample/22/삐뚤어진 사진 균형 맞추기A.jpg
◉ **[완성 파일]** Sample/22/삐뚤어진 사진 균형 맞추기B.jpg

01 메뉴 바에서 [File] – [Open](단축키 Ctrl+O)을 선택하여 〈Sample/22/삐뚤어진 사진 균형 맞추기 A.jpg〉 파일을 엽니다.

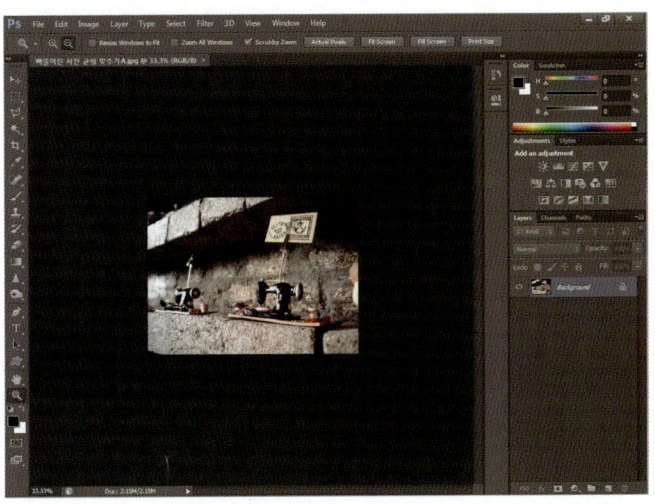

02 ❶ 도구상자에서 자르기 툴(◪)을 선택합니다. ❷ 변환 박스 모서리에 마우스를 가져다 대면 커서 모양이 달라지는 것을 확인할 수 있습니다.

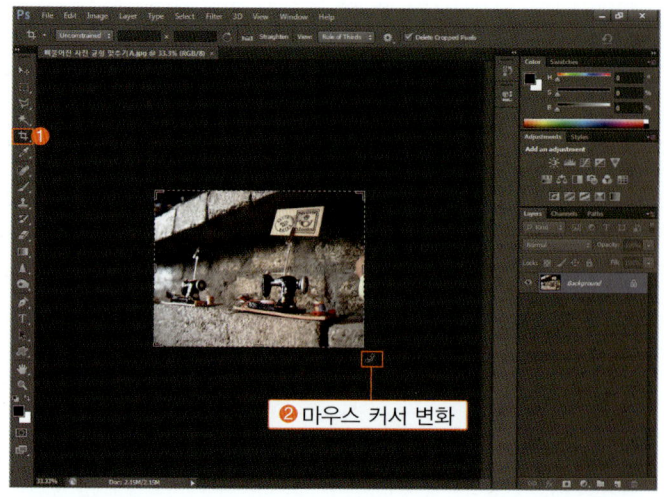

03 ❶ 오른쪽으로 드래그하여 삐뚤어진 사진의 균형을 맞춰줍니다. ❷ 변환 박스 안쪽을 더블클릭하거나 Enter 키를 눌러 완성합니다.

잠깐 재봉틀 바닥과 변환 박스가 나란히 되도록 Rotate를 조정하세요.

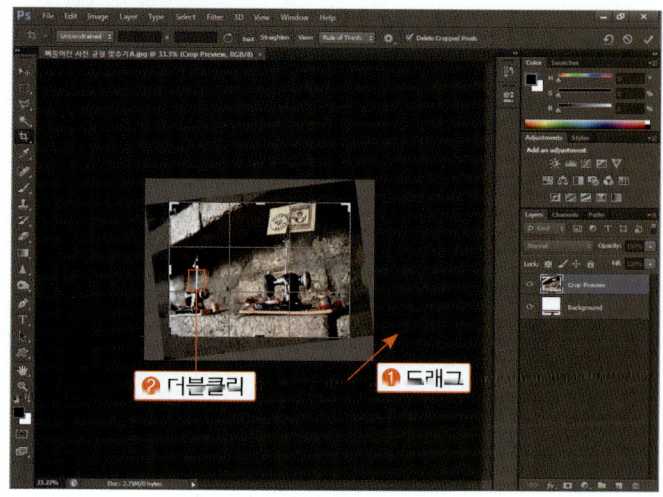

◉ 자르기 툴과 숨은 메뉴

자르기 툴(◪)의 단축키는 C 이며, 숨어 있는 메뉴는 Shift + C 를 눌러 순서대로 불러내어 사용할 수 있습니다. 숨은 메뉴로는 원근 자르기 툴(▦), 분할 툴(✂), 분할 선택 툴(▷)이 있습니다. 모두 이미지를 원하는 대로 간단하게 잘라 사용할 수 있도록 돕는 툴입니다.

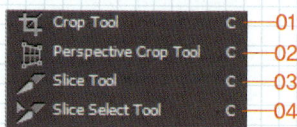

01 자르기 툴 : 이미지의 특정 부분을 잘라내고 싶을 때 사용하거나 작업 창을 원하는 만큼 늘리고 싶을 때 사용합니다.

02 원근 자르기 툴 : 자르기 툴 변환 박스가 사다리꼴 형태로 움직이며, 생성된 모양대로 이미지가 펼쳐져 잘립니다. 이때, 좁은 면은 이미지가 커지고 넓은 면은 이미지가 작아져 원근 효과를 기대해볼 수 있습니다. 또한, 사진이 왜곡된 부분의 시점을 바로 잡을 때 유용하게 사용할 수 있습니다.

03 분할 툴 : 한 장의 이미지를 여러 장으로 분할하여 저장할 때 사용되는 툴입니다. 홈페이지 제작 시 많이 사용됩니다.

04 분할 선택 툴 : 분할된 이미지의 영역을 선택하거나 수정할 때, 웹 사이트를 연결할 때 사용되는 툴입니다.

⊙ 상단 옵션 바

❶ 원하는 크기를 설정하여 자를 수 있습니다.

❷ 설정된 가로 · 세로 사이즈의 자리를 서로 바꿉니다.

❸ Straighten : 드래그한 선을 수평하게 기준으로 이미지를 회전합니다.

❹ View : 변환 박스 내에 보이는 가이드라인의 모양을 결정합니다.

❺ Additional Crop options : CS6 버전의 새 기능과 기존의 기능 중 어떤 것을 사용할지 선택할 수 있으며, 자르기 툴 변환 박스의 경계 부분에 대한 옵션을 설정합니다.

❻ Delete Cropped Pixels : 잘려나간 부분의 이미지를 삭제합니다.

❼ Resolution : 자르고 난 후의 해상도를 설정합니다.

❽ Clear : 설정된 사이즈와 해상도를 삭제합니다.

❾ 분할된 영역이 보이는 우선순위를 수정합니다.

❿ Promote : 분할 영역을 활성화합니다.

⓫ Divide : 수치로 등분하여 분할합니다.

⓬ 분할 영역을 정렬합니다.

⓭ Hide Auto Slices : 분할 영역을 숨깁니다.

⓮ [Slice Options] 대화상자를 보여줍니다.

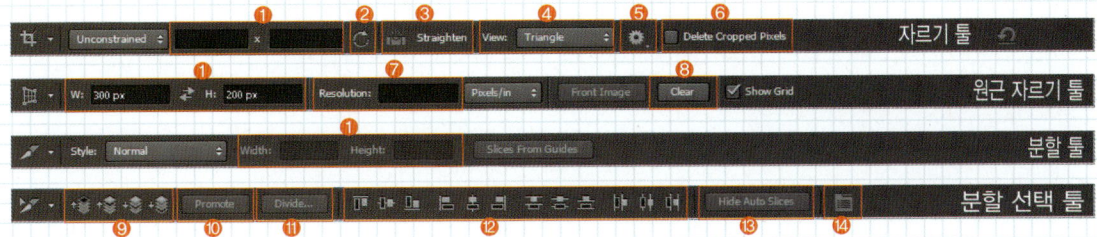

그 밖의 툴 살펴보기

예제로 만나본 툴 외에도 포토샵에는 다양한 툴이 존재합니다. 간단하게 사용할 수 있는 툴이거나 사용 빈도가 그리 높지는 않지만 알아두면 좋은 툴 몇 가지를 더 소개합니다.

◉ 지우개 툴 (단축키 E)

사용 빈도가 높은 툴이지만, 다른 툴과 함께 사용하는 경우가 많습니다.

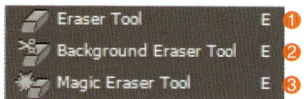

❶ 지우개 툴 : 이미지를 지우는 툴입니다. 'Background'에서는 지워지는 부분이 배경색으로 채워지고, 레이어에서는 투명하게 지워집니다.

❷ 배경 지우개 툴 : 'Background'에 지워지는 부분이 투명해지면서 레이어로 변화시킵니다.

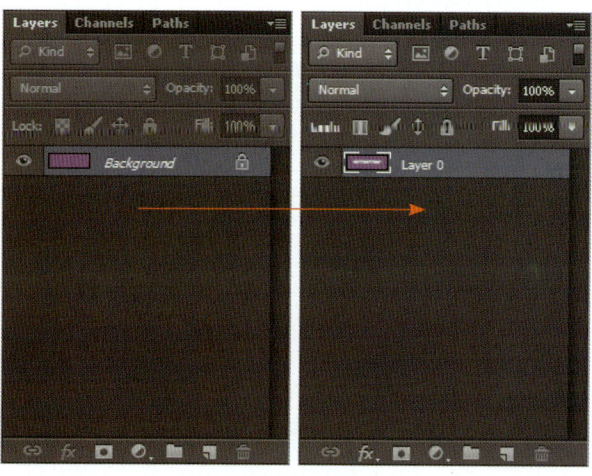

❸ 자동 지우개 툴 : 유사한 색상을 옵션의 설정에 따라 자동으로 지워줍니다.

◉ 히스토리 브러시 툴 (단축키 Y)

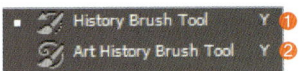

❶ 히스토리 브러시 툴 : 이미지 편집 후에 드래그하면, 원본으로 돌아갑니다.
❷ 아트 히스토리 브러시 툴 : Style을 지정하여 회화적인 느낌으로 이미지를 표현할 때 많이 사용됩니다.

히스토리 브러시 툴

아트 히스토리 브러시 툴

◉ 스포이트 툴 (단축키 I)
정보만을 제공해 줄 뿐 이미지 편집에 관여하지는 않습니다.

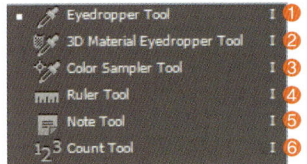

❶ 스포이트 툴 : 선택된 색상을 전경색으로 변경합니다.

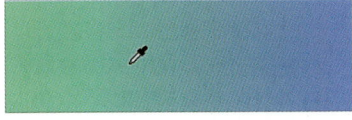 

❷ 3D 머티리얼 스포이트 툴 : 3D 오브젝트의 질감과 색상을 추출합니다.
❸ 컬러 샘플러 툴 : 클릭한 여러 개의 색상 정보를 추출하여 보여줍니다.

❹ **측정 툴** : 드래그하면 해당 거리 및 각도, 좌표 정보를 보여줍니다.

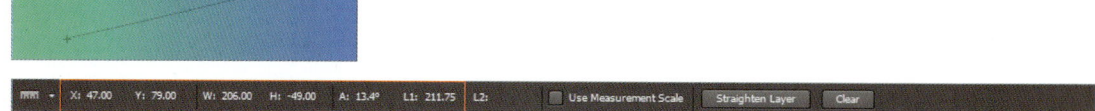

❺ **노트 툴** : 이미지 작업 시 필요한 정보를 메모해놓을 수 있는 기능입니다. 주석처럼 사용하기 좋습니다.

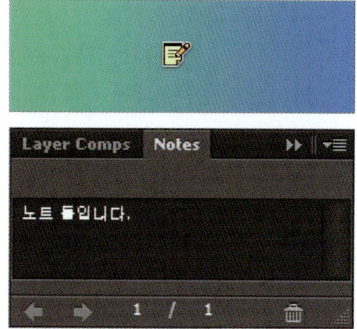

❻ **카운트 툴** : 클릭하면 순서대로 넘버링이 됩니다. 작업 순서 및 우선순위 등을 체크하기 좋습니다.

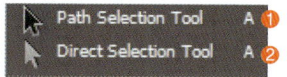

◉ **패스 선택 툴** (단축기 A)

▸	Path Selection Tool	A ❶
▸	Direct Selection Tool	A ❷

❶ **패스 선택 툴** : 패스를 선택하거나 이동시킵니다.
❷ **직접 선택 툴** : 패스의 앵커 포인트를 보여주어 베지어 곡선 수정이 가능합니다.

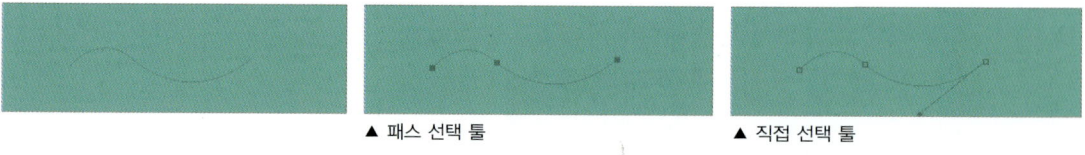

▲ 패스 선택 툴   ▲ 직접 선택 툴

툴만 활용하여 명함 만들기

툴만 잘 익혀 두어도 포토샵으로 많은 것을 제작할 수 있다는 것을 알아보기 위해 툴만 활용해 명함을 만들어 보는 미션을 준비했어요. 차근차근 따라 하며 예제에서 보지 못했던 툴의 새로운 모습을 만나보기로 해요!

- ⊙ [예제 파일] Sample/02_Mission/툴만 활용하여 명함 만들기A.psd
  Sample/02_Mission/툴만 활용하여 명함 만들기B.psd
- ⊙ [완성 파일] Sample/02_Mission/툴만 활용하여 명함 만들기A.jpg
  Sample/02_Mission/툴만 활용하여 명함 만들기B.jpg

Step 01 명함의 앞면 만들기

01 메뉴 바에서 [File] − [Open](단축키 Ctrl + O)을 선택하여 〈Sample/02_Mission/툴만 활용하여 명함 만들기A.psd〉 파일을 엽니다. ❶ 도구상자에서 돋보기 툴(🔍)을 선택하고, ❷ 상단 옵션 바의 [Fit Screen](단축키 Ctrl + O)을 선택해 작업 창에 이미지 크기를 맞춥니다. ❸ 컬러 디폴트(■)를 선택한 후, 컬러 스위치(↻)를 선택합니다.

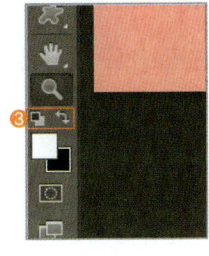

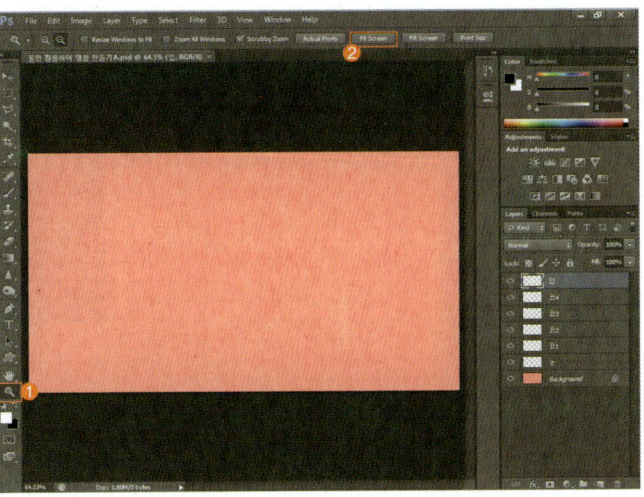

02 도구상자에서 사각형 툴(■)을 길게 선택하면 숨은 도구 리스트를 볼 수 있는데, ❶ 그 중 원형 툴(●)을 선택합니다. ❷ 상단 옵션 바의 [Mode]를 'Pixels'로 변경합니다. ❸ '눈' 레이어를 선택한 후 ❹ 작업 창을 클릭합니다. ❺ [Create Ellipse] 대화상자에서 Width, Height에 각각 '80px'로 값을 입력하고, ❻ [OK] 버튼을 클릭합니다.

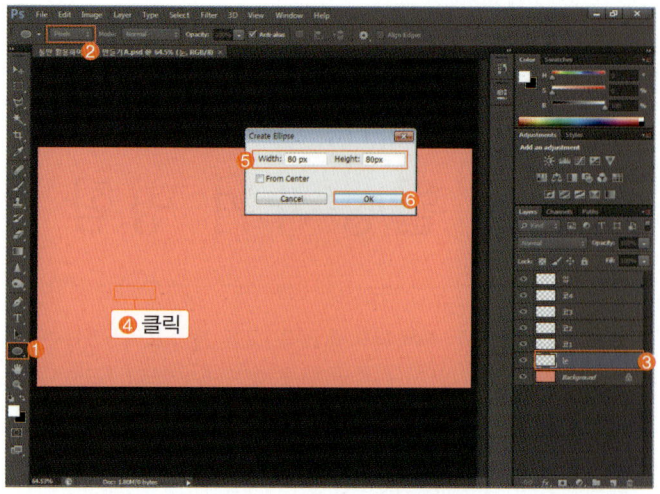

03 ❶ 도구상자에서 이동 툴(✛)을 선택합니다. ❷ Alt+Shift 키를 누른 상태에서 오른쪽으로 드래그하여 원을 복사합니다.

04 ❶ Ctrl 키를 누른 상태에서 '눈' 레이어와 '눈 copy' 레이어를 선택합니다. ❷ 마우스 오른쪽 버튼을 클릭해 리스트에서 'Merge Layers(단축키 Ctrl+E)'를 선택해 레이어를 합칩니다.

05 ❶ '코1' 레이어를 선택합니다. ❷ 도구상자에서 원형 툴(◯)을 선택하고 ❸ 작업 창을 클릭합니다. ❹ [Create Ellipse] 대화상자에서 Width, Height에 각각 '60px'로 값을 입력하고, ❺ [OK] 버튼을 클릭합니다.

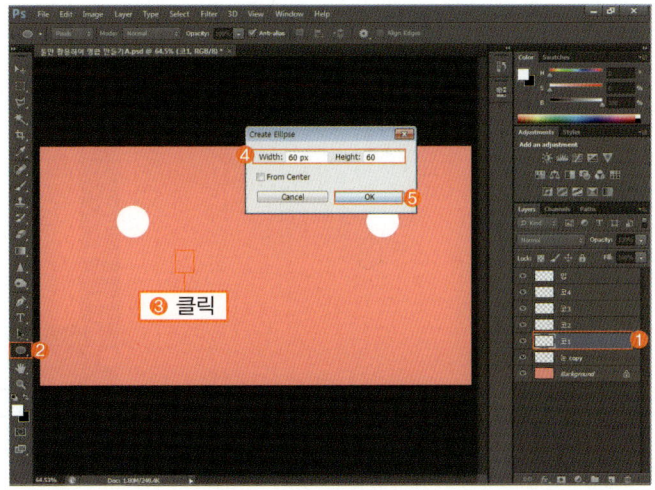

06 ❶ '코2' 레이어를 선택합니다. ❷ 도구상자에서 브러시 툴(✐)을 선택합니다. ❸ 상단 옵션 바의 [Brush Preset Piker]를 선택합니다. ❹ 브러시 리스트에서 'Hard Round' 브러시를 선택합니다. ❺ Size 값을 '5px'로 입력합니다.

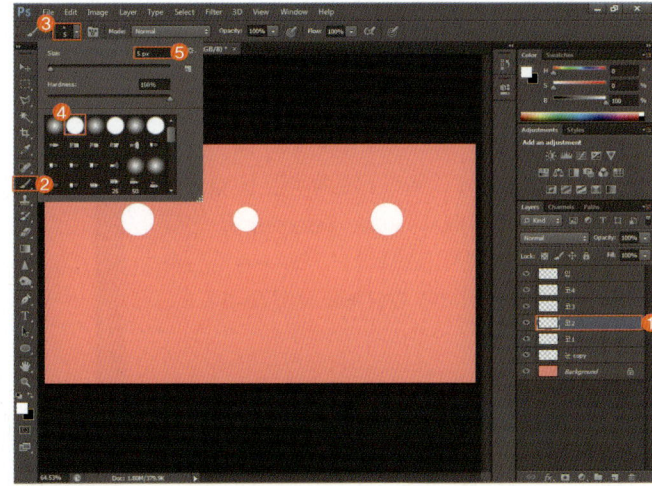

07 ❶ 도구상자에서 원형 툴(◯)을 선택합니다. ❷ 상단 옵션 바의 [Mode]를 'Path'로 변경하고, ❸ 작업 창을 클릭합니다. ❹ [Create Ellipse] 대화상자에서 Width, Height에 각각 '80px'로 값을 입력하고, ❺ [OK] 버튼을 클릭합니다.

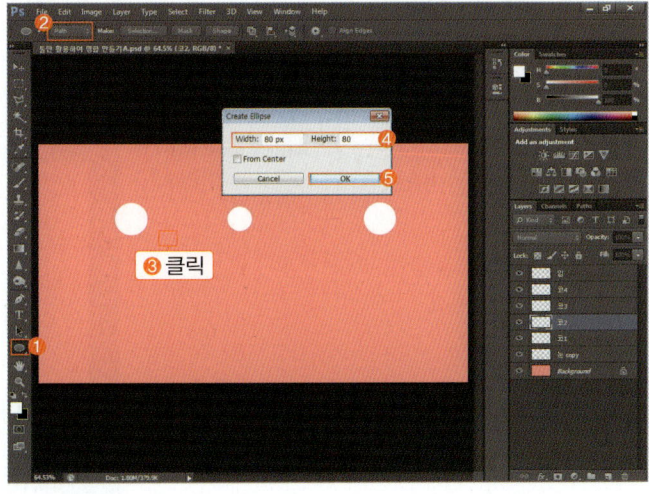

08 ❶ 작업 창에서 마우스 오른쪽 버튼을 클릭합
니다. ❷ 팝업 메뉴에서 'Stroke Path'를 선택합니다.

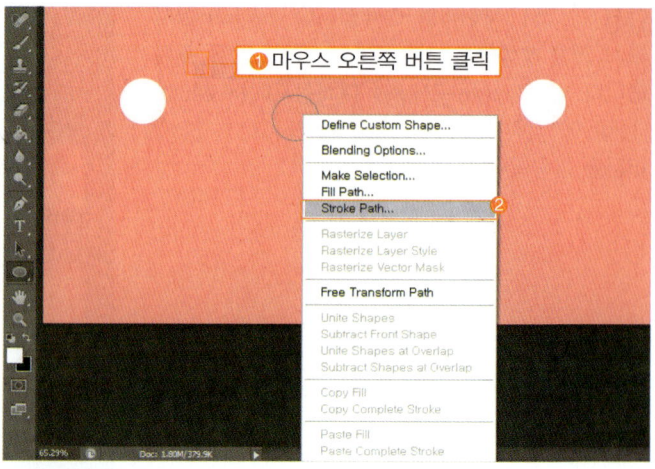

09 ❶ [Stroke Path] 대화상자에서 Tool을
'Brush'로 설정하고, ❷ [OK] 버튼을 클릭합니다.

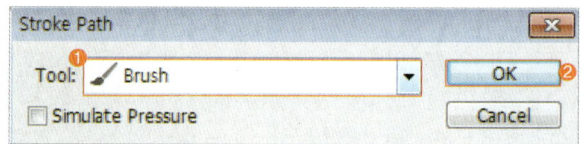

10 ❶ 작업 창에서 마우스 오른쪽 버튼을 클릭합
니다. ❷ 팝업 메뉴에서 'Make Selection'을 선택
하고, ❸ 메뉴 바에서 [Select] – [Deselect](단축
키 Ctrl+D)를 선택하여 활성화를 해제합니다.

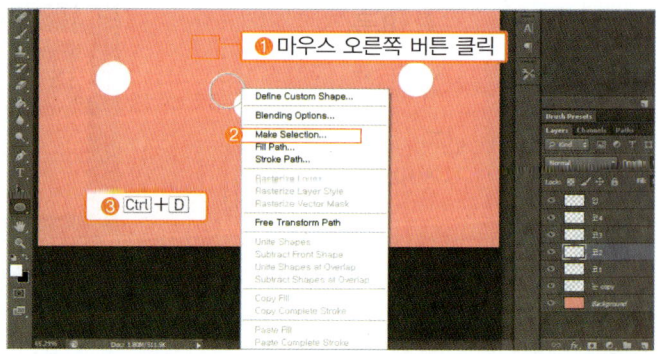

11 ❶ Ctrl키를 누른 상태에서 'Background', '눈
Copy', '코1', '코2' 레이어를 선택합니다. ❷ 도구
상자에서 이동 툴(⊞)을 선택합니다. 상단 옵션 바
의 ❸ [Align Vertical Enters] 버튼(⊞)과 ❹ [Align
Horizontal Centers] 버튼(⊞)을 클릭하여 이미지
를 정렬합니다.

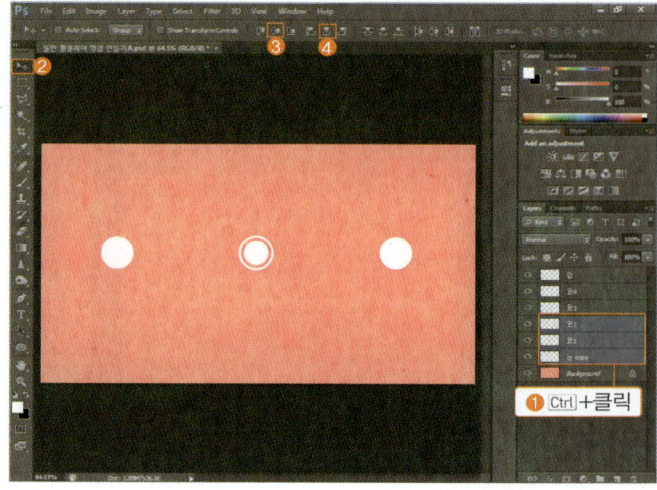

12 ❶ '코3' 레이어를 선택합니다. ❷ 도구상자에서 사각형 툴(▣)을 선택합니다. ❸ 상단 옵션 바의 [Mode]를 'Pixels'로 변경합니다. ❹ 코 윗부분에 드래그하여 길쭉한 사각형을 그려줍니다.

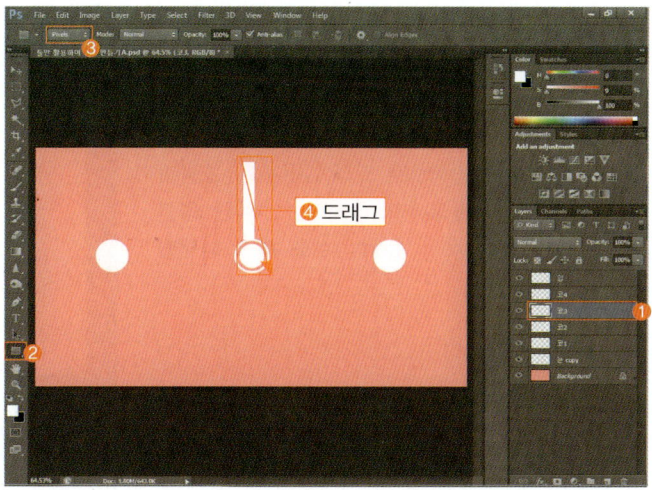

13 ❶ '코4' 레이어를 선택합니다. ❷ 도구상자에서 커스텀 셰이프 툴(▨)을 선택합니다. ❸ 작업 창에서 마우스 오른쪽 버튼을 클릭합니다. ❹ 커스텀 셰이프 리스트에서 'Arrow 7'을 선택합니다.

> **잠깐** 커스텀 셰이프 리스트 이미지 위에 마우스 커서를 올려놓으면 셰이프 이미지의 이름을 알 수 있습니다.

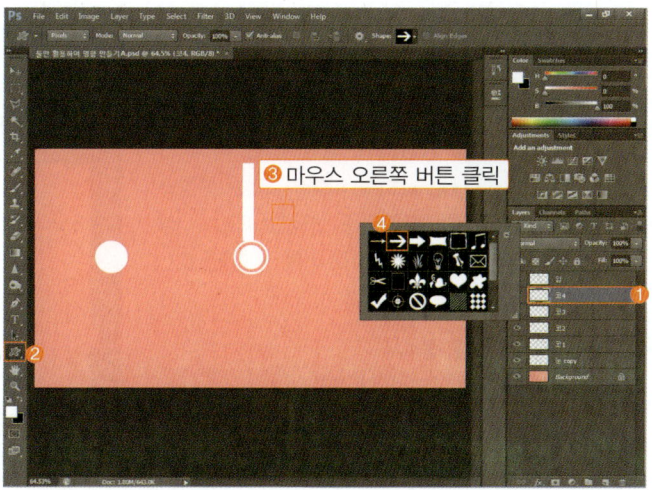

14 ❶ 작업 창을 클릭합니다. ❷ [Create Ellipse] 대화상자에서 [OK] 버튼을 클릭합니다.

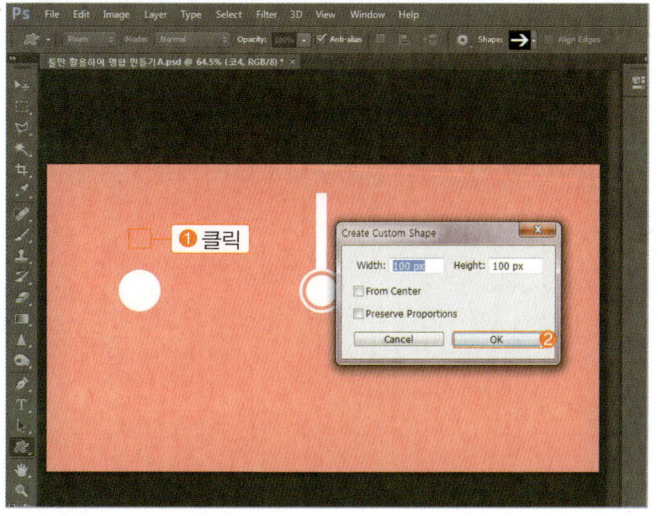

15 ❶ 도구상자에서 이동 툴(▶)을 선택합니다.
❷ 상단 옵션 바의 [Show Transform Controls]를
체크합니다. ❸ 변형 박스 모서리에 마우스를 가져
다 대면 Rotate 커서로 바뀌는 것을 알 수 있습니
다. ❹ 시계 반대 방향으로 드래그하여 ❺ 그림과
같이 화살표를 코에 맞추어 줍니다. ❻ 상단 옵션
바의 [Show Transform Controls]를 체크 해제합
니다.

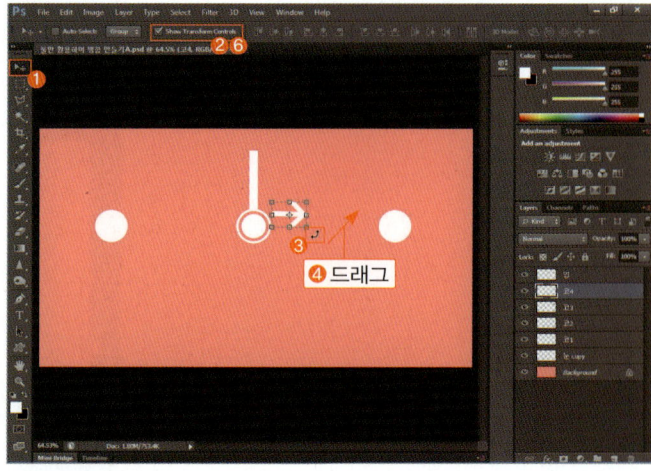

16 ❶ '입' 레이어를 선택하고, ❷ 도구상자에서
가로 문자 툴(T)을 선택합니다. ❸ 작업 창을 클
릭하고, 'DESIGNTEA'라고 입력합니다. Ctrl + A를
눌러 글자에 블록을 생성하고, 상단 옵션 바의 ❹
[Font Family]와 [Font Size]를 마음이 드는 설정으
로 변경합니다. ❺ '입' 레이어를 선택합니다. ❻ 상
단 옵션 바의 [Create Warped Text]를 선택합니다.

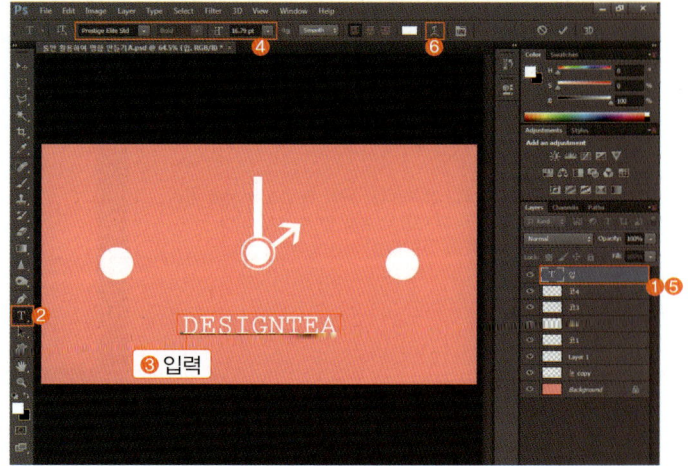

17 [Warp Text] 대화상자에서 ❶ Style을 'Arc
Lower'로 선택합니다. ❷ Bend의 값을 '+43%'로,
❸ Vertical Distortion의 값을 '10%'로 입력하고, ❹
[OK] 버튼을 클릭합니다.

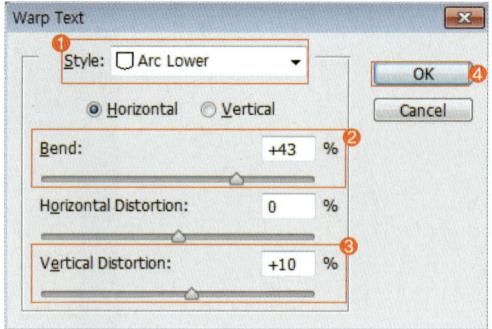

18 ❶ Ctrl 키를 누른 상태에서 'Background', '눈 Copy', '코1', '코2', '코3', '입' 레이어를 선택합니다. ❷ 도구상자에서 이동 툴(▶)을 선택하고, ❸ 상단 옵션 바의 [Align Horizontal Centers] 버튼(🆖)을 클릭하여 이미지를 정렬합니다.

Step 02 명함의 뒷면 만들기

01 메뉴 바에서 [File] − [Open](단축키 Ctrl + O)을 선택하여 〈Sample/02_Mission/툴만 활용하여 명함 만들기B.psd〉 파일을 엽니다. ❶ 도구상자에서 돋보기 툴(🔍)을 선택하고, ❷ 상단 옵션 바의 [Fit Screen](단축키 Ctrl + O)을 선택해 작업 창에 이미지 크기를 맞춥니다. ❸ 전경색을 선택합니다.

02 [Color Picker] 대화상자에서 ❶ 색상 값을 '#ff7f7e'로 입력하고 ❷ [OK] 버튼을 클릭합니다.

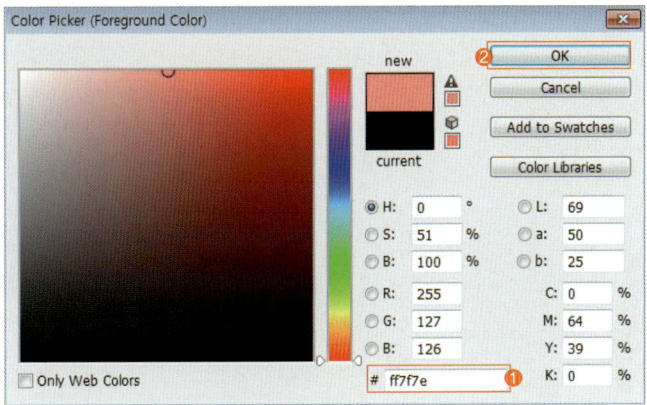

03 ❶ 도구상자에서 둥근 사각형 툴()을 선택합니다. ❷ 상단 옵션 바의 [Radius] 값을 '10px'로 입력합니다. ❸ '네모' 레이어를 선택합니다. ❹ 작업 창에 드래그하여 둥근 사각형을 만듭니다.

> **잠깐** [Radius] 옵션은 둥근 사각형 모서리의 둥근 정도를 조정합니다. 값이 클수록 원 형태를 취합니다.

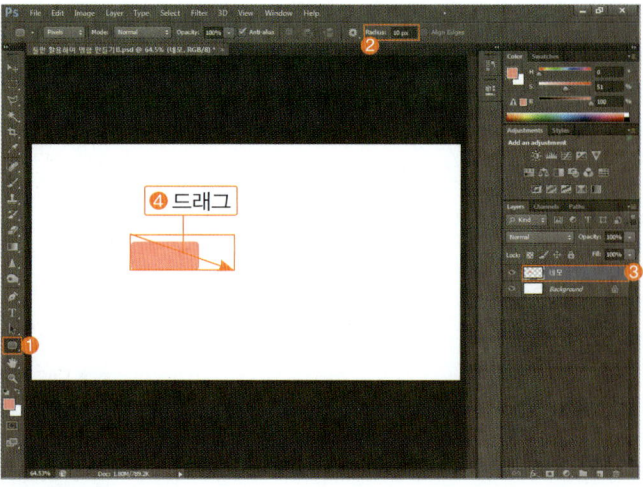

04 ❶ 도구상자에서 가로 문자 툴(T)을 선택합니다. ❷ 작업 창을 클릭한 후 '김티백'이라고 입력합니다. Ctrl + A 를 눌러 글자에 블록을 생성하고, ❸ 상단 옵션 바의 [Font Family]와 [Font Size]를 마음에 드는 설정으로 변경합니다. ❹ '김티백' 레이어를 선택하고, ❺ 상단 옵션 바의 [Font Color]를 선택합니다.

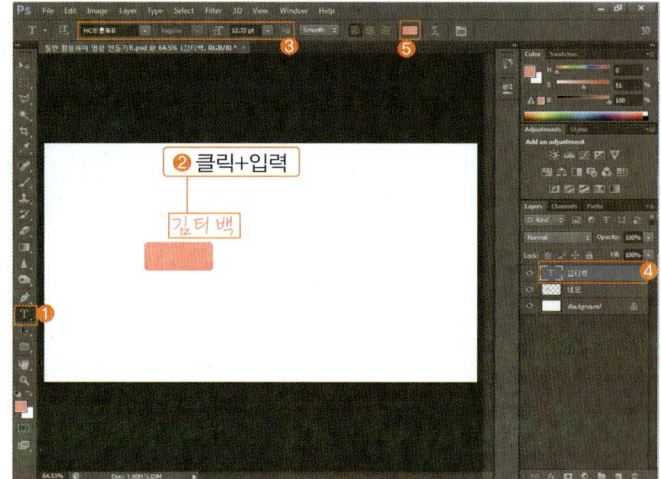

05 [Color Picker] 대화상자에서 ❶ 색상 값을 '#ffffff'로 색상 값을 입력하고 ❷ [OK] 버튼을 클릭합니다.

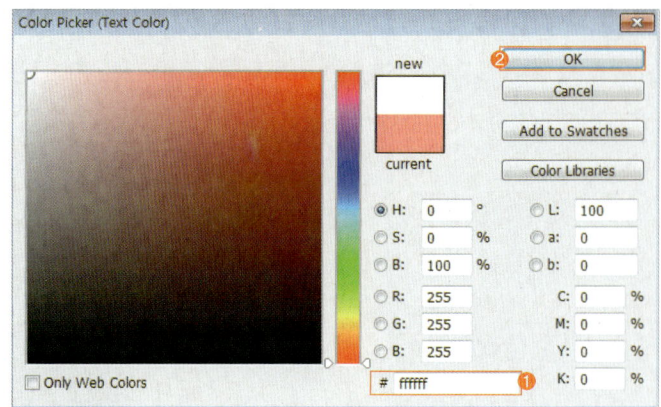

06 ❶ 도구상자에서 이동 툴(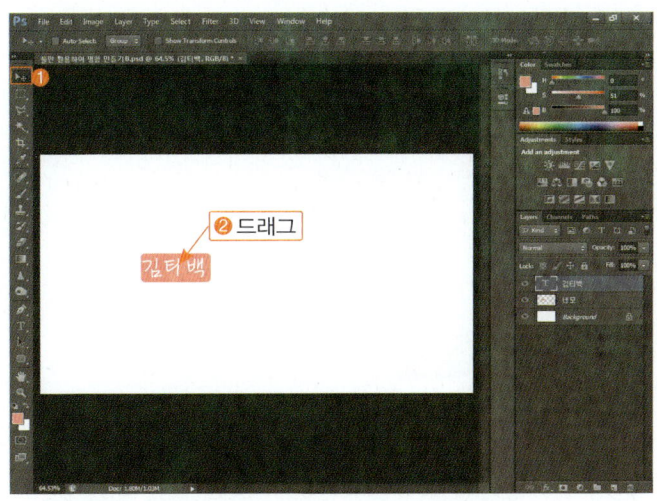)을 선택합니다. ❷ 드래그하여 둥근 사각형 안으로 이동한 후, 04~06을 참고하여 명함 뒷면을 완성합니다.

세 번째 조각

메뉴와 패널

놀라운 기능들로 가득한 포토샵의 메뉴와 패널을 만나볼 시간입니다. 도구상
자와는 달리 종류가 무처 많은데디 글자의 형태라 조금은 어렵게 느껴질 수
있지만, 재미난 예제들을 통해 세 번째 조각도 무사히 자신의 것으로 만드시
길 바랄게요!

포장지 만들기

Fill / Define Pattern

패턴이란 무늬가 연속해서 나열된 것을 말합니다. 벽지나 장판, 체크무늬 쿠션 등에서 흔히 볼 수 있는 패턴은 실생활에서 디자인의 중요한 요소로 자주 등장하곤 하지요. 이리저리 활용도가 높은 패턴! 조금은 화려하면서도 복잡한 패턴들도 포토샵에서 아주 손쉽게 만들어 볼 수 있습니다.

● **[예제 파일]** Sample/23/포장지 만들기A.jpg
 Sample/23/포장지 만들기B.jpg
● **[완성 파일]** Sample/23/포장지 만들기C.jpg

01 메뉴 바에서 [File] – [Open](단축키 Ctrl + O)을 선택하여 〈Sample/23/포장지 만들기A.jpg〉와 〈Sample/23/포장지 만들기B.jpg〉 파일을 엽니다. '포장지 만들기A' 이미지 탭을 선택합니다.

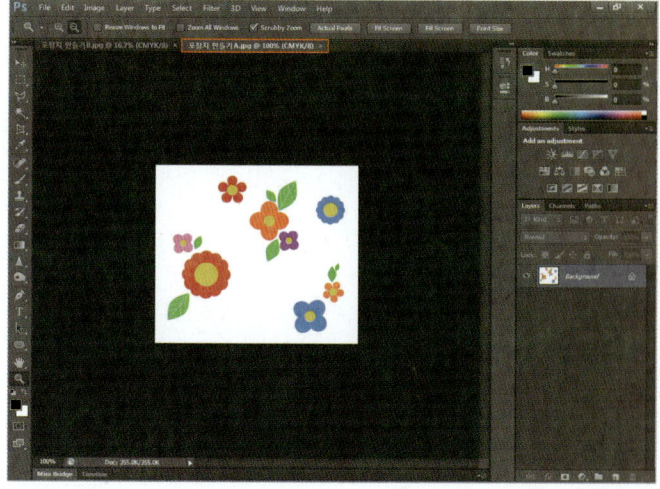

02 메뉴 바에서 [Edit] – [Define Pattern]을 선택합니다.

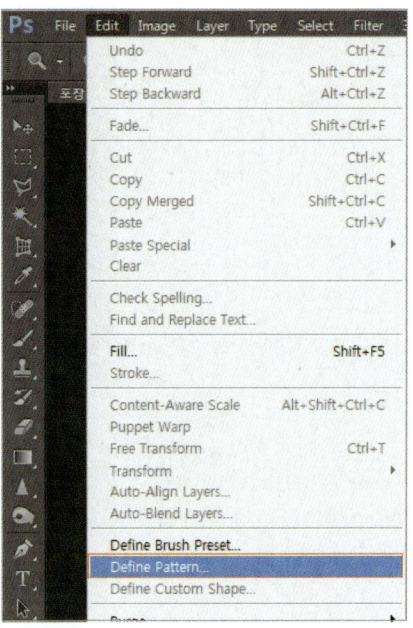

03 ❶ [Pattern Name] 대화상자의 Name을 '꽃무늬'로 입력하고, ❷ [OK] 버튼을 클릭합니다.

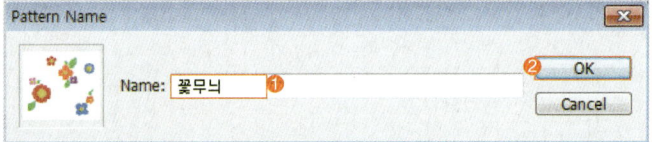

04 '포장지 만들기B' 이미지 탭을 선택합니다.

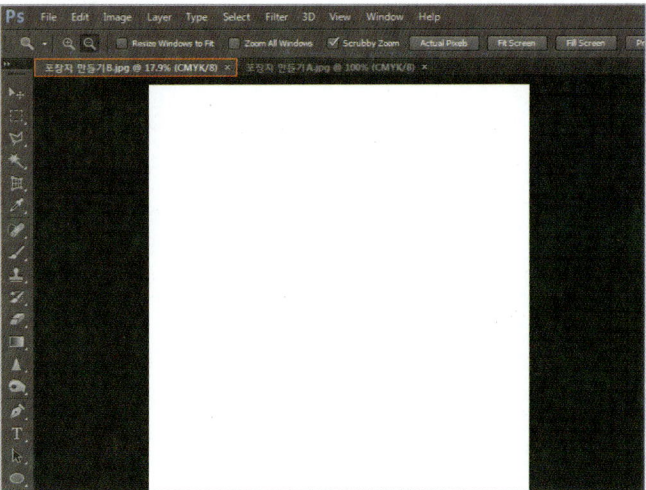

05 메뉴 바에서 [Edit] - [Fill](단축키 Shift+F5)을 선택합니다.

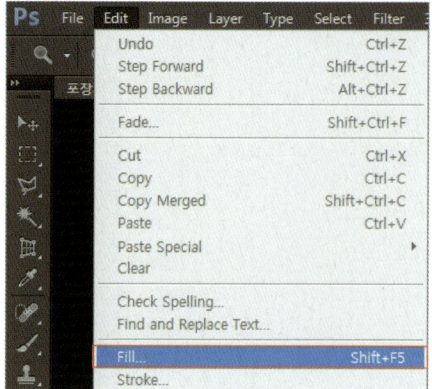

06 [Fill] 대화상자에서 Contents의 ❶ Use를 'Pattern'으로 변경하고, ❷ Custom Pattern의 '꽃무늬'를 선택합니다. ❸ [OK] 버튼을 클릭해 패턴을 완성합니다.

 '포장지 만들기B'는 A4용지 사이즈입니다. 완성된 작업물은 바로 출력하여 사용 가능합니다.

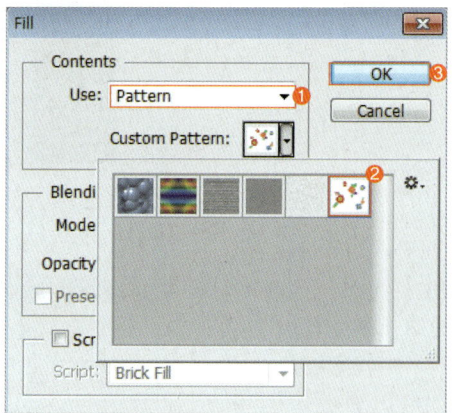

포토샵 파헤치기

⊙ Fill

메뉴 바에 [Edit] - [Fill](단축키 Shift+F5)을 선택해 사용할 수 있습니다. 원하는 곳에 색상이나 패턴을 칠하는 기능을 합니다.

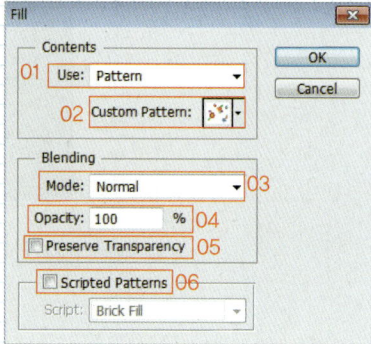

01 Contents – Use : 어떤 것으로 칠할 것인가를 선택합니다.

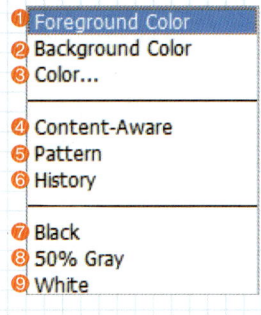

❶ Foreground Color : 전경색으로 칠합니다.

❷ Background Color : 배경색으로 칠합니다.

❸ Color : 컬러를 선택하여 칠합니다.

❹ Content-Aware : 활성화 영역 주변의 색상, 채도, 질감 등을 자동으로 고려하여 채워줍니다. 활성화 영역이 있어야 메뉴를 사용할 수 있습니다.

❺ Pattern : 같은 이미지를 나열하여 해당 영역을 채워줍니다.

❻ History : 원본 이미지를 채워줍니다.

❼ Black : 검은색으로 칠합니다.

❽ 50% Gray : 흰색과 검은색의 중간인 회색으로 칠합니다.

❾ White : 흰색으로 칠합니다.

02 Contents – Custom Pattern : Use에서 Pattern을 선택한 뒤 사용할 수 있습니다. ❶ 사용할 패턴을 리스트에서 선택해 사용할 수 있습니다. ❷ 톱니바퀴 모양 아이콘(⚙)을 클릭하면, ❸ 다양한 패턴의 라이브러리를 불러와 사용할 수 있습니다.

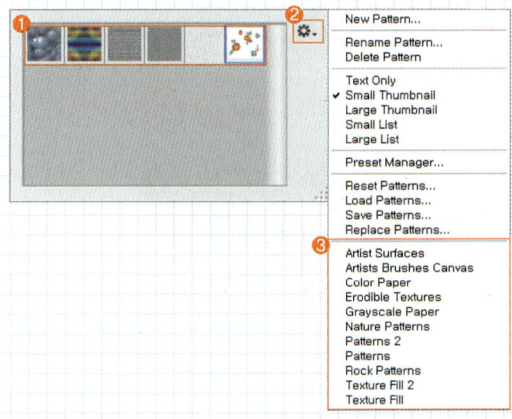

03 Blending – Mode : 기존 작업 창의 이미지와 채워질 색 또는 이미지 사이의 섞임 효과를 선택합니다.

04 Blending – Opacity : 채워질 색 또는 이미지의 투명도를 조절합니다.

05 Preserve Transparency : 투명 부분을 제외한 영역에만 설정을 부여합니다.

06 Scripted Patterns : 패턴이 섞이는 방식을 선택합니다.

⊙ Define Pattern

메뉴 바에서 [Edit] – [Define Pattern]을 선택해 사용할 수 있습니다. [Define Pattern]은 패턴을 라이브러리로 저장합니다. 패턴이 될 주 이미지를 만들고, ❶ 이름을 입력하여 ❷ 저장하면 계속해서 꺼내 사용할 수 있습니다.

타자기에 글씨 넣기

Free Transform

이동 툴인 [Show Transform Controls]와 같은 기능을 하는 메뉴입니다. 이동 툴을 선택하지 않고 바로 사용할 수 있다는 것이 Free Transform의 장점인데요. 자주 사용하게 되는 기능인만큼 단축키를 꼭 외워두는 것이 좋아요.

● [예제 파일] Sample/24/타자기에 글씨 넣기.psd
● [완성 파일] Sample/24/타자기에 글씨 넣기.jpg

01 메뉴 바에서 [File] − [Open](단축키 Ctrl + O)을 선택하여 〈Sample/24/타자기에 글씨 넣기.psd〉 파일을 엽니다. ❶ 도구상자에서 돋보기 툴(🔍)을 선택하고, ❷ 상단 옵션 바의 [Fit Screen](단축키 Ctrl + O)을 선택해 작업 창에 이미지 크기를 맞춥니다.

02 ❶ '모양 이미지' 레이어를 선택하고, 메뉴 바에서 ❷ [Edit] – [Free Transform](단축키 [Ctrl]+[T])을 선택합니다.

03 레이어 이미지의 크기에 맞게 변환 박스가 나타나는 것을 확인할 수 있습니다. ❶ 변환 박스 안쪽으로 마우스 커서를 가져가면 이동 커서 모양으로 변화합니다. ❷ 타자기의 종이 위로 드래그하여 이동합니다. ❸ 변환 박스 모서리에 마우스를 가져가면 크기 변환 커서 모양으로 변화합니다. ❹ [Shift]키를 누른 상태에서 안쪽으로 드래그하여 크기를 조절합니다.

04 ❶ 변환 박스 모서리 주변으로 마우스를 가져가면 회전 커서 모양으로 변화합니다. ❷ 시계방향으로 드래그하여 이미지를 회전시킨 후, [Enter]키를 눌러 완성합니다.

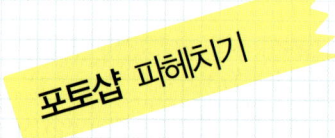

⊙ Free Transform

메뉴 바에서 [Edit] – [Free Transform](단축키 Ctrl + T)을 선택해 사용할 수 있습니다. 변환 박스를 이용하여 이미지를 줄이거나 회전, 또는 비틀어서 편집할 수 있습니다.

❶ 텍스트 필드에 입력한 값만큼 X좌표로 이동합니다(가로 방향).

❷ 텍스트 필드에 입력한 값만큼 Y좌표로 이동합니다(세로 방향).

❸ 텍스트 필드에 입력한 값만큼 가로 사이즈가 변화합니다.

❹ 기존 이미지와 같은 비례로 텍스트 필드에 입력한 값만큼 사이즈를 조절합니다.

❺ 텍스트 필드에 입력한 값만큼 세로 사이즈가 변화합니다.

❻ 텍스트 필드에 입력한 값만큼 이미지가 회전합니다.

❼ 텍스트 필드에 입력한 값만큼 이미지가 비틀어집니다(+, – 로 방향 전환).

❽ 텍스트 필드에 입력한 값만큼 회전하면 이미지가 비틀어집니다(+, – 로 방향 전환).

❾ Interpolation : 이미지의 크기를 조절하거나 형태를 변형시킬 때에 새롭게 생긴 픽셀의 생성하는 방법을 설정합니다.

❿ Warp Modes : 이미지를 사각 틀에서 벗어나 자유롭게 변형할 수 있습니다. 메시 라인을 움직여 이미지를 곡선으로 수정할 수 있습니다.

 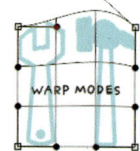

⊙ Puppet Warp

메뉴 바에서 [Edit] – [Puppet Warp]를 선택해 사용할 수 있습니다. Warp Modes보다 훨씬 복잡한 메시 라인으로 이루어져 좀 더 자연스러운 이미지 변형이 가능합니다. 여러 개의 핀을 클릭하고 드래그하면 핀과 핀 사이의 연관 관계에 따라 이미지가 변화됩니다.

❶ Mode : Rigid(낮음) → Normal → Distort(높음)순으로 변형의 유연성을 설정합니다.

❷ Density : 변형을 위한 메시 라인의 개수를 설정합니다. Fewer Points(적음) → Normal → More Points(많음)순으로 설정합니다.

❸ Expansion : 메시 라인의 영역을 설정합니다.

❹ Show Mesh : 메시 라인을 보여줍니다.

❺ Pin Depth : 고정하거나 움직일 수 있는 기능을 하는 핀이 앞부분에서 작용할지 뒷부분에서 작용할지를 설정합니다.

❻ Rotate : 자동으로 회전하는 각을 보여주거나 입력하여 설정합니다.

Section 25

데칼코마니 토끼

Transform

Transform은 Free Transform의 기능을 하나하나 펼쳐놓은 메뉴라고 생각하면 쉽게 이해할 수 있습니다. Free Transform과는 달리 한 메뉴에 한 가지 기능들을 수행하기 때문에 좀 더 단순하게 사용할 수 있습니다

● **[예제 파일]** Sample/25/데칼코마니 토끼.psd
● **[완성 파일]** Sample/25/데칼코마니 토끼.jpg

01 메뉴 바에서 [File] − [Open](단축키 Ctrl + O)을 선택하여 〈Sample/25/데칼코마니 토끼.psd〉 파일을 엽니다. ❶ 도구상자에서 돋보기 툴(🔍)을 선택하고, ❷ 상단 옵션 바의 [Fit Screen](단축키 Ctrl + O)을 선택해 작업 창에 이미지 크기를 맞춥니다. ❸ '친구' 레이어를 선택합니다.

02 메뉴 바에서 [Edit] – [Transform] – [Flip Horizontal]을 선택합니다.

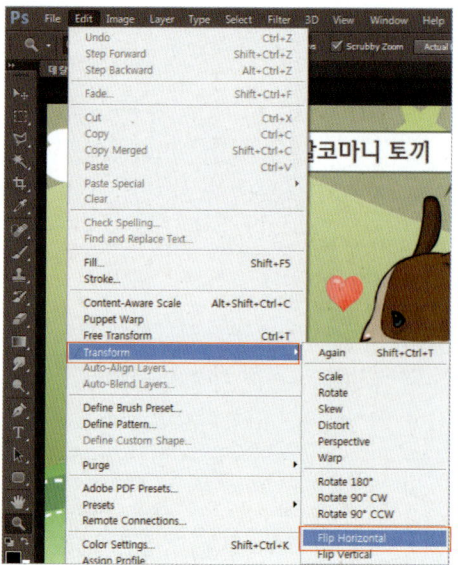

03 반전된 이미지를 확인할 수 있습니다. ❶ 도 구상자에서 이동 툴()을 선택합니다. ❷ Shift 키 를 누른 상태에서 왼쪽으로 드래그하여 이동시키 면 완성입니다.

⊙ Transform

메뉴 바에서 [Edit] – [Transform]을 선택해 사용할 수 있습니다. Transform은 이미지를 변형시키는 메뉴이며, Again(단축키 Shift+Ctrl+T), Scale, Rotate, Skew, Distort, Perspective, Warp, Rotate 180˚, Rotate 90˚ CW, Rotate 90˚ CCW, Flip Horizontal, Flip Vertical로 구성되어 있습니다.

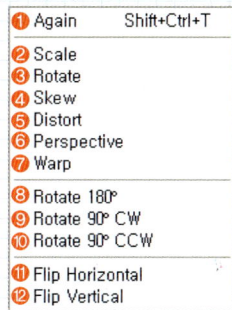

❶ Again : Transform의 마지막으로 실행된 기능을 반복해서 수행합니다.

❷ Scale : 이미지의 크기를 수정할 수 있는 변환 박스가 생성됩니다.

❸ Rotate : 이미지를 회전시킬 수 있는 변환 박스가 생성됩니다.

❹ Skew : 이미지를 기울일 수 있는 변환 박스가 생성됩니다.

❺ Distort : 이미지를 왜곡할 수 있는 변환 박스가 생성됩니다.

❻ Perspective : 이미지에 원근감을 줄 수 있는 변환 박스가 생성됩니다.

❼ Warp : 그물 모양(메시 라인)의 이미지 뒤틀기가 가능한 변환 박스가 생성됩니다.

❽ Rotate 180˚ : 180˚ 회전합니다.

❾ Rotate 90˚ CW : 시계 방향으로 90˚ 회전합니다.

❿ Rotate 90˚ CCW : 시계 반대 방향으로 90˚ 회전합니다.

⓫ Flip Horizontal : 좌우로 이미지를 뒤집습니다.

⓬ Flip Vertical : 위아래로 이미지를 뒤집습니다.

원하는 사이즈로 이미지 만들기

Image Size

인터넷에서 사용하는 이미지들은 작은 크기여야 빠르게 전송할 수 있습니다. 반면 출력하여 사용하는 이미지들은 선명함이 우선되어야 하는데요. 이미지를 편집할 때 가장 먼저 고려해야 할 것은, '어떤 용도로 사용할 것인가? 그래서 이미지의 크기가 어떻게 되는가?'입니다. 그러려면 이미지 사이즈를 변경하는 방법을 먼저 알아야겠죠?

◉ [예제 파일] Sample/26/원하는 사이즈로 이미지 만들기A.jpg
◉ [완성 파일] Sample/26/원하는 사이즈로 이미지 만들기B.jpg

01 메뉴 바에서 [File] – [Open](단축키 Ctrl + O)을 선택하여 〈Sample/26/원하는 사이즈로 이미지 만들기A.jpg〉 파일을 엽니다. ❶ 도구상자에서 돋보기 툴(🔍)을 선택하고, ❷ 상단 옵션 바의 [Actual Pixels](단축키 Ctrl + 1)를 선택해 작업 창에 이미지 크기를 맞춥니다.

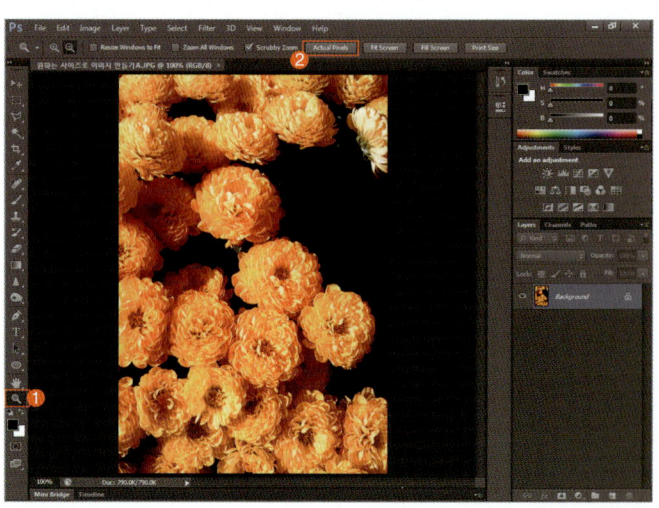

02 메뉴 바에서 [Image] − [Image Size](단축키 [Alt]+[Ctrl]+[I])를 선택합니다.

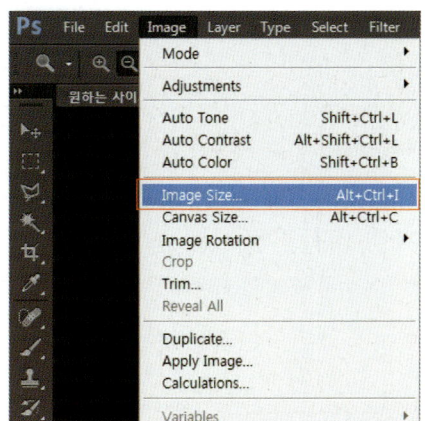

03 [Image Size] 대화상자에서 ❶ Width 값을 '200px'로 입력하고, ❷ [OK] 버튼을 클릭하면 이미지의 크기가 작아진 것을 확인할 수 있습니다.

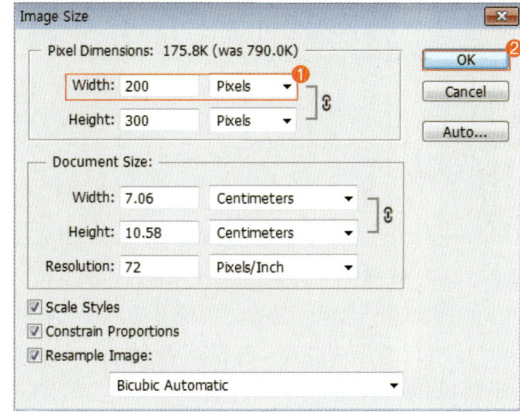

Image Size를 불러내는 또 다른 방법

작업 창이 Float in Window(새 창 모드) 상태일 때, ❶ 제목 표시줄에서 마우스 오른쪽 버튼을 클릭하면 ❷ Image Size를 불러낼 수 있습니다.

❶ 마우스 오른쪽 버튼 클릭

⊙ Image Size

메뉴 바에서 [Image] – [Image Size](단축키 Alt + Ctrl + I)를 선택해 사용할 수 있습니다. 이미지의 크기와 해상도를 줄이거나 키울 수 있습니다.

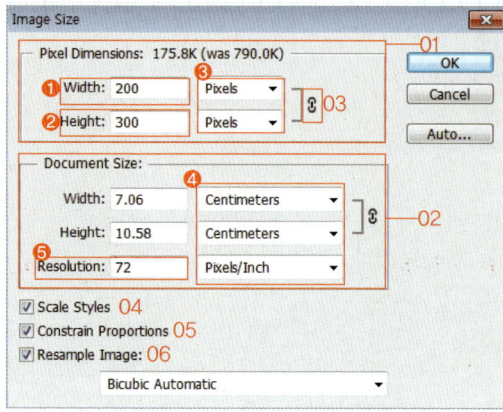

01 Pixel Dimensions : 열려있는 이미지의 ❶ 가로와 ❷ 세로의 크기를 알 수 있습니다. 텍스트 필드에 값을 입력하여 사이즈를 조절합니다. ❸ 단위는 픽셀 혹은 퍼센트를 사용합니다.

02 Document Size : ❹ 픽셀과 퍼센트, 그 밖의 단위로 이미지 사이즈를 표현합니다. 자주 접하는 단위로 만들고자 하는 이미지의 실사이즈를 입력할 때 적합하며, ❺ 해상도 수정이 가능합니다.

03 고리 표시 : 가로나 세로 중 하나의 값을 입력하면, 같은 비율로 계산하여 나머지 값을 자동 입력합니다.

04 Scale Styles : 레이어 스타일이 적용된 이미지의 경우, 변경된 이미지 사이즈에 맞게 레이어 스타일의 설정 내용도 수정됩니다.

05 Constrain Proportions : 체크 해제하면 고리 표시가 사라집니다. 가로와 세로 사이즈를 비율 상관없이 수정할 수 있습니다.

06 Resample Image : 새로운 픽셀을 생성하는 방법을 설정합니다.

⊙ Canvas Size

메뉴 바에서 [Image] – [Canvas Size](단축키 Alt + Ctrl + C)를 선택해 사용할 수 있습니다. 이미지와 상관없이 작업 창의 크기를 키우거나 줄일 수 있습니다.

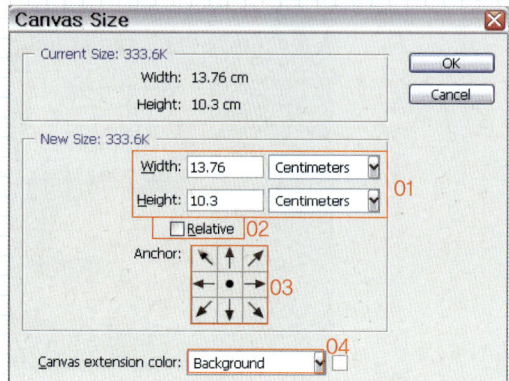

01 늘어날 여백의 사이즈를 입력합니다.

02 Relative : 원래 이미지 사이즈의 값이 0으로 초기화됩니다. 필요한 여백 값만을 입력할 수 있습니다.

03 Anchor : 늘어나는 여백의 방향을 설정합니다.

04 Canvas extension color : 늘어나는 여백의 색상을 지정합니다.

원본은 그대로 보호하기

Layer Mask

포토샵을 잘 다루는 사람들은 대부분 원본을 보호하며 편집합니다. 편집되는 이미지가 어떻게 사용될지 아무도 모르기 때문이죠. 그러한 작업을 도와주는 Layer Mask를 소개합니다. 이 메뉴를 제대로만 이해한다면, 포토샵 전문가로 가는 지름길을 알게 되신 거예요!

◉ [예제 파일] Sample/27/원본은 그대로 보호하기.psd
◉ [완성 파일] Sample/27/원본은 그대로 보호하기.jpg

01 메뉴 바에서 [File] − [Open](단축키 Ctrl+O)을 선택하여 〈Sample/27/원본은 그대로 보호하기.psd〉 파일을 엽니다. ❶ 도구상자에서 돋보기 툴(🔍)을 선택하고, ❷ 상단 옵션 바의 [Fit Screen](단축키 Ctrl+O)을 선택해 작업 창에 이미지 크기를 맞춥니다.

세 번째 조각 : 메뉴와 패널 **137**

02 '사진' 레이어를 선택합니다. ❷ 메뉴 바에서 [Layer] – [Layer Mask] – [Reveal All]을 선택합니다.

잠깐 [Reveal All]은 Layer Mask를 처음 시작할 때 이미지를 모두 보여줍니다. 반대로 [Hide All]은 이미지를 모두 숨긴 채로 Mask를 시작합니다.

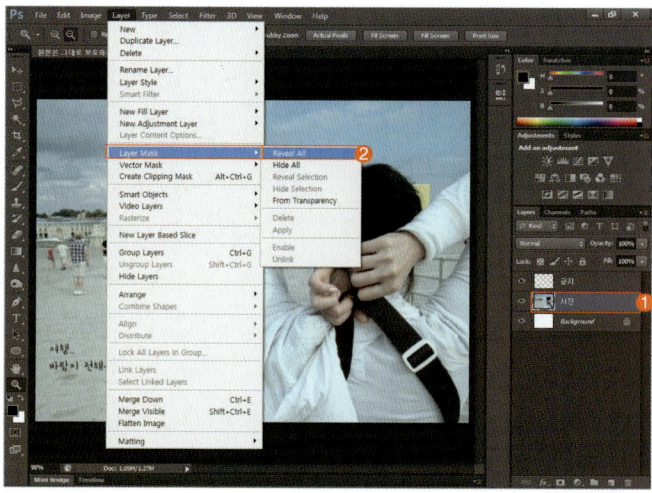

03 ❶ 도구상자에서 브러시 툴( )을 선택합니다. ❷ 상단 옵션 바의 [Brush Preset Picker]를 선택하고, ❸ 브러시 리스트에서 'Rough Round Bristle' 브러시를 선택합니다. ❹ Size 값을 '100px'로 입력합니다. ❺ 컬러 디폴트( )를 선택하고, 컬러 스위치( )를 선택합니다.

잠깐 Layer Mask 모드 내에서의 색상은 Gray tone으로 사용합니다.

04 ❶ '사진' 레이어의 Layer Mask 썸네일을 선택합니다. ❷ 작업 창의 왼쪽 하단에 드래그하여 모양을 냅니다.

'Background' 색상을 변경해보자!

❶ 전경색을 선택하여 색상 값을 '#fd7c7c'
로 입력한 후, ❷ 'Background'를 선택합니
다. ❸ 단축키 Alt + Delete 를 눌러 색상을 채
우면, 'Background'의 색이 달라지면서 브
러시로 칠한 부분의 색상도 변경됩니다.

포토샵 파헤치기

⊙ Layer Mask

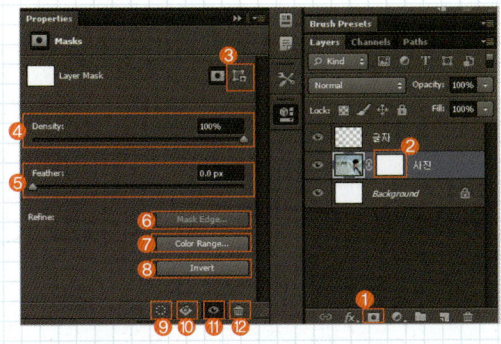

레이어의 이미지를 수정할 때 수정하지 않을 다른 부분을 보호
하면서 편집할 수 있는 기능입니다. 레이어 마스크의 흰 부분은
칠해지는 부분이고, 검은 부분은 가려져 보호되는 부분입니다.
메뉴 바에서 [Layer] – [Layer Mask] – [Reveal All]를 선택해
사용할 수 있으며, [Layers] 패널에서 ❶ [Add Layer Mask] 버
튼을 눌러도 마스크가 생성됩니다. ❷ Layer Mask Thumbnail
을 더블클릭하면, Properties 패널(메뉴 바에서 [Window] –
[Properties])을 사용할 수 있습니다.

❸ Select the vector Mask : Layer Mask 기능과 유사하지만, 펜 툴이나 셰이프 툴을 이용해 편집할 수 있습니다.

❹ Density : 마스크의 농도를 조절합니다.

❺ Feather : 마스크의 외곽선의 흐림을 조절합니다.

❻ Mask Edge : 레이어 마스크의 가장자리 영역을 세부적으로 설정합니다.

❼ Color Range : 레이어 이미지에 사용된 특정 색상을 선택하여 마스크로 만듭니다.

❽ Invert : 이미지를 반전시킵니다.

❾ Mask에 설정된 이미지를 따라 활성화 영역이 생성됩니다.

❿ Mask에 설정된 이미지를 원본 이미지에 적용합니다.

⓫ Mask에 설정된 이미지가 적용된 모습을 보여줍니다.

⓬ Mask를 삭제합니다.

Section 28

크레파스 스크래치

Create Clipping Mask

어린 시절, 미술 시간에 크레파스를 이용한 스크래치 기법을 해본 적 있으시죠? 이미지 안에 이미지가 들어간다는 개념의 클리핑 마스크는 이것과 사뭇 닮았는데요. 어떨 때 사용하면 좋을지 생각하며 따라해 보세요.

- ● [예제 파일] Sample/28/크레파스 스크래치.psd
- ● [완성 파일] Sample/28/크레파스 스크래치.jpg

01 메뉴 바에서 [File] – [Open](단축키 Ctrl+O)을 선택하여 〈Sample/28/크레파스 스크래치.psd〉 파일을 엽니다. ❶ 도구상자에서 돋보기 툴(🔍)을 선택하고, ❷ 상단 옵션 바의 [Fit Screen](단축키 Ctrl+O)을 선택해 작업 창에 이미지 크기를 맞춥니다. ❸ '마스크' 레이어를 선택합니다.

02 메뉴 바에서 [Layer] – [Create Clipping Mask](단축키 Alt+Ctrl+G)를 선택합니다.

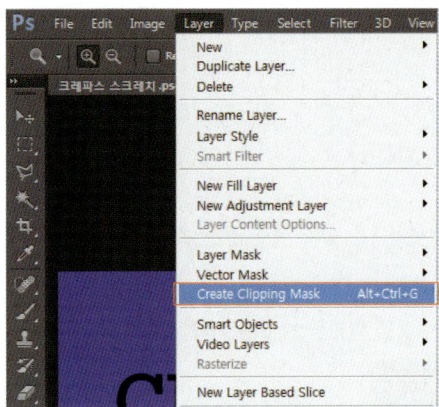

03 ❶ 도구상자에서 브러시 툴(✏)을 선택합니다. ❷ 상단 옵션 바의 [Brush Preset Piker]를 선택합니다. ❸ 브러시 리스트에서 'Hard Round' 브러시를 선택하고, ❹ Size 값을 '1px'로 입력합니다. ❺ 컬러 디폴트(▣)를 선택한 후, 컬러 스위치(▣)를 선택합니다.

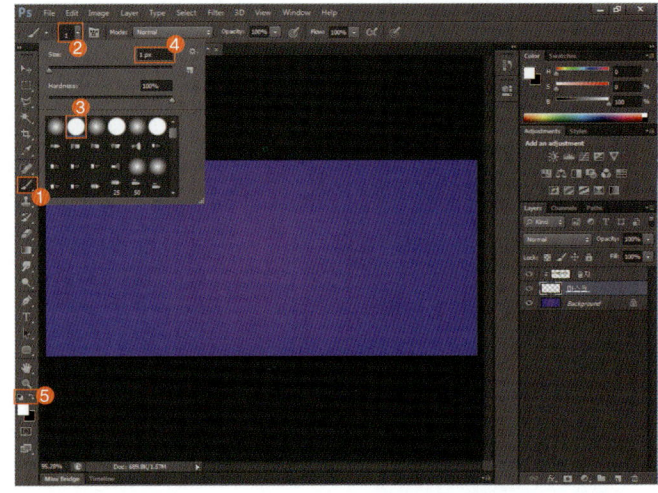

04 글씨 위에 선이 그어진 듯한 느낌이 나도록 자유롭게 드래그하여 완성합니다. 이 부분에 다른 색상을 추가하면 다양한 느낌으로 연출할 수 있습니다.

◉ Clipping Mask

메뉴 바에서 [Layer] – [Create Clipping Mask](단축키 Alt+Ctrl+G)를 선택하여 사용할 수 있습니다. 아래 레이어 안으로 이미지를 집어넣어 사용할 수 있는 기능으로, 칠해져 있는 면에만 이미지가 삽입됩니다.

01 Clipping Mask를 실행하는 또 다른 방법은, Alt키를 누른 상태로 레이어 사이에 마우스 커서를 가져다 대면 커서의 모양이 변화하는 것을 확인할 수 있습니다. 클릭하면 Clipping Mask가 실행됩니다.

02 한 레이어에 여러 개의 Clipping Mask를 추가할 수도 있습니다. 하나의 Clipping Mask를 설정해 놓고, 추가할 Clipping Mask를 안쪽으로 드래그합니다. 이때 투명도를 주거나 레이어의 블렌딩 모드를 이용하면 다양한 효과를 줄 수 있습니다.

활성화 영역 한눈에 보기

퀵 마스크 모드

활성화 영역과 연결된 퀵 마스크 모드는 활성화 영역 자체가 마스크 기능을 한다는 개념에서 출발하면 쉽게 이해할 수 있습니다. 더불어 퀵 마스크 모드는 활성화 영역을 이미지로 변환하여 편집할 수 있기 때문에 더 자세하고 편리하게 활성화 영역을 제어할 수 있습니다.

◉ **[예제 파일]** Sample/29/활성화 영역 한눈에 보기.psd
◉ **[완성 파일]** Sample/29/활성화 영역 한눈에 보기.jpg

01 메뉴 바에서 [File] − [Open](단축키 Ctrl + O)을 선택하여 〈Sample/29/활성화 영역 한눈에 보기.psd〉 파일을 엽니다. ❶ 도구상자에서 돋보기 툴 (🔍)을 선택하고, ❷ 상단 옵션 바의 [Fit Screen] (단축키 Ctrl + O)을 선택해 작업 창에 이미지 크기를 맞춥니다.

02 ❶ 'Background'를 선택합니다. ❷ 도구상자에서 빠른 선택 툴( )을 선택한 후, ❸ 작업 창의 꽃을 드래그하여 활성화합니다.

잠깐
활성화 영역이 잘못 지정되었을 때는 Alt 키를 누르고 드래그하면 활성화 영역이 제거됩니다.

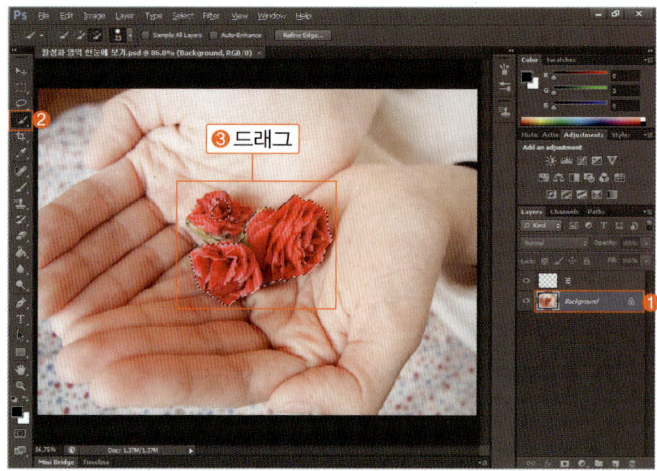

03 메뉴 바에서 [Select] – [Edit in Quick Mask Mode](단축키 Q)를 선택합니다.

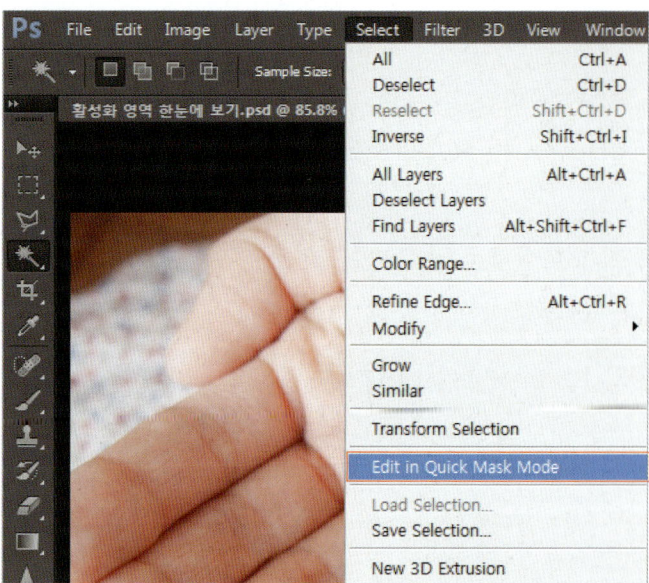

04 활성화 영역을 제외한 나머지 부분이 붉게 변하는 것을 확인할 수 있습니다. 도구상자에서 퀵 마스크 모드( )를 더블클릭합니다.

잠깐
퀵 마스크 모드로 바뀌면 레이어의 색상이 회색으로 변합니다.

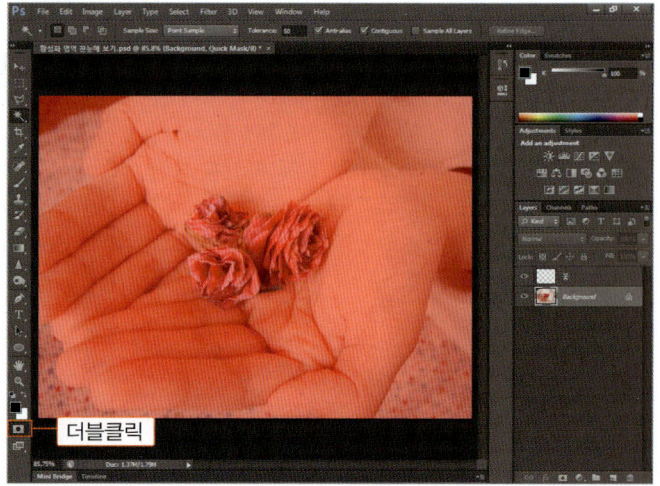

05 [Quick Mask Options] 대화상자에서 ❶ Color를 선택합니다. [Color Picker] 대화상자에서 ❷ 색상 값을 '#0060ff'로 입력하고, ❸ [OK] 버튼을 클릭합니다. ❹ [Quick Mask Options] 대화상자에서 [OK] 버튼을 클릭합니다.

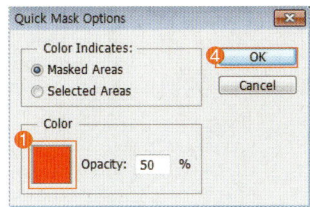

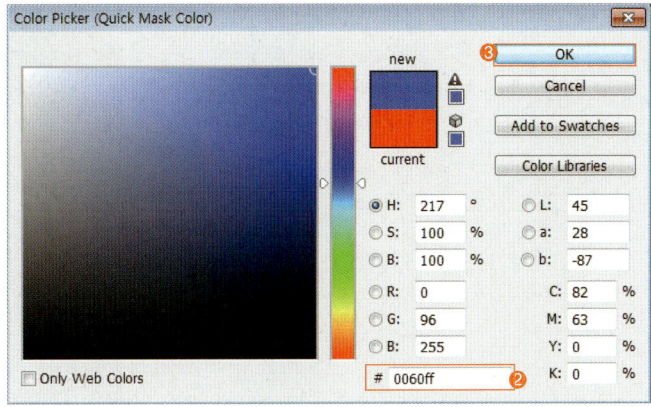

06 ❶ 도구상자에서 퀵 마스크 모드(■)를 선택합니다. 설정한 색상으로 Quick Mask가 변한 것을 확인할 수 있습니다. ❷ 도구상자에서 돋보기 툴(🔍)을 선택하고, ❸ 상단 옵션 바의 [Zoom In](🔍)을 선택합니다. ❹ 작업 창에서 꽃 부분을 드래그하여 확대합니다(단축키 Ctrl+Space Bar+드래그).

> **잠깐** 본 예제에서는 꽃과 Quick Mask가 모두 붉어서 활성화된 영역을 찾기 어렵기 때문에, Quick Mask 모드 색상을 변경하였습니다.

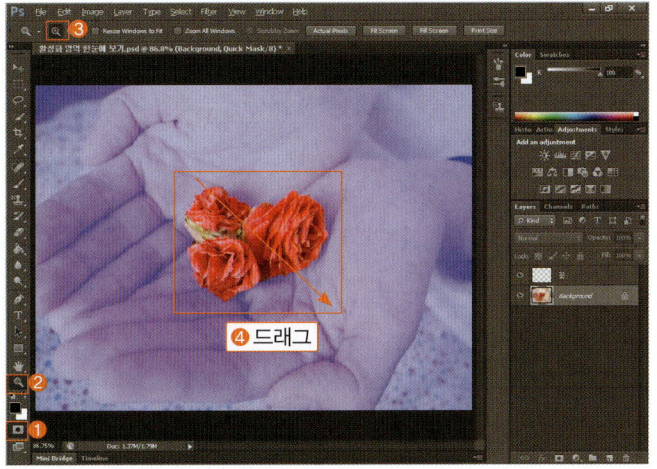

07 도구상자에서 ❶ 지우개 툴(🩹)을 선택합니다. ❷ 꽃 이미지 위에 파란색으로 남아 있는 마스크를 드래그하여 지웁니다. ❸ 도구상자에서 퀵 마스크 모드(■)를 선택합니다.

08 ❶ 도구상자에서 돋보기 툴(🔍)을 선택하고, ❷ 상단 옵션 바의 [Fit Screen](단축키 Ctrl + 0)을 선택해 작업 창에 이미지 크기를 맞춥니다. ❸ '꽃' 레이어를 선택합니다. ❹ 전경색을 선택합니다.

09 [Color Picker] 대화상자에서 ❶ 색상 값을 '#ffe03b'로 입력하고, ❷ [OK] 버튼을 클릭합니다.

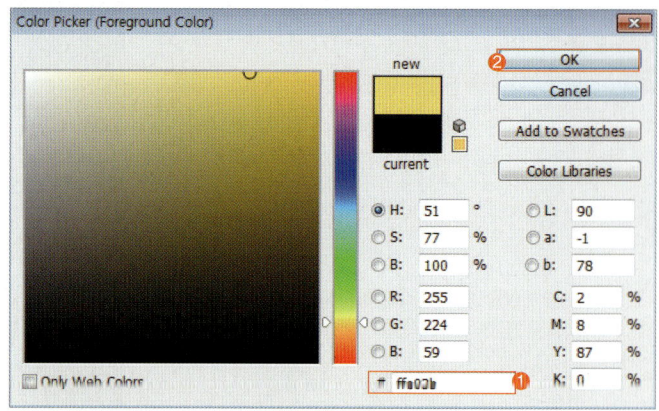

10 단축키 Alt + Delete 를 눌러 활성화 영역에 색상을 채워주면 완성입니다.

하이라이트를 더 환하게

Color Range

Color Range는 이미지에서 선택한 색상의 활성화 영역을 확장하거나 축소하는 과정을 가시적으로 보여줍니다. 하나의 색상으로 활성화 영역이 선택되기 때문에, 이미지를 강조할 때나 단조로운 이미지를 보정할 때 좋습니다. 특히 빛을 표현하는 작업에서 큰 효과를 볼 수 있어요.

◉ **[예제 파일]** Sample/30/하이라이트를 더 환하게.psd
◉ **[완성 파일]** Sample/30/하이라이트를 더 환하게.jpg

01 메뉴 바에서 [File] – [Open](단축키 Ctrl+O)을 선택하여 〈Sample/30/하이라이트를 더 환하게.psd〉 파일을 엽니다. ❶ 도구상자에서 돋보기 툴(🔍)을 선택하고, ❷ 상단 옵션 바의 [Fit Screen](단축키 Ctrl+O)을 선택해 작업 창에 이미지 크기를 맞춥니다.

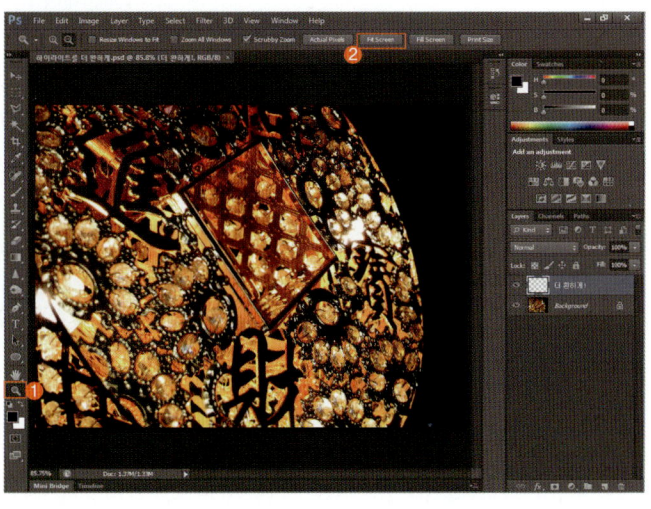

02 ❶ '더 환하게!' 레이어를 선택한 후, ❷ 메뉴
바에서 [Select] – [Color Range]를 선택합니다.

03 [Color Range] 대화상자에서 ❶ 작업 창의
이미지를 클릭하며 적당한 활성화 영역을 찾습니
다. ❷ 이미지를 참고하여 Fuzziness의 슬라이더
를 움직이며 활성화 영역의 범위를 조절합니다. ❸
[OK] 버튼을 클릭합니다. ❹ 전경색을 선택합니다.

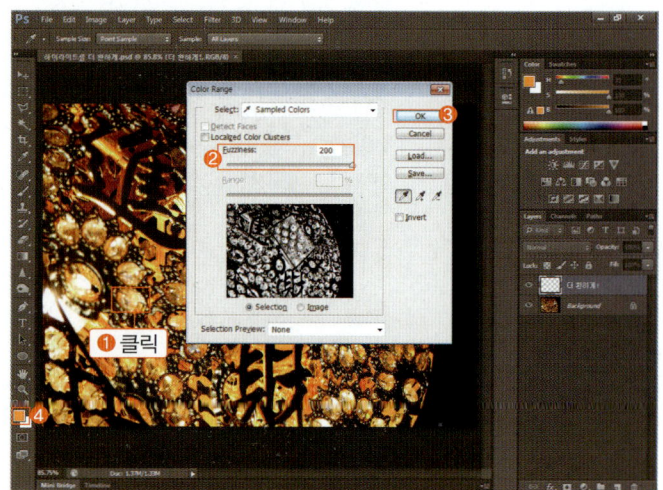

04 [Color Picker] 대화상자에서 ❶ 색상 값을
'#ffffff'로 입력하고, ❷ [OK] 버튼을 클릭합니다.

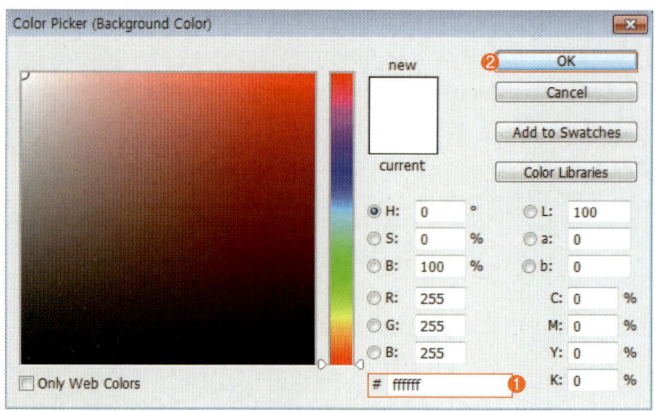

05 단축키 Alt + Delete 를 눌러 활성화 영역에 색
상을 채워주면 완성입니다.

⊙ Color Range

메뉴 바에서 [Select] – [Color Range]를 선택해 사용할 수 있습니다. 선택된 색상을 추출하여 가시적으로 보여주며, 색
상의 범위 수정이 가능하여 부분 색상을 수정하는 데 이용하기 좋은 기능입니다. 또한, 특정 레이어에 상관없이 활성화
영역을 만들어 주기 때문에 레이어를 합치지 않고도 활성화 영역을 만들어 사용할 수 있습니다.

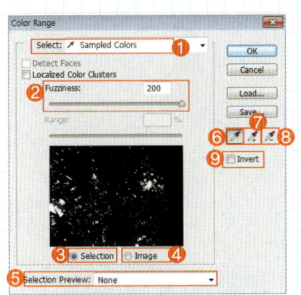

❶ Select : 색상 선택 방법을 변경합니다.

❷ Fuzziness : 활성화 영역이 선택되는 범위를 조절합니다. 수치가 높을수록 넓어
집니다.

❸ Selection : 이미지가 흑백으로 표현되며, 흰 부분이 활성화 영역입니다.

❹ Image : 원본 이미지 그대로 표시됩니다.

❺ Selection Preview : 이미지의 활성화 영역 미리보기 방식을 변경합니다.

❻ 색상을 선택하여 활성화 영역으로 만듭니다.

❼ 활성화 영역을 추가합니다.

❽ 활성화 영역에서 제외합니다.

❾ Invert : 활성화 영역을 반전시킵니다.

활성화 영역 활용하기

툴과 메뉴, 패널을 배우다 보면 '활성화 영역'에 대한 이야기가 많습니다. 그만큼 포토샵에서 중요한 기능으로 자리 매김하고 있다는 뜻인데요. 그동안 배웠던 활성화 영역을 좀 더 다양하게 활용할 수 있는 [Modify]에 대해 알아보 겠습니다.

◉ Modify의 세부메뉴

활성화 영역을 만든 후 거의 마지막 단계에서 사용하곤 하는 [Modify]는 활성화 영역의 범위를 수치 로 입력하여 조절합니다. 입력한 값에 따라 활성화 영역이 변화합니다.

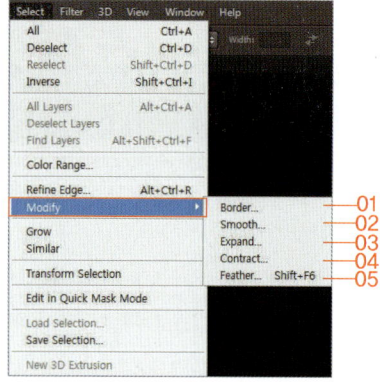

01 Border : 지정된 활성화 영 역의 테두리를 따라 입력한 값만 큼 선 형태로 활성화 영역이 새로 생겨납니다.

02 Smooth : 입력한 값만큼 활 성화 영역의 뾰족한 부분이 둥그 런 형태로 변합니다.

03 Expand : 입력한 값만큼 활
성화 영역이 확장됩니다.

04 Contract : 입력한 값만큼 활
성화 영역이 축소됩니다.

05 Feather : 입력한 값만큼 선
택된 활성화 영역의 가장자리에
흐림 효과가 생겨납니다.

조각 그림 한꺼번에 저장하기

Rulers

그림을 그릴 때나 디자인 작업을 할 때, 처음부터 진하게 그리지 않고 옅은 안내선을 그린 후에 시작하곤 하죠. 이처럼 포토샵에서도 작업을 도와주는 Rulers의 안내선이 존재합니다. 작업의 중요한 베이스가 되는 Rulers와 안내선 사용법에 대해 알아보도록 하겠습니다.

● **[예제 파일]** Sample/31/조각 그림 한꺼번에 저장하기A.jpg
● **[완성 파일]** Sample/31/조각 그림 한꺼번에 저장하기B.jpg

01 메뉴 바에서 [File] − [Open](단축키 Ctrl + O)을 선택하여 〈Sample/31/조각 그림 한꺼번에 저장하기A.jpg〉 파일을 엽니다. ❶ 도구상자에서 돋보기 툴(🔍)을 선택하고, ❷ 상단 옵션 바의 [Fit Screen](단축키 Ctrl + O)을 선택해 작업 창에 이미지 크기를 맞춥니다.

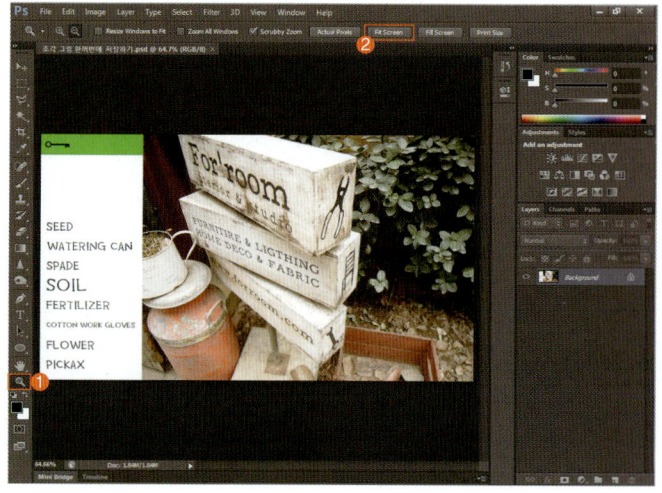

02 메뉴 바에서 [View] − [Rulers](단축키 `Ctrl` + `R`)를 선택합니다.

03 작업 창의 왼쪽과 위쪽에 눈금자가 생겨난 것을 확인할 수 있습니다. 왼쪽 Ruler에서 오른쪽으로 드래그하면 안내선이 생성됩니다.

잠깐 눈금자 형태의 Ruler 안쪽을 클릭하여 드래그합니다.

안내선의 이동

도구상자에서 ❶ 이동 툴(🔩)을 선택합니다. ❷ 안내선에 마우스 커서를 가져다 대면 마우스 커서가 변화하는 것을 확인할 수 있는데, 잘못 측정한 안내선을 이동시킬 때 사용합니다.

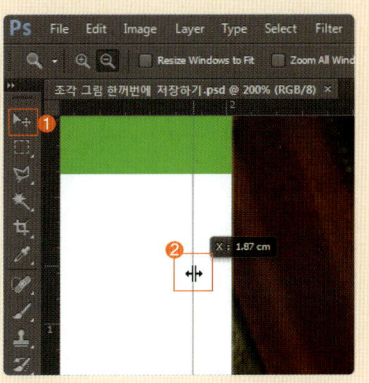

04 그림을 참고하여 왼쪽의 문자 사이사이에 안내선을 만들어 줍니다. 도구상자에서 자르기 툴(⊞)을 길게 선택하면 숨어있는 도구 리스트를 볼 수 있는데, ❶ 그 중 분할 툴(✂)을 선택합니다. ❷ 이미지의 안내선에 맞춰 드래그하여 분할 표시합니다.

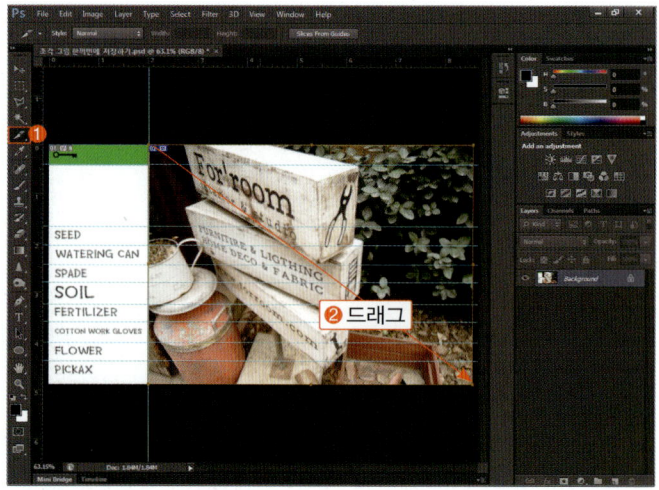

05 메뉴 바에서 [File] – [Save for Web](단축키 Alt+Shift+Ctrl+S)을 선택합니다.

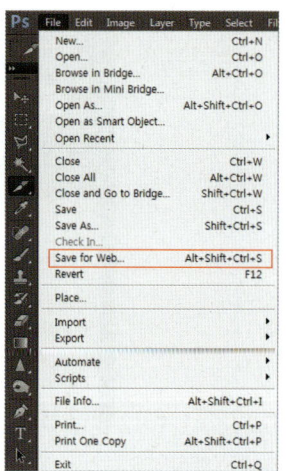

06 [Save for Web] 대화상자에서 ❶ File Format을 'GIF'로 선택합니다. ❷ [Save] 버튼을 클릭합니다.

07 새폴더를 만든 후 폴더 안으로 들어갑니다. [Save Optimized As] 대화상자에서 ❶ Format을 'Image Only'로 선택한 후, ❷ [저장] 버튼을 클릭합니다.

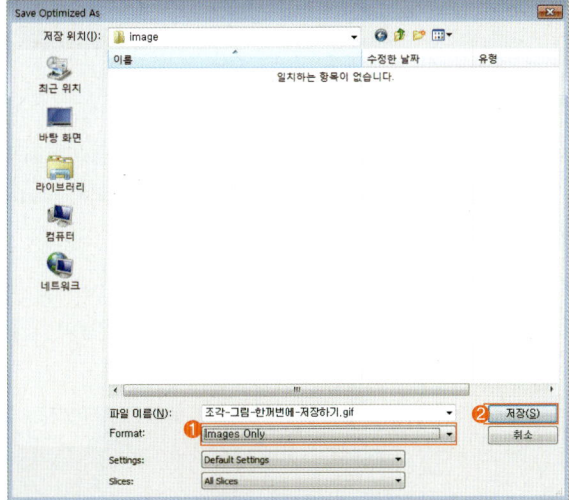

08 폴더 내에 분할된 이미지를 확인할 수 있습니다.

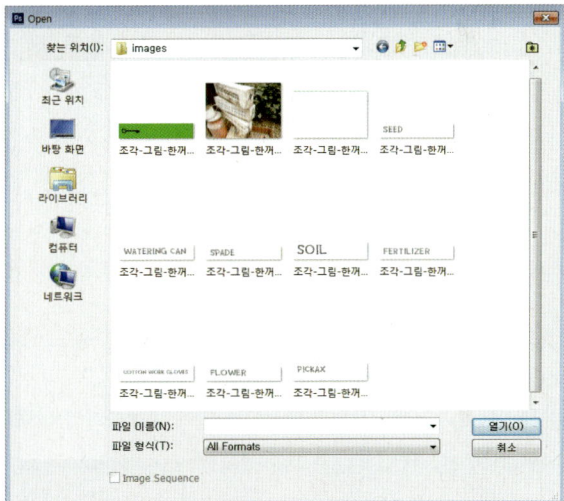

⊙ Rulers

메뉴 바에서 [View] – [Rulers](단축키 Ctrl + R)를 선택하여 사용할 수 있습니다. 이미지 왼쪽과 위쪽에 센티미터 단위의 자가 생성됩니다. 생성된 Rulers를 더블클릭하면 옵션을 변경할 수 있고, Rulers에서 꺼낸 안내선은 도구상자의 이동 툴(단축키 V)을 이용하여 이동시킬 수 있습니다.

01 메뉴 바에서 [Edit] – [Preferences] – [Units & Rulers]를 선택하여 [Ruler]의 설정을 변경할 수 있습니다.

❶ Rulers : 작업 창의 Rulers로 표시되는 눈금자의 단위를 변경합니다.

❷ 자에 표시되는 눈금과 칼럼의 크기를 설정합니다.

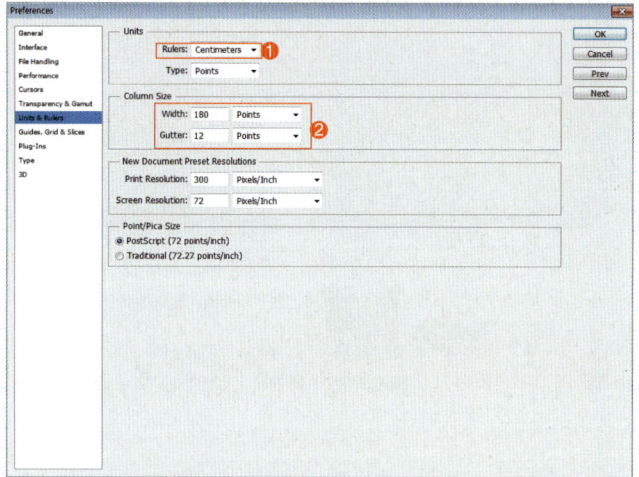

02 메뉴 바에서 [Edit] – [Preferences] – [Guides, Grid & Slices]를 선택하여 불러올 수 있습니다.

❶ Guides : 안내선의 색과 모양을 설정합니다.

❷ Slices : 슬라이스 툴 사용 시 형성되는 박스의 색상과 넘버링 생성을 설정합니다.

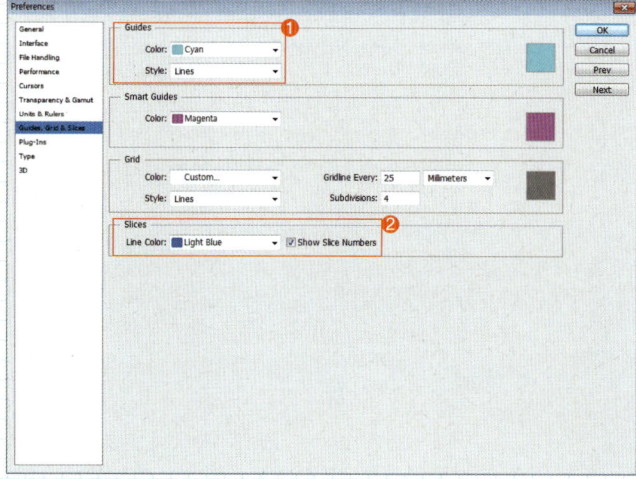

눈 오는 이미지 만들기

Brush 패널

앞서 배운 도구상자의 브러시 툴은 상단 옵션 바의 설정뿐만 아니라 [Brush] 패널의 옵션에서 더욱 다양하게 변화시켜 응용할 수 있습니다. 브러시를 만드는 과정부터 [Brush] 패널을 이용한 응용법까지, 브러시 툴을 사용할 때 필요로 하는 전반적인 사항들에 대해 훑어볼까요?

● [예제 파일] Sample/32/눈 오는 이미지 만들기A.psd
　　　　　　 Sample/32/눈 오는 이미지 만들기B.psd
● [완성 파일] Sample/32/눈 오는 이미지 만들기.jpg

01 메뉴 바에서 [File] – [Open](단축키 Ctrl+O)을 선택하여 〈Sample/32/눈 오는 이미지 만들기A.psd〉, 〈Sample/32/눈 오는 이미지 만들기B.psd〉 파일을 엽니다. ❶ '눈 오는 이미지 만들기B' 이미지 탭을 선택합니다. ❷ 도구상자에서 네모 선택 툴(▢)을 선택합니다. ❸ 작업 창의 눈꽃 이미지 중 하나를 드래그하여 활성화 영역으로 지정합니다.

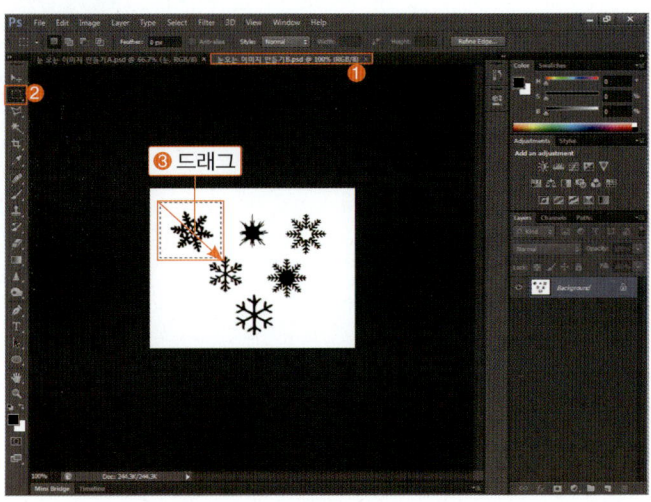

02 메뉴 바에서 [Edit] − [Define Brush Preset] 을 선택합니다.

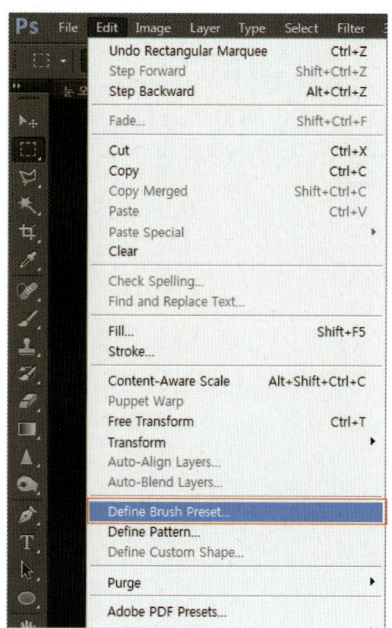

03 ❶ [Brush Name] 대화상자에서 Name을 '눈 꽃1'로 입력하고, ❷ [OK] 버튼을 클릭합니다. 같은 방법으로 나머지 눈꽃 이미지도 브러시로 등록합 니다.

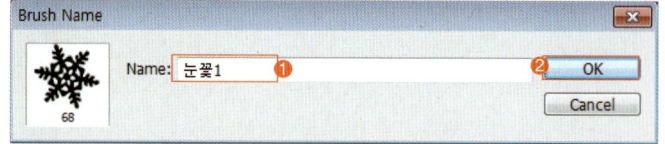

04 '눈 오는 이미지 만들기 A' 이미지 탭을 선택 합니다. ❶ 도구상자에서 브러시 툴(🖌)을 선택하 고, ❷ 상단 옵션 바의 [Brush Preset Piker]를 선 택합니다. ❸ 브러시 리스트에서 '눈꽃1' 브러시를 선택합니다. ❹ '눈' 레이어를 선택하고, ❺ 전경색 을 선택합니다.

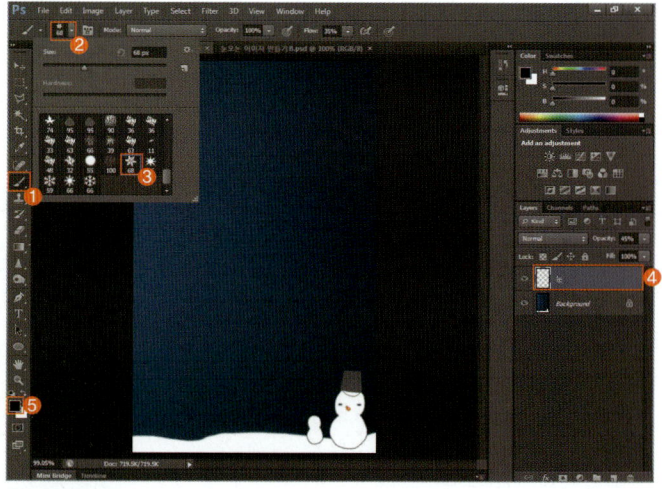

05 [Color Picker] 대화상자에서 ❶ 색상 값을 '#ffffff'로 입력하고, ❷ [OK] 버튼을 클릭합니다.

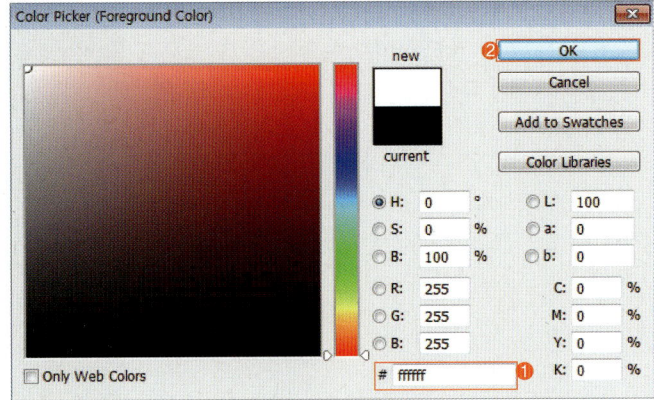

06 메뉴 바에서 [Window] – [Brush](단축키 F5)를 선택합니다.

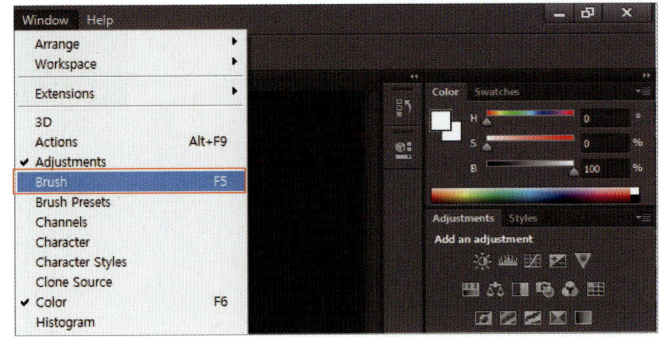

07 [Brush] 패널에서 ❶ Brush Tip Shape의 ❷ Spacing 값을 '224%'로 입력합니다. ❸ Shape Dynamics의 ❹ Size Jitter 값을 '88%'로 입력하고, ❺ Angle Jitter 값을 '34%'로 입력합니다.

> **잠깐** 하단 브러시 미리보기의 브러시 간격과 모양을 보며 값을 입력하면 됩니다.

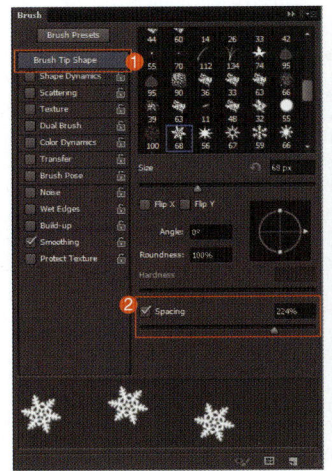
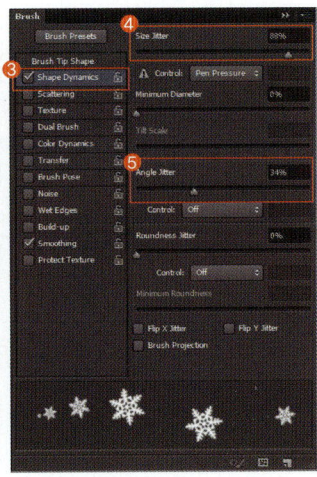

08 작업 창을 클릭하거나 드래그하여 눈 오는 이미지를 만들어 줍니다. 나머지 눈꽃 브러시 역시 위와 같이 설정해 그려주면 완성입니다.

포토샵 파헤치기

⊙ [Brush] 패널

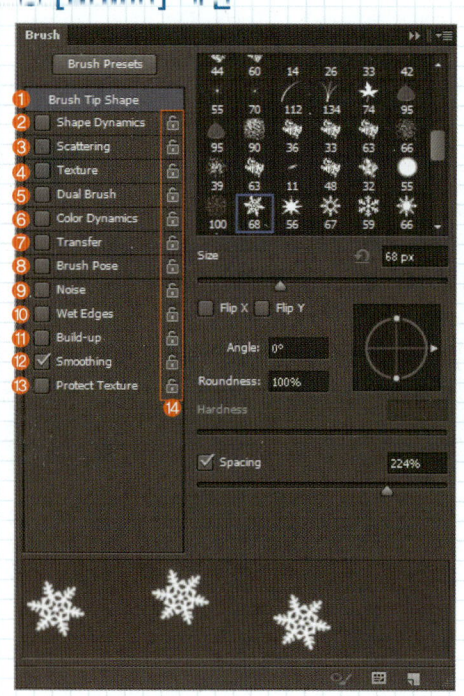

메뉴 바에서 [Window] – [Brush](단축키 F5)를 선택하여 사용할 수 있습니다. 브러시 툴뿐만 아니라 지우개 툴, 블러 툴, 복제 도장 툴 등 브러시 형태로 작업할 수 있는 툴에 사용이 가능합니다. [Brush] 패널의 옵션은 아주 방대하므로 책에서는 포인트만 간단히 짚고 넘어가지만, 글로 익히기보다는 하나하나 클릭하여 브러시 미리보기를 통해 어떠한 형태로 사용되고 변화되는지 눈으로 익혀두는 것이 중요합니다.

❶ Brush Tip Shape : 브러시를 선택하고 사이즈와 간격을 조절하며, 모양 변화 및 회전을 할 수 있습니다. (★)

❷ Shape Dynamics : 브러시의 굵기 변화를 설정합니다. 타블렛 사용 시 필압 체크 옵션을 선택할 수 있습니다. (★)

❸ Scattering : 브러시가 뿌려지는 형태로 확산하는 옵션을 설정합니다. (★)

❹ Texture : 브러시에 질감을 입혀서 사용할 수 있습니다. (★)

❺ Dual Brush : 두 개의 브러시를 같이 적용해서 사용할 수 있습니다. (★)

❻ Color Dynamics : 전경색과 배경색을 조합하여 채색할 수 있습니다.

❼ Transfer : Jitter에 대한 세부 옵션을 설정합니다.

❽ Brush Pose : 브러시의 기울기, 회전, 압력 등을 미세하게 조정합니다.

❾ Noise : 브러시를 거칠게 변화시킵니다.

❿ Wet Edges : 젖은 느낌의 브러시로 만들어 줍니다. (★)

⓫ Build-up : 에어브러시 효과를 더 강력하게 만들어 줍니다.

⓬ Smoothing : 브러시를 매끄러운 느낌으로 만들어 줍니다.

⓭ Protect Texture : 질감은 보호합니다.

⓮ 자물쇠 모양 : 열려 있으면 현재 브러시에만 옵션이 적용되고, 잠겨있으면 다른 브러시에도 같은 옵션이 적용됩니다.

> **잠깐** ★이 표시된 옵션은 자주 사용되는 기능이니, 좀 더 자세하게 테스트해보세요.

◉ 새로운 브러시의 등장

CS6 버전에 새롭게 등장한 브러시는 놀라운 기능을 담고 있습니다. 타블렛으로만 표현할 수 있었던 끝이 뾰족한 브러시의 모양을 구현하고 있기 때문이죠! 왼쪽 위에 세워진 브러시와 브러시 끝이 닿는 면의 깊이를 보고 클릭하여 조절할 수 있습니다.

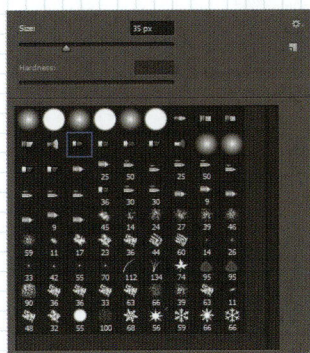 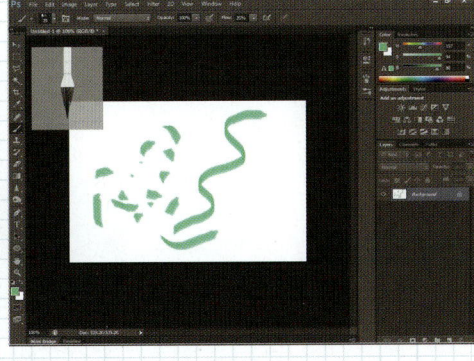

타블렛 필압 감지 옵션 설정

❶ Shape Dynamics의 Controls를 ❷ 'Pen Pressure'로 변경합니다. ❸ 느낌표 모양의 아이콘이 뜨면 타블렛이 정상적으로 연결되어 있지 않은 상태입니다.

Section 33

빈티지한 문자 디자인

Character 패널

포토샵에서도 문서 프로그램에서처럼 행간, 자간, 글자 너비 등을 편집하거나 진하게, 기울임, 밑줄 등의 디테일한 옵션을 적용할 수 있습니다. [Character] 패널을 이용하여 좀 더 멋진 문자 디자인을 만들어 볼까요?

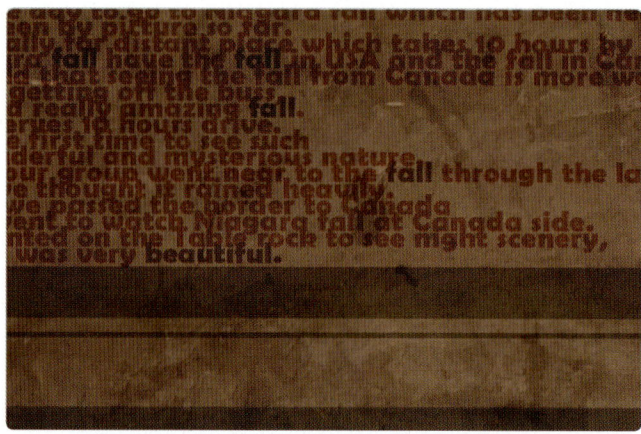

● **[예제 파일]** Sample/33/빈티지한 문자 디자인.psd
● **[완성 파일]** Sample/33/빈티지한 문자 디자인.jpg

01 메뉴 바에서 [File] – [Open](단축키 Ctrl +O)을 선택하여 〈Sample/33/빈티지한 문자 디자인.psd〉 파일을 엽니다. 메뉴 바에서 ❶ [Window] – [Character]를 선택합니다. ❷ '문자' 레이어를 선택합니다.

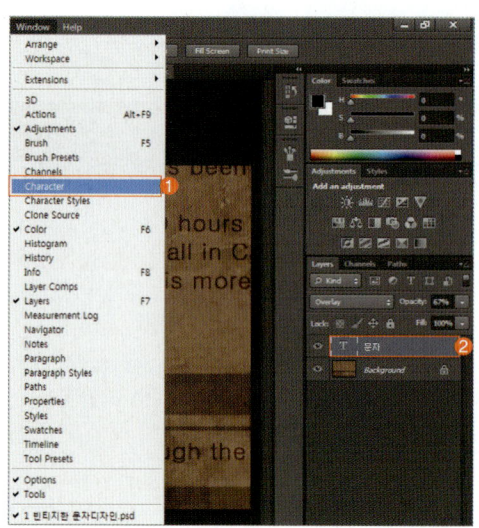

02 [Character] 패널에서 [Font Family]를 원하는 폰트로 선택하고, ❷ [Font Color]를 선택합니다.

잠깐 굵고 동글동글한 폰트를 선택해 디자인하세요.

03 [Color Picker] 대화상자에서 ❶ 색상 값을 '#552828'로 입력하고, ❷ [OK] 버튼을 클릭합니다.

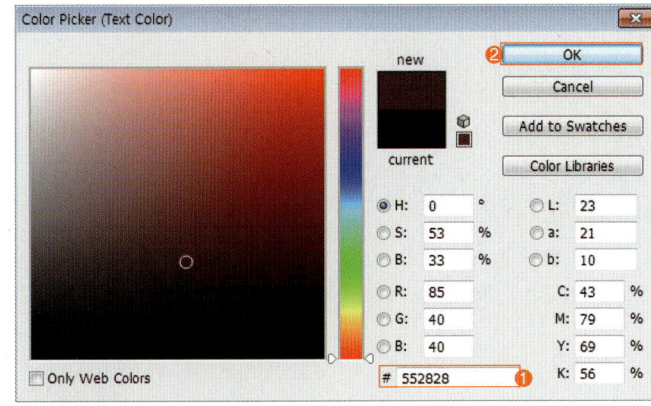

04 ❶ 도구상자에서 가로 문자 툴(T)을 선택합니다. ❷ 'fall'을 드래그하여 블록을 지정합니다. ❸ [Character] 패널에서 [Font Color]를 선택합니다.

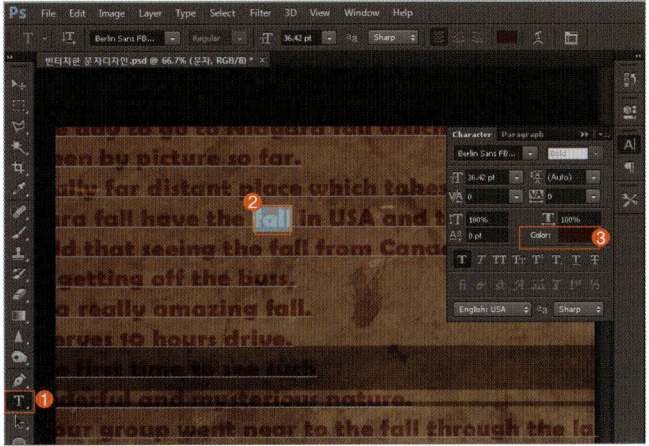

05 [Color Picker] 대화상자에서 ❶ 색상 값을 '#291a1a'로 입력하고, ❷ [OK] 버튼을 클릭합니다.

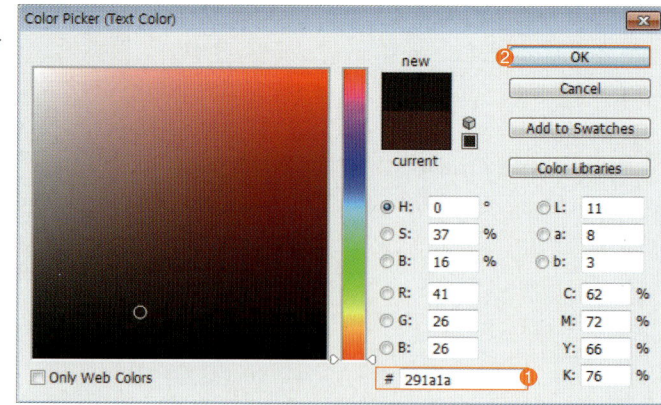

06 04~05와 같은 방법으로 특정 단어들을 드래그하여 색상을 다르게 칠한 후, '문자' 레이어를 선택합니다.

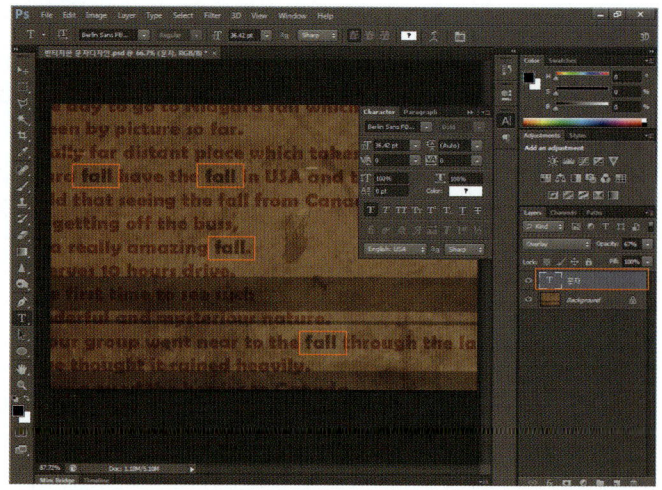

07 [Character] 패널에서 [Leading]의 값을 '20pt'로 입력하여 완성합니다.

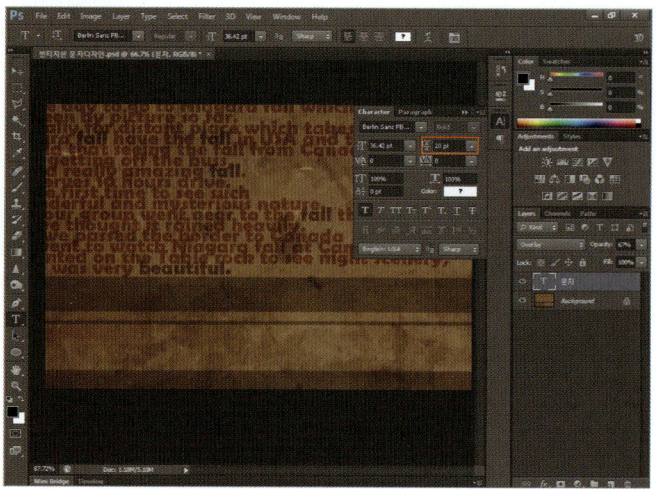

⊙ [Character] 패널

메뉴 바에서 [Window] – [Character]를 선택하여 사용할 수 있습니다. 문자 툴의 상단 옵션 바보다 더 자세한 사항들을 설정할 수 있습니다.

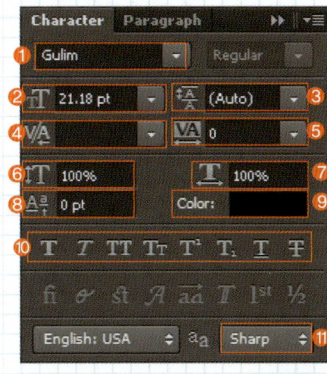

❶ 폰트를 설정합니다.

❷ 폰트 사이즈를 설정합니다.

❸ 폰트의 행간을 조절합니다.

❹ 폰트와 폰트 사이의 공간을 조절합니다.

❺ 폰트의 자간을 조절합니다.

❻ 폰트의 세로 비율을 조절합니다.

❼ 폰트의 가로 비율을 조절합니다.

❽ 폰트의 기준점을 올리거나 내립니다.

❾ 폰트의 색상을 수정합니다.

❿ 폰트 스타일을 변경합니다. (순서대로) 진하게, 기울어지게, 대문자, 작은 대문자, 위첨자, 아래첨자, 밑줄, 가운데 줄로 나타낼 수 있습니다.

⓫ 폰트 외곽선 형태를 변경합니다.

⊙ [Paragraph] 패널

메뉴 바에서 [Window] – [Paragraph]를 선택하여 사용할 수 있습니다. 문장의 단락을 정렬할 때 사용합니다.

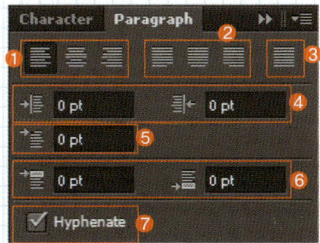

❶ 입력된 문장을 (순서대로) 왼쪽, 가운데, 오른쪽으로 정렬합니다.

❷ 문장의 마지막 줄을 (순서대로) 왼쪽, 가운데, 오른쪽으로 정렬합니다.

❸ 문장을 양 끝으로 정렬합니다.

❹ (순서대로) 왼쪽, 오른쪽으로 들여쓰기합니다.

❺ 첫 행을 들여쓰기합니다.

❻ (순서대로) 단락의 앞부분, 뒷부분에 간격을 줍니다.

❼ 영문을 사용할 때 단어가 끝나기 전 다음 행으로 넘어가면 자동으로 하이픈이 생깁니다.

원클릭 돋보기 효과 내기

Styles 패널

[Styles] 패널은 레이어의 스타일 기능을 조합하여 만든 선물세트와도 같아요. 조합에 따른 다양한 이미지 라이브러리를 제공하고 있어 필요한 기능들만 골라 사용할 수 있답니다. 이번 예제는 유리 재질을 표현할 때 사용하는 스타일을 사용해 볼 거예요. 편이를 위해 이용되는 부분이니 간단하게 알고 넘어가는 것만으로도 괜찮아요!

● [예제 파일] Sample/34/원클릭 돋보기 효과 내기.psd
● [완성 파일] Sample/34/원클릭 돋보기 효과 내기.jpg

01 메뉴 바에서 [File] − [Open](단축키 Ctrl +O)을 선택하여 〈Sample/34/원클릭 돋보기 효과 내기.psd〉 파일을 엽니다. ❶ 도구상자에서 돋보기 툴(🔍)을 선택하고, ❷ 상단 옵션 바의 [Fit Screen](단축키 Ctrl+O)을 선택해 작업 창에 이미지 크기를 맞춥니다.

02 ① '돋보기 유리' 레이어를 선택합니다. ② 메뉴 바에서 [Window] – [Styles]를 선택합니다.

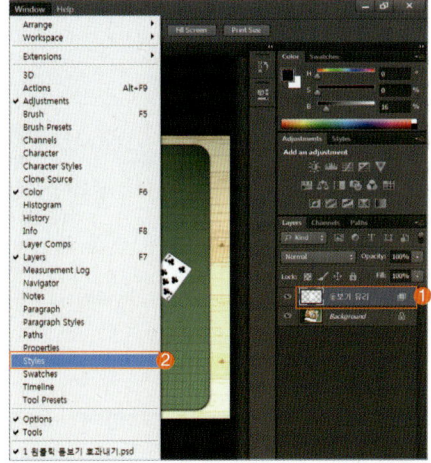

03 ① [Styles] 패널의 오른쪽 상단 메뉴 버튼 (▤)을 클릭한 후, ② 팝업 메뉴에서 'Web Styles'를 선택합니다.

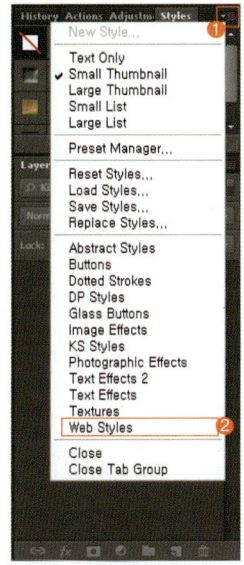

04 [Styles] 패널의 라이브러리에서 ① 'Blue Gel'을 선택합니다. ② '돋보기 유리' 레이어의 Opacity 값을 '70%'로 설정하면 완성입니다.

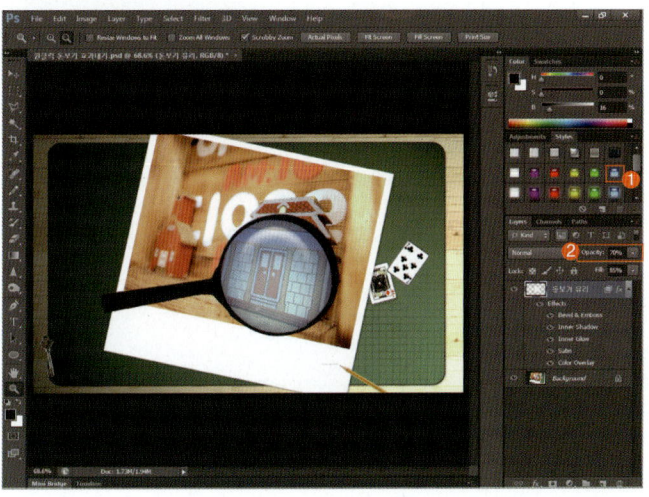

⊙ [Styles] 패널

메뉴 바에서 [Window] – [Styles]를 선택해 사용할 수 있습니다. 레이어에 적용되는 스타일 효과를 라이브러리로 모아놓은 패널입니다.

❶ Styles의 리스트를 확인할 수 있습니다. 원하는 Style을 클릭하면 레이어에 적용됩니다.

❷ Styles의 썸네일을 어떤 형태로 볼지 선택합니다.

❸ Styles의 라이브러리를 불러옵니다.

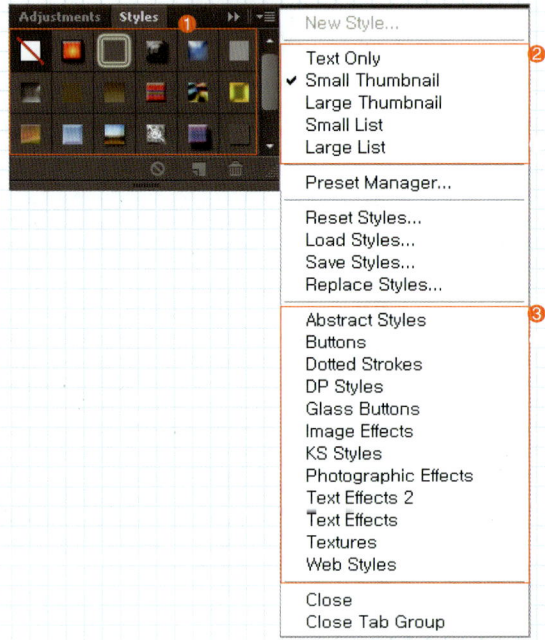

Section 35

반복된 작업 쉽게 하기

Actions 패널

여러 장의 사진을 일괄적으로 크기를 줄인다든가, 색감을 보정하는 등의 단순하게 반복되는 작업은 Action 기능을 이용하면 쉽게 해결할 수 있습니다. 작업하는 내용을 그대로 저장해 두었다가, 필요할 때 꺼내어 사용할 수 있거든요! 이렇게도 놀라운 Action, 지금 만나볼까요?

◉ **[예제 파일]** Sample/35/반복된 작업 쉽게 하기A.jpg
　　　　　　　Sample/35/반복된 작업 쉽게 하기B.jpg
◉ **[완성 파일]** Sample/35/반복된 작업 쉽게 하기C.jpg
　　　　　　　Sample/35/반복된 작업 쉽게 하기D.jpg

01 메뉴 바에서 [File] − [Open](단축키 Ctrl+O)을 선택하여 〈Sample/35/반복된 작업 쉽게 하기A.jpg〉, 〈Sample/35/반복된 작업 쉽게 하기B.jpg〉 파일을 엽니다. ❶ '반복된 작업 쉽게 하기A.jpg' 이미지 탭을 선택합니다. ❷ 도구상자에서 돋보기 툴(🔍)을 선택하고, ❸ 상단 옵션 바의 [Fit Screen](단축키 Ctrl+O)을 선택해 작업 창에 이미지 크기를 맞춥니다.

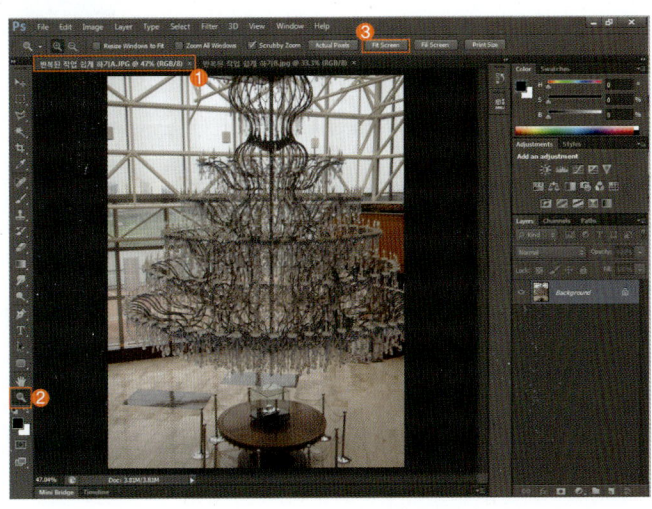

02 메뉴 바에서 [Window] − [Actions](단축키 Alt + F9)을 선택합니다.

03 [Actions] 패널에서 ❶ [Create New Action] 버튼을 클릭합니다. ❷ [New Action] 대화상자에서 Name을 '보정'으로 변경하고, ❸ [Record] 버튼을 클릭합니다.

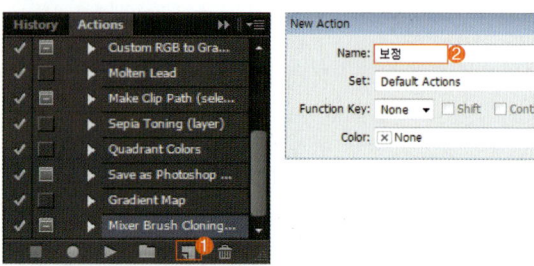

04 ❶ 메뉴 바에서 [Image] − [Adjustments] − [Levels](단축키 Ctrl + L)를 선택합니다. ❷ 이미지를 보면서 히스토그램의 슬라이더를 조절하여 보정하고, ❸ [OK] 버튼을 클릭합니다.

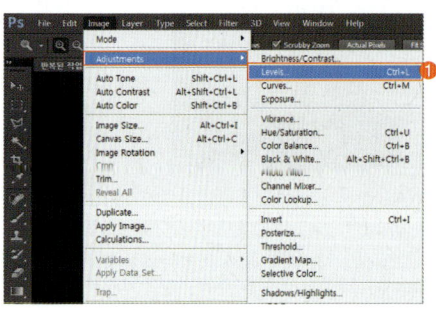

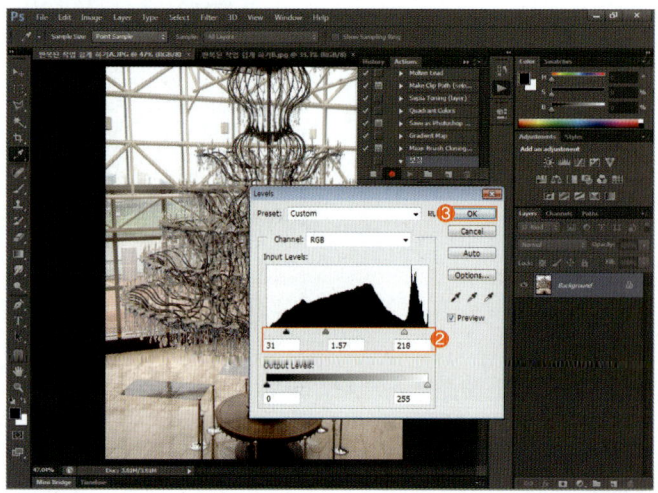

05 ❶ 메뉴 바에서 [Image] − [Adjustments] − [Photo Filter]를 선택합니다. ❷ [Photo Filter] 대화상자에서 Filter를 'Warming Filter'로 선택하고, ❸ [OK] 버튼을 클릭합니다.

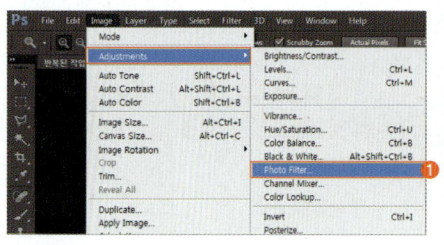

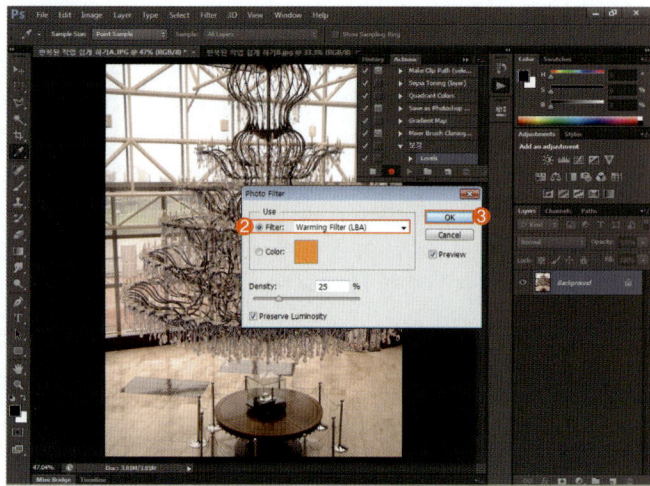

06 [Actions] 패널에서 [Stop Recording] 버튼을 클릭합니다.

07 ❶ '반복된 작업 쉽게 하기B.jpg' 이미지 탭을 선택합니다. ❷ 생성된 '보정' 액션을 선택한 후, ❸ [Play Selection] 버튼을 클릭하여 완성합니다.

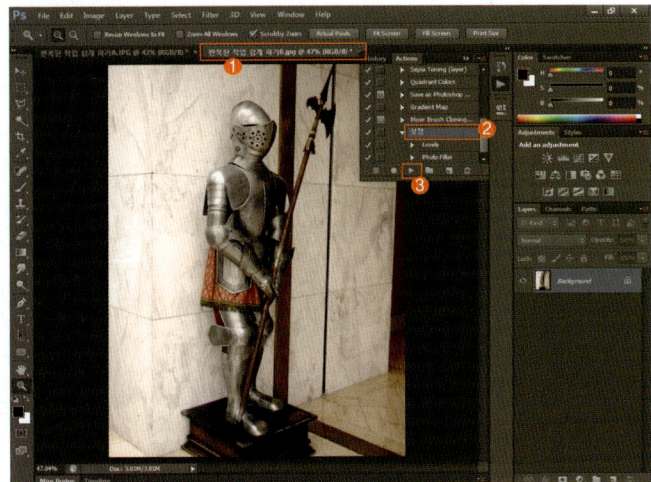

⊙ [Actions] 패널

메뉴 바에서 [Window] – [Actions](단축키 Alt+F9)를 선택해 사용할 수 있습니다. 여러 단계를 반복하여 수행해야 하는 작업들을 저장해 두었다가, 한 번의 클릭으로 저장해 놓은 작업을 적용해 주는 패널입니다.

❶ Actions 리스트 : 포토샵 내에 저장된 Action을 보여주는 리스트입니다.

❷ Stop Recording / Stop Playing : Action 저장을 멈춥니다. / Action을 멈춥니다.

❸ Begin Recording : Action 저장을 시작합니다.

❹ Play Selection : Action을 실행합니다.

❺ Create New Set : 폴더를 만듭니다.

❻ Create New Action : Action을 만듭니다.

❼ Delete : Action을 삭제합니다.

작업 창 나열하기

포토샵을 이용해 작업하다 보면, 여러 장의 사진을 불러놓고 작업해야 할 때가 잦습니다. 작업 창에 한 장씩 사진을 띄워놓을 때도 있고, 여러 장의 사진을 띄워놓을 때도 있죠. 이렇게 좀 더 수월하게 작업을 할 수 있도록 도와주는 작업 창 나열하기에 대해 알아보도록 하겠습니다.

◉ 작업 창 나열하기

01 여러 장의 이미지를 불러오면 각각의 파일명으로 이미지에 탭이 생성됩니다. 각각의 이미지 탭을 선택하여 해당 작업 창으로의 이동이 가능하지요. 이미지 탭을 클릭하지 않고 이미지를 순서대로 볼 수 있는 단축키는 Ctrl+Tab 입니다.

02 가끔 작업 창 간의 이미지 이동 등의 이유로 새 창 형태로 이미지를 불러내야 일 때가 있는데요. 그때는, ❶ 이미지 탭을 클릭한 상태로 작업 창 안쪽으로 드래그하면 ❷ 고정되어 있던 작업 창이 새 창 형태로 분리됩니다.

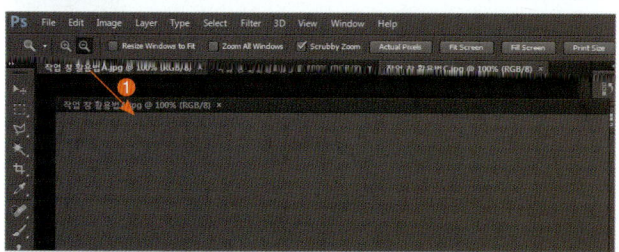

03 메뉴 바에서 [Window] — [Arrange]의 하위 메뉴를 선택하여 작업 창의 형태를 변경할 수도 있습니다. ❶ 작업 공간을 배분하여 볼 수 있는 방식이나 ❷ 새 창으로 분리하여 볼 수 있는 방식이 있습니다.

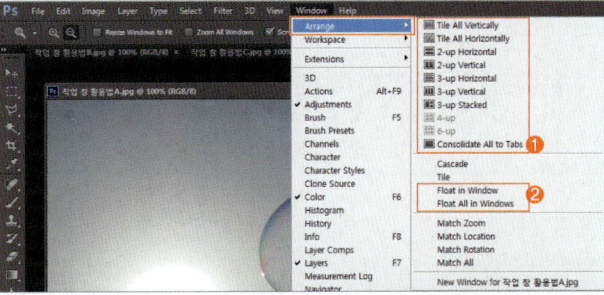

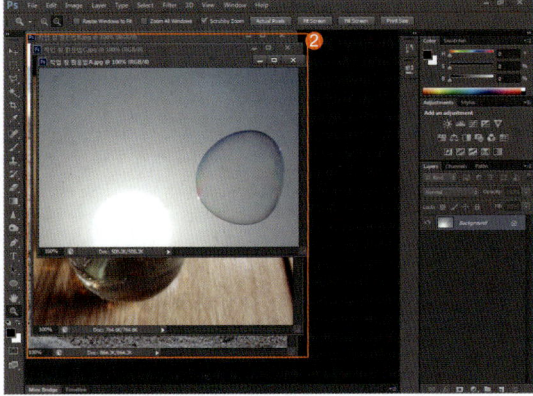

◉ Arrange의 하위 메뉴

메뉴 바에서 [Window] — [Arrange]를 선택해 사용할 수 있습니다. 작업 창은 상단의 이미지 탭을 드래그하면 새 창으로 꺼낼 수 있으며, [Arrange]를 이용하여 작업 창을 간편하게 정렬할 수 있습니다.

❶ 썸네일의 모양처럼 이미지가 정렬됩니다.
❷ 새 창으로 열린 작업 창들을 자동 정렬합니다.
❸ 작업 화면에 가득 차도록 작업 창들을 꺼내어 정렬합니다.
❹ 현재 선택된 작업 창을 새 창으로 꺼냅니다.
❺ 모두 새 창으로 꺼냅니다.

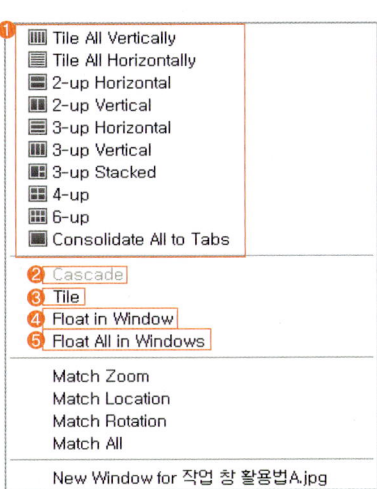

바탕화면 만들기

컴퓨터 바탕화면은 포토샵을 이용해 손쉽게 만들 수 있는 이미지 중 하나입니다. 아직 보정 부분을 배우지 않았기 때문에 이번 미션에서는 보정된 사진 위에 이미지를 조합하여 꾸미는 과정을 배워볼 예정입니다. 이 부분을 정확히 이해하고 난 후 사진만 교체한다면, 무궁무진하게 다양한 디자인의 바탕화면을 만들어 낼 수 있을 거예요.

- ⦿ [예제 파일] Sample/03_Mission/바탕화면 만들기.psd
- ⦿ [완성 파일] Sample/02_Mission/바탕화면 만들기.jpg

01 메뉴 바에서 [File] − [Open](단축키 Ctrl + O)을 선택하여 〈Sample/03_Mission/바탕화면 만들기.psd〉 파일을 엽니다. ❶ 도구상자에서 돋보기 툴(🔍)을 선택하고, ❷ 상단 옵션 바의 [Fit Screen](단축키 Ctrl + 0)을 선택해 작업 창에 이미지 크기를 맞춥니다.

02 ❶ '그림액자' 레이어를 선택합니다. ❷ 도구 상자에서 이동 툴(⊕)을 선택합니다. ❸ 오른쪽 상단으로 드래그하여 이동시킵니다.

03 ❶ '패턴' 레이어를 제외한 나머지 레이어를 오른쪽 위로 드래그하여 꾸며줍니다. ❷ 도구상자에서 가로 문자 툴(T)을 선택합니다. ❸ 작업 창에 클릭하여 '01, 02, 03 ~ 30'까지 입력합니다. ❹ 방금 적은 숫자 레이어를 선택합니다.

04 메뉴 바에서 [Window] − [Character]를 선택합니다.

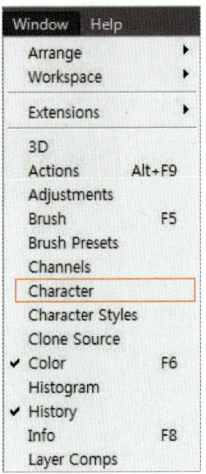

05 [Character] 패널의 **❶** [Font Family]를 어울리는 폰트로 설정합니다. **❷** [Font Size]를 '26pt'로 입력합니다. **❸** [Font Color]를 선택합니다.

06 [Color Picker] 대화상자에서 **❶** 색상 값을 '#393939'로 입력하고, **❷** [OK] 버튼을 클릭합니다.

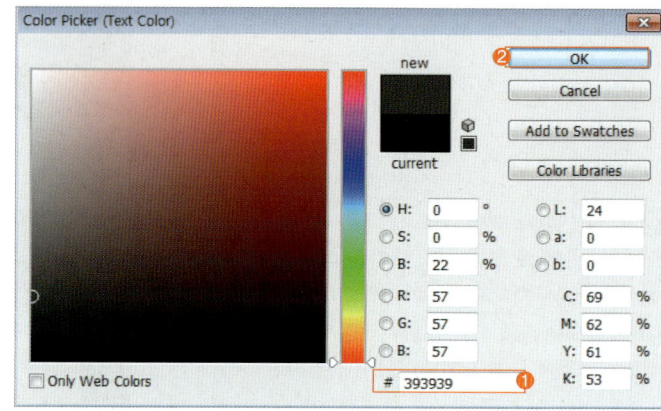

07 가로 문자 툴(T)이 선택된 상태에서 **❶** '01'을 드래그하여 블록을 설정합니다. **❷** [Font Color]를 선택합니다.

08 [Color Picker] 대화상자에서 ❶ 색상 값을 '#3b97ff'로 입력하고, ❷ [OK] 버튼을 클릭합니다. 07~08과 같은 방법으로 토요일과 일요일의 색을 변경합니다.

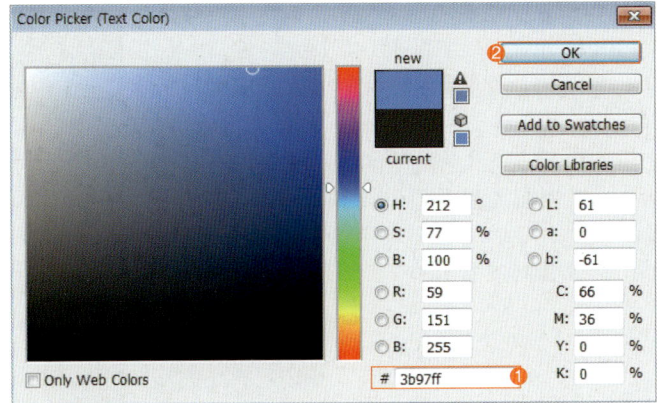

잠깐 일요일에 해당하는 숫자의 색상 값은 '#ff3b6b'입니다.

09 ❶ 도구상자에서 이동 툴()을 선택합니다. ❷ 작업 창의 숫자를 드래그하여 어울리는 위치로 이동시킵니다.

10 ❶ '패턴' 레이어를 선택합니다. ❷ Alt 키를 누른 상태로 드래그하여 레이어를 복사해 '패턴' 레이어 옆에 배치합니다. ❸ 다시 '패턴' 레이어를 선택합니다.

11 도구상자에서 올가미 툴(◎)을 길게 선택하면 숨어있는 도구 리스트를 볼 수 있는데, ❶ 그 중 다각형 올가미 툴(▽)을 선택합니다. ❷~❺의 가이드라인을 따라 그린 후 ❻ 메뉴 바에서 [Select] – [Inverse](단축키 Shift+Ctrl+ I)를 선택합니다. ❼ Delete 키를 눌러 삭제합니다. ❽ 메뉴 바에서 [Select] – [Deselect](단축키 Ctrl+ D)를 선택하여 활성화를 해제합니다.

12 ❶ 도구상자에서 이동 툴(▶)을 선택합니다. ❷ 패턴 이미지를 오른쪽 상단으로 드래그하여 이동시킨 후, ❸ '패턴' 레이어를 밑으로 드래그하여 'Background' 바로 위에 위치시킵니다.

13 ❶ '패턴 Copy' 레이어도 같은 방법으로 잘라낸 후, ❷ 메뉴바에서 [Select] – [Deselect](단축키 Ctrl+ D)를 선택하여 활성화를 해제합니다.

14 메뉴 바에서 [Edit] – [Free Transform](단축키 Ctrl+T)을 선택합니다.

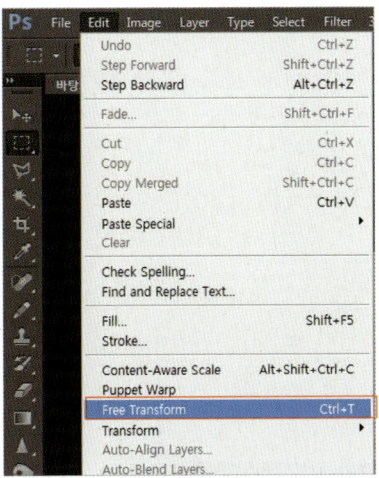

15 ❶ '패턴 Copy' 이미지를 숫자의 앞쪽으로 이동시킵니다. ❷ 변환 박스 모서리 주변을 클릭한 후 드래그하여 적당히 회전시키고 Enter키를 누릅니다.

16 ❶ 'Background'를 제외한 모든 레이어를 선택합니다. ❷ 도구상자에서 이동 툴(◄┿)을 선택한 후, ❸ 오른쪽으로 드래그하여 보기 좋은 위치에 놓으면 완성입니다.

네 번째 조각

레이어의 블렌딩 모드와 스타일

이번에는 레이어에 관련된 기능과 옵션들을 살펴볼 시간입니다. 이미지를 합성하거나 효과를 넣을 때 자주 사용하는 기능들로, 포토샵의 다이내믹한 효과들을 만날 수 있습니다.

손그림 색칠하기

Multiply

Multiply 모드는 주로 그림을 그릴 때 사용하는 블렌딩 모드입니다. 손그림을 스캔하여 채색한다면 블렌딩 모드에서 Multiply만 기억해 주세요!

◉ **[예제 파일]** Sample/36/손그림 색칠하기.psd
◉ **[완성 파일]** Sample/36/손그림 색칠하기.jpg

01 메뉴 바에서 [File] – [Open](단축키 Ctrl + O)을 선택하여 〈Sample/36/손그림 색칠하기.psd〉 파일을 엽니다. ❶ '스케치' 레이어를 선택하고, ❷ 블렌딩 모드를 'Multiply'로 설정합니다.

02 ❶ '컬러' 레이어를 선택합니다. ❷ 도구상자에
서 스포이트 툴(🖊)을 선택한 후, ❸ 이미지 하단의
컬러차트에서 첫 번째 색상을 클릭합니다. 전경색
이 분홍색으로 변하는 것을 확인할 수 있습니다.

03 ❶ 도구상자에서 브러시 툴(🖌)을 선택합니
다. ❷ 상단 옵션 바의 [Brush Preset Piker]를 선
택합니다. ❸ 브러시 리스트에서 'Hard Round'
브러시를 선택합니다. ❹ Size 값을 '20px'로 입력
합니다. ❺ 이미지의 해당 영역에 드래그하여 색
을 칠해줍니다. 02~03을 반복해 이미지를 완성
합니다.

종이 구긴 효과 내기

Linear Burn

인터넷에서 자주 접하는 감성적인 느낌이 물씬 풍기는 이미지를 블렌딩 모드를 이용하여 간단하게 만들어 볼 수 있습니다. 이번에는 Linear Burn 모드를 이용하여 종이를 구긴 효과를 내보도록 할게요.

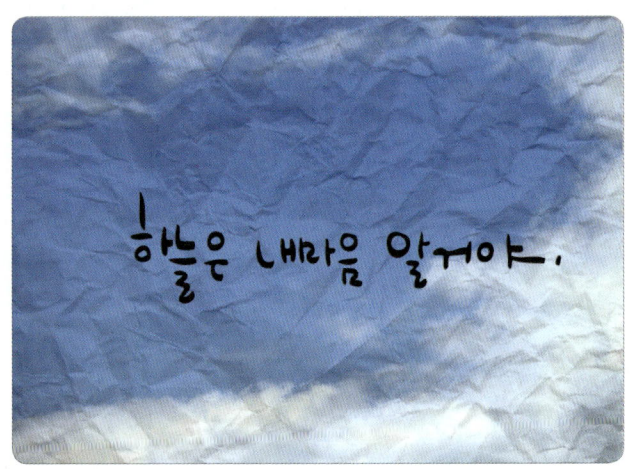

● [예제 파일] Sample/37/종이 구긴 효과 내기.psd
● [완성 파일] Sample/37/종이 구긴 효과 내기.jpg

01 메뉴 바에서 [File] – [Open](단축키 Ctrl+O)을 선택하여 〈Sample/37/종이 구긴 효과 내기.psd〉 파일을 엽니다. ❶ '하늘' 레이어를 선택한 후, ❷ 블렌딩 모드를 'Linear Burn'으로 설정하면 하늘 배경에 종이를 구긴 듯한 효과가 입혀집니다.

 이런 느낌으로 패턴과 이미지를 조합한 후, 캘리그라피와 함께 배치하면 감성적인 이미지로 변신합니다.

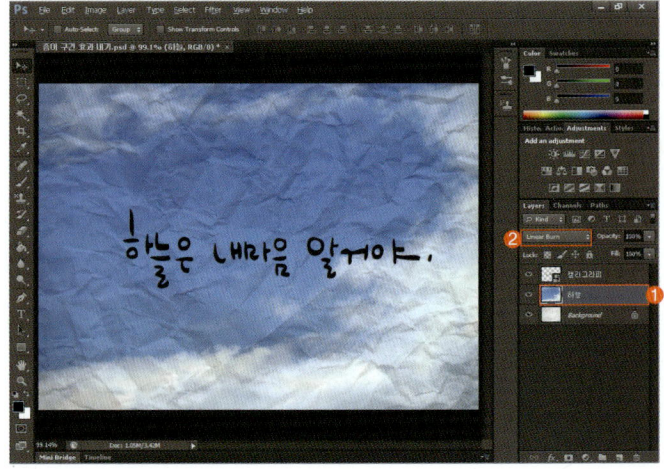

Section 38

독특한 패턴 효과

Lighten

Lighten 모드는 색이 겹쳐졌을 때 밝은 부분이 두드러지고 어두운 부분은 감소하여 재미있는 효과를 기대해 볼 수 있습니다. 의자와 패턴의 색상 변화로 전혀 달라진 이미지의 느낌을 유심히 관찰하며 따라해 보시기 바랍니다.

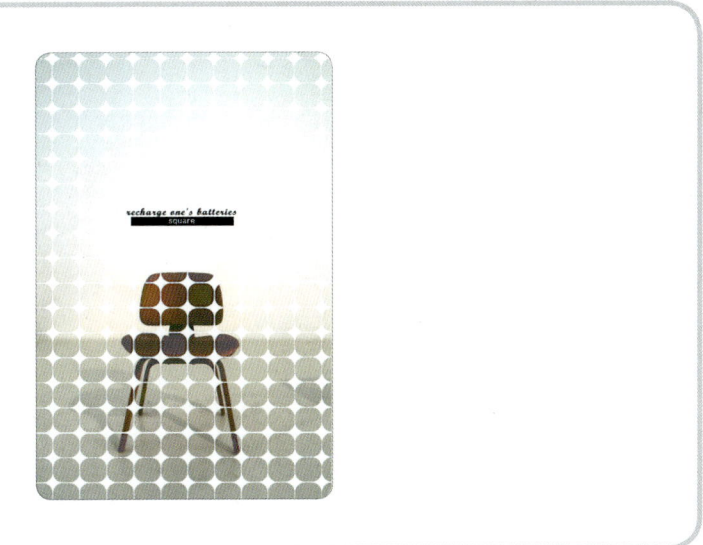

◉ [예제 파일] Sample/38/독특한 패턴 효과.psd
◉ [완성 파일] Sample/38/독특한 패턴 효과.jpg

01 메뉴 바에서 [File] − [Open](단축키 Ctrl+O)을 선택하여 〈Sample/38/독특한 패턴 효과.psd〉 파일을 엽니다. ❶ '패턴' 레이어를 선택하고 ❷ 블렌딩 모드를 'Lighten'으로 설정하면, 오묘하게 바뀐 의자와 패턴의 색을 확인할 수 있습니다.

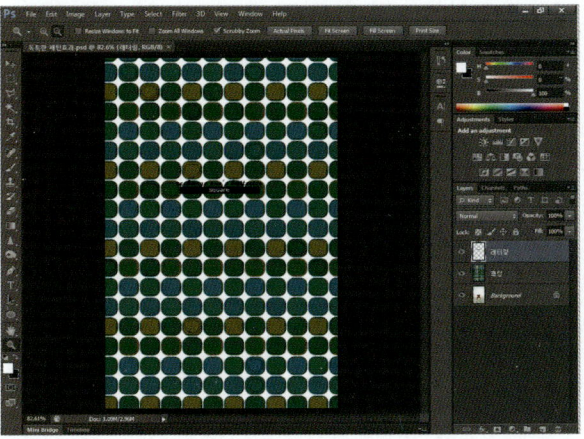

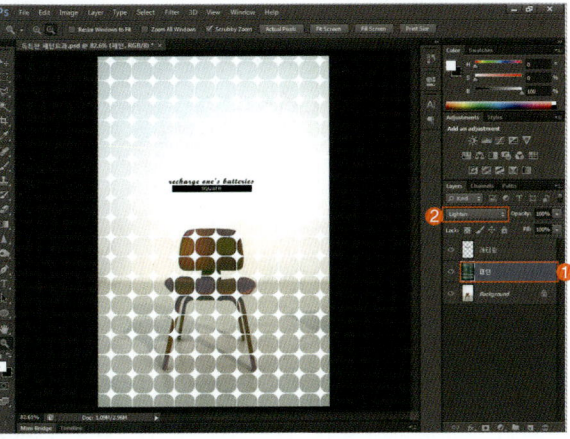

일렁이는 효과로 느낌 있게 합성하기

Overlay

Overlay 모드는 색상이 가지는 특성을 자연스러우면서도 과장되게 표현해주어 자주 사용되는 블렌딩 모드입니다. 구름 효과 이미지를 겹쳐 일렁이는 듯한 묘한 느낌을 사진에 표현해 보세요!

● **[예제 파일]** Sample/39/일렁이는 효과로 느낌 있게 합성하기.psd
● **[완성 파일]** Sample/39/일렁이는 효과로 느낌 있게 합성하기.jpg

01 메뉴 바에서 [File] − [Open](단축키 Ctrl + O)을 선택하여 〈Sample/39/일렁이는 효과로 느낌 있게 합성하기.psd〉 파일을 엽니다. ❶ 도구상자에서 돋보기 툴(🔍)을 선택하고, ❷ 상단 옵션 바의 [Fit Screen](단축키 Ctrl + O)을 선택해 작업 창에 이미지 크기를 맞춥니다.

02 '보정 사진' 레이어와 '구름 효과' 레이어의 눈 모양 아이콘(⬚)을 클릭하여 이미지가 보이게 합니다.

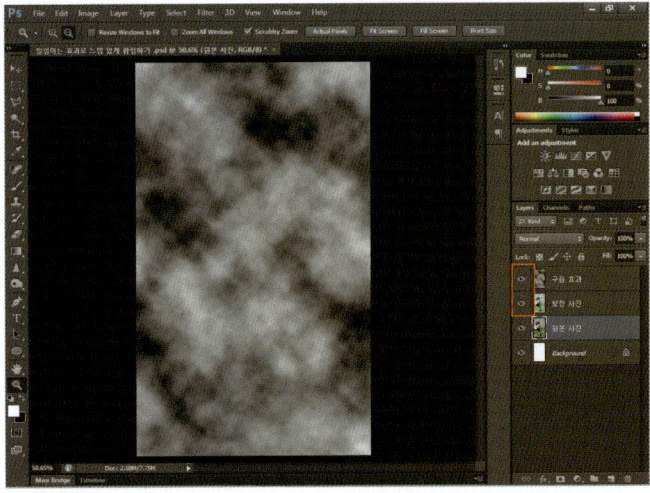

03 ❶ '구름 효과' 레이어를 선택합니다. ❷ 블렌딩 모드를 'Overlay'로 설정하면 일렁이는 듯한 효과가 입혀져 느낌 있는 사진으로 완성됩니다.

잠깐   '구름 효과' 레이어의 눈 모양 아이콘(⬚)을 껐다 켰다하며 이미지가 어떤 느낌으로 달라졌는지를 살펴보세요.

쿠키에 식감 더하기

Soft Light

블렌딩 모드는 질감을 표현하고 싶을 때도 유용하게 사용됩니다. 사진이나 그림으로는 표현하기 쉽지 않은 질감들을 포토샵의 블렌딩 모드를 이용해 자연스럽게 합성할 수 있습니다. Soft Light 모드를 통해 이미지에 질감을 입혀보도록 하겠습니다.

- ● **[예제 파일]** Sample/40/쿠키에 식감 더하기.psd
- ● **[완성 파일]** Sample/40/쿠키에 식감 더하기.jpg

01 메뉴 바에서 [File] − [Open](단축키 Ctrl+O) 을 선택하여 〈Sample/40/쿠키에 식감 더하기.psd〉 파일을 엽니다. ❶ 도구상자에서 돋보기 툴(🔍)을 선택하고, ❷ 상단 옵션 바의 [Fit Screen](단축키 Ctrl +O)을 선택해 작업 창에 이미지 크기를 맞춥니다.

02 ❶ '질감' 레이어의 눈 모양 아이콘(👁)을 클릭하여 이미지가 보이게 한 후, ❷ '질감' 레이어를 선택합니다.

03 ❶ 블렌딩 모드를 'Soft Light'로 설정하고, ❷ Opacity의 값을 '30%'로 설정합니다. ❸ 도구상자에서 지우개 툴(⌦)을 선택하고, ❹ 쿠키 이외의 나머지 부분의 이미지를 지워주면 쿠키에 바삭한 느낌의 질감이 입혀집니다.

❹ 제외한 나머지 부분 드래그

레이어의 모든 것 (2) : 블렌딩 모드

[Layers] 패널의 펼침 메뉴에서 선택하여 사용할 수 있는 블렌딩 모드는, 현재 작업 중인 레이어와 하위 레이어가 어떻게 겹쳐 보이게 할지 결정해줍니다. 보여주는 방식만 바꾸는 것이므로 원본 이미지에 손상이 가지 않아 언제든지 원본 상태로 되돌릴 수 있다는 점이 장점입니다.

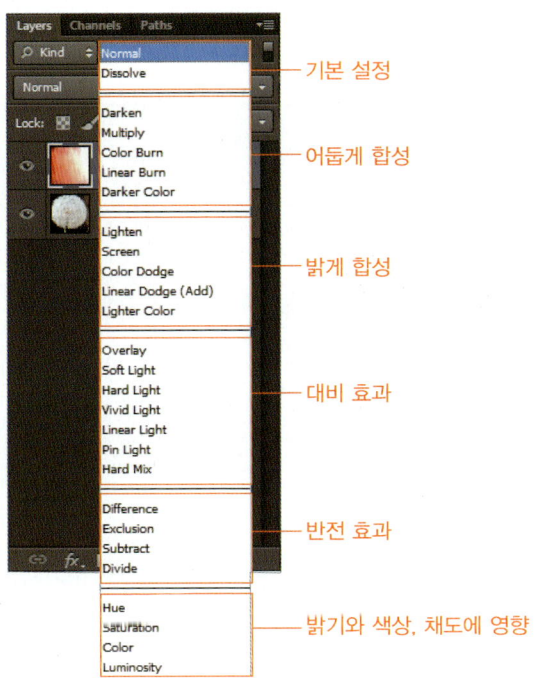

기본 설정 — 어둡게 합성 — 밝게 합성 — 대비 효과 — 반전 효과 — 밝기와 색상, 채도에 영향

◉ 기본 설정

- Normal : 블렌딩 모드의 기본 설정입니다. Opacity를 이용하여 하위 레이어와 합성할 수 있습니다.
- Dissolve : 이미지를 모래 같이 갈라지는 느낌으로 표현합니다. 다만, Opacity 값이 100%일 때는 불투명 이미지로 변화가 없으며, 값이 작아질수록 효과가 눈에 확연히 보입니다.

▲ Normal

▲ Dissolve

◉ 어둡게 합성

- Darken : 두 레이어의 색상 중 밝은 부분은 투명하게, 어두운 부분은 색상이 혼합되어 어둡게 합성합니다.
- Multiply : 두 레이어의 색상이 곱해지는 느낌으로 합성합니다. 검은색에는 색을 추가해도 검은색이 된다는 특징을 이용하여 셀 방식의 그림을 컬러링 할 때 많이 사용됩니다.
- Color Burn : 두 레이어의 아주 밝은 색과 아주 어두운 색을 제외한 부분의 채도는 높이고 명도는 낮게 표현합니다.
- Linear Burn : 두 레이어의 겹쳐진 부분의 명도가 50% 이하일 때 명도를 어둡게 표현합니다.
- Darker Color : 전체적인 채널의 색상을 비교하여 어두운 색상의 값을 반영합니다.

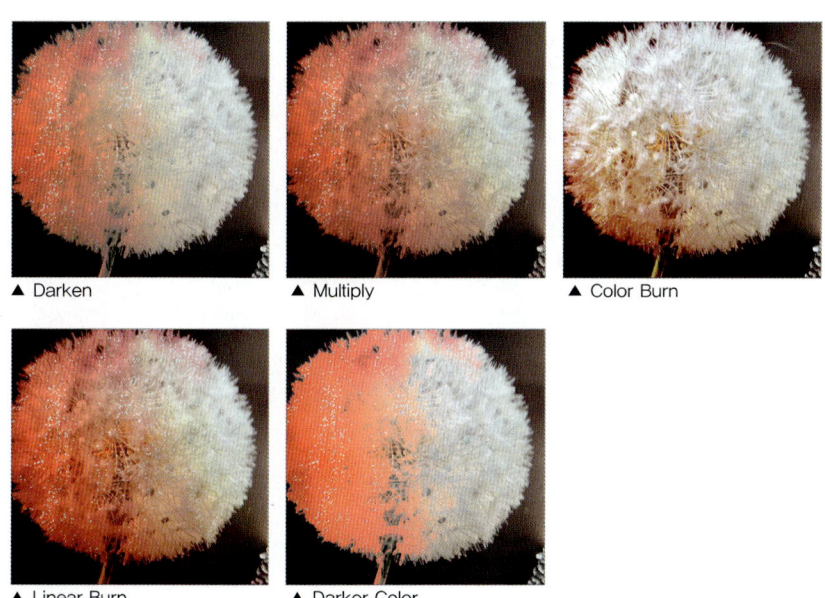

▲ Darken   ▲ Multiply   ▲ Color Burn

▲ Linear Burn   ▲ Darker Color

◉ 밝게 합성

- Lighten : 두 레이어의 밝은 부분만 부각하고, 어두운 부분은 감소시켜 전체적으로 밝게 합성합니다.
- Screen : 두 레이어의 밝은 부분은 빛과 혼합되어 더욱 밝아지고, 어두운 부분은 그대로 합성합니다.
- Color Dodge : 하얀색과 검은색을 제외한 나머지 색상을 밝게 합성합니다.
- Linear Dodge : 두 레이어의 이미지를 강하고 밝게 합성합니다.
- Lighter Color : 전체적인 채널의 색상을 비교하여 밝은 색상의 값을 반영하여 합성합니다.

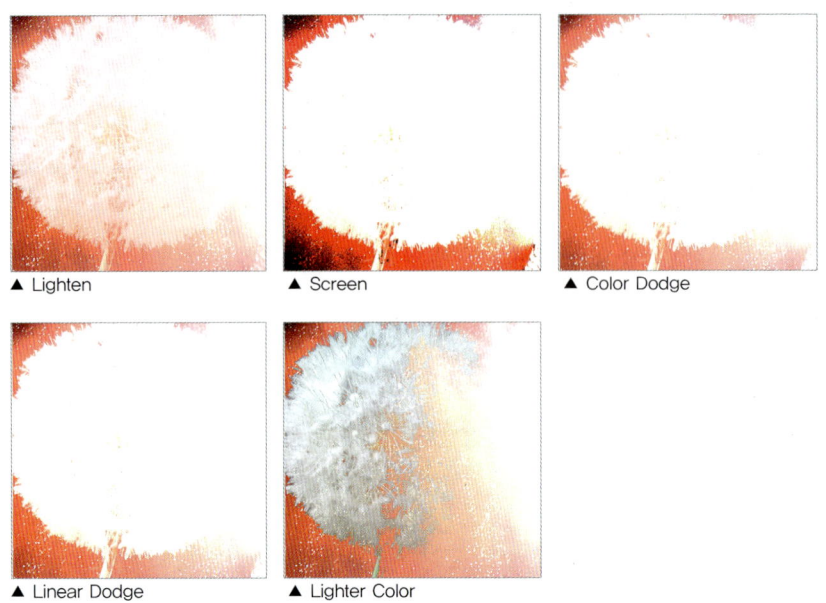

▲ Lighten ▲ Screen ▲ Color Dodge

▲ Linear Dodge ▲ Lighter Color

◉ 대비 효과

- **Overlay** : 작업 중인 레이어의 명도가 50% 이상일 때는 'Screen'으로, 50% 이하일 때는 'Multiply'로 합성합니다.
- **Soft Light** : 작업 중인 레이어의 명도에 따라 회색을 기준으로 밝은 톤은 더 밝게, 어두운 부분은 더 어둡게 합성합니다.
- **Hard Light** : 'Soft Light'와 같은 기준으로 합성하지만, 채도를 높여서 색의 대비를 강하게 만들어 줍니다.
- **Vivid Light** : 작업 중인 레이어의 밝은 부분은 채도와 명도를 높이고, 어두운 부분은 채도는 높이고 명도는 낮추어 합성합니다.
- **Linear Light** : 작업 중인 레이어의 명도가 밝은 부분을 채도를 높여 합성합니다.
- **Pin Light** : 하위 레이어의 밝은 부분과 어두운 부분을 결정하여 작업 중인 레이어의 밝은 부분은 채도를 높이고, 어두운 부분은 채도를 낮추어 합성합니다.
- **Hard Mix** : 작업 중인 레이어의 색을 강하게 표현합니다.

▲ Overlay ▲ Soft Light ▲ Hard Light ▲ Vivid Light

▲ Linear Light

▲ Pin Light

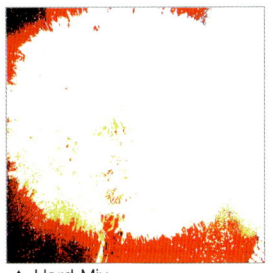
▲ Hard Mix

◉ 반전 효과

- Difference : 하위 레이어의 색상을 작업 중인 레이어의 색상을 이용해 반전시켜 어둡게 합성합니다.
- Exclusion : 'Difference'와 같이 색상을 반전시켜 표현하지만, 약하게 대비시켜 이미지를 부드럽게 표현합니다.
- Subtract : 'Difference'와 같이 색상을 반전시켜 표현하지만, 더 진하게 대비시켜 이미지를 강하게 표현합니다.
- Divide : 작업 중인 레이어의 색상을 하위 레이어의 색상을 이용하여 반전시켜 표현합니다.

▲ Difference

▲ Exclusion

▲ Subtract

▲ Divide

◉ 밝기와 색상, 채도에 영향

- Hue : 하위 레이어의 명도와 채도는 그대로 유지하며, 색상이 작업 중인 레이어의 색상으로 바꾸어 합성합니다.
- Saturation : 하위 레이어의 채도를 작업 중인 레이어의 채도로 바꾸어 합성합니다.
- Color : 하위 레이어의 색상과 채도를 작업 중인 레이어의 색상과 채도로 바꾸어 합성합니다.
- Luminosity : 하위 레이어의 명도를 작업 중인 레이어의 명도로 바꾸어 합성합니다.

▲ Hue

▲ Saturation

▲ Color

▲ Luminosity

이미지에 입체감 느껴지는 글씨 넣기

Stroke / Drop Shadow

레이어 스타일을 이용하면 종이를 오려 붙인 것 같은 느낌의 문자를 만들 수 있습니다. 볼록 튀어나와 눈에 쏙 들어오는 문자 디자인! 함께 만들어 볼까요?

- ◉ **[예제 파일]** Sample/41/이미지에 입체감 느껴지는 글씨 넣기.psd
- ◉ **[완성 파일]** Sample/41/이미지에 입체감 느껴지는 글씨 넣기.jpg

01 메뉴 바에서 [File] − [Open](단축키 `Ctrl`+`O`)을 선택하여 〈Sample/41/이미지에 입체감 느껴지는 글씨 넣기.psd〉 파일을 엽니다. ❶ 도구상자에서 돋보기 툴(🔍)을 선택하고, ❷ 상단 옵션 바의 [Fit Screen](단축키 `Ctrl`+`O`)을 선택해 작업 창에 이미지 크기를 맞춥니다. ❸ '놀러와' 레이어의 여백을 더블클릭합니다.

02 [Layer Style] 대화상자에서 ① Stroke를 선택합니다. ② Size 값을 '1px'로, ③ Position을 'Outside'로, ④ Color를 '#000000'으로 설정합니다.

 잠깐 Stroke의 체크 박스에만 체크를 하면 옵션이 실행되지 않습니다. Stroke 글씨를 클릭하여 옵션을 설정해 주세요.

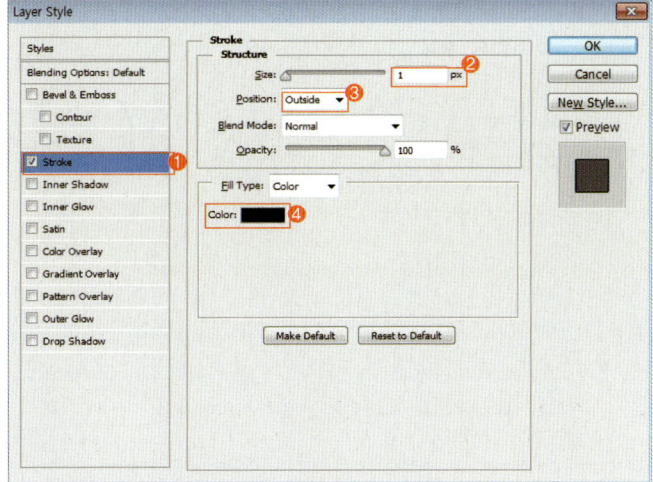

03 [Layer Style] 대화상자에서 ① Drop Shadow를 선택합니다. ② Opacity 값을 '24%'로, ③ Angle 값을 '141°'로, ④ Distance 값을 '7px'로, ⑤ Size 값을 '1px'로 입력합니다. ⑥ [OK] 버튼을 클릭해 완성합니다.

 잠깐 각 옵션을 선택하였을 때 작업 창에서 변화하는 이미지에 주목합니다.

실루엣으로 표현하기

Color Overlay

주변을 둘러보면 그림자처럼 보이는 그림이나 디자인을 흔하게 볼 수 있습니다. 윤곽만으로 표현되는 실루엣은 굉장히 매력적인 요소이기에 자주 사용하는 효과 중 하나죠. Color Overlay 모드를 이용하여 심플하면서도 모던한 느낌의 실루엣을 사랑스럽게 표현해보도록 하겠습니다.

- ⊙ **[예제 파일]** Sample/42/실루엣으로 표현하기.psd
- ⊙ **[완성 파일]** Sample/42/실루엣으로 표현하기.jpg

01 메뉴 바에서 [File] – [Open](단축키 Ctrl + O)을 선택하여 〈Sample/42/실루엣으로 표현하기.psd〉 파일을 엽니다. ❶ 도구상자에서 돋보기 툴( )을 선택하고, ❷ 상단 옵션 바의 [Fit Screen](단축키 Ctrl + O)을 선택해 작업 창에 이미지 크기를 맞춥니다. ❸ '실루엣' 레이어의 여백을 더블클릭합니다.

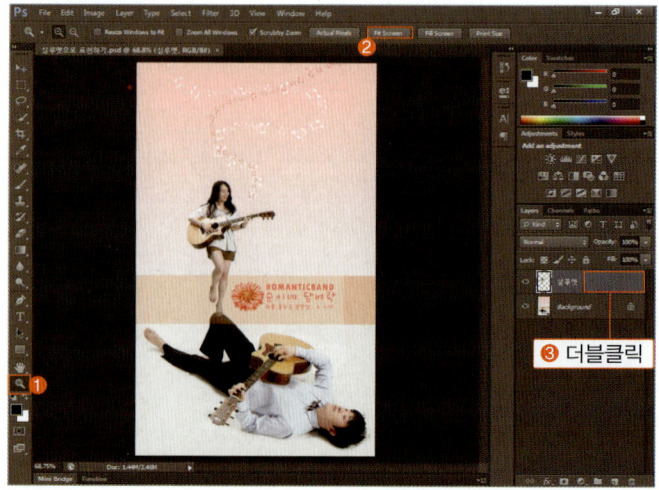

02 [Layer Style] 대화상자에서 ❶ Color Overlay 를 선택합니다. ❷ Color를 선택합니다.

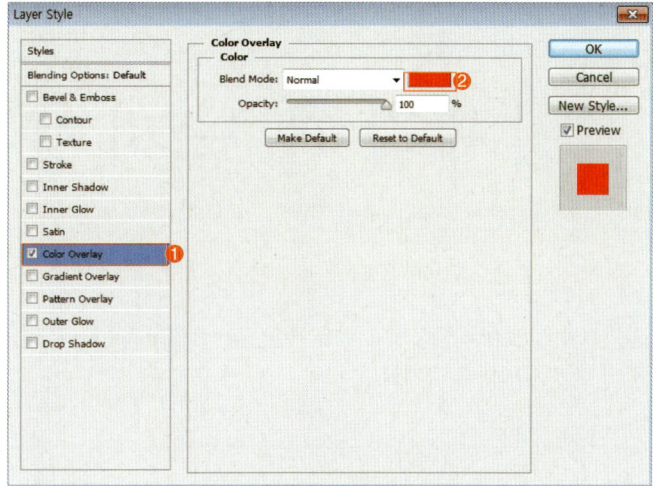

03 [Color Piker] 대화상자에서 ❶ 색상 값을 '#f36665'로 입력하고, ❷ [OK] 버튼을 클릭해 완성합니다.

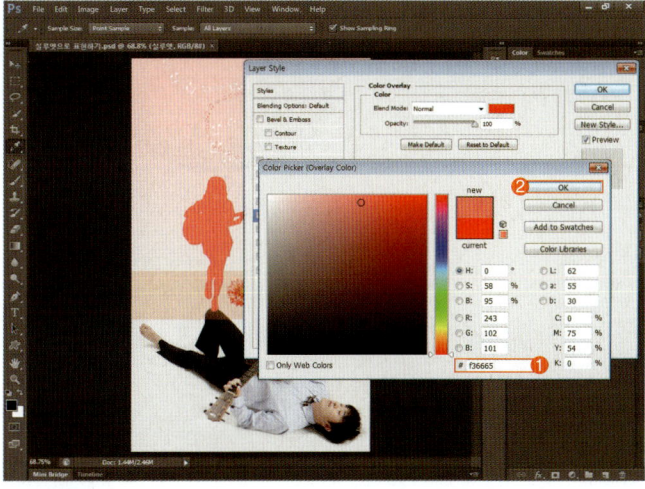

입체감이 느껴지는 도넛 만들기

Bevel & Emboss

이미지에 입체감을 불어넣고 싶을 때는 Bevel&Emboss 모드를 이용하면 좀 됩니다. 도톰한 두께의 이미지를 쉽고 빠르게 만드는 방법을 공개합니다.

● **[예제 파일]** Sample/43/입체감이 느껴지는 도넛 만들기.psd
● **[완성 파일]** Sample/43/입체감이 느껴지는 도넛 만들기.jpg

01 메뉴 바에서 [File] – [Open](단축키 Ctrl+O)을 선택하여 〈Sample/43/입체감이 느껴지는 도넛 만들기.psd〉 파일을 엽니다. ❶ 도구상자에서 돋보기 툴(🔍)을 선택하고, ❷ 상단 옵션 바의 [Fit Screen](단축키 Ctrl+O)을 선택해 작업 창에 이미지 크기를 맞춥니다. ❸ '도넛' 레이어의 여백을 더블클릭합니다.

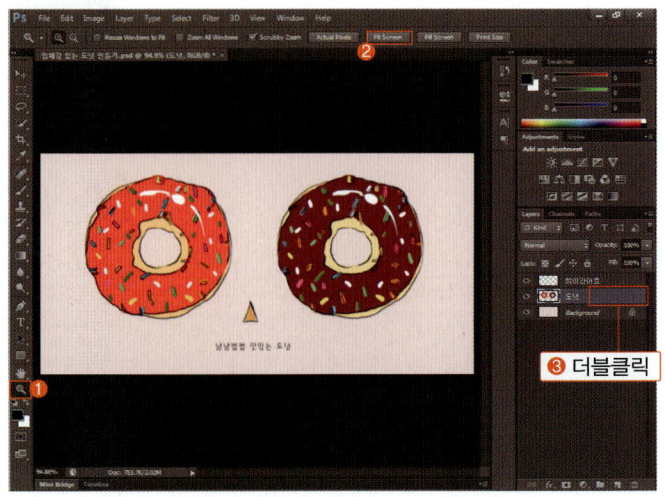

02 [Layer Style] 대화상자에서 ❶ Bevel & Emboss를 선택합니다. ❷ Depth 값을 '93%'로, ❸ Size 값을 '32px'로, ❹ Soften 값을 '16px'로 입력합니다. ❺ Highlight Mode의 Color를 선택합니다.

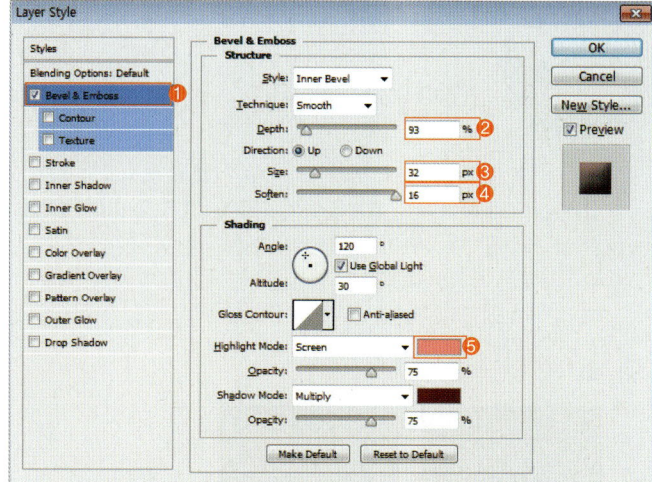

03 [Color Piker] 대화상자에서 ❶ 색상 값을 '#f77f85'로 입력하고, ❷ [OK] 버튼을 클릭해 완성합니다.

> **잠깐** Bevel & Emboss의 Shadow Mode의 Color를 선택하여 같은 방법으로 색상 값을 '#6f1d21'로 입력합니다.

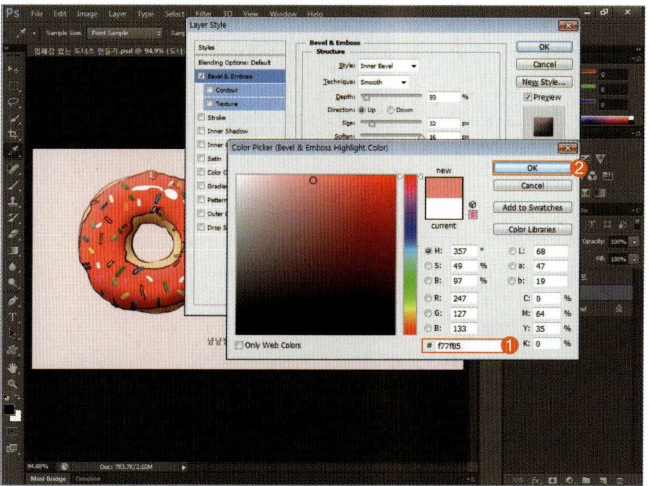

레이어의 모든 것 (3) : 레이어 스타일

메뉴 바의 [Layers] − [Layer Style]을 선택하거나, [Layers] 패널 하단의 [Layer Style] 버튼(fx.)을 클릭, 혹은 해당 레이어의 여백을 더블클릭하여 사용할 수 있습니다. 레이어 스타일은 현재 작업 중인 레이어에 다양하고 강력한 효과를 줄 수 있는 모드입니다. 보여주는 방식만 바꾸는 것이므로 원본 이미지에 손상을 주지 않으며, 편집할 이미지별로 레이어를 나누어 놓았을 때 유용하게 사용됩니다. 레이어 스타일이 적용된 레이어에는 펼침 메뉴 형태의 버튼이 생기고, 그 아래로 적용된 레이어 스타일이 나타납니다.

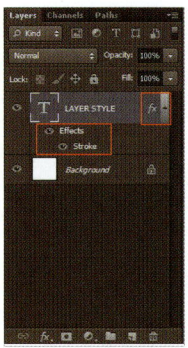

◉ [Layer Style] 대화상자

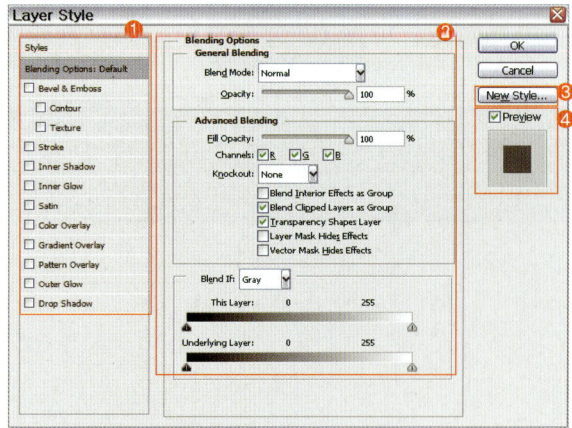

❶ Blending Options와 레이어 스타일 효과 목록

▲ 원본 이미지

- Bevel & Emboss : 효과를 넣어줄 레이어 이미지에 하이라이트와 그림자를 이용하여 입체감을 줍니다.

- Stroke : 효과를 넣어줄 레이어 이미지의 외곽선을 따라 선을 생성합니다.

- Inner Shadow : 이미지 안쪽에 그림자를 주어서 이미지가 파여 보이는 효과를 줍니다.

- Inner Glow : 이미지의 안쪽에 빛이 퍼지게 하는 효과입니다.

- Satin : 금속 질감이나 복잡한 광택을 표현할 때 사용하는 효과입니다.

- Color Overlay : 효과를 넣어줄 레이어 이미지를 지정한 색상으로 바꾸어 줍니다.

- Gradient Overlay : 이미지에 그레이디언트 색상을 채워주는 효과입니다.

- Pattern Overlay : 이미지에 패턴을 채워주는 효과입니다.

- Outer Glow : 이미지의 바깥쪽에서 빛이 퍼지게 하는 효과입니다.

- Drop Shadow : 효과를 넣어줄 레이어 이미지에 그림자를 표현합니다.

❷ Blending Options와 레이어 스타일 세부 옵션
❸ 스타일 패널에 새로운 스타일 등록
❹ 적용된 효과 미리보기

실루엣 디자인 활용하기

주변의 지인들이나 반려동물 혹은 물건 등의 사진을 이용하여 실루엣 디자인에 도전해보세요. 만드는 방법은 간단하지만 꽤 멋진 디자인으로 재탄생되어 어느 곳에든 활용하기 좋답니다. 이번 미션에서는 레이어 스타일의 Color Overlay를 활용하여 역동적인 실루엣 디자인을 만들어 보도록 할게요.

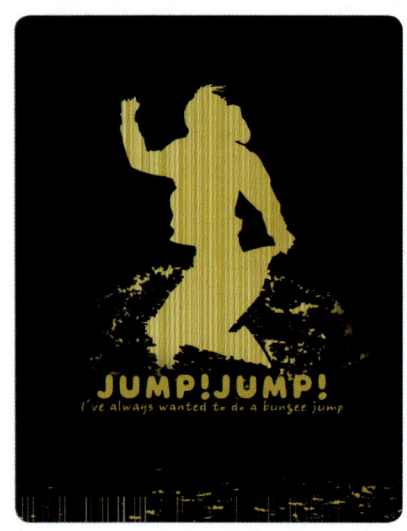

● [예제 파일] Sample/04_Mission/실루엣 디자인 활용하기.psd
● [완성 파일] Sample/04_Mission/실루엣 디자인 활용하기.jpg

Step 01 배경 지우기

01 메뉴 바에서 [File] − [Open](단축키 Ctrl+O)을 선택하여 〈Sample/04_Mission/실루엣 디자인.psd〉 파일을 엽니다. ❶ '점프사진' 레이어를 선택합니다. 도구상자에서 빠른 선택 툴(🖌)을 길게 선택하면 숨어있는 도구 리스트를 볼 수 있는데, ❷ 그 중 마술봉 툴(🖌)을 선택합니다. ❸ 작업 창을 클릭하여 활성화 영역을 만듭니다. ❹ Shift 키를 누른 상태로 배경을 최대한 많이 선택합니다.

 상단 옵션 바의 [Tolerance]의 값이 '40'을 넘지 않도록 하며, [Contiguous]는 꼭 체크되어 있어야 합니다.

02 ❶ Delete 키를 눌러 배경을 지웁니다. ❷ 메뉴
바에서 [Select] − [Deselect](단축키 Ctrl + D)를
선택하여 활성화를 해제합니다.

 인물은 선택되지 않도록 합니다. 인물이 선택되었을
시 단축키 Ctrl + Alt + Z 를 눌러 되돌리기 한 후 다
시 선택해 주세요.

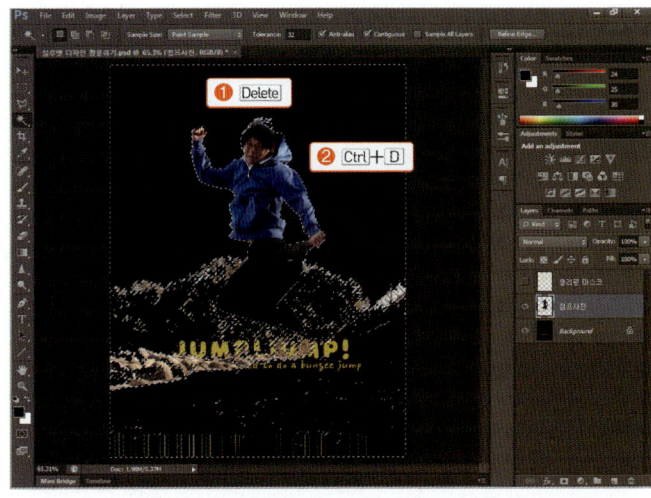

03 ❶ 도구상자에서 지우개 툴(🩹)을 선택합니
다. ❷ 상단 옵션 바의 [Brush Preset Piker]를 선
택합니다. ❸ 브러시 리스트에서 'Soft Round' 브
러시를 선택합니다. ❹ Size 값을 '157px'로 입력합
니다.

Step 02 레이어 스타일 효과 주기

01 ❶ 남아있는 배경을 드래그하여 지워줍니다.
❷ '점프사진' 레이어의 여백을 더블클릭합니다.

 배경을 대충 정리한다는 느낌으로 큰 이미지들만 삭
제합니다.

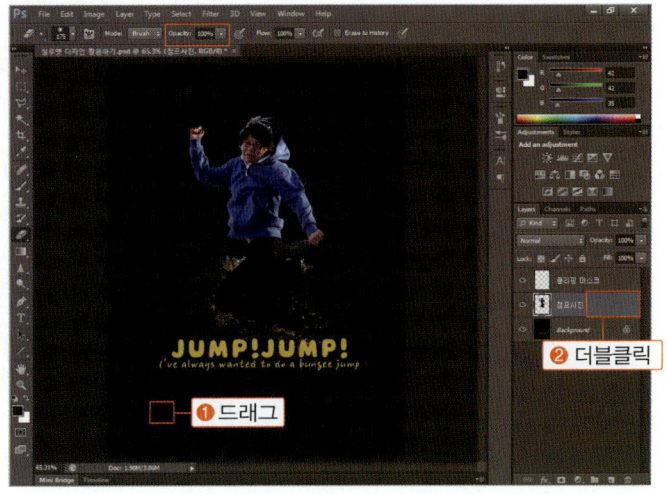

02 ❶ [Layer Style] 대화상자에서 Color Overlay를 선택합니다. ❷ Color를 선택합니다.

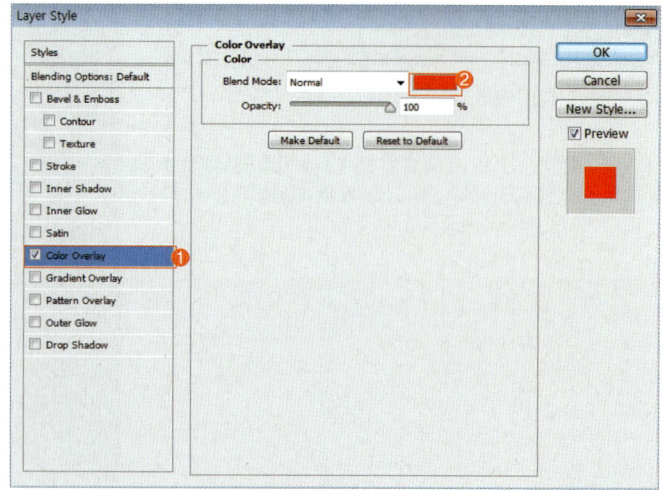

03 [Color Picker] 대화상자에서 ❶ 색상 값을 'd0ac07'로 입력하고, ❷ [OK] 버튼을 클릭합니다.

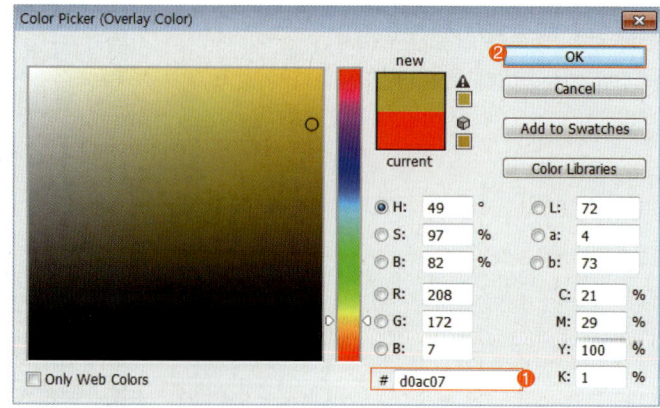

04 '클리핑 마스크' 레이어의 눈 모양 아이콘(👁)을 클릭하여 이미지가 보이게 합니다.

05 ❶ '클리핑 마스크' 레이어에서 마우스 오른쪽 버튼을 클릭합니다. ❷ 리스트 중 'Create Clipping Mask'를 선택합니다.

06 ❶ '점프사진' 레이어에서 마우스 오른쪽 버튼을 클릭합니다. ❷ 팝업 메뉴에서 'Rasterize Layer Style'을 선택합니다.

 [Layer Style]의 Overlay 적용 시, Clipping Mask를 설정해도 이미지가 보이지 않기 때문에 'Rasterize Layer Style'을 선택해야 합니다.

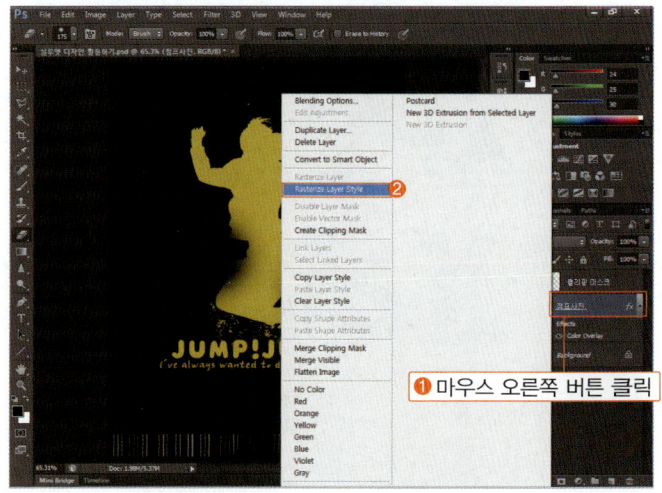

07 ❶ '클리핑 마스크' 레이어를 선택합니다. ❷ 도구상자에서 이동 툴(◈)을 선택합니다. ❸ 작업 창에서 Alt 키를 누른 상태로 드래그하여 '클리핑 마스크' 레이어를 복사하면, 이미지에 줄이 추가되면서 멋진 실루엣 디자인이 완성됩니다.

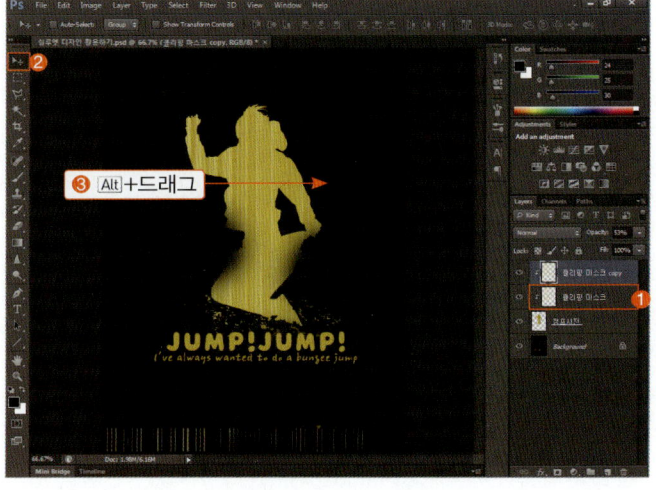

다섯 번째 조각

사진 보정법과 채널, 그리고 필터

사진을 보정하다 보면 포토샵이 얼마나 대단한 프로그램인지 새삼 한 번 더 느끼게 됩니다. 포토샵을 공부하면서 사진을 보정할 때는 원본과 비교해보며 공부하는 것이 좋아요. 밝기나 색감만 살짝 바꿔도 느낌이 확연히 달라지는 경우가 많기 때문이죠. 예제 외에도 자신이 직접 찍은 사진들로 응용해 보면서 포토샵으로 한 걸음 더 다가오세요!

◉ 소스파일 : 제우미디어 홈페이지(www.jeumedia.com)의 〈컴퓨터 서적/샘플파일 다운로드〉에서 내려받을 수 있습니다.
〈독자참여/자료실/포토샵CS6〉를 통해서도 내려받을 수 있습니다.

사진에 생기 불어넣기

Mode / Channels

음식 사진에 붉은빛을 추가해 더 맛있어 보이도록 보정하거나, 나무와 풀이 우거진 숲 속 사진에 녹색을 추가해 싱그러움을 더해보세요. [Mode]와 [Channels]의 도움을 받으면 간단하게 보정할 수 있어요!

◉ [예제 파일] Sample/44/사진에 생기 불어넣기A.jpg
◉ [완성 파일] Sample/44/사진에 생기 불어넣기B.jpg

01 메뉴 바에서 [File] − [Open](단축키 Ctrl+O)을 선택하여 〈Sample/44/사진에 생기 불어넣기 A.jpg〉 파일을 엽니다. ❶ 도구상자에서 돋보기 툴 (🔍)을 선택하고, ❷ 상단 옵션 바의 [Fit Screen] (단축키 Ctrl+O)을 선택해 작업 창에 이미지 크기를 맞춥니다.

02 [Channels] 패널을 선택합니다.

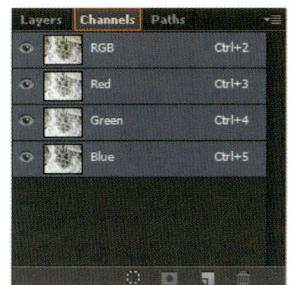

03 Ctrl 키를 누른 상태로 Green Channel의 썸네일을 클릭하면, 이미지의 녹색 부분이 활성화되는 것을 확인할 수 있습니다.

04 ❶ 메뉴 바에서 [Image] – [Adjustments] – [Levels](단축키 Ctrl + L)를 선택합니다. ❷ 블랙 슬라이더 텍스트 필드에 값을 '73'으로, 그레이 슬라이더 텍스트 필드에 값을 '1.17'로 입력하고, ❸ [OK] 버튼을 클릭하면 밋밋했던 잎사귀가 진해지면서 사진에 생기가 더해집니다.

⊙ Mode

메뉴 바에서 [Image] – [Mode]를 선택하여 사용할 수 있습니다. 이미지의 쓰임새에 따라 모드를 달리하며, 각각 소유하는 색상 범위가 다릅니다.

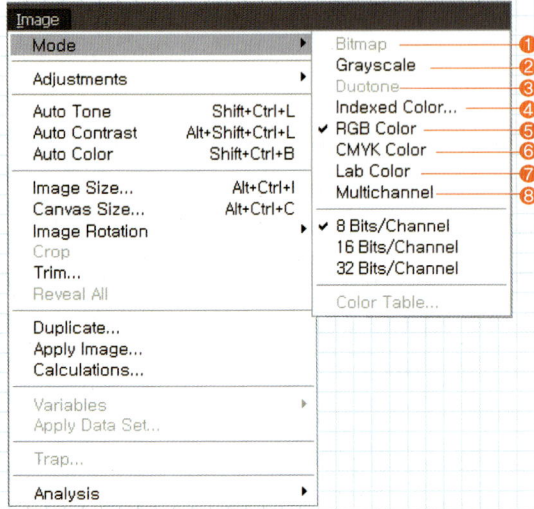

❶ Bitmap : 이미지를 흰색과 검은색으로만 표현합니다(Grayscale 모드에서 활성화됩니다.).

❷ Grayscale : 흑과 백, 그리고 중간 톤인 회색으로 이미지를 표현합니다.

❸ Duotone : Grayscale 모드에서 다른 컬러가 하나 더 입혀진 상태로 표현합니다.

❹ Indexed Color : 256컬러로 이미지를 표현하는 모드입니다. 단순 색상을 표현하기에 좋습니다.

❺ RGB Color : 빛의 삼원색인 R(Red), G(Green), B(Blue)를 기본 컬러로 조합되었으며, 웹상 이미지를 만들 때 가장 자주 사용되는 모드입니다.

❻ CMYK Color : 인쇄에 사용되는 컬러 모드로 C(Cyan), M(Magenta), Y(Yellow), K(Black)를 기본 컬러로 조합되었으며, 작업물을 출력해 사용해야 할 때 자주 사용되는 모드입니다.

❼ Lab Color : 모니터와 프린터 기종에 따라 나타나는 색상차를 보완하기 위해 CIE에서 개발한 색상 모드입니다.

❽ Multichannel : 독립적인 색상을 가진 것이 아니라, 색상 정보를 여러 개의 채널로 나누어 놓은 모드입니다.

⊙ [Channels] 패널

Mode에 따라 달라지는 [Channels] 패널은, 모드가 가진 색채를 분리하여 관리하고 수정할 수 있도록 도와주는 역할을 합니다. 또한, 지정한 범위의 새로운 채널(Alpha Channels)을 만들어 사용할 수 있습니다.

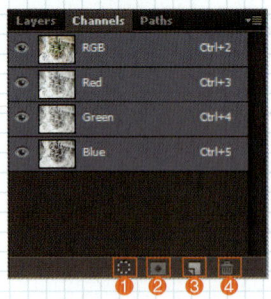

❶ 지정된 채널을 활성화 시킵니다.

❷ 활성화 영역을 채널로 만들어 줍니다.

❸ 새로운 채널을 만듭니다.

❹ 채널을 삭제합니다.

Mode에 따른 Channels의 변화

각 모드별 색상을 층으로 관리해주는 [Channels]는 모드에 따라 달라집니다. 우리가 앞으로 자주 사용하게 될 모드인 [RGB Color]와 [CMYK Color]로 예를 들어보면, ❶ [RGB Color]로 모드를 설정했을 때, ❷ [Channels]는 'RGB', 'Red', 'Green', 'Blue'가 생성됩니다. ❸ 반면 [CMYK Color]로 모드를 설정하면, ❹ [Channels]는 'CMYK', 'Cyan', 'Magenta', 'Yellow', 'Black'이 생성됩니다.

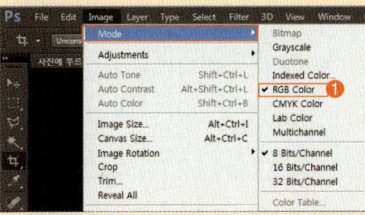
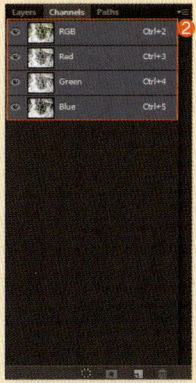

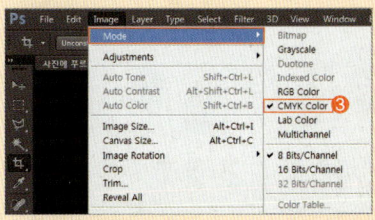
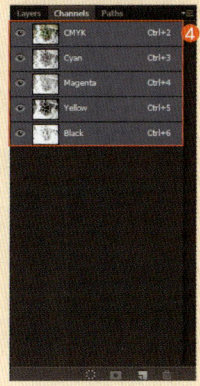

Section 45

알아서 척척! 스스로 사진 보정

Auto Tone / Auto Contrast / Auto Color

인터넷에 사진을 올려본 경험, 다들 있으시죠? 일부 사이트에서는 사진을 올리면 간단하게 편집할 수 있는 기능까지 지원하고 있는데요. 포토샵에서도 역시 자동으로 사진을 분석하여 보정하는 기능이 있답니다. 사진 보정을 어떻게 해야 할 지 막막하다고 생각하는 분들을 위해 준비했습니다. 사진을 자동으로 보정해주는 착한 메뉴들을 만나볼까요!

- ⊙ [예제 파일] Sample/45/알아서 척척! 스스로 사진 보정A.jpg
- ⊙ [완성 파일] Sample/45/알아서 척척! 스스로 사진 보정B.jpg

01 메뉴 바에서 [File] − [Open](단축키 Ctrl+O)을 선택하여 〈Sample/45/알아서 척척! 스스로 사진 보정A.jpg〉 파일을 엽니다. ❶ 도구상자에서 돋보기 툴(🔍)을 선택하고, ❷ 상단 옵션 바의 [Fit Screen](단축키 Ctrl+O)을 선택해 작업 창에 이미지 크기를 맞춥니다.

02 메뉴 바에서 [Image] – [Auto Tone](단축키 Shift+Ctrl+L)을 선택하면 자동으로 톤이 보정됩니다.

03 메뉴 바에서 [Image] – [Auto Contrast](단축키 Alt+Shift+Ctrl+L)를 선택하면 자동으로 사진의 밝기와 대비가 보정됩니다.

 미세하게 변화하기 때문에 차이를 못 느낄 수 있습니다.

04 메뉴 바에서 [Image] – [Auto Color](단축키 Shift+Ctrl+B)를 선택하면 최적의 색상 값으로 자동 보정됩니다.

대비 효과를 이용한 선명한 사진 만들기

Brightness/Contrast

사진은 밝고 어두움의 차이가 적당해야 또렷하고 선명한 느낌으로 다가옵니다. 혹시 가지고 있는 카메라의 성능이 썩 좋지 않아 사진을 찍어도 뭔가 부족한 느낌이 든다면, [Brightness/Contrast]를 이용해 보정해 보세요! 대비를 조절하면 사진이 좀 더 선명해집니다.

● **[예제 파일]** Sample/46/대비 효과를 이용한 선명한 사진 만들기A.jpg
● **[완성 파일]** Sample/46/대비 효과를 이용한 선명한 사진 만들기B.jpg

01 메뉴 바에서 [File] − [Open](단축키 Ctrl+O)을 선택하여 〈Sample/46/대비 효과를 이용한 선명한 사진 만들기A.jpg〉 파일을 엽니다. ❶ 도구상자에서 돋보기 툴(🔍)을 선택하고, ❷ 상단 옵션 바의 [Fit Screen](단축키 Ctrl+O)을 선택해 작업 창에 이미지 크기를 맞춥니다.

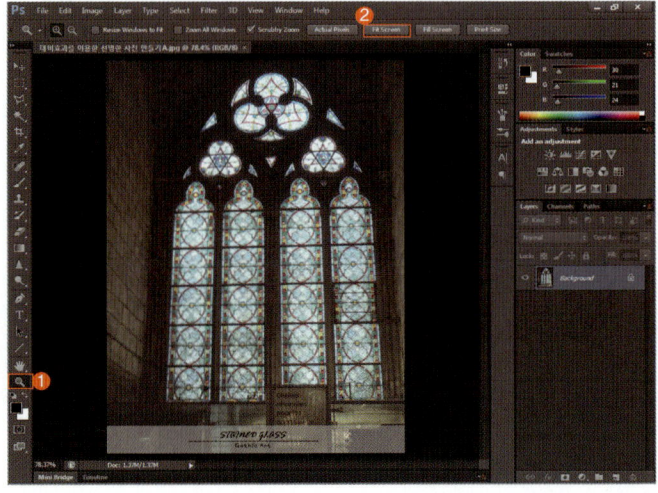

02 메뉴 바에서 [Image] – [Adjustments] –
[Brightness/Contrast]를 선택합니다.

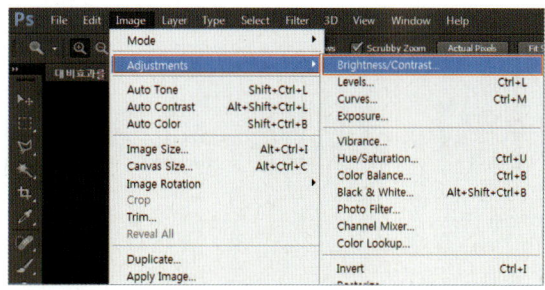

03 [Brightness/Contrast] 대화상자에서 ❶
Brightness의 값을 '–21'로, ❷ Contrast의 값을
'63'으로 입력하고, ❸ [OK] 버튼을 클릭해 완성
합니다.

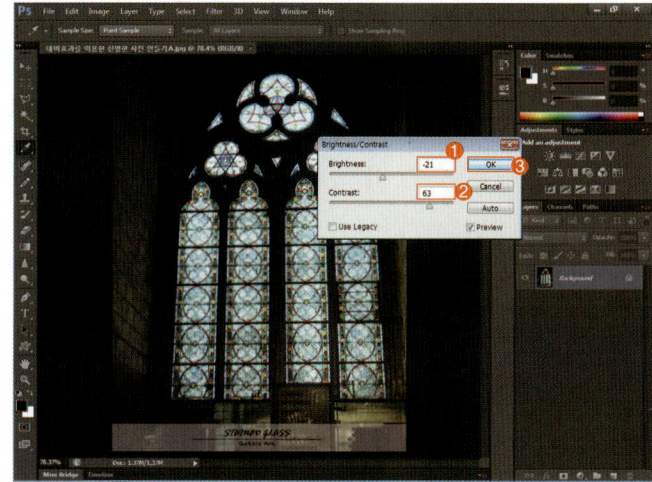

⊙ Brightness/Contrast 대화상자

메뉴 바에서 [Image] – [Adjustments] – [Brightness/Contrast]를 선택하여 사용할 수 있습니다. 이미지의 밝기를 설정
하고, 밝고 어둠의 대비를 설정합니다.

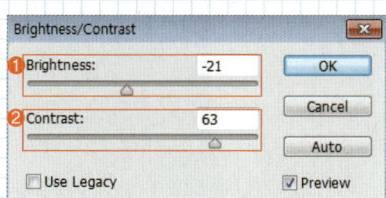

❶ Brightness : 이미지의 밝기를 수정합니다. 값이 커질수록 밝아집니다.
❷ Contrast : 이미지의 밝고 어둠의 차이를 크게 만듭니다. 값이 커질수록 대비도 커집니다.

사진 기본 보정법

Curves

[Curves]는 사진 보정의 가장 기본이라 할 수 있는 메뉴입니다. 사진의 빛을 세부적으로 조절하여 전체적인 균형을 잡아주는 기능을 담당하고 있지요. [Levels]와 하는 일이 비슷하지만, 그보다 좀 더 섬세하게 수정할 수 있는 것이 특징입니다.

- ◉ **[예제 파일]** Sample/47/사진 기본 보정법A.jpg
- ◉ **[완성 파일]** Sample/47/사진 기본 보정법B.jpg

01 메뉴 바에서 [File] − [Open](단축키 Ctrl+O)을 선택하여 〈Sample/47/사진 기본 보정법A.jpg〉 파일을 엽니다. ❶ 도구상자에서 돋보기 툴(🔍)을 선택하고, ❷ 상단 옵션 바의 [Fit Screen](단축키 Ctrl+O)을 선택해 작업 창에 이미지 크기를 맞춥니다.

02 메뉴 바에서 [Image] – [Adjustments] – [Curves](단축키 Ctrl+M)를 선택합니다.

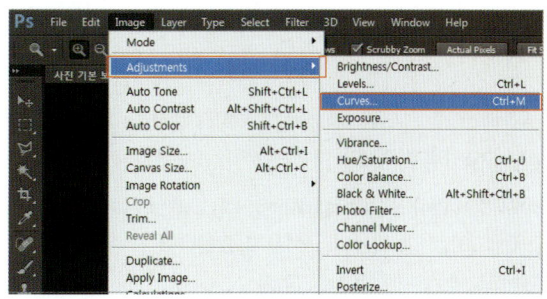

03 ❶ [Curves] 대화상자에서 하단의 White Sample 스포이트를 클릭합니다. ❷ 사진에서 실제 하얀색과 비슷한 위치의 색상을 클릭한 후, ❸ [OK] 버튼을 클릭합니다.

04 ❶ [Curves] 대화상자에서 하단의 Black Sample 스포이트를 클릭합니다. ❷ 사진에서 실제 검은색과 비슷한 위치의 색상을 클릭한 후, ❸ [OK] 버튼을 클릭해 완성합니다.

⊙ Levels 대화상자

메뉴 바에서 [Image] − [Adjustments] − [Levels](단축키 Ctrl + L)를 선택하여 사용할 수 있습니다. [Levels]는 이미지의 명도 값을 조절하여 색상의 균형을 조절합니다.

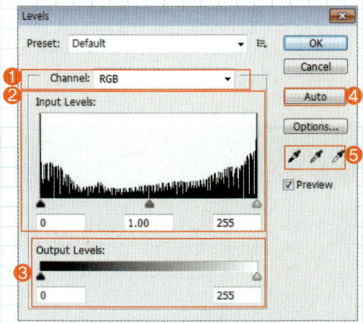

❶ Channel : 특정 색상을 선택하여 조정할 수 있습니다.

❷ Input Levels : 슬라이더나 텍스트 필드에 값을 입력하여 밝기를 조정합니다. 슬라이더는 세 개로 어두운 톤, 중간 톤, 밝은 톤으로 구분하며, 왼쪽으로 이동할수록 밝아지고 오른쪽으로 이동할수록 어두워집니다.

❸ Output Levels : 전체적으로 밝고 어두운 정도를 조정합니다.

❹ Auto : 어두운 부분과 밝은 부분을 자동 조절합니다.

❺ 스포이트 : 특정 색상을 선택하면 자동 보정합니다.

⊙ Curves 대화상자

메뉴 바에서 [Image] − [Adjustments] − [Curves](단축키 Ctrl + M)를 선택하여 사용할 수 있습니다. 커브 라인을 이용하여 보정하는 방법으로 명암과 색을 부분적으로 조정합니다.

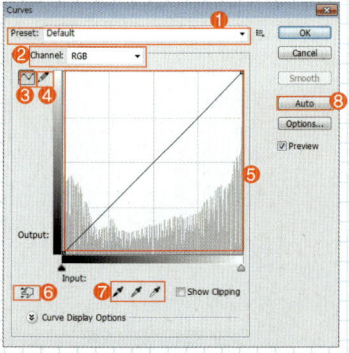

❶ Preset : 포토샵에서 제공하는 보정된 값을 불러옵니다.

❷ Channel : 특정 색상을 선택하여 조정할 수 있습니다.

❸ 커브 라인에 포인트를 찍어 수정합니다.

❹ 커브 라인을 그려서 수정합니다.

❺ 커브 라인을 움직여 보정합니다. 특정 부분의 밝기를 선택하여 수정하면 전체적으로 영향을 주며 색상이 보정됩니다.

❻ 이미지에서 보정하고자 하는 색상을 선택하면, 커브 라인의 위치에 포인트가 생성됩니다.

❼ 스포이트 : 특정 색상을 선택하면 자동 보정합니다.

❽ Auto : 어두운 부분과 밝은 부분을 자동 조절합니다.

빈티지 파란색 붕붕카

Hue/Saturation

포토샵에서 컬러를 수정할 수 있는 기능을 가진 메뉴는 다양합니다. 그 중 가장 많이 사용하는 컬러 수정 메뉴는 [Hue/Saturation]이 아닐까 싶어요. 컬러의 속성 중 가장 자주 접하는 색상, 채도, 명도를 직접 조절할 수 있는 장점이 있기 때문이죠. 보통은 활성화 영역을 지정하여 색상을 수정하지만, 이번 예제에서는 전체적으로 편집해 보도록 하겠습니다.

● [예제 파일] Sample/48/빈티지 파란색 붕붕카A.jpg
● [완성 파일] Sample/48/빈티지 파란색 붕붕카B.jpg

01 메뉴 바에서 [File] – [Open](단축키 Ctrl+O)을 선택하여 〈Sample/48/빈티지 파란색 붕붕카 A.jpg〉 파일을 엽니다. ❶ 도구상자에서 돋보기 툴 (🔍)을 선택하고, ❷ 상단 옵션 바의 [Fit Screen] (단축키 Ctrl+0)을 선택해 작업 창에 이미지 크기를 맞춥니다.

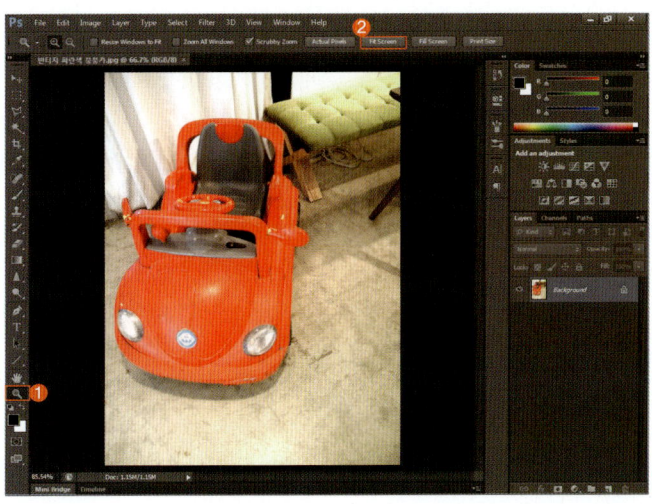

02 메뉴 바에서 [Image] - [Adjustments] -
[Hue/Saturation](단축키 Ctrl+U)을 선택합니다.

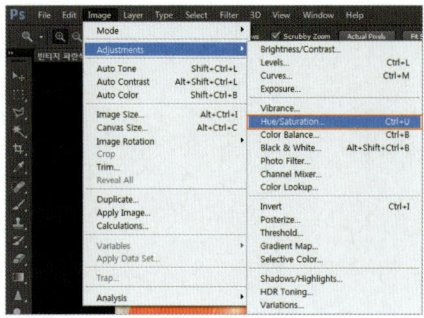

03 ❶ [Hue/Saturation] 대화상자에서 Hue의
값을 '-138'로, Saturation의 값을 '-39'로 입력하
고, ❷ [OK] 버튼을 클릭해 완성합니다.

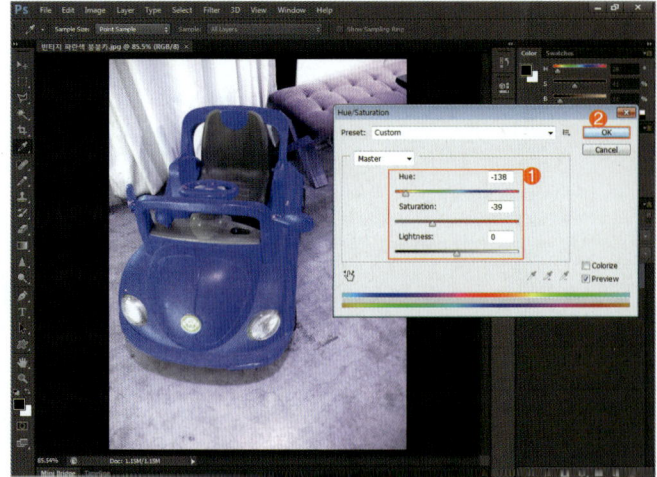

⊙ Hue/Saturation 대화상자

메뉴 바에서 [Image] - [Adjustments] - [Hue/Saturation](단축키 Ctrl+U)을 선택하여 사용할 수 있습니다. 색상, 채
도, 명도를 조절하여 색상을 수정합니다.

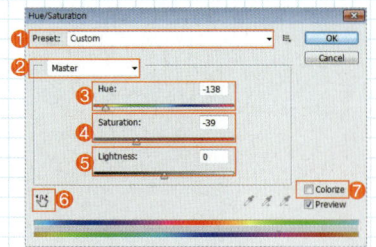

❶ 포토샵에 미리 설정된 값을 불러옵니다.
❷ 특정 색상 구간을 선택하여 수정합니다.
❸ 슬라이더를 이동하여 색상을 변경합니다.
❹ 슬라이더를 이동하여 채도를 변경합니다.
❺ 슬라이더를 이동하여 명도를 변경합니다.
❻ 이미지를 선택하여 원하는 색상의 구간을 선택합니다.
❼ 컬러화합니다.

어울리는 색감 찾기

Color Balance

사진에 전체적으로 노란빛이 돌아 따뜻한 느낌이 드는 사진을 조금 차가운 느낌으로 표현하고 싶다면, 푸른빛이 돌게 보정하면 됩니다. 이렇듯 의도하지 않은 사진의 컬러 느낌을 보정하는데 사용되는 것이 바로 [Color Balance]입니다.

● [예제 파일] Sample/49/어울리는 색감 찾기A.jpg
● [완성 파일] Sample/49/어울리는 색감 찾기B.jpg

01 메뉴 바에서 [File] − [Open](단축키 Ctrl+O)을 선택하여 〈Sample/49/어울리는 색감 찾기A.jpg〉 파일을 엽니다. ❶ 도구상자에서 돋보기 툴(🔍)을 선택하고, ❷ 상단 옵션 바의 [Fit Screen](단축키 Ctrl+O)을 선택해 작업 창에 이미지 크기를 맞춥니다.

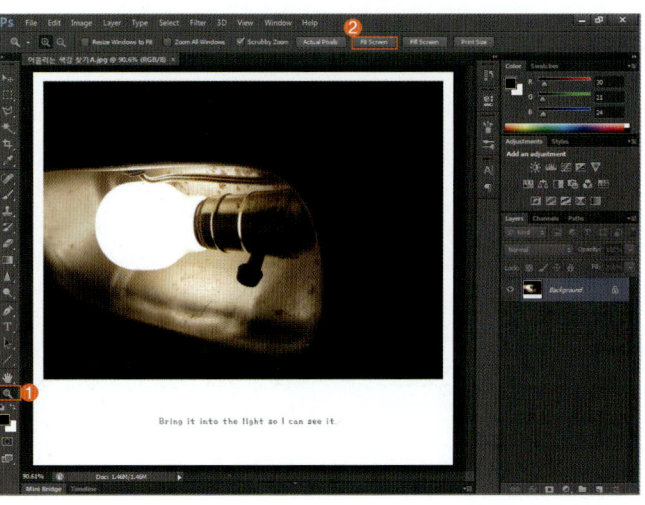

02 메뉴 바에서 [Image] – [Adjustments] – [Color Balance](단축키 Ctrl+B)를 선택합니다.

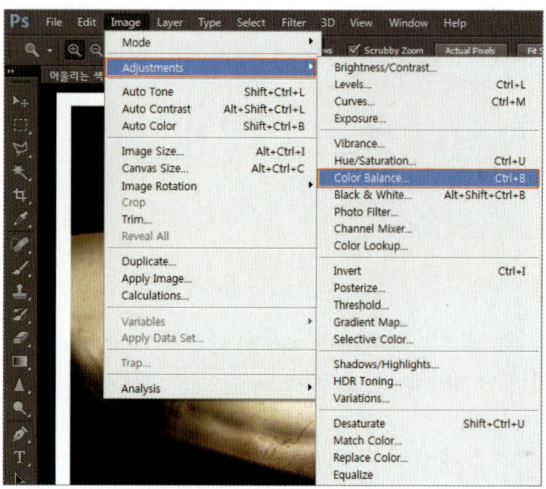

03 ❶ [Color Balance] 대화상자에서 Color Levels 값을 각각 '−47', '+1', '+40'으로 입력하고, ❷ [OK] 버튼을 클릭해 완성합니다.

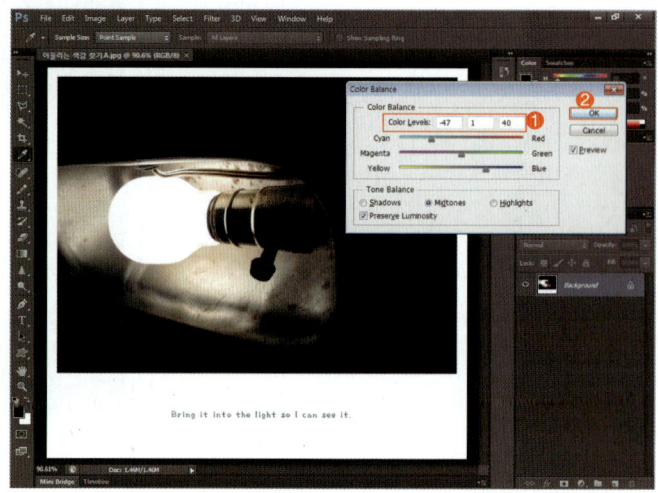

⊙ Color Balance

메뉴 바에서 [Image] – [Adjustments] – [Color Balance](단축키 Ctrl+B)를 선택하여 사용할 수 있습니다. 이미지에 원하는 색상을 추가하는 메뉴로, 원본 이미지에 색상을 추가하면 원본의 색상과 추가된 색상이 혼합되어 나타납니다.

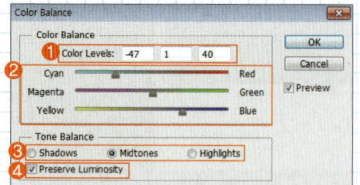

❶ Color Levels : 슬라이더를 조절하여 입력된 값이 수치로 표시됩니다.

❷ Color 슬라이더 : 슬라이더를 조절하여 이미지에 원하는 색상을 추가합니다.

❸ Tone Balance : 작업할 톤을 선택하여 원하는 톤에만 색상을 추가합니다.

❹ Preserve Luminosity : 명도 값을 바꾸지 않고 작업 이미지에 색상을 추가합니다.

사이좋은 모노톤 & 듀오톤

Desaturate / Variations

흑백 사진은 화려하지 않고 담담하게 피사체를 표현하여 컬러 사진과는 또 다른 느낌을 줍니다. 화려한 컬러가 아니어도 느낌 충만한 모노톤과 듀오톤 사진을 포토샵을 이용해 만들어 보도록 하겠습니다.

⦿ [예제 파일] Sample/50/사이좋은 모노톤 듀오톤A.jpg
⦿ [완성 파일] Sample/50/사이좋은 모노톤 듀오톤B.jpg

01 메뉴 바에서 [File] − [Open](단축키 Ctrl + O)을 선택하여 〈Sample/50/사이좋은 모노톤 듀오톤A.jpg〉 파일을 엽니다. ❶ 도구상자에서 돋보기 툴(🔍)을 선택하고, ❷ 상단 옵션 바의 [Fit Screen](단축키 Ctrl + O)을 선택해 작업 창에 이미지 크기를 맞춥니다.

02 메뉴 바에서 ❶ [Image] − [Adjustments] − [Desaturate]를 선택합니다. 이미지가 흑백 사진으로 변하는 것을 확인할 수 있습니다. ❷ 메뉴 바에서 [Image] − [Adjustments] − [Variations]를 선택합니다.

> [Desaturate]는 이미지의 채도를 없애주는 기능을 합니다. [Desaturate] 설정 후 메뉴 바의 [Image] − [Adustments] − [Brightness/Contrast]를 이용하여 Contrast 값을 높여주면, 좀 더 매력적인 흑백 사진으로 편집할 수 있어요.

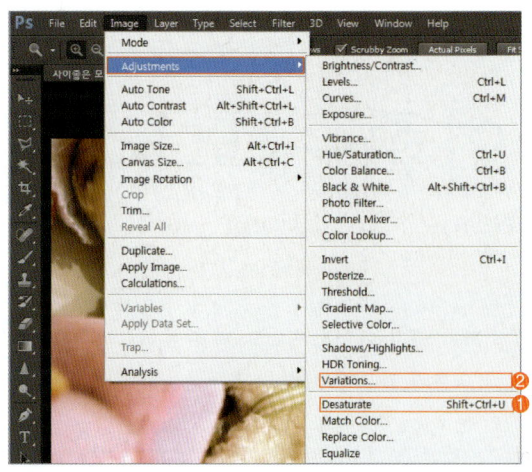

03 ❶ [Variations] 대화상자에서 듀오톤의 원하는 컬러를 선택한 후, ❷ [OK] 버튼을 클릭해 완성합니다.

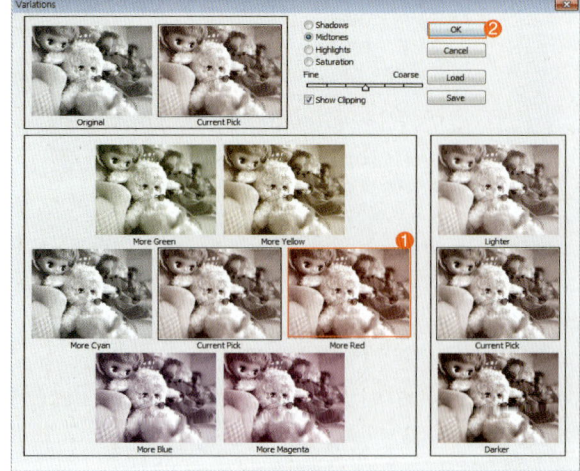

포토샵 파헤치기

⊙ Variations 대화상자

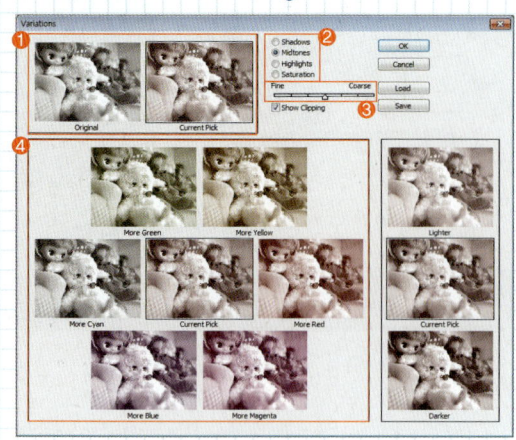

메뉴 바에서 [Image] − [Adjustments] − [Variations]를 선택하여 사용할 수 있습니다. [Variations]에 설정되어 있는 색상을 원본 사진에 계속해서 추가할 수 있습니다.

❶ 원본 사진과 색상이 추가되었을 때의 사진을 비교할 수 있습니다.

❷ 이미지의 어느 부분(Shadow : 어두운 톤, Midtones : 중간 톤, Highlight : 밝은 톤, Saturation : 채도)에 색상을 추가할지 선택합니다.

❸ 추가될 색상의 차이를 설정합니다. Coarse쪽으로 갈수록 색상이 거칠어집니다.

❹ 추가할 수 있는 색상을 보여줍니다.

◉ 흑백 사진을 만들 수 있는 또 다른 방법

• 메뉴 바에서 [Image] – [Mode] – [Grayscale]을 선택합니다. 모드 변경 후에 컬러를 사용하지 않을 때 사용합니다.

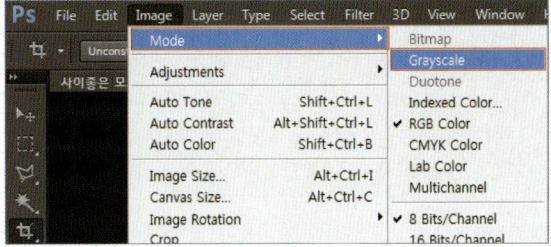

• 메뉴 바에서 [Image] – [Adjustments] – [Hue/Saturation]을 선택합니다. [Hue/Saturation] 대화상자에서 ❶ Saturation의 값을 '-100'으로 입력하면 흑백 사진으로 변경됩니다. 이때 ❷ Colorize에 체크한 후 ❸ Hue의 슬라이더를 조절하면 원하는 듀오톤 사진도 함께 만들 수 있습니다.

• 메뉴 바에서 [Image] – [Adjustments] – [Black&White]를 선택합니다. [Black and White] 대화상자에서 슬라이더의 색상 값을 조절하면 원본 사진에 해당하는 컬러가 어두워지거나 밝아집니다.

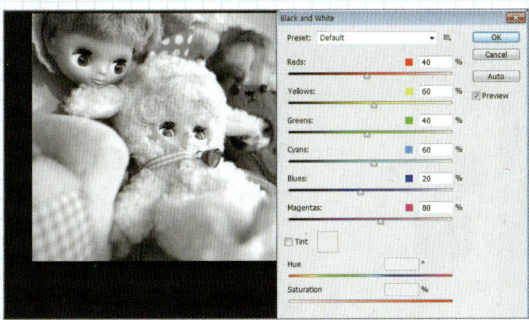
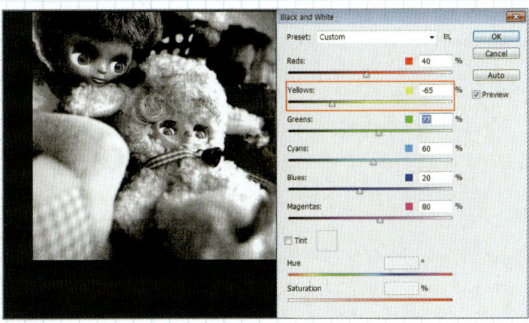

부분 색상 수정하기

Replace Color

이미지 한 부분의 색상만을 수정하려면 수정할 부분을 활성화 영역으로 지정한 후, 색상 보정 메뉴를 이용해 적당한 컬러로 변경하면 되는데요. 이러한 과정 없이 한 번에 색상을 바꿀 수 있는 [Replace Color]에 대해 알아보도록 하겠습니다.

- ◉ [예제 파일] Sample/51/부분 색상 수정하기A..jpg
- ◉ [완성 파일] Sample/51/부분 색상 수정하기B.jpg

01 메뉴 바에서 [File] – [Open](단축키 Ctrl+O)을 선택하여 〈Sample/51/부분 색상 수정하기A.jpg〉 파일을 엽니다. ❶ 도구상자에서 돋보기 툴(🔍)을 선택하고, ❷ 상단 옵션 바의 [Fit Screen](단축키 Ctrl+O)을 선택해 작업 창에 이미지 크기를 맞춥니다.

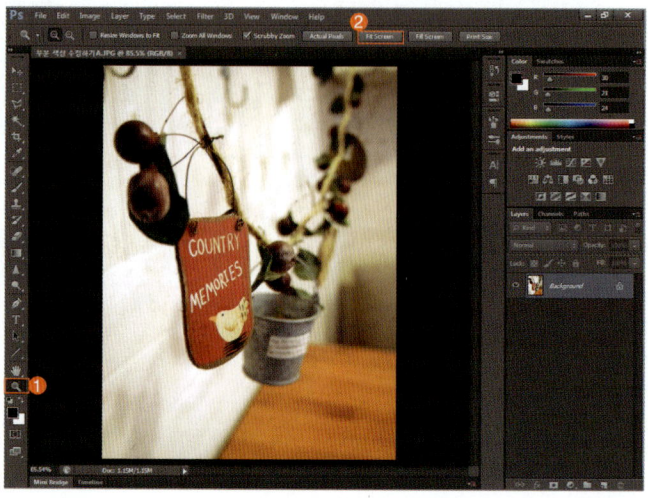

02 메뉴 바에서 [Image] – [Adjustments] – [Replace Color]를 선택합니다.

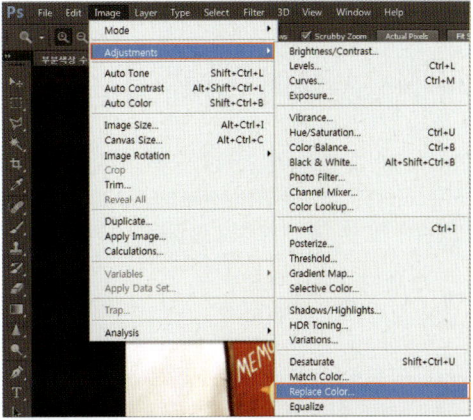

03 [Replace Color] 대화상자에서 ❶ 스포이트를 이용하여 작업 창의 붉은색을 선택하고, ❷ Fuzziness의 값을 '47'로 입력합니다. ❸ 하단 Replacement의 Hue의 값을 '−121'로, Saturation을 '−10'으로, Lightness를 '−10'으로 입력하고, ❹ [OK] 버튼을 클릭하면 붉은색이 보라색으로 변하게 됩니다.

⊙ Replace Color

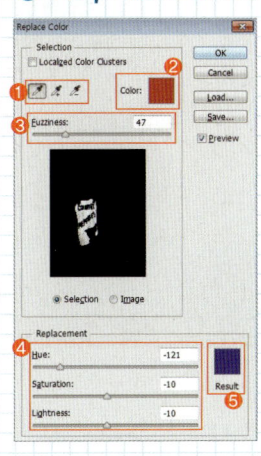

메뉴 바에서 [Image] – [Adjustments] – [Replace Color]를 선택하여 사용할 수 있습니다. 편집하고자 하는 이미지의 컬러를 활성화 영역을 지정하지 않고도 바꿀 수 있습니다.

❶ 색상을 선택하거나, 추가하거나, 뺄 수 있습니다.
❷ 선택한 색상을 보여줍니다.
❸ Fuzziness : 선택한 색상의 범위를 지정합니다. 값이 클수록 범위가 넓게 지정됩니다.
❹ 색상, 채도, 명도를 조절하여 색상을 변경합니다.
❺ [Color Picker] 대화상자를 이용하여 색상을 선택합니다.

사진 보정의 전체적인 흐름

포토샵에서 사진을 보정할 때 가장 막막한 것은 '무엇을 어떻게 보정해야 하지?'가 아닐까요. 이번 보너스 팁에서는 알 듯 하면서도 어려운 사진 보정의 전체적인 흐름에 대해 짚고 넘어가볼까 합니다. 포토샵을 다루는 사람에 따라 달라질 수 있는 순서이지만, 기본적으로 사진 보정은 이러한 순서를 거친다고 이해한 후 자신만의 보정법을 연구해보세요!

◉ 이미지 사이즈 수정

먼저 이미지의 이용 목적이 인쇄용인지, 웹용인지를 결정한 후 사이즈를 조절합니다. 웹용 이미지는 대체로 파일의 크기가 작고 '72Pixel/Inch' 해상도를 가지며 RGB 컬러 모드를 사용합니다. 이에 반해 인쇄용 이미지는 대체로 파일의 크기가 크고 '300Pixel/Inch' 해상도를 가지며 CMYK 컬러 모드를 사용합니다.

▲ 원본 이미지

01 ❶ 이미지의 불필요한 부분이나 잘못된 앵글은 ❷ 도구상자의 자르기 툴(🔲)을 이용하여 바로 잡아줍니다.

02 만약 원하는 이미지 사이즈가 정해져있다면, 상단 옵션 바의 텍스트 필드에 이미지 크기를 입력하여 사용합니다. 이때 [Mode]가 'Custom'으로 변경됩니다.

 입력한 숫자 뒤에 단위(px,cm)를 적어주면, 해당 단위에 맞게 이미지가 잘라집니다.

03 이미지의 변화 없이 전체적인 크기만을 변경할 때는, 메뉴 바에서 [Image] − [Image Size](단축키 Alt+Ctrl+I)를 선택하여 ❶ 원하는 사이즈로 값을 입력한 후, ❷ [OK] 버튼을 클릭합니다

 이미지 사이즈를 수정할 때는 축소하는 것을 기본으로 합니다. 확대 시에는 이미지 손실이 발생합니다.

◉ 밝기 보정

사진의 전체적인 밝기(명도)를 조절합니다. 실제 사물을 촬영할 때의 밝기를 기준으로 적정 값을 찾습니다.

01 이미지를 간단히 보정할 때는, 메뉴 바에서 [Image] – [Adjustments] – [Levels](단축키 Ctrl+L)를 선택합니다. 슬라이더를 움직여 밝기를 조정합니다. 어두운 톤, 중간 톤, 밝은 톤을 가지고 보정하는 다소 단순한 메뉴입니다.

02 이미지를 좀 더 정교하게 보정할 때는, 메뉴 바에서 [Image] – [Adjustments] – [Curves](단축키 Ctrl+M)를 선택합니다. 커브 라인을 움직여 밝기를 조정합니다. 커브 라이에 적을 찍어(최대 16개까지) 각 위치에 해당하는 명도 값을 디테일하게 조정할 수 있습니다.

◉ 색상 보정

전체적인 색상을 보정합니다. 실제 사물을 촬영할 때의 색상을 기준으로 보정하는데, 의도한 콘셉트가 있다면 색상 값을 강조하여 사용하기도 합니다. 색상을 보정하는 메뉴들은 [Image] – [Adjustments]의 [Hue/Saturation], [Color Balance], [Photo Filter], [Channel Mixer]가 있고, [Levels], [Curves] 메뉴의 채널을 설정하여 각 채널별로 색상을 보정하는 방법, 혹은 [Channels] 패널을 이용하여 보정하는 방법도 있습니다.

▲ [Hue/Saturation]

▲ [Photo Filter]

▲ [Channels]를 이용한 [Levels] 조정

◉ 부분적인 밝기 보정

전체적인 밝기 보정을 하더라도 유독 어둡거나 밝은 부분이 있을 수 있습니다. 이럴 경우에는 보정할 부분만을 선택한 후 밝기를 보정합니다.

01 ❶ 도구상자에서 닷지 툴(🔍)이나 번 툴(🖐)을 선택합니다. ❷ 닷지 툴과 번 툴은 부분적인 하이라이트를 강조하거나, 어둠의 깊이를 주고 싶을 때 이용하기도 합니다.

02 ❶ 활성화 영역을 이용하여 원하는 부분을 직접적으로 선택한 후, ❷ [Levels]로 보정할 수도 있습니다.

◉ 효과 넣기

사진을 보정할 때 가장 많이 사용하는 효과는 블러 툴(◉)과 샤픈 툴(▲)입니다. 블러는 흐릿하게, 샤픈은 선명하게 하는 효과를 줍니다. 이외에도 [Filter]를 이용해 더욱 풍성한 효과를 적용할 수도 있고, 사진 하단에 서명이나 이미지를 넣어 나만의 사진임을 표시하는 낙관을 새길 수도 있습니다.

01 샤픈 툴(▲)을 이용하여 강조하고 싶은 부분은 살리고, 그 이외의 것들은 블러 툴(◉)을 이용해 흐릿하게 만들어 사진의 집중도를 높여줍니다.

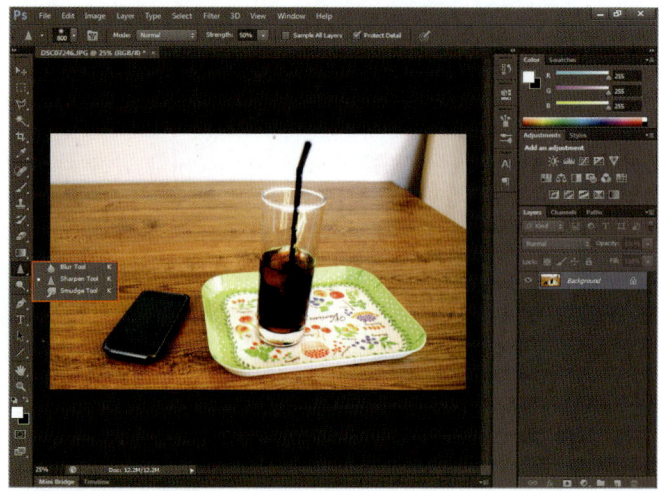

02 포토샵 CS6에 새로 도입된 기능 중 [Field Blur](메뉴 바에서 [Filter] – [Blur] – [Field Blur])는 ❶ 이미지에 핀을 박아 ❷ 각 핀 별 블러 값을 입력하여 좀 더 간편하면서도 다채롭게 블러 기능을 이용할 수 있습니다.

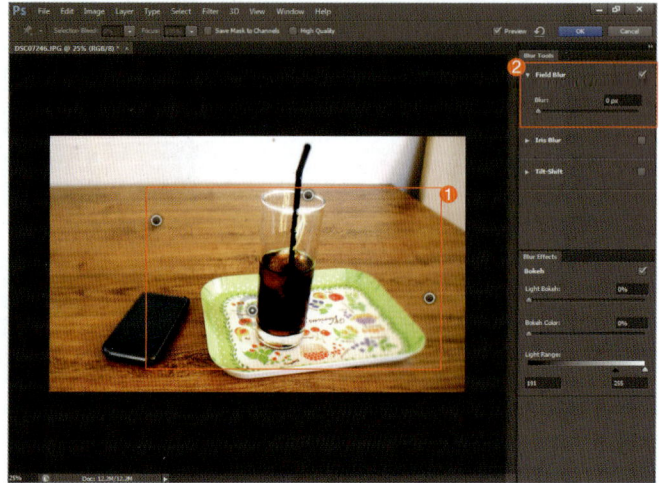

03 [Iris Blur](메뉴 바에서 [Filter] – [Blur] – [Iris Blur])는 원 형태로 포커스를 맞추어 효과를 줍니다. ❶ 원 형태의 장치를 드래그하여 조작할 수 있고, ❷ 블러 값을 입력하면 동그랗게 집중되는 사진으로 보정할 수 있습니다.

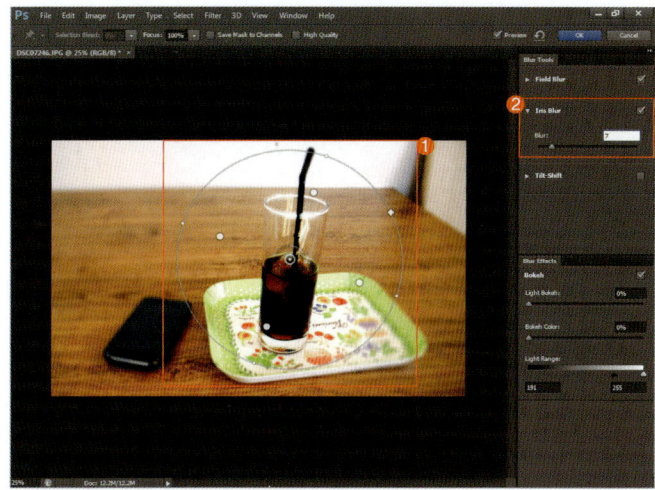

04 [Tilt-Shift](메뉴 바에서 [Filter] – [Blur] – [Tilt-Shift]를 선택)는 직선상으로 흐려지는 효과를 주며, 범위를 설정하고 회전이 가능합니다. 사진에 미니어쳐 효과를 줄 때 자주 사용되는 기능입니다.

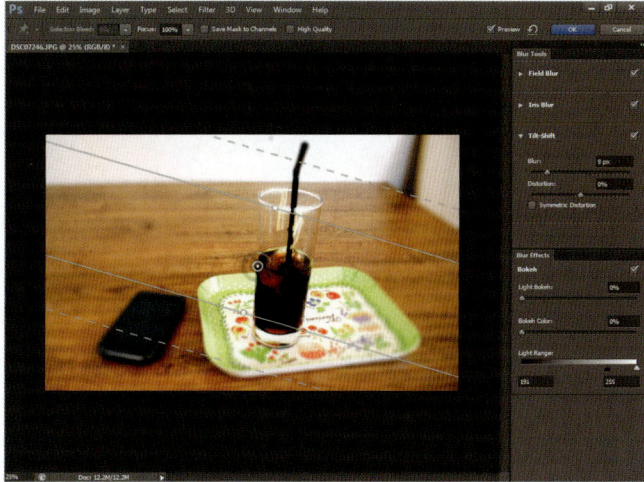

 꼭 이러한 순서대로 편집해야 할 필요는 없습니다. 어떻게 작업해야 할지 갈피를 잡지 못하는 분들을 위해 사진 보정의 전체적인 흐름을 알아보고 임의로 규칙을 정리한 것이니만큼, 포토샵이 손에 익은 후에는 본인의 작업 스타일을 개척해 보시기 바랍니다.

알파 채널을 이용한 이미지 관리

Alpha Channel

이미지 편집을 하다 보면 자주 선택해야 하는 특정 부분이 등장하곤 합니다. 그러한 영역은 따로 저장해 두었다가 필요할 때마다 꺼내어 사용한다면 정말 편리하겠죠? 이러한 기능을 하는 것이 바로 Alpha Channel입니다. 색상 채널 이외에 추가되는 채널로, 머리카락과 같이 세밀하게 작업해야 하는 부분이나 자주 선택하는 부분을 활성화 영역으로 만들어 사용하면 좋습니다.

◉ **[예제 파일]** Sample/52/알파 채널을 이용한 이미지 관리.psd
◉ **[완성 파일]** Sample/52/알파 채널을 이용한 이미지 관리.jpg

01 메뉴 바에서 [File] – [Open](단축키 Ctrl+O)을 선택하여 〈Sample/52/알파 채널을 이용한 이미지 관리.psd〉 파일을 엽니다. ❶ 도구상자에서 돋보기 툴(🔍)을 선택하고, ❷ 상단 옵션 바의 [Fit Screen](단축키 Ctrl+O)을 선택해 작업 창에 이미지 크기를 맞춥니다.

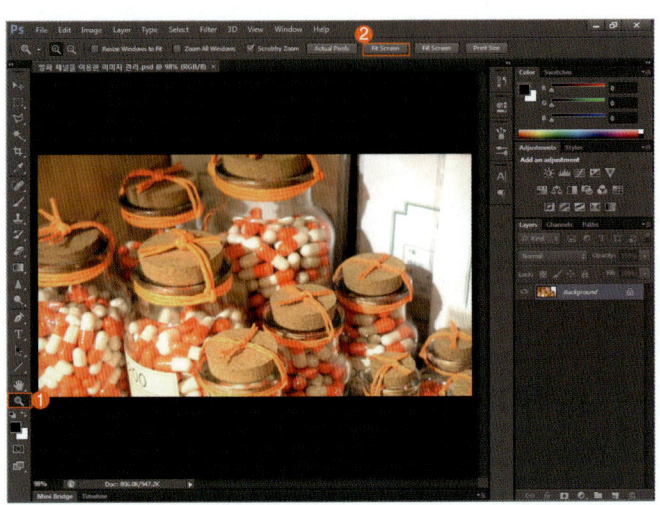

02 ❶ [Channels] 패널을 선택합니다. ❷ Ctrl 키
를 누른 상태로 'Alpha1' 채널의 썸네일을 클릭합
니다.

03 메뉴 바에서 [Image] – [Adjustments] –
[Desaturate](단축키 Shift + Ctrl + U)를 선택합니다.

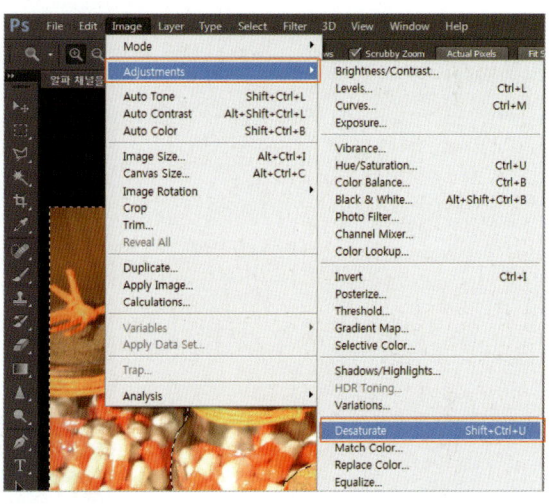

04 메뉴 바에서 [Select] – [Inverse](단축키
Shift + Ctrl + I)를 선택합니다.

05 ❶ 단축키 `Ctrl`+`J`를 눌러 이미지를 복사하고, ❷ 복사된 레이어의 텍스트 필드를 더블클릭하여 레이어 이름을 '약병'이라고 수정합니다. ❸ '약병' 레이어를 [Create a New Layer] 버튼(🔳)으로 드래그하여 복제하면, '약병 copy' 레이어가 생성됩니다.

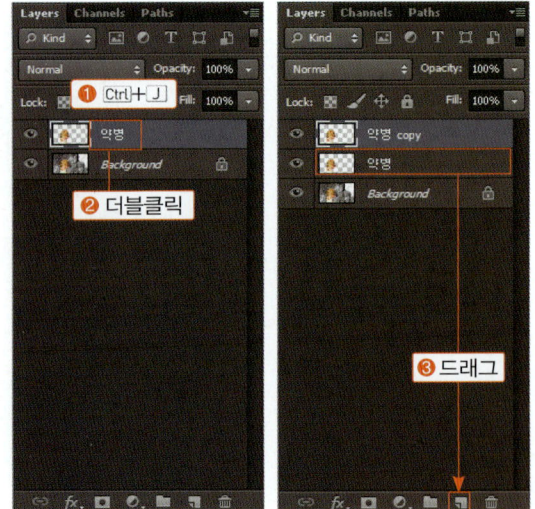

06 ❶ '약병' 레이어를 선택합니다. ❷ 메뉴 바에서 [Filter] – [Blur] – [Gaussian Blur]를 선택합니다.

07 [Gaussian Blur] 대화상자에서 ❶ Radius의 값을 '40 Pixels'로 입력하고 ❷ [OK] 버튼을 클릭하여 완성합니다.

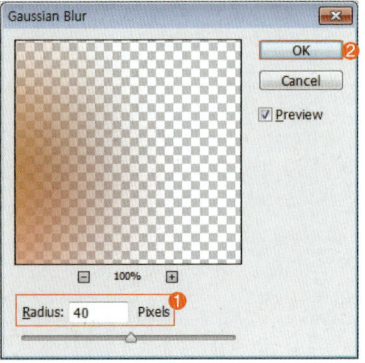

⊙ Alpha Channel

자주 선택하거나, 선택하기 어려운 부분의 활성화 영역을 따로 저장할 수 있는 공간입니다. 흰색으로 표시되는 부분이 활성화되며, Grayscale로 영역의 단계를 나타냅니다.

❶ 활성화 영역 지정

❶ 알파 채널을 만들 활성화 영역을 지정합니다.

❷ [Channels] 패널의 선택 저장 버튼을 클릭합니다.

❸ 생성된 'Alpha1' 채널을 선택합니다.

❹ 채널 불러오기 버튼을 클릭(혹은 Ctrl 키를 누른 상태로 'Alpha1' 채널의 썸네일을 클릭)합니다.

미리보는 필터 효과

Filter Gallery

다양한 효과를 자동으로 적용해 주는 Filter Gallery는 필터 종합 세트와 같은 형식으로 포토샵의 내부 프로그램처럼 따로 관리되고 있습니다. 미리보기도 가능한데다 필터 효과를 겹쳐서도 낼 수 있는 것이 장점입니다. 무척이나 다양한 필터 효과! 지금부터 만나볼까요?

◉ [예제 파일] Sample/53/미리보는 필터 효과A.jpg
◉ [완성 파일] Sample/53/미리보는 필터 효과B.jpg

01 메뉴 바에서 [File] – [Open](단축키 Ctrl + O)을 선택하여 〈Sample/53/미리보는 필터 효과A.jpg〉 파일을 엽니다. ❶ 도구상자에서 돋보기 툴(🔍)을 선택하고, ❷ 상단 옵션 바의 [Fit Screen](단축키 Ctrl + O)을 선택해 작업 창에 이미지 크기를 맞춥니다.

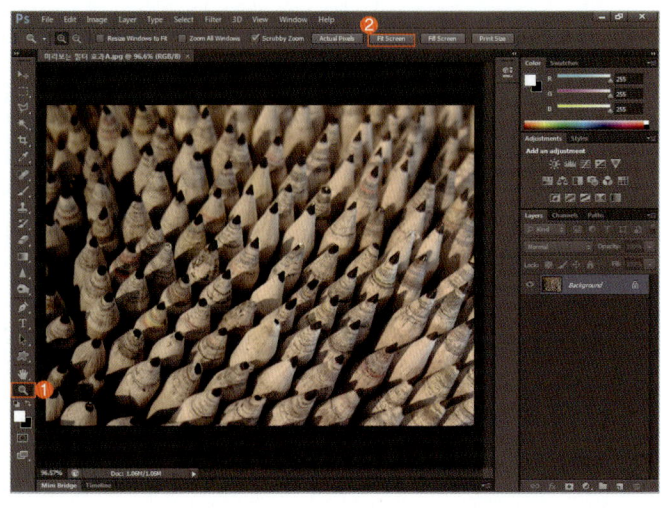

02 메뉴 바에서 [Filter] – [Filter Gallery]를 선택합니다.

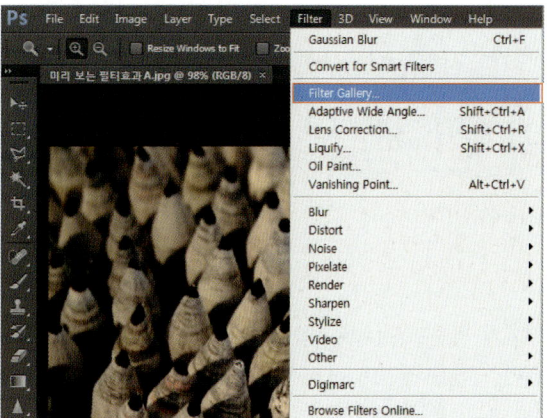

03 [Filter Gallery] 대화상자에서 ❶ Brush Strokes 폴더의 Ink Outlines를 선택합니다. ❷ 옵션의 Stroke Length의 값을 '12'로, Dark Intensity의 값을 '0'으로, Light Intensity의 값을 '20'으로 입력하여 경계 부분을 잉크로 칠한 듯한 효과를 줍니다.

잠깐

필터 갤러리에 추가한 필터는 추후 사용 시에 똑같이 적용되므로, 필터의 레이어 부분을 확인한 후 사용하세요.

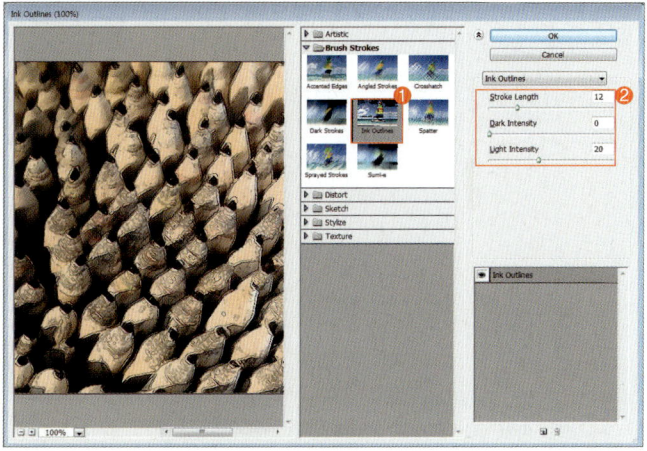

포토샵 파헤치기

⊙ Filter Gallery

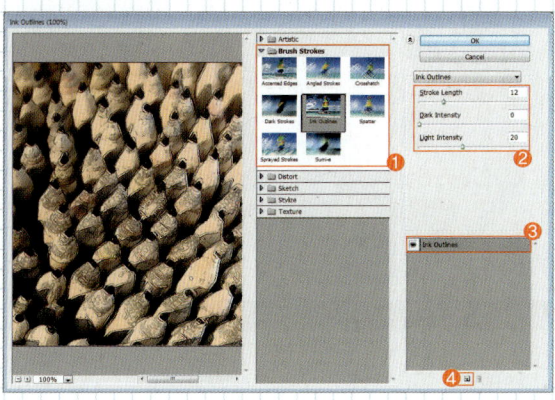

[Filter] – [Filter Gallery]를 선택해 사용할 수 있습니다. 필터 효과를 미리보기를 통하여 바로 볼 수 있고, 효과의 옵션을 조절하여 마음에 드는 이미지로 편집할 수 있습니다.

❶ 선택할 필터의 리스트입니다.
❷ 선택한 필터의 옵션입니다.
❸ 선택한 필터의 레이어입니다.
❹ 필터 레이어를 생성합니다. 필터 레이어를 생성한 후 추가하고자 하는 다른 필터를 선택하면, 필터 효과를 중복할 수 있습니다.

색연필의 부드러운 느낌

Colored Pencil

부드러운 느낌의 색연필화는 따뜻함을 주는 채색법 중 하나입니다. 색연필의 겹쳐진 선들은 종이 질감과 어우러져 색연필만의 특유한 느낌을 만들어 내죠. 그러한 특징을 살린 포토샵의 Colored Pencil 필터 효과에 대해 알아볼까요?

● **[예제 파일]** Sample/54/색연필의 부드러운 느낌.psd
● **[완성 파일]** Sample/54/색연필의 부드러운 느낌.jpg

01 메뉴 바에서 [File] − [Open](단축키 Ctrl + O)을 선택하여 〈Sample/54/색연필의 부드러운 느낌.psd〉 파일을 엽니다. ❶ 도구상자에서 돋보기 툴(🔍)을 선택하고, ❷ 상단 옵션 바의 [Fit Screen](단축키 Ctrl + O)을 선택해 작업 창에 이미지 크기를 맞춥니다. ❸ '피노키오 효과' 레이어를 선택합니다.

02 메뉴 바에서 [Filter] − [Filter Gallery]를 선택합니다. [Filter Gallery] 대화상자에서 ❶ Artistic 폴더의 Colored Pencil을 선택합니다. ❷ 옵션의 Pencil Width의 값을 '6'으로, Stroke Pressure 값을 '15'로, Paper Brightness 값은 '38'로 입력합니다. ❸ [OK] 버튼을 클릭합니다.

03 ❶ '피노키오 효과' 레이어를 선택하고, ❷ 블렌딩 모드를 'Screen'으로 설정하여 완성합니다.

⊙ Colored Pencil

[Filter] − [Filter Gallery] − [Artistic] − [Colored Pencil]을 선택해 사용할 수 있습니다. 색연필로 칠한 듯한 선의 질감을 나타내고자 할 때 사용하는 필터입니다.

❶ Pencil Width : 색연필의 두께를 설정합니다.
❷ Stroke Pressure : 칠할 때의 압력을 설정합니다.
❸ Paper Brightness : 종이의 밝기를 설정합니다.

개성적인 카툰 느낌

Color Halftone

출판 만화에서 많이 사용하는 스크린 톤은 자그마한 망점들의 명암 단계로 이루어진 이미지입니다. 흑백 출력이 잡지 못하는 회색 톤을 작은 망점들로 대체하여 사용하는 것인데요. 워낙 오래전부터 사용하던 형식이라 사람들은 스크린 톤을 사용한 이미지를 보면 자연스럽게 만화책을 떠올리곤 합니다. 이런 특징을 가진 Color Halftone 필터를 사진에 사용하면, 자연스럽게 카툰 느낌으로 표현할 수 있답니다.

◉ [예제 파일] Sample/55/개성적인 카툰 느낌.psd
◉ [완성 파일] Sample/55/개성적인 카툰 느낌.jpg

01 메뉴 바에서 [File] – [Open](단축키 Ctrl+O)을 선택하여 〈Sample/55/개성적인 카툰 느낌.psd〉 파일을 엽니다. ❶ '복사본' 레이어를 선택합니다. ❷ 메뉴 바에서 [Filter] – [Pixelate] – [Color Halftone]을 선택합니다.

02 [Color Halftone] 대화상자에서 ❶ Max. Radius의 값을 '8px'로, Screen Angles의 Channel 값을 각각 '10'으로 입력하고, ❷ [OK] 버튼을 클릭합니다.

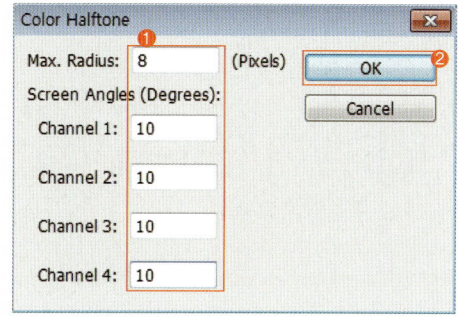

03 '복사본' 레이어가 선택된 상태에서 ❶ [Add a Mask] 버튼(◫)을 클릭합니다. ❷ 도구상자에서 컬러 디폴트(◫)와 컬러 스위치(⇄)를 선택한 후, ❸ 그레이디언트 툴(◫)을 선택합니다. ❹ 상단 옵션 바의 [Radial Gradient](◫)를 선택한 후, ❺ 로봇을 드래그하여 Background의 이미지가 보일 영역을 조절하면 완성입니다.

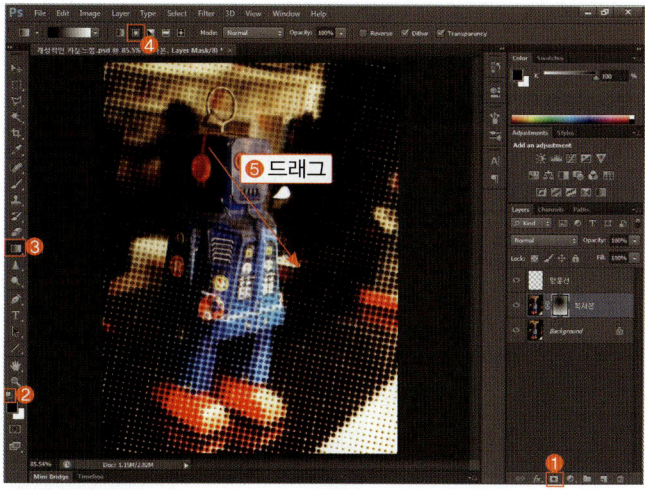

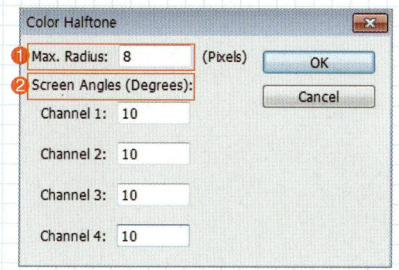

⊙ Color Halftone

출판 만화에 흔하게 사용되던 스크린 톤처럼 이미지를 망점 형태로 만들어 주는 필터입니다. 색의 농도에 따라 망점의 크기가 변하며, 옵션을 조정하여 크기를 수정할 수 있습니다.

❶ Max. Radius : 가장 큰 망점의 크기를 결정합니다. 값이 클수록 망점의 크기가 커집니다.
❷ Screen Angles : 각 채널별 스크린 각도를 설정합니다.

촉촉한 느낌의 수채화 이미지

Watercolor

촉촉한 봄비 오는 날을 연상케 하는 수채화는 작은 엽서나 편지지의 디자인 소스로 사용하기에 무척이나 매력적입니다. 감성을 자극하는 느낌 때문이겠죠? 직접 배워서 그리기에는 어려웠던 수채화를 포토샵의 필터 효과를 이용해 아주 간단하게 만들어 볼 수 있습니다.

● [예제 파일] Sample/56/촉촉한 느낌의 수채화 이미지A.jpg
● [완성 파일] Sample/56/촉촉한 느낌의 수채화 이미지B.jpg

01 메뉴 바에서 [File] – [Open](단축키 Ctrl+O)을 선택하여 〈Sample/56/촉촉한 느낌의 수채화 이미지A.jpg〉 파일을 엽니다. ❶ 도구상자에서 돋보기 툴(🔍)을 선택하고, ❷ 상단 옵션 바의 [Fit Screen](단축키 Ctrl+O)을 선택해 작업 창에 이미지 크기를 맞춥니다.

02 메뉴 바에서 [Filter] – [Filter Gallery]를 선택합니다.

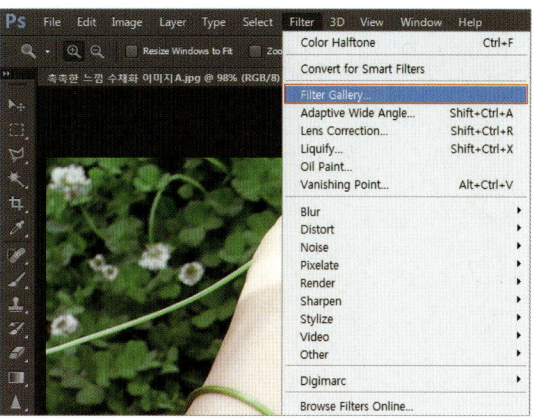

03 ❶ Artistic 폴더의 Watercolor를 선택합니다. ❷ 옵션의 Brush Detail의 값을 '8'로, Shadow Intensity의 값을 '1'로, Texture의 값을 '2'로 입력합니다. ❸ [OK] 버튼을 클릭합니다.

04 메뉴 바에서 [Image] – [Adjustments] – [Levels](단축키 Ctrl+L)를 선택합니다.

 Watercolor 필터 적용 후 이미지가 어둡거나 탁하게 표현되었을 때 수채화의 맑은 느낌을 더해주기 위해 [Levels]를 사용합니다.

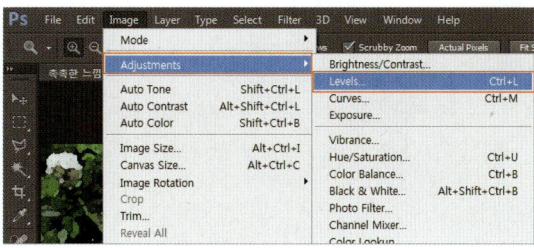

05 [Levels] 대화상자에서 ❶ 그레이 슬라이더의
값을 '1.35'로, 화이트 슬라이더의 값을 '233'으로
입력하고, ❷ [OK] 버튼을 클릭하여 완성합니다.

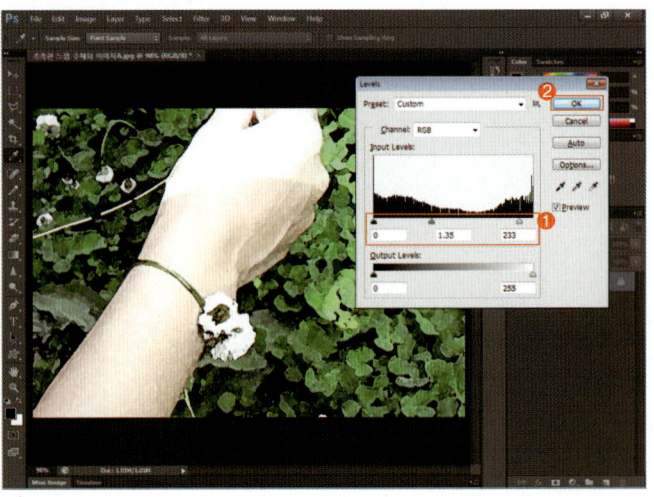

◉ Watercolor

이미지를 붓으로 터치한 듯한 효과를 주는 필터입니다. 이미지의 경계선이 수채화처럼 번지는 것이 특징입니다.

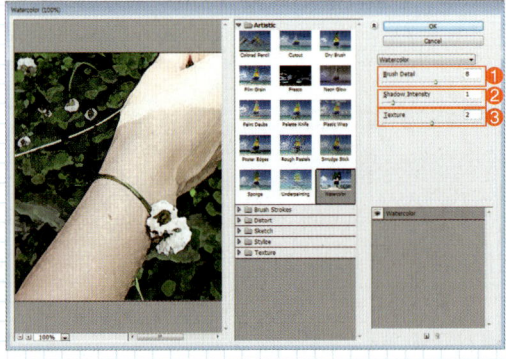

❶ Brush Detail : 붓의 터치 정도를 조절합니다. 값이 클수록 본래의 형태와 가깝습니다.

❷ Shadow Intensity : 어두운 부분의 농도를 조절합니다. 값이 클수록 어두워집니다.

❸ Texture : 질감을 조절합니다. 값이 클수록 질감이 살아납니다.

알록달록 점묘화
Pointillize

점묘화는 엄청난 노력과 시간이 필요합니다. 점 하나하나를 찍어 그림으로 만들어야 하기 때문이죠. 그러나 포토샵만 있다면 단 몇 번의 클릭으로 만들어 낼 수 있답니다. 무수한 점들의 모임! 점묘화를 만들어 볼까요?

● **[예제 파일]** Sample/57/알록달록 점묘화A.jpg
● **[완성 파일]** Sample/57/알록달록 점묘화B.jpg

01 메뉴 바에서 [File] − [Open](단축키 Ctrl+O)을 선택하여 〈Sample/57/알록달록 점묘화A.jpg〉 파일을 엽니다. ❶ 도구상자에서 돋보기 툴(🔍)을 선택하고, ❷ 상단 옵션 바의 [Fit Screen](단축키 Ctrl+0)을 선택해 작업 창에 이미지 크기를 맞춥니다.

02 메뉴 바에서 [Filter] – [Pixelate] – [Pointillize]를 선택합니다.

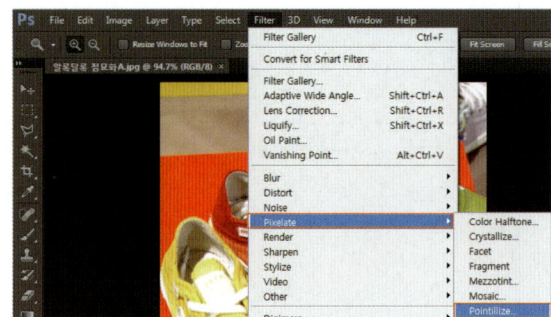

03 [Pointillize] 대화상자에서 ❶ Cell Size 값을 '5'로 입력하고, ❷ [OK] 버튼을 클릭하여 완성합니다.

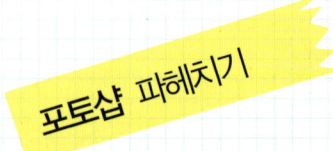
포토샵 파헤치기

⊙ Pointillize

이미지를 점 형태로 변환시켜 보여주는 필터입니다. Cell Size의 값이 작을수록 점의 크기가 작게 형성되며, 밀도가 높아 본래 형태를 유지합니다.

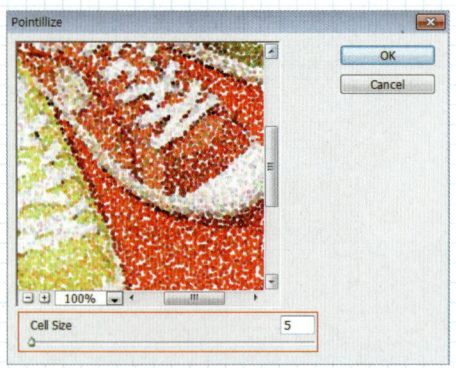

잠깐 블렌딩 모드와 섞어 사용하거나, 마스크 효과를 넣어 사용하면 훨씬 더 좋은 느낌의 이미지를 만들 수 있습니다.

가상 성형
Liquify

포토샵의 여러 기능 중 여성분들이 가장 흥미롭게 여기는 부분 중 하나가 바로 이 부분이 아닐까요? 바로 가상성형! 아름다워지고 싶은 것은 모든 여성의 꿈이기에, 가상으로 성형해볼 수 있는 Liquify 기능은 여성들에게 참으로 고마운 기능이 아닐 수 없습니다. 여러분! 우리 조금만 더 예뻐질까요?

● [예제 파일] Sample/58/가상 성형.psd
● [완성 파일] Sample/58/가상 성형.jpg

01 메뉴 바에서 [File] – [Open](단축키 Ctrl+O)을 선택하여 〈Sample/58/가상 성형.psd〉 파일을 엽니다. ❶ 도구상자에서 돋보기 툴(🔍)을 선택하고, ❷ 상단 옵션 바의 [Fit Screen](단축키 Ctrl+0)을 선택해 작업 창에 이미지 크기를 맞춥니다. ❸ '복제 사진' 레이어를 클릭합니다.

02 [Filter] − [Liquify](단축키 Shift+Ctrl+X)를 선택합니다.

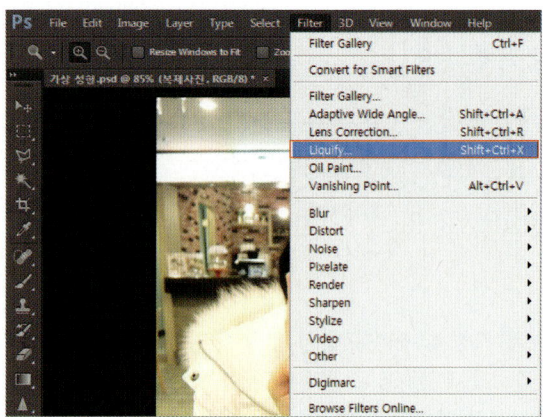

03 ❶ Forward warp Tool(🖑)을 선택합니다. ❷ Brush Size의 값을 '90'으로 입력합니다. ❸ 얼굴 라인을 안쪽으로 살짝 드래그하여 얼굴을 작게 만들어 줍니다.

잠깐 Forward warp Tool은 드래그했을 때 픽셀들을 자연스럽게 이동시켜 줍니다. 이미지의 전체적인 외곽선을 보정하고 싶을 때 사용하면 좋습니다.

04 ❶ Pucker Tool(🔳)을 선택합니다. ❷ 코 부분에 브러시를 가져다 대고 단축키 [,]로 크기를 조절한 뒤 클릭하여 코가 오똑해지게 모아줍니다. 같은 방법으로 머리 사이즈도 작게 조절해 줍니다.

잠깐 Pucker Tool은 클릭했을 때 브러시 영역 안에 잡힌 부분이 축소되는 효과를 줍니다. 코를 오똑하게 하거나 입을 작게 모으고 싶을 때 사용하면 좋습니다.

05 ❶ Bloat Tool()을 선택합니다. ❷ 눈 부분에 브러시를 가져다 대고 단축키 [,]로 크기를 조절한 뒤 클릭하여 눈 크기를 키워줍니다.

잠깐

Bloat Tool은 클릭했을 때 브러시 영역 안에 잡힌 부분이 확대되는 효과를 줍니다. 눈을 키울 때나 도톰한 입술을 만들 때 사용하면 좋습니다.

포토샵 파헤치기

⊙ Liquify

메뉴 바에서 [Filter] − [Liquify]를 선택해 사용할 수 있으며, 단축키는 Shift+Ctrl+X입니다. 픽셀을 자연스럽게 이동시켜 보정하는 방법으로, 사람의 몸매나 얼굴을 보정할 때 많이 사용되는 메뉴입니다. 보정 시에는 보정해야 할 대상 이외의 배경이 변하지 않도록 신경 써서 작업하는 것이 좋습니다.

❶ Forward warp Tool (단축키 W) : 드래그하면 브러시 영역 안에 들어 있는 이미지가 드래그한 방향 쪽으로 자연스럽게 이동됩니다.

❷ Reconstruct (단축키 R) : 문지르는 부분이 편집 전 이미지로 돌아갑니다.

❸ Pucker Tool (단축키 S) : 볼록한 형태로 이미지가 확장됩니다.

❹ Bloat Tool (단축키 B) : 오목한 형태로 이미지가 축소됩니다.

❺ Push left Tool (단축키 O) : 문지르는 반대 방향으로 이미지가 자연스럽게 이동됩니다.

❻ Hand Tool (단축키 H) : 확대된 이미지상에 보이지 않는 부분으로 화면을 이동시킵니다.

❼ Zoom Tool (단축키 Z) : 이미지를 확대하거나 축소하여 보여줍니다.

❽ Brush Size : 브러시 사이즈를 조절합니다.

❾ Brush Pressure : 브러시의 압력을 조절합니다.

❿ Restore All : 처음 이미지로 돌아갑니다.

⓫ Advanced Mode : 고급 메뉴를 불러옵니다.

필터 효과 살펴보기

포토샵에는 참 많은 필터가 자리하고 있습니다. 물론 그 많은 필터 모두를 자주 사용하지는 않습니다. 사용자에 따라 애용하는 필터가 천차만별이죠. 그래서 준비한 필터 분석! 여러분의 필터 취향은 어떻게 되시나요?

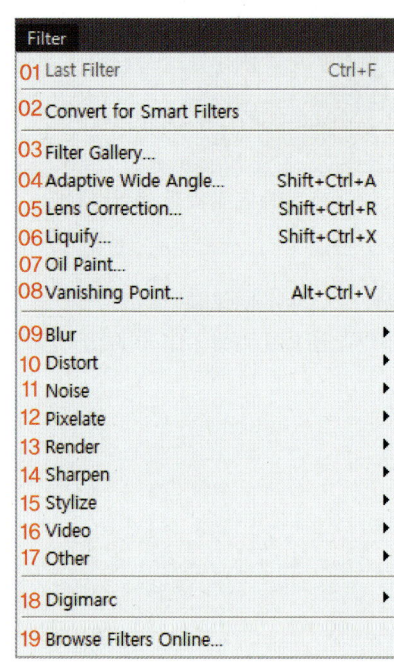

01 Last Filter : 마지막으로 사용한 필터를 재사용합니다.

02 Convert for Smart Filters : 원본 이미지는 편집하지 않고 필터를 적용할 수 있는 스마트 필터로 변환합니다.

03 Filter Gallery : 필터 효과를 미리볼 수 있습니다.

04 Adaptive Wide Angel : 왜곡된 사진을 바로 잡아줍니다.

 잠깐 Adaptive Wide Angel 기능은 Photoshop CS6 Extended 버전에서만 지원됩니다.

05 Lens Correction : 사진 촬영 시 설정할 수 있는 부분들을 사진에 적용합니다.

06 Liquify : 이미지의 형태를 자연스럽게 수정할 때 사용합니다.

07 Oil Paint : 유화 느낌의 이미지를 만듭니다.

▲ Oil Paint

잠깐 Oil Paint 기능은 Photoshop CS6 Extended 버전에서만 지원됩니다.

08 Vanishing Point : 투시된 이미지를 소실점에 맞추어 수정할 수 있습니다.

09 Blur : 이미지의 초점을 흐리게 만드는 필터입니다.

❶ Field Blur : 원하는 곳에 핀을 꽂아 블러 값을 지정합니다.

❷ Iris Blur : 원 형태의 장치를 조작하여 블러 값을 지정합니다.

❸ Tilt-Shift : 직선을 경계로 한 장치를 조작하여 블러 값을 지정합니다.

❹ Average : 이미지의 평균 색상을 찾은 후 그 색상을 칠합니다.

❺ Blur : 포토샵 내에 지정된 값으로 이미지를 흐릿하게 만듭니다.

❻ Blur More : Blur를 두 세배 적용한 값으로 흐릿하게 만듭니다.

❼ Box Blur : 가까이 있는 물체를 흐릿하게 만들 때 유용하게 사용합니다.

❽ Gaussian Blur : 멀리 있는 물체를 흐릿하게 만들 때 유용하게 사용합니다.

❾ Lens Blur : 카메라에 특수 렌즈를 끼운 듯한 효과를 냅니다.

❿ Motion Blur : 움직이는 것을 촬영한 것 같이 흔들린 화면 효과를 냅니다.

⓫ Radial Blur : 방사형으로 흐려지는 효과를 냅니다.

▲ Field Blur   ▲Iris Blur   ▲ Tilt-Shift

▲ Average   ▲ Blur   ▲ Blur More   ▲ Box Blur

▲ Gaussian Blur   ▲ Lens Blur   ▲ Motion Blur   ▲ Radial Blur

⑫ Shape Blur : 선택한 셰이프 모양으로 흐려집니다.

⑬ Smart Blur : 색상 변화가 많은 외각 부분은 효과를 적용하기 않고, 색상 변화가 적은 부분에 흐림 효과를 적용합니다.

⑭ Surface Blur : 표면을 흐리게 만드는 효과입니다.

▲ Shape Blur ▲ Smart Blur ▲ Surface Blur

10 Distort : 이미지를 왜곡하는 필터입니다.

❶ Displace : 소스파일을 불러와 실제 질감처럼 합성해 줍 니다(소스파일은 PSD파일이어야 합니다.).

❷ Pinch : 이미지를 볼록하게 만들거나 오목하게 만듭 니다.

❸ Polar Coordinates : 좌표계를 변환하여 이미지를 변 형합니다. 집중 효과를 나타낼 때 사용하면 좋습니다.

❹ Ripple : 이미지를 잔물결 모양으로 만듭니다.

❺ Shear : 이미지를 기준 방향으로 밀어서 편집합니다.

❻ Sphperize : 이미지를 원하는 방향으로 늘리면서 왜곡시켜 보여줍니다.

▲ Displace ▲ Pinch ▲ Polar Coordinates ▲ Ripple

▲ Shear ▲ Sphperize

❼ Twirl : 회오리 모양으로 이미지를 왜곡합니다.

❽ Wave : 잔물결부터 큰 파도 물결까지 만들어 줍니다.

❾ ZigZag : 물 위에 돌을 던졌을 때 생기는 파문을 표현합니다.

▲ Twirl   ▲ Wave   ▲ ZigZag

11 Noise : 이미지에 노이즈를 가미하여 거칠게 표현하는 필터입니다.

❶ Add Noise : 다양한 색상과 명도를 가진 픽셀을 불규칙적으로 뿌려줍니다.

❷ Despeckle : 노이즈를 제거합니다. 스캔을 통한 이미지 노이즈에 효과적입니다.

❸ Dust & Scatches : 설정한 값을 기준으로 색상을 평균화하여 이미지를 뭉갭니다. 이미지의 노이즈나 흠집을 제거할 때 효과적입니다.

❹ Median : 설정한 값에 따라 색상의 평균값을 만들어 색상을 단순화합니다.

❺ Reduce Noise : 값을 조절하여 노이즈를 줄입니다.

▲ Add Noise   ▲ Despeckle   ▲ Dust & Scatches

▲ Median   ▲ Reduce Noise

12 Pixelate : 이미지의 픽셀을 다양한 형태로 재구성하여 표현하는 필터입니다.

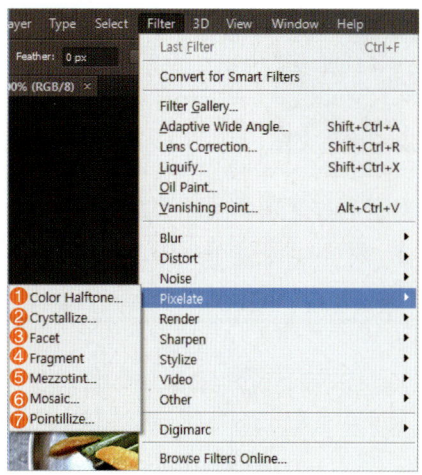

❶ Color Halftone : 이미지를 망점 형태로 변화시킵니다.

❷ Crystallize : 이미지를 결정 형태로 변화시킵니다.

❸ Facet : 이미지를 작은 평면으로 재구성합니다.

❹ Fragment : 이미지의 색상을 단순화하여 사각형으로 재구성합니다.

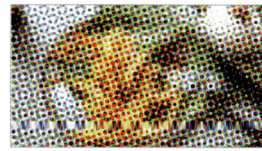   

▲ Color Halftone   ▲ Crystallize   ▲ Facet   ▲ Fragment

❺ Mezzotint : 동판화 기법으로 이미지를 재현한 것 같은 느낌으로 패턴을 구성합니다.

❻ Mosaic : 이미지를 타일 형태로 재구성합니다.

❼ Pointillize : 이미지를 점으로 표현합니다.

▲ Mezzotint   ▲ Mosaic   ▲ Pointillize

13 Render : 평면 이미지를 입체적으로 만드는 필터입니다.

❶ Clouds : 도구상자의 전경색과 배경색을 이용하여 구름 효과를 연출합니다. 불투명한 이미지를 만듭니다.

❷ Difference Clouds : Clouds와 같은 구름 효과를 연출합니다. 기존 이미지와 Difference 모드로 합성됩니다.

❸ Fibers : 도구상자의 전경색과 배경색을 이용하여 확대한 섬유 느낌으로 연출합니다. 불투명한 이미지를 만듭니다.

❹ Lens Flare : 카메라 렌즈에 비치는 밝은 빛을 표현합니다.

❺ Lighting Effects : 다양한 조명 효과를 추가할 수 있습니다.

> **잠깐** Lighting Effects 기능은 Photoshop CS6 Extended 버전에서만 지원됩니다.

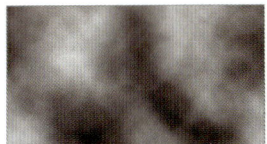
▲ Clouds

▲ Difference Clouds

▲ Fibers

▲ Lens Flare

▲ Lighting Effects

14 Sharpen : 이미지를 선명하게 혹은 거칠게 만드는 필터입니다.

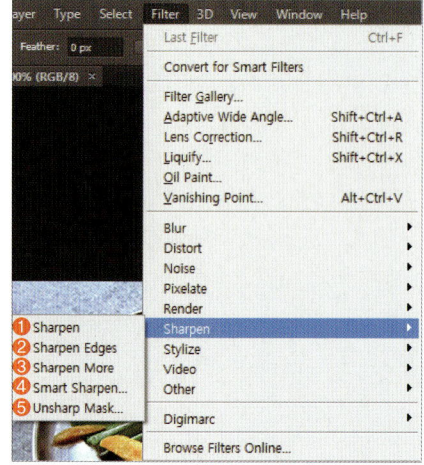

❶ Sharpen : 초점을 선명하게 만들어 줍니다.

❷ Sharpen Edges : 색상 변화가 심한 경계 부분을 더욱 선명하게 만들어 줍니다.

❸ Sharpen More : Sharpen을 좀 더 강하게 줍니다.

❹ Smart Sharpen : 값을 조절하여 선명하게 만듭니다.

❺ UnSharp Mask : 이미지에 질감을 추가하여 회화적인 느낌을 줍니다.

▲ Sharpen

▲ Sharpen Edges

▲ Sharpen More

▲ Smart Sharpen

▲ UnSharp Mask

15 Stylize : 이미지를 새로운 스타일로 만드는 필터입니다.

❶ Diffuse : 픽셀을 확산시켜 이미지를 거칠게 표현합니다.

❷ Emboss : 전체를 회색으로 처리하고 경계면을 두드러지게 표현하여 입체적으로 보입니다.

❸ Extrude : 입체적인 사각형, 피라미드형으로 이미지가 돌출합니다.

❹ Find Edges : 이미지의 경계면을 추출하여 강조합니다.

▲ Diffuse

▲ Emboss

▲ Extrude

▲ Find Edges

❺ Solarize : 사진 현상 중에 일시적으로 빛에 노출된 사진과 같은 느낌으로 효과를 줍니다.

❻ Tiles : 이미지를 사각형의 타일 형태로 잘라 배치하여 만듭니다.

❼ Trace Contour : 설정 값을 기준으로 윤곽선만 추출합니다.

❽ Wind : 이미지가 바람에 흔들리는 효과를 줍니다.

▲ Solarize

▲ Tiles

▲ Trace Contour

▲ Wind

16 Video : 이미지의 색상을 TV에 최적화하고자 할 때 사용합니다.

❶ De−Interlace : TV 영상에서 나타나는 인터레이스 라인을 제거해 줍니다.

❷ NTSC Colors : TV의 색영역을 제한해 줍니다.

17 Other : 그 외의 필터들입니다.

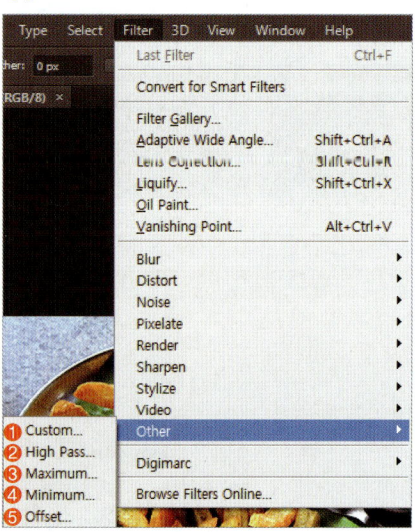

❶ Custom : 컴퓨터가 처리하는 연산 방식으로 픽셀을 재구성합니다.

❷ High Pass : 색상 변화가 뚜렷하게 나타나는 경계선으로부터 지정한 반경 내에 있는 픽셀들은 보호하고 나머지 부분은 회색으로 변화시킵니다.

❸ Maximum : 경계 부분을 유지하면서 이미지의 채도를 낮춥니다.

❹ Minimum : 이미지의 밝은 부분은 낮추고 어두운 부분을 높여서 표현합니다.

❺ Offset : 설정한 값만큼 픽셀을 이동시킵니다.

▲ Custom　　　　　▲High Pass　　　　　▲ Maximum

▲ Minimum　　　　　▲ Offset

18 Digimarc : 작업 이미지에 워터마크 형태의 저작권 정보를 입력합니다.

19 Browse Filters Online : Adobe Photoshop Marketplace 사이트로 이동합니다.

어둡게 찍힌 여행 사진 환하게 보정하기

여행 중에 정신없이 촬영한 사진들을 집에 돌아와 확인하면, 유독 아쉬움이 남는 사진이 있기 마련입니다. 그동안 배웠던 포토샵의 툴과 메뉴들을 적극 활용하여, 사진 속의 옥에 티를 보정해 볼까요? 아름다운 여행의 추억을 오랫동안 간직할 수 있도록 말이죠!

● [예제 파일] Sample/05_Mission/어둡게 찍힌 여행 사진 환하게 보정하기.psd
● [완성 파일] Sample/05_Mission/어둡게 찍힌 여행 사진 환하게 보정하기.jpg

Step 01 얼굴을 화사하게

01 메뉴 바에서 [File] − [Open](단축키 Ctrl + O)을 선택하여 〈Sample/05_Mission/어둡게 찍힌 여행 사진 환하게 보정하기.psd〉 파일을 엽니다. ❶ 'Background'를 선택합니다. ❷ 도구상자에서 빠른 선택 툴(🖌)을 길게 선택하면 숨어있는 도구 리스트를 볼 수 있는데, 그 중 마술봉 툴(🪄)을 선택합니다. ❸ 상단 옵션 바의 [Tolerance] 값을 '30'으로 입력합니다. ❹ 작업 창에서 피부를 클릭해 활성화합니다.

 한 번의 클릭으로는 피부가 다 선택되지 않습니다. 이럴 때는 Shift 키를 누른 상태로 선택되지 않은 피부를 클릭하여 활성화 영역으로 지정합니다.

02 도구상자에서 ❶ 퀵 마스크 모드()를 선택하고, ❷ 브러시 툴(✏)을 선택합니다. ❸ 제대로 선택되지 않은 부분을 드래그하여 깔끔하게 칠하거나 지워줍니다.

> **잠깐** 브러시 툴을 사용하여 퀵 마스크 모드를 편집할 때는 전경색이 검은색이면 칠해지고, 하얀색이면 지워집니다. 색상은 컬러 스위치의 단축키인 ⓧ를 눌러가며 편집합니다.

03 도구상자에서 퀵 마스크 모드()를 선택합니다.

퀵 마스크의 모양이 다른가요?

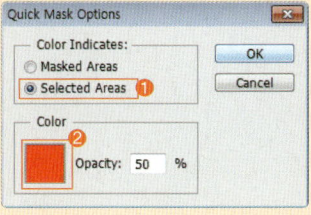

포토샵은 기존에 변경된 설정을 계속해서 기억하는 프로그램입니다. 앞서 퀵 마스크 모드의 옵션을 수정하는 예제를 공부했기 때문에, 현재 작업에 사용하는 퀵 마스크 모드의 옵션과 조금 다를 수 있습니다. 그럴 때는 도구상자의 퀵 마스크 모드를 더블클릭한 후 ❶ Selected Areas를 선택합니다. 그리고 ❷ Color를 클릭하여 색상 값을 'ff0000'로 변경합니다.

04 ❶ 단축키 Ctrl+J를 눌러 이미지를 복사합
니다. ❷ 복사된 레이어의 텍스트 필드를 더블클릭
하여 레이어 이름을 '피부'로 수정합니다. ❸ 메뉴
바에서 [Filter] – [Blur] – [Gaussian Blur]를 선택합
니다.

05 [Gaussian Blur] 대화상자에서 ❶ Radius 값
을 '3.0 Pixels'로 입력하고, ❷ [OK] 버튼을 클릭
합니다.

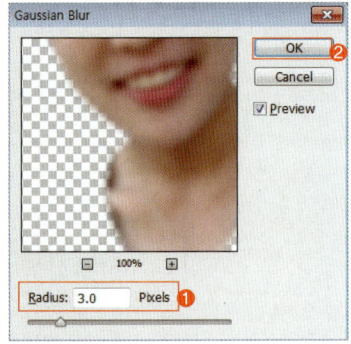

06 ❶ '피부' 레이어의 블렌딩 모드를 'Screen'으
로 설정하고, ❷ Opacity 값을 '40%'로 설정합니다.

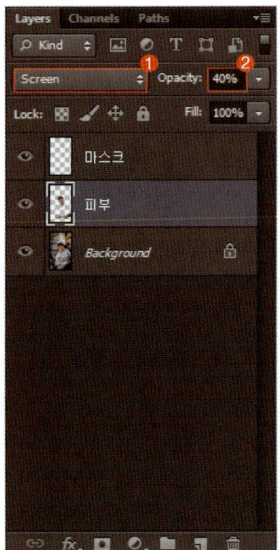

Step 02 인물을 중심으로

01 ❶ '마스크' 레이어를 선택합니다. ❷ 도구상
자에서 컬러 디폴트(▣)와 컬러 스위치(⬒)를 선택
하고, ❸ 단축키 Alt + Delete 를 눌러 색상을 채웁니
다. ❹ [Add a Mask] 버튼(▣)을 클릭합니다.

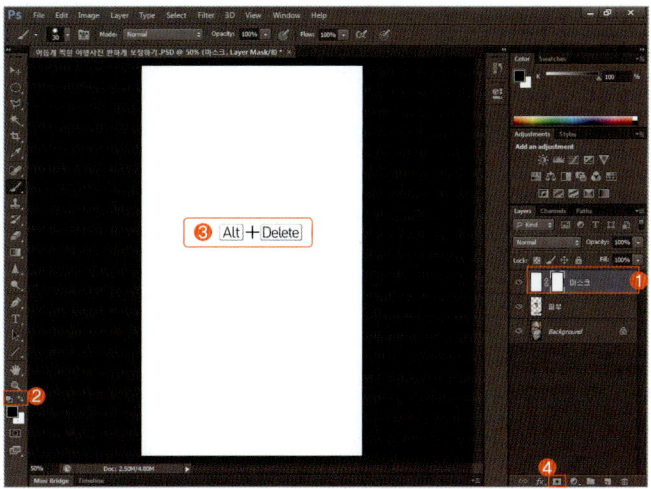

02 도구상자에서 ❶ 그레이디언트 툴(▬)을 선택
합니다. ❷ 상단 옵션 바의 [Radial Gradient](▣)를
선택하고, ❸ 얼굴을 가릴 정도의 원 크기가 되도
록 드래그합니다.

> **잠깐** 전경색이 흰색, 배경색이 검은색이 되도록 설정합
> 니다.

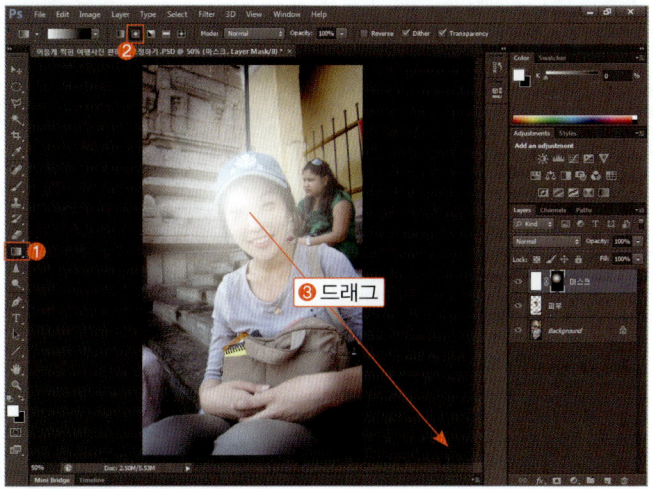

03 ❶ '마스크' 레이어의 블렌딩 모드를 'Overlay'
로 설정하고, ❷ Opacity 값을 '20%'로 설정합니다.

04 ❶ 'Background'를 선택합니다. 도구상자에
서 네모 선택 툴(▦)을 길게 선택하면 숨어있는 도
구 리스트를 볼 수 있는데, ❷ 그 중 원형 선택 툴
(▦)을 선택합니다. ❸ 상단 옵션 바의 [Feather]
값을 '30px'로 입력합니다. ❹ 인물의 얼굴과 몸
정도의 원 크기가 되도록 드래그합니다.

05 메뉴 바에서 [Select] − [Inverse](단축키
Shift + Ctrl + I)를 선택합니다. 활성화 영역이 반
전되는 것을 확인할 수 있습니다.

06 메뉴 바에서 [Image] – [Adjustments] – [Curves](단축키 Ctrl+M)를 선택합니다. ❶ 그림을 참고하여 커브 라인을 움직인 후, ❷ [OK] 버튼을 클릭합니다.

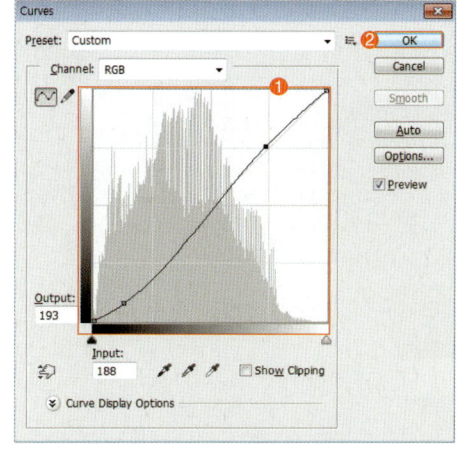

07 ❶ Ctrl 키를 누른 상태로 모든 레이어를 선택하고, ❷ 단축키 Ctrl+E를 눌러 레이어를 합쳐줍니다.

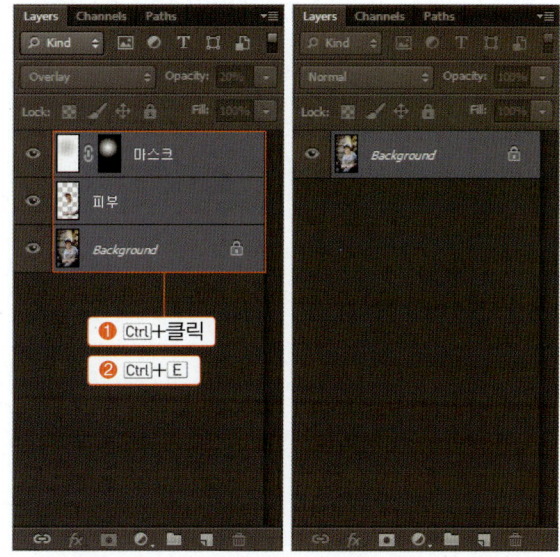

08 ❶ 메뉴 바에서 [Select] – [Deselect](단축키 Ctrl+D)를 선택하여 활성화를 해제합니다. 도구상자에서 닷지 툴(🔍)을 길게 선택하면 숨어있는 도구 리스트를 볼 수 있는데, ❷ 그 중 번 툴(🔍)을 선택합니다. ❸ 눈동자와 머리카락에 드래그하여 어둡게 효과를 주면 완성입니다.

여섯 번째 조각

활용편

여섯 번째 조각에서는 그동안 배운 포토샵 기능들을 적극 활용하여 쓰임새 있는 디자인으로 만들어 볼 예정입니다. 무작정 예제를 따라 하기보다는 완성 파일을 본 후 이렇게 만들었을시, 어떤 툴을 사용했을지 고민해보고 작업하면 실력향상에 많은 도움이 될 거예요!

⊙ 소스파일 : 제우미디어 홈페이지(www.jeumedia.com)의 〈컴퓨터 서적/샘플파일 다운로드〉에서 내려받을 수 있습니다.
〈독자참여/자료실/포토샵CS6〉를 통해서도 내려받을 수 있습니다.

Section 59

빈티지 라벨 디자인

주변에서 흔히 볼 수 있는 평범한 소품들이 빈티지한 라벨로 재탄생됩니다. 포토샵을 통해 빈티지한 느낌을 표현하는 방법에 대해 알아볼까요?

● [예제 파일] Sample/59/빈티지 라벨 디자인.psd
● [완성 파일] Sample/59/빈티지 라벨 디자인.jpg

Step 01 이미지 다듬기

01 메뉴 바에서 [File] – [Open](단축키 Ctrl +O)을 선택하여 〈Sample/59/빈티지 라벨 디자인.psd〉 파일을 엽니다. ❶ 도구상자에서 돋보기 툴(🔍)을 선택하고, ❷ 상단 옵션 바의 [Zoom In] (🔍)을 선택합니다. ❸ 작업 창의 컵 부분을 드래그하여 확대합니다(단축키 Ctrl+Space Bar+드래그).

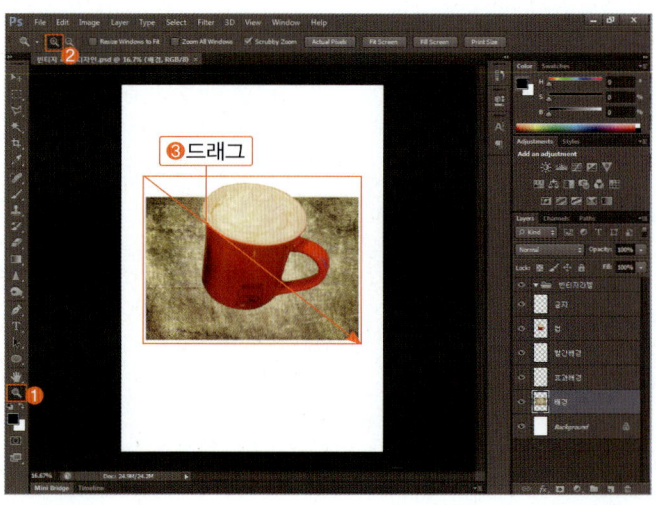

02 ❶ '컵' 레이어의 눈 모양 아이콘()을 클릭하여 이미지를 감춥니다. ❷ '배경' 레이어를 선택합니다. 도구상자에서 네모 선택 툴(▣)을 길게 선택하면 숨어있는 도구 리스트를 볼 수 있는데, ❸ 그 중 원형 선택 툴(▣)을 선택합니다. ❹ Shift 키를 누르고 드래그하여 배경 이미지에 가득 차도록 정원을 그립니다.

> 잠깐
> 활성화 영역 안에 마우스 커서를 놓고 드래그하면 이동할 수 있으며, 키보드의 방향키를 이용하면 미세한 이동이 가능합니다.

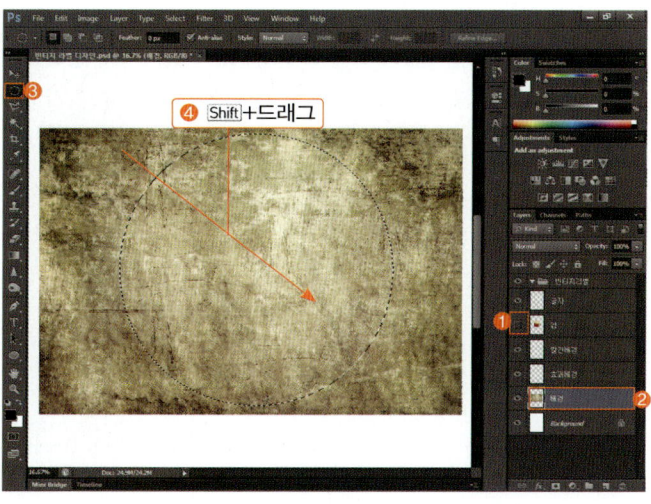

03 ❶ 메뉴 바에서 [Select] − [Inverse](단축키 Ctrl+Shift+I)를 선택하여 활성화 영역을 반전합니다. ❷ Delete 키를 눌러 활성화 영역의 이미지를 삭제합니다. ❸ 메뉴 바에서 [Select] − [Deselect](단축키 Ctrl+D)를 선택하여 활성화를 해제합니다.

04 ❶ '컵' 레이어를 선택한 후, ❷ 눈 모양 아이콘(👁)을 클릭하여 이미지가 보이게 합니다. ❸ [Edit] − [Free Transform](단축키 Ctrl+T)을 선택합니다. ❹ Shift 키를 누른 상태에서 모서리를 클릭한 후 안쪽으로 드래그하여 컵의 크기를 줄여줍니다. ❺ Enter 키를 누릅니다.

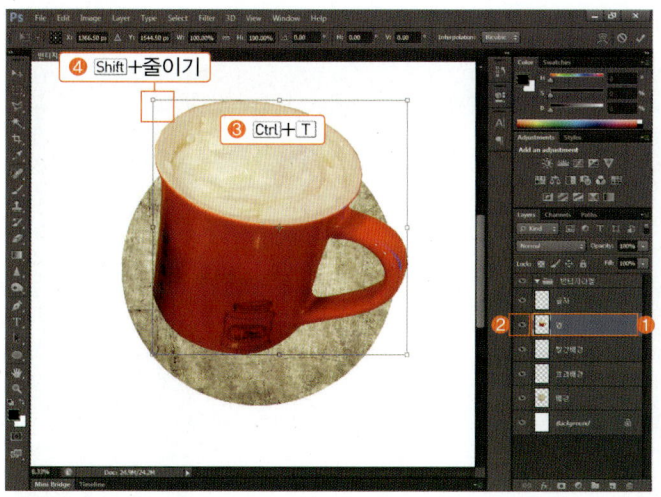

> 잠깐
> Transform에서 사용되는 Shift 키는 이미지의 기존 비율 그대로 크기를 조절할 수 있는 역할을 합니다.

05 메뉴 바에서 [Image] – [Adjustments] – [Levels](단축키 Ctrl+L)를 선택합니다. ❷ [Levels]의 텍스트 필드에 각각 '28', '0.84', '208' 로 값을 입력합니다. ❸ [OK] 버튼을 클릭합니다.

> 잠깐 이미지를 보며 직접 슬라이더를 조정하여 보정해도 좋습니다.

06 ❶ 메뉴 바에서 [Image] – [Adjustments] – [Hue/Saturation](단축키 Ctrl+U)을 선택합니다. ❷ Saturation 값을 '–35'로 입력하고, ❸ [OK] 버튼을 클릭합니다.

Step 02 효과넣기

01 ❶ '컵' 레이어의 여백을 더블클릭합니다. [Layer Style] 대화상자에서 ❷ Drop Shadow를 선택하고, ❸ 옵션의 Opacity 값을 '75%'로, Angle 값을 '120'로, Distance 값을 '28px'로, Spread 값을 '8%'로, Size를 '32px'로 설정합니다. ❹ Color를 선택합니다.

> 잠깐 [Layer Style] 대화상자에서 기능의 옵션을 보기 위해서는 Style의 글자를 클릭해야 합니다. 체크박스에만 클릭하면 효과만 적용되며, 옵션은 보이지 않습니다.

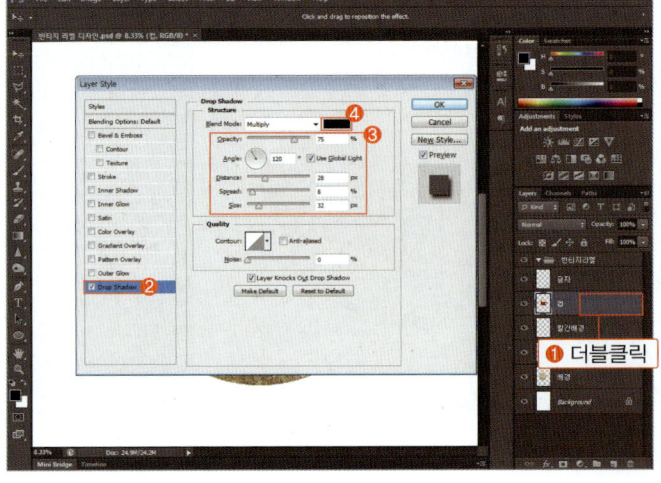

02 [Color Picker] 대화상자에서 ❶ 색상 값을 '#2f0808'로 입력하고, ❷ [OK] 버튼을 클릭하면 컵 이미지에 그림자가 생깁니다.

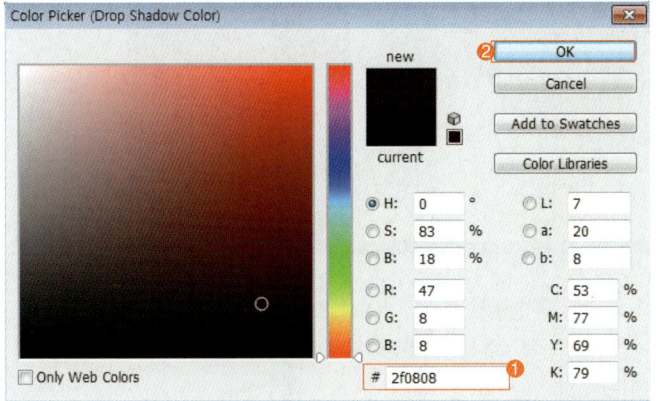

03 ❶ '배경' 레이어의 여백을 더블클릭합니다. [Layer Style] 대화상자에서 ❷ Stroke를 선택하고, ❸ 옵션의 Size 값을 '20px'로, Position을 'Inside'로 설정합니다. ❹ Color를 선택합니다.

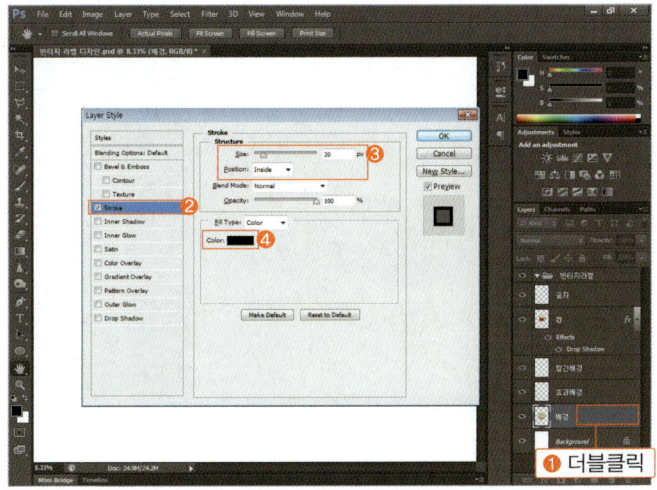

04 [Color Picker] 대화상자에서 ❶ 색상 값을 '#ac2424'로 입력하고, ❷ [OK] 버튼을 클릭하면 배경 이미지에 테두리가 입혀집니다.

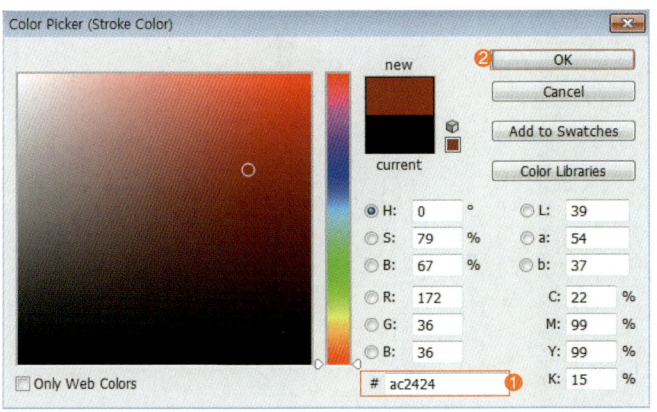

05 Ctrl 키를 누른 상태로 '배경' 레이어의 썸네일을 클릭합니다. '배경' 레이어의 이미지 모양대로 활성화 영역이 생성되는 것을 확인할 수 있습니다.

06 ❶ '빨간 배경' 레이어를 선택합니다. 도구상자에서 올가미 툴(◯)을 길게 선택하면 숨어있는 도구 리스트를 볼 수 있는데, ❷ 그 중 다각형 올가미 툴(▽)을 선택합니다. Alt 키를 누른 상태로 그림의 ❸~❽의 가이드라인을 참고하여 그린 후, ❾ Enter 키를 눌러 반달 모양으로 활성화 영역을 자릅니다.

07 ❶ 도구상자에서 전경색을 선택합니다. ❷ 색상 값을 '#ca2424'로 입력하고, ❸ [OK] 버튼을 클릭합니다. ❹ 단축키 Alt + Delete 를 눌러 활성화 영역에 색상을 채워줍니다. ❺ 메뉴 바에서 [Select] - [Deselect](단축키 Ctrl + D)를 선택하여 활성화를 해제합니다.

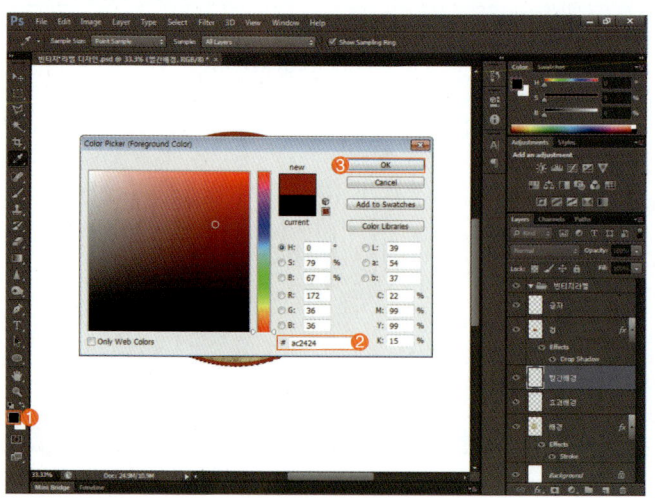

08 '빨간 배경' 레이어의 블렌딩 모드를 'Linear Burn'으로 설정합니다.

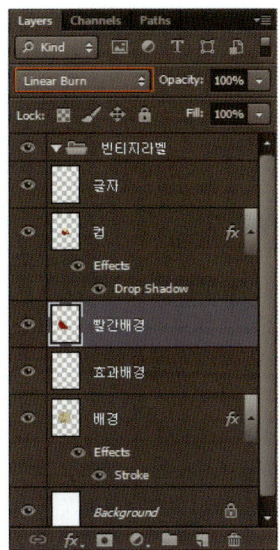

09 도구상자에서 다각형 올가미 툴()을 선택한 후, 그림의 ❶～❹의 가이드라인을 참고하여 그려 활성화합니다. ❺ 활성화된 부분은 Delete 키를 눌러 지워주고, ❻ 비슷한 굵기의 막대 모양이 만들어지도록 드래그하여 이동시킨 후, Delete 키를 눌러 지웁니다. ❼ 같은 방법으로 반복하여 그림과 같은 이미지를 만든 후, 단축키 Ctrl + D 를 눌러 활성화를 해제합니다.

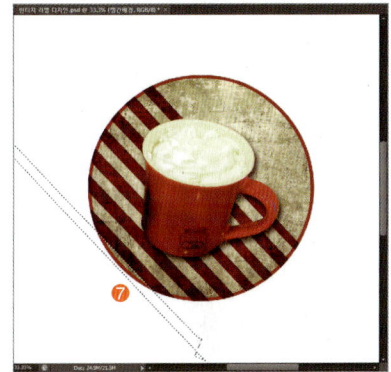

10 ❶ '글자' 레이어를 선택합니다. 도구상자에서 사각형 툴(▭)을 길게 선택하면 숨어있는 도구 리스트를 볼 수 있는데, ❷ 그 중 원형 툴(⬭)을 선택하고, ❸ 상단 옵션 바의 [Mode]를 'Path'로 설정합니다. ❹ Shift 키를 누른 상태로 드래그하여, '배경' 레이어의 원보다 작은 원을 그려줍니다.

(잠깐) 잘 그려지지 않거나 위치 이동이 마음처럼 되지 않을 때는 [Edit] – [Free Transform](단축키 Ctrl + T)를 이용해 크기와 위치를 쉽게 바꿀 수 있습니다.

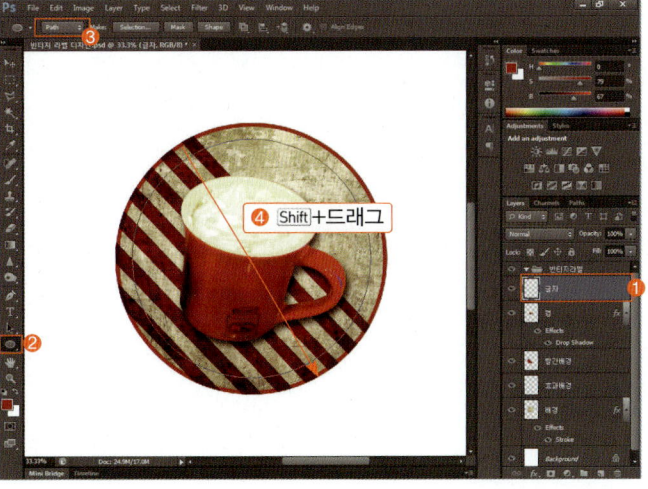

11 ① 도구상자에서 가로 문자 툴(**T**)을 선택합니다. ② Path 원 가까이에 마우스를 가져다 대면 물결무늬로 커서가 변하는데 ③ 클릭한 후, 'RED COFFEE ORIGINAL'이라고 입력합니다.

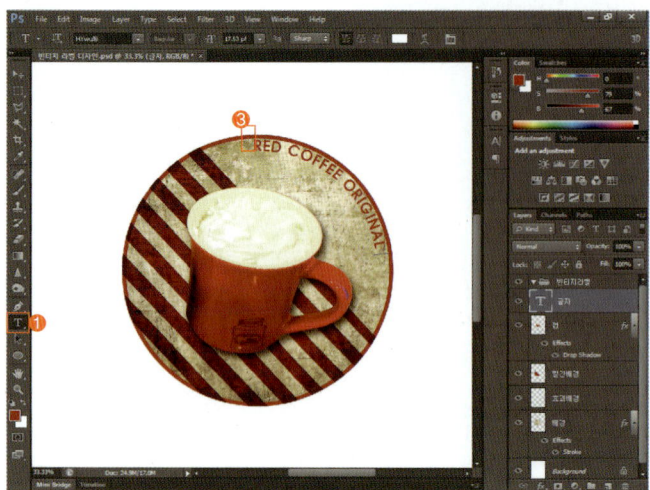

12 ① 단축키 Ctrl + A 를 눌러 글자에 블록을 지정합니다. 상단 메뉴 바에서 ② [Font Family], ③ [Font Size], ④ [Font Color]를 어울리는 설정으로 변경합니다. ⑤ 단축키 Ctrl + C 를 눌러 복사합니다.

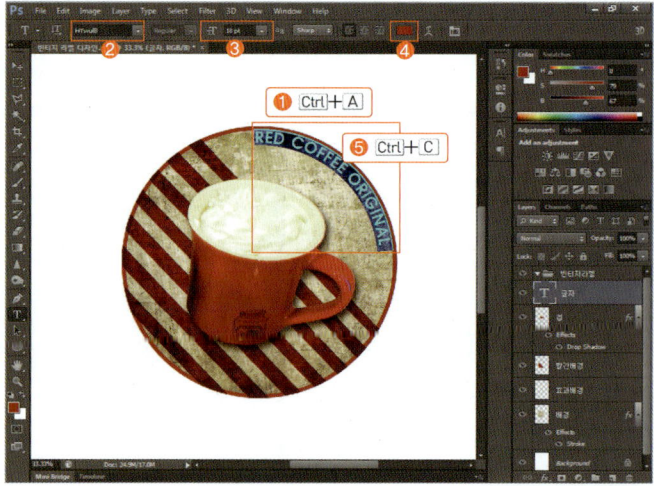

13 ① 단축키 Ctrl + V 를 눌러 입력한 문구를 붙여 넣습니다. ② Space Bar 키를 눌러 여백을 만듭니다. ①~②를 세 번 반복합니다.

> **잠깐**
>
> 원 Path에 적은 글자의 끝이 첫 글자와 맞닿게 되면 사라져 버립니다. 그렇기 때문에 마지막까지 가득 채우지 않고 여백을 두는 것이 중요합니다. 하지만 여백을 너무 많이 남기게 되면 간격의 통일성이 깨지므로, 앞쪽의 띄어쓰기를 같은 넓이로 분배해(Space Bar 키를 이용) 어색하지 않도록 조율합니다.

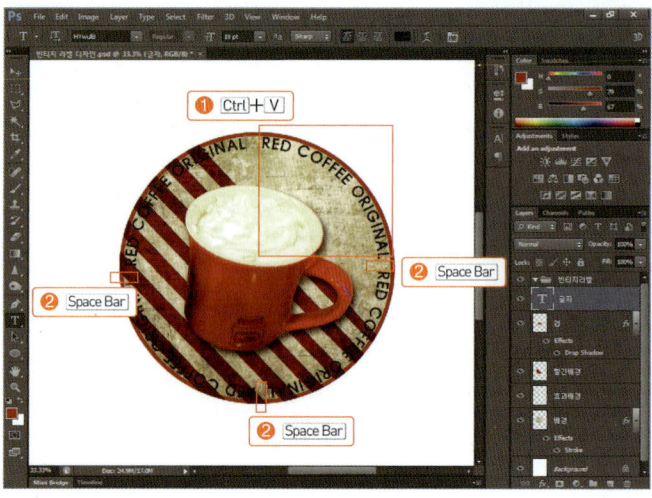

14 ❶ 글자의 절반을 드래그하여 블록을 지정합니다. ❷ 상단 옵션 바의 [Font Color]를 선택합니다.

15 [Color Picker] 대화상자에서 ❶ 색상 값을 'C90606'로 입력하고, ❷ [OK] 버튼을 클릭합니다. ❸ '글자' 레이어를 선택합니다.

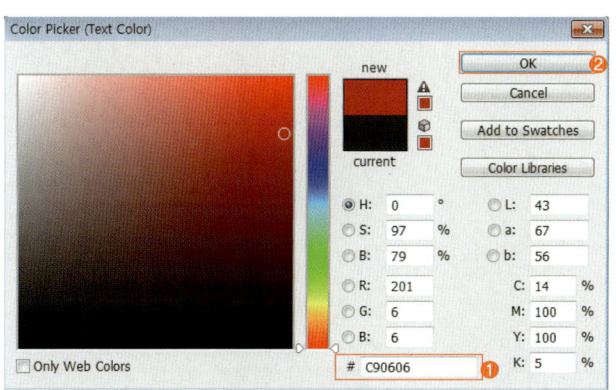

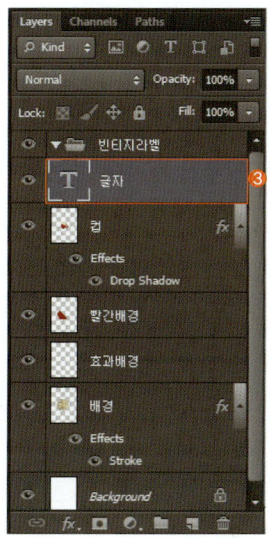

16 원 Path는 글자 높이를 염두에 두지 않고 임의로 그린 것이기 때문에 ❶ [Edit] - [Free Transform](단축키 Ctrl + T)을 선택하여 ❷ Shift 키를 누른 상태로 드래그하여 축소하거나 키워준 후 Enter 키를 누릅니다.

 Path만 크기가 조정된다면, 도구상자에서 이동 툴( )을 선택한 후 Free Transform을 재실행하세요.

17 ❶ '효과 배경' 레이어를 선택합니다. ❷ 도구 상자에서 원형 툴(⬭)을 선택합니다. ❸ 상단 옵션바의 [Mode]를 'Pixels'로 설정합니다. ❹ 전경색을 선택합니다.

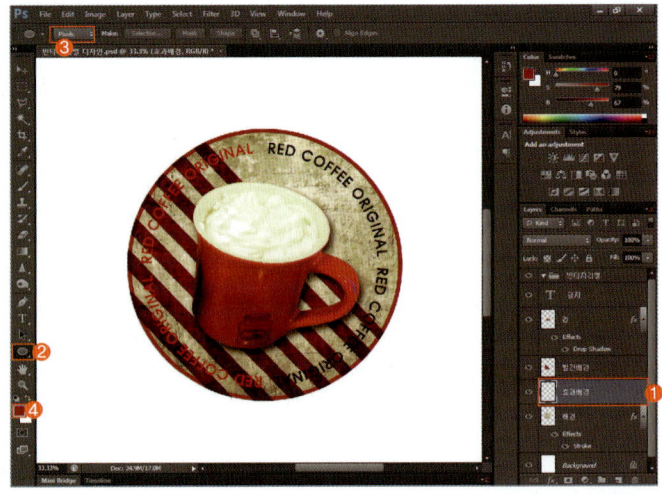

18 [Color Picker] 대화상자에서 ❶ 색상 값을 '#a08a51'로 입력하고, ❷ [OK] 버튼을 클릭합니다.

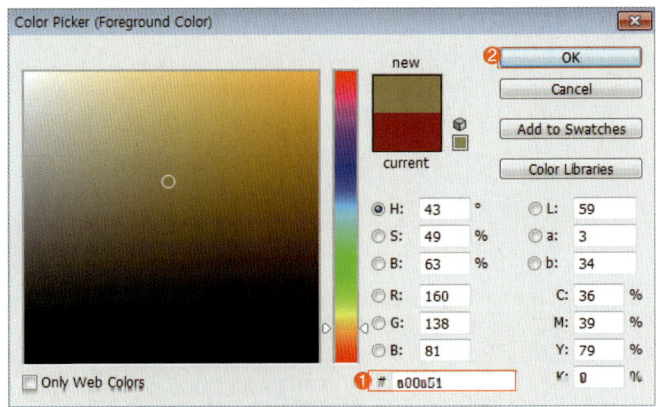

19 Shift 키를 누른 상태로 드래그하여 '배경' 레이어의 원보다 작은 원을 그려줍니다

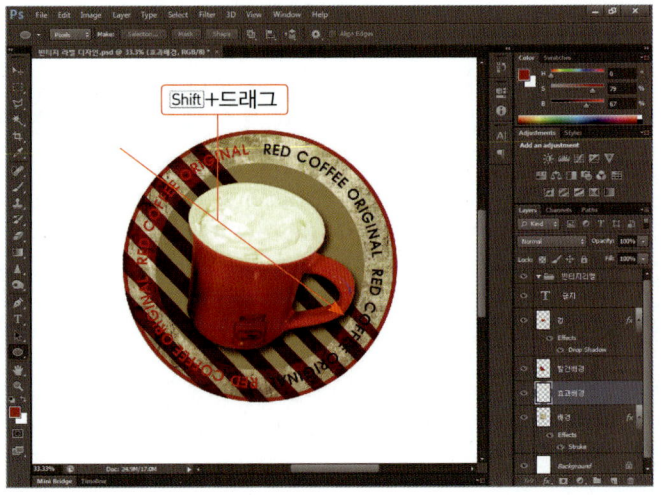

20 ❶ '효과 배경' 레이어의 블렌딩 모드를 'Linear Burn'으로 설정하고, ❷ Opacity 값을 '40%'로 설정합니다.

Step 03 이미지 배열하기

01 ❶ Ctrl 키를 누른 상태에서 '빈티지 라벨' 폴더와 'Background'를 제외한 나머지 레이어를 모두 선택합니다. ❷ '빈티지 라벨' 폴더로 드래그하여 이동시킵니다. ❸ '빈티지 라벨' 폴더 앞쪽에 접기 삼각 버튼( )을 클릭하여 레이어를 숨깁니다.

잠깐 폴더 안에 들어간 레이어들은 앞쪽에 여백이 생기는 것을 알 수 있습니다.

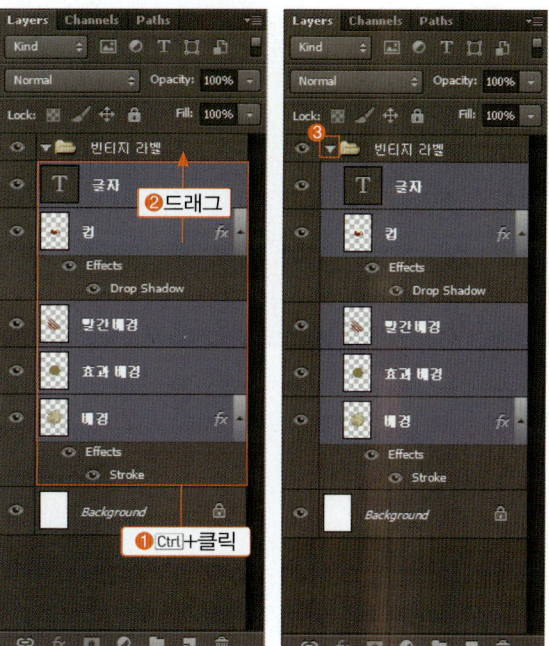

02 단축키 Ctrl + − 를 눌러 작업 창의 이미지를 작게 축소합니다. ❶ 메뉴 바에서 [Edit] − [Free Transform](단축키 Ctrl + T)을 선택합니다. ❷ Shift 키를 누른 상태로 모서리를 클릭한 후 안쪽으로 드래그하여 이미지 크기를 줄여줍니다. 이때 작업 창을 A4용지라 생각하면서 적당히 크기를 줄여주세요.

 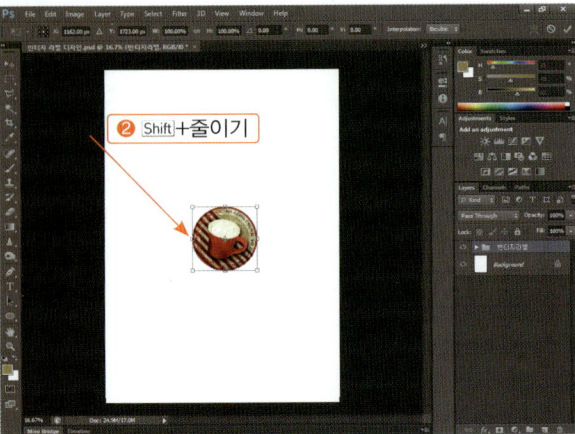

03 ❶ 도구상자에서 이동 툴(▶⊕)을 선택합니다. ❷ 이미지를 왼쪽 상단으로 이동시킵니다. ❸ Alt + Shift 키를 누른 상태로 이미지를 오른쪽으로 드래그하여 복사합니다. ❹ 같은 방법으로 한 번 더 반복합니다.

 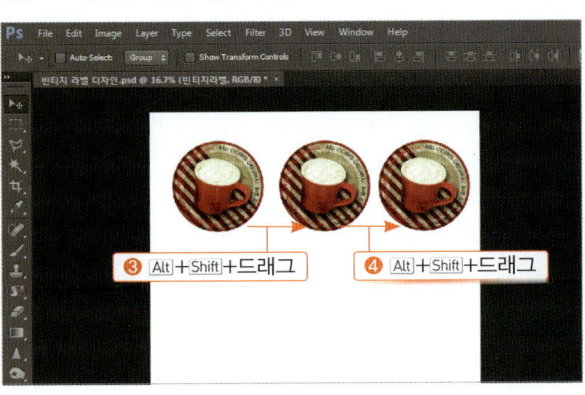

잠깐 도구상자의 이동 툴(단축키 V)을 선택하고 Alt + Shift 키를 누른 상태로 드래그하게 되면 수평, 수직선상으로 복사됩니다.

04 ❶ [Layers] 패널의 레이어 폴더를 모두 선택(Ctrl +클릭)하고, ❷ 상단 옵션 바의 [Distribute Horizontal Centers] 버튼(⊪)을 클릭해 이미지들을 정렬합니다.

05 ❶ 레이어 패널의 [Create a New Group] 버튼(■)을 클릭해 'Group 1' 폴더를 생성합니다. ❷ 아래 폴더들을 모두 선택(Ctrl+클릭)하여, ❸ 'Group 1' 폴더로 드래그하여 이동시킵니다. ❹ 'Group 1' 폴더 앞쪽에 접기 삼각 버튼(▼)을 클릭하여 폴더들을 숨깁니다.

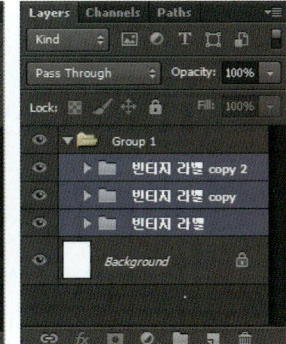
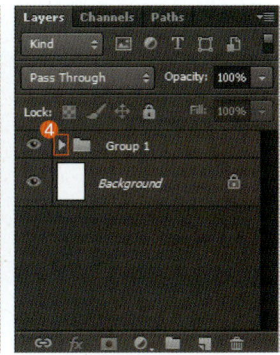

06 ❶ 도구상자에서 이동 툴(▶♦)을 선택한 후 ❷ Alt+Shift 키를 누른 상태로 이미지를 밑으로 드래그하여 복사합니다. ❸ 같은 방법으로 두 번 더 복사합니다.

07 ❶ Ctrl 키를 누른 상태로 전체 폴더를 선택하고, ❷ 상단 옵션 바의 [Distribute Vertical Centers] 버튼(≡)을 클릭해 이미지들을 정렬하면 완성입니다. 작업한 이미지는 라벨지나 두꺼운 종이에 출력하여, 모양대로 자른 후 사용할 수 있습니다.

 준비된 '컵' 레이어의 이미지는 '두 번째 조각 : 툴 11. 깨끗한 배경 만들기 – 다각형 올가미 툴'을 참고하여 간단히 제작할 수 있습니다. 또한 다양하게 활용할 수 있는 배경 이미지 소스는 〈Sample/Texture〉에서 확인할 수 있습니다.

Section 60

디자인 상자 만들기

요즘 들어 자그마한 소품을 수납하기 좋은 종이상자가 큰 인기를 끌고 있습니다. 곱게 접어서 차곡차곡 정리하다 보면 어느새 책상이 깨끗해지는 아주 좋은 아이템이지요. 직접 디자인하고 만들어서 유용하게 사용해 보세요!

- ● [예제 파일] Sample/60/디자인 상자 만들기.psd
- ● [완성 파일] Sample/60/디자인 상자 만들기.jpg

Step 01 색상 채우기

01 메뉴 바에서 [File] − [Open](단축키 Ctrl +O)을 선택하여 〈Sample/60/디자인 상자 만들기.psd〉 파일을 엽니다. ❶ 도구상자에서 돋보기 툴(🔍)을 선택하고, ❷ 상단 옵션 바의 [Fit Screen](단축키 Ctrl+O)을 선택해 작업 창에 이미지 크기를 맞춥니다.

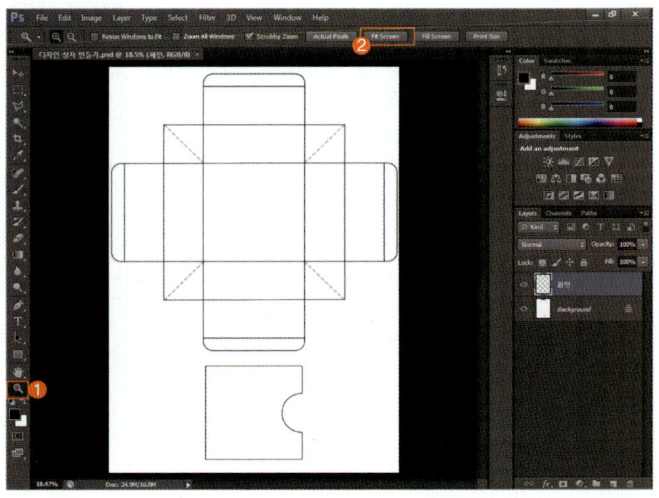

02 도구상자에서 빠른 선택 툴(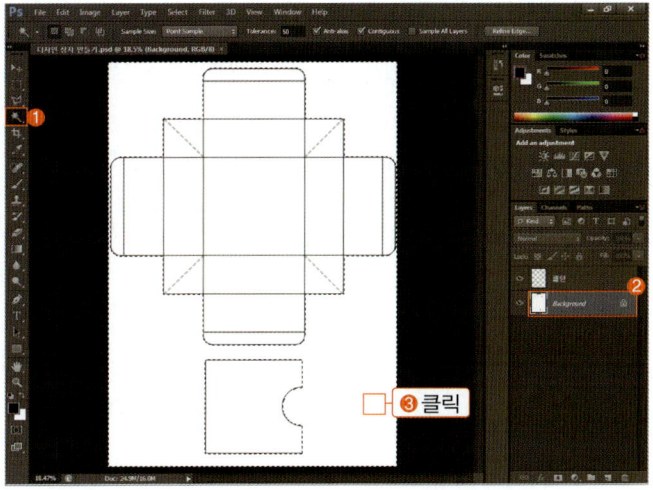)을 길게 선택하면 숨어있는 도구 리스트를 볼 수 있는데, ❶ 그 중 마술봉 툴(🪄)을 선택합니다. ❷ 'Background'를 선택합니다. 이때 상단 옵션 바의 [Contiguous]가 꼭 체크되어 있어야 합니다. ❸ 작업 창의 여백 부분을 클릭해 활성화합니다.

03 ❶ '패턴' 레이어를 선택합니다. ❷ 메뉴 바에서 [Select] − [Inverse](단축키 Shift+Ctrl+I)를 선택하여 활성화를 반전합니다. ❸ 전경색을 선택합니다.

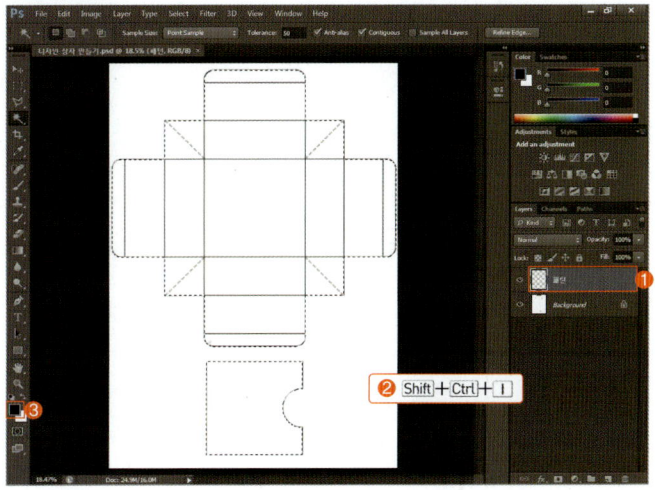

04 [Color Picker] 대화상자에서 ❶ 색상 값을 'ff329c'로 입력하고, ❷ [OK] 버튼을 클릭합니다.

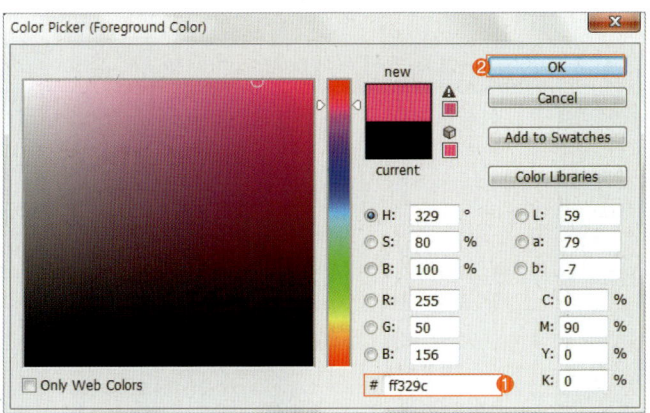

05 ❶ 단축키 Alt + Delete 를 눌러 활성화 영역에 색상을 채웁니다. ❷ '패턴' 레이어의 블렌딩 모드를 'Multiply'로 설정합니다. ❸ 메뉴 바에서 [Select] – [Deselect](단축키 Ctrl + D)를 선택하여 활성화를 해제합니다.

06 ❶ 도구상자에서 네모 선택 툴(▦)을 선택합니다. ❷ 그림을 참고하여 접혀질 선까지 드래그하여 활성화합니다.

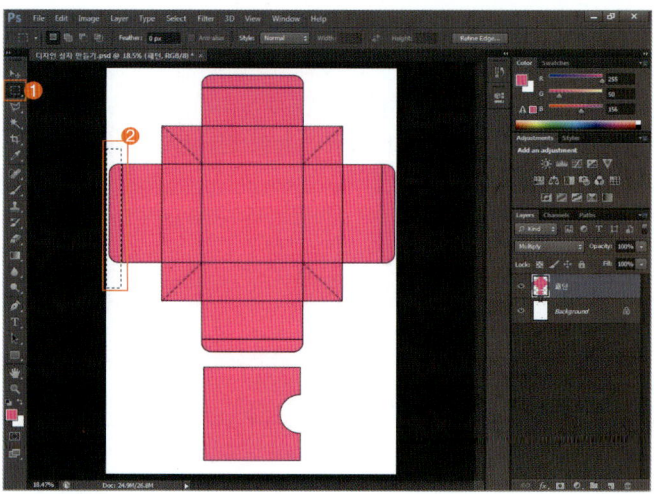

07 ❶ Shift 키를 누른 상태로 반대편 부분도 드래그하여 활성화 영역을 추가합니다. ❷ 같은 방법으로 그림을 참고하여 활성화 영역을 추가합니다.

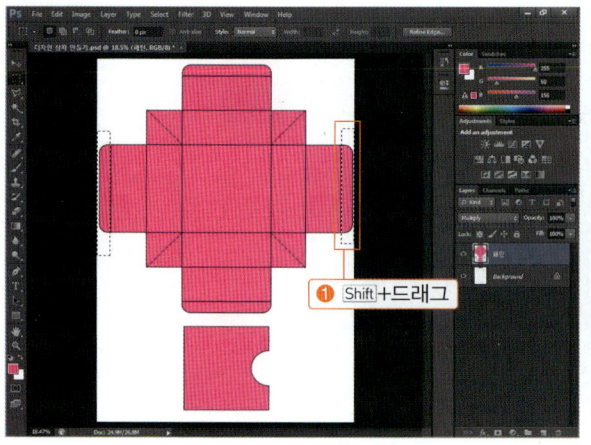
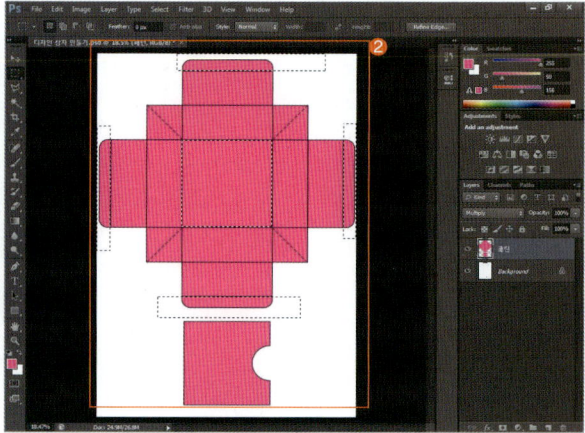

08 메뉴 바에서 [Image] – [Adjustments] – [Hue/Saturation](단축키 Ctrl+U)을 선택합니다. ❶ Hue의 값을 '+180'으로 입력하고, ❷ [OK] 버튼을 클릭합니다.

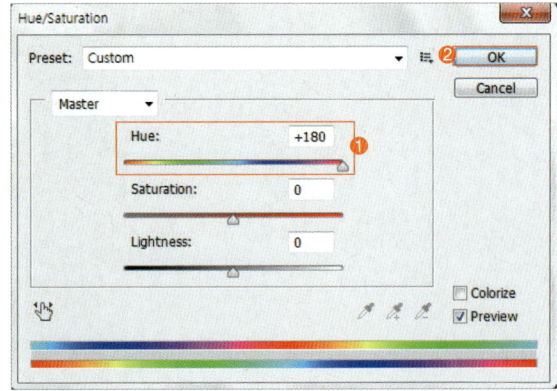

Step 02 효과 넣기

01 ❶ 메뉴 바에서 [Select] – [Deselect](단축키 Ctrl+D)를 선택하여 활성화를 해제합니다. ❷ 메뉴 바에서 [Filter] – [Pixelate] – [Color Halftone]을 선택합니다.

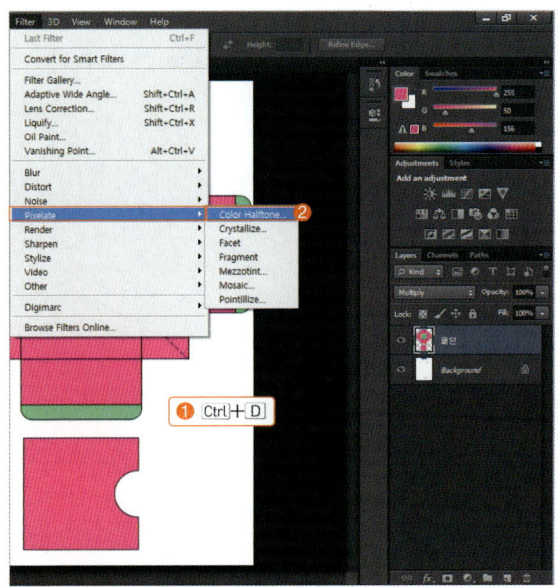

02 ❶ [Color Halftone] 대화상자에서 Max. Radius의 값을 '30 Pixels'으로 입력하고, ❷ [OK] 버튼을 클릭합니다.

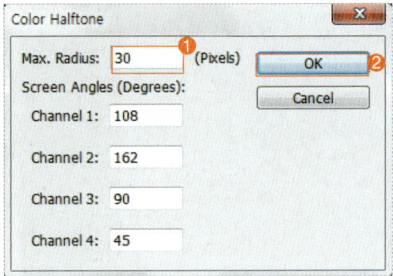

03 메뉴 바에서 [Filter] – [Pixelate] – [Crystallize] 를 선택합니다.

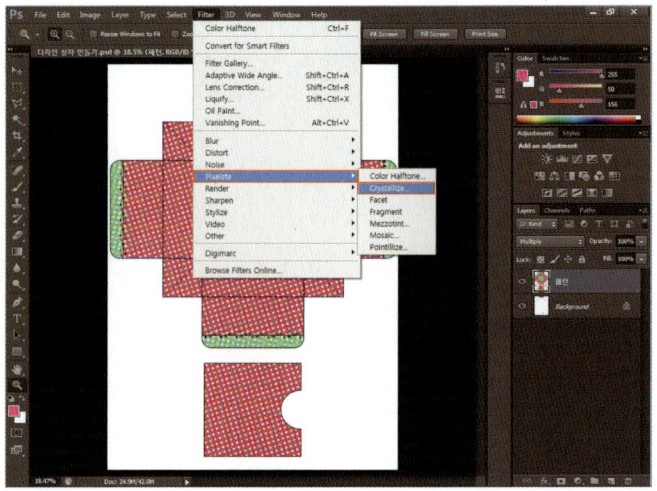

04 [Crystallize] 대화상자에서 ❶ Cell Size의 값을 '230'으로 입력하고, ❷ [OK] 버튼을 클릭합니다.

 Cell Size는 이미지를 보면서 조정해도 좋습니다.

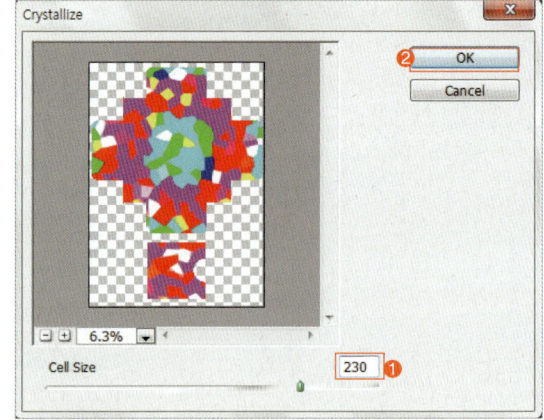

05 ❶ 메뉴 바에서 [Image] – [Adjustments] – [Hue/Saturation](단축키 Ctrl+U)을 선택합니다. [Hue/Saturation] 대화상자에서 ❷ Saturation 값을 '−41'로 입력하고, ❸ [OK] 버튼을 클릭하면 독특한 문양의 디자인 상자가 완성됩니다.

 도톰한 종이(120g 이상)에 출력하여 가위로 오린 후 접어서 사용하세요.

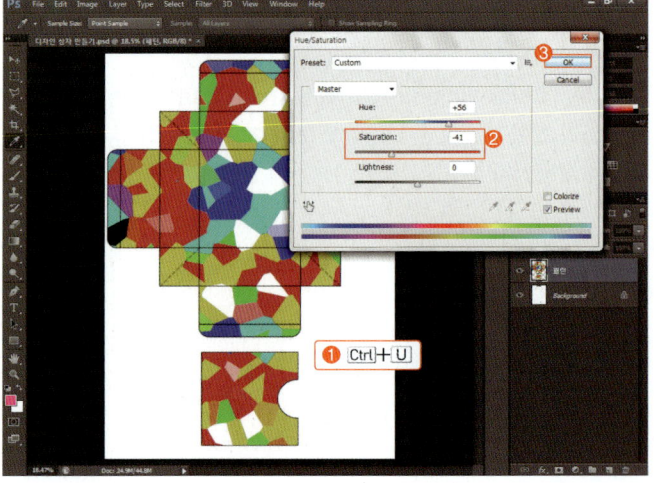

입체 카드 만들기

특별한 날에 주고받는 카드! 일 년에 몇 번 사용하지 않는 만큼 그 의미는 특별하기 마련입니다. 그렇게 특별한 카드를 직접 디자인해 사용한다면, 받는 사람이나 주는 사람 모두 잊지 못할 추억으로 간직할 수 있겠죠? 포토샵으로 만드는 추억 한 움큼, 놓치지 마세요!

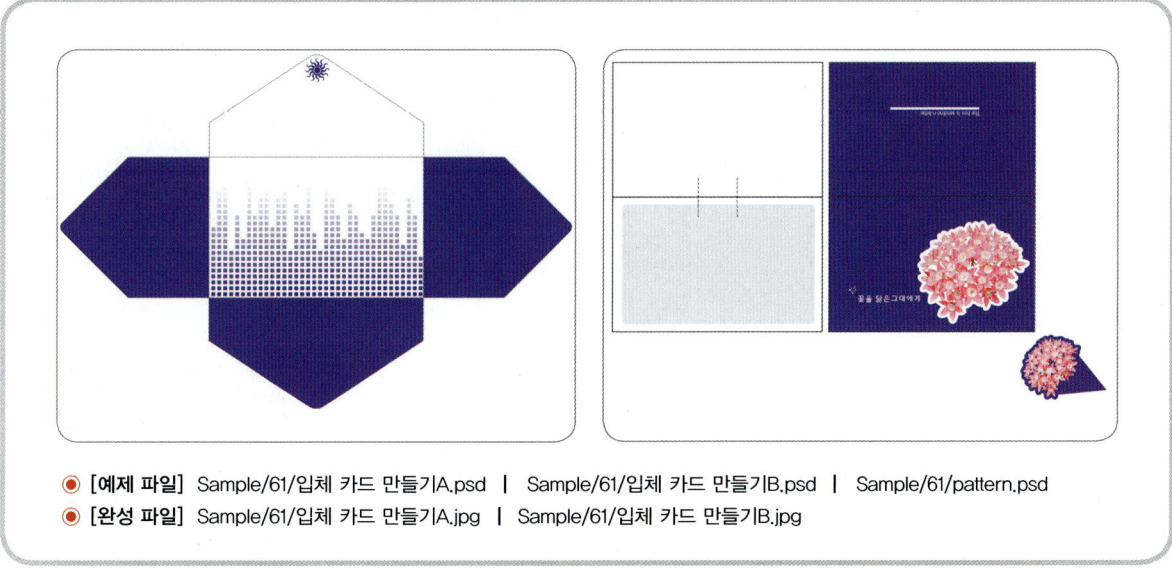

- ◉ **[예제 파일]** Sample/61/입체 카드 만들기A.psd | Sample/61/입체 카드 만들기B.psd | Sample/61/pattern.psd
- ◉ **[완성 파일]** Sample/61/입체 카드 만들기A.jpg | Sample/61/입체 카드 만들기B.jpg

Step 01 이미지 다듬기

01 메뉴 바에서 [File] – [Open](단축키 Ctrl +O)을 선택하여 〈Sample/61/입체 카드 만들기A.psd〉 파일을 엽니다. ❶ 도구상자에서 돋보기 툴(🔍)을 선택하고, ❷ 상단 옵션 바의 [Fit Screen](단축키 Ctrl+O)을 선택해 작업 창에 이미지 크기를 맞춥니다.

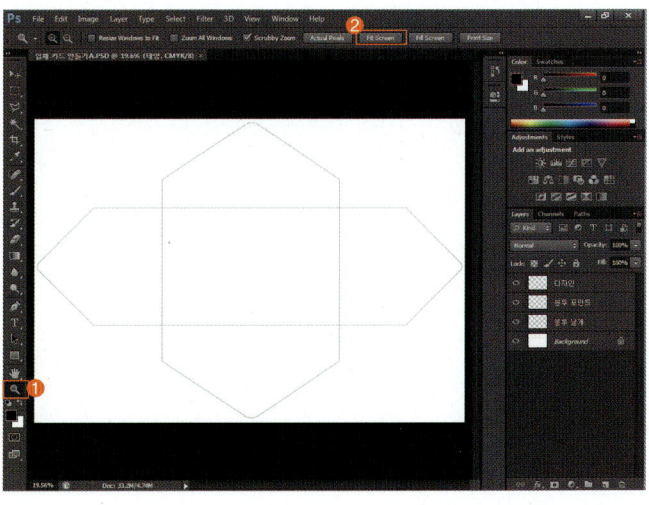

02 도구상자에서 빠른 선택 툴(🖌)을 길게 선택
하면 숨어있는 도구 리스트를 볼 수 있는데, ❶ 그
중 마술봉 툴(🪄)을 선택합니다. ❷ 'Background'
를 선택합니다. ❸ Shift 키를 누른 상태로 봉투의 왼
쪽, 오른쪽, 아래쪽 날개를 클릭하여 활성화합니다.

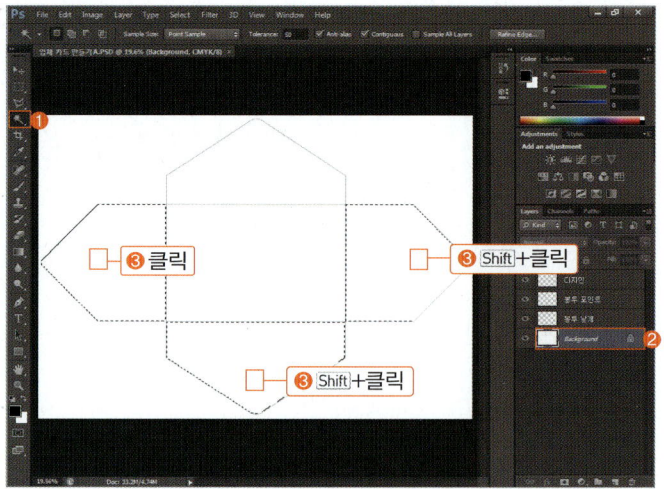

03 메뉴 바에서 [Select] – [Modify] – [Expand]
를 선택합니다.

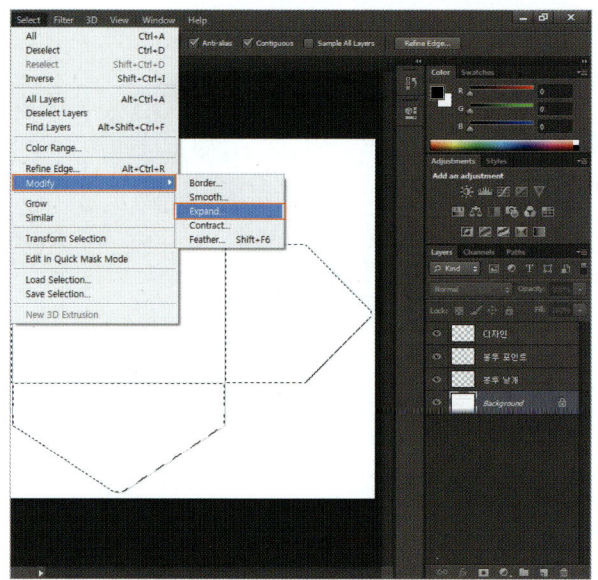

04 [Expand] 대화상자에서 ❶ Expand by 값을
'1 Pixels'로 입력하고, ❷ [OK] 버튼을 클릭합니다.

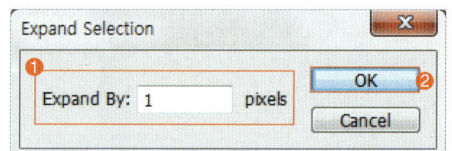

05 ❶ '봉투 날개' 레이어를 선택합니다. ❷ 전경색을 선택합니다. [Color Picker] 대화상자에서 ❸ 색상 값을 '#4a3d98'로 입력하고, ❹ [OK] 버튼을 클릭합니다. ❺ 단축키 Alt+Delete를 눌러 색상을 채워줍니다. ❻ 메뉴 바에서 [Select] − [Deselect](단축키 Ctrl+D)를 선택하여 활성화를 해제합니다.

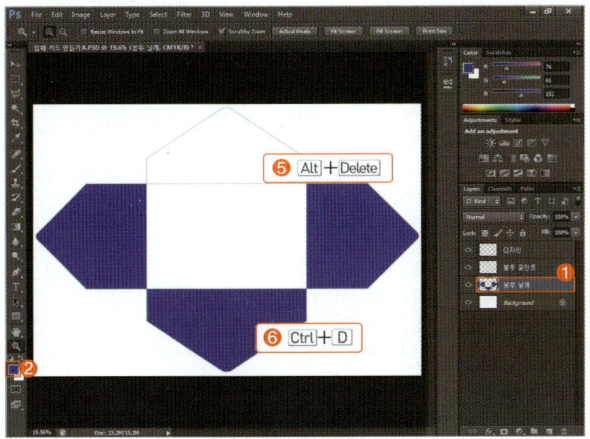
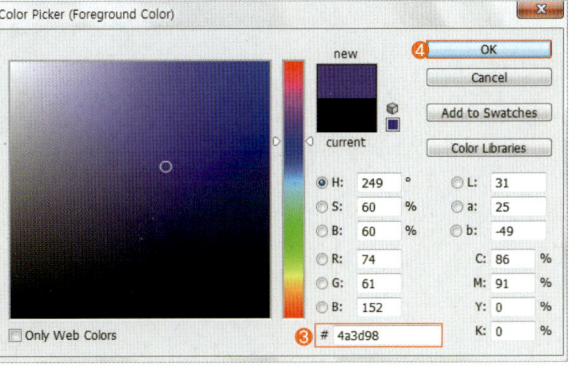

06 메뉴 바에서 [File] − [Open](단축키 Ctrl +O)을 선택하여 〈Sample/061/pattern.psd〉 파일을 엽니다. 메뉴 바에서 [Edit] − [Define Pattern]을 선택합니다.

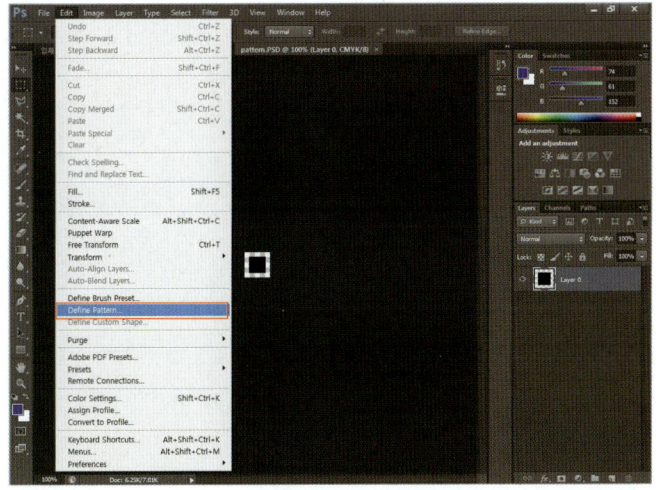

07 [Define Pattern] 대화상자에서 ❶ Name을 'pattern.PSD'로 입력하고, ❷ [OK] 버튼을 클릭합니다.

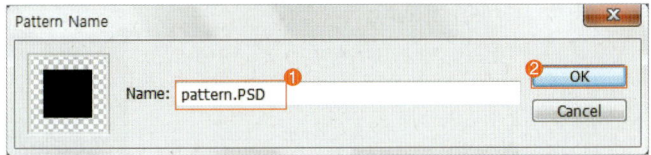

08 '입체 카드 만들기A.psd' 이미지 탭을 선택합니다. ❶ '디자인' 레이어를 선택하고, ❷ 메뉴바에서 [Edit] – [Fill](단축키 Shift+F5)을 선택합니다

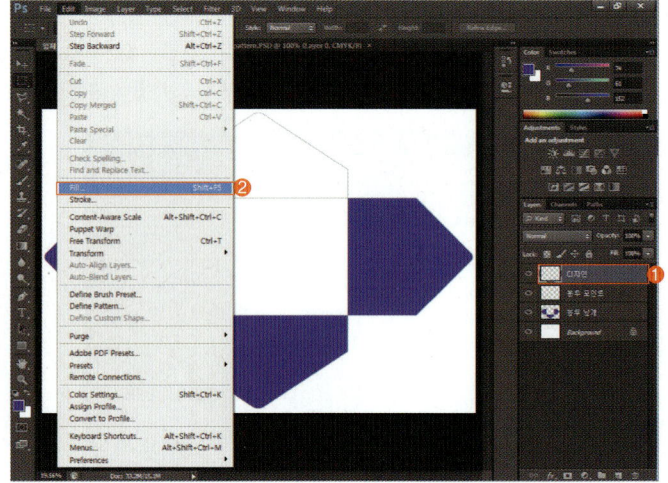

09 [Fill] 대화상자에서 ❶ Use를 'Pattern'으로 설정하고, ❷ Custom Pattern은 방금 저장한 'pattern.PSD'를 선택한 후, ❸ [OK] 버튼을 클릭합니다.

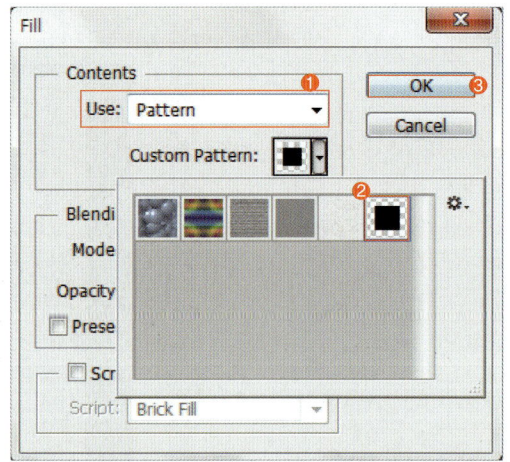

10 ❶ 도구상자에서 네모 선택 툴(▣)을 선택합니다. ❷ 그림을 참고하여 봉투의 가운데 부분을 드래그하여 활성화합니다.

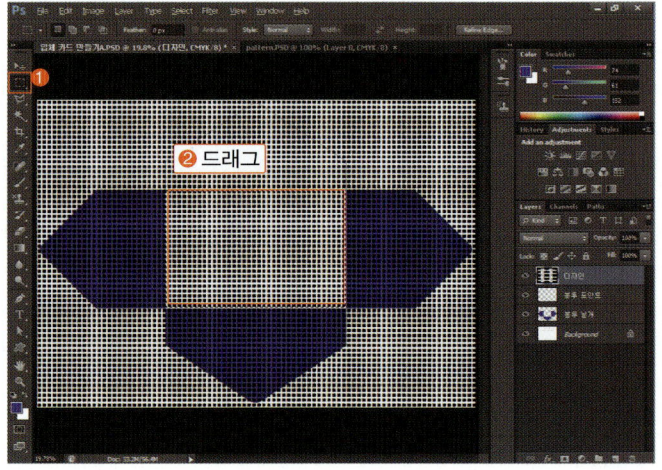

11 ❶ 메뉴 바에서 [Select] − [Inverse](단축키 Shift+Ctrl+I)를 선택합니다. ❷ Delete 키를 눌러 활성화 영역을 지워줍니다. ❸ 메뉴 바에서 [Select] − [Deselect](단축키 Ctrl+D)를 선택하여 활성화를 해제합니다. ❹ '디자인' 레이어의 여백을 더블클릭합니다.

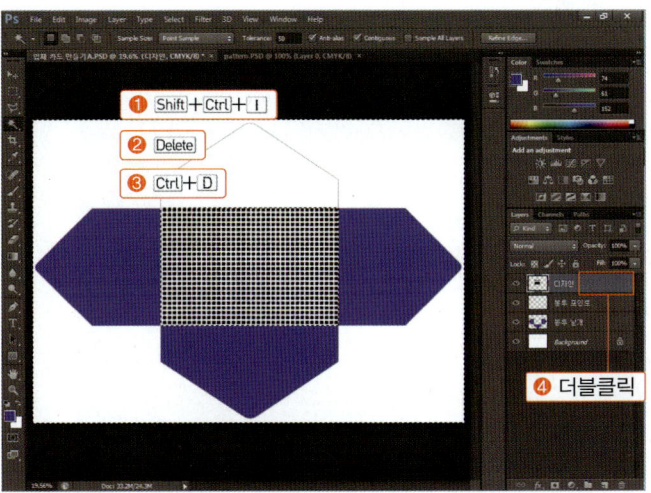

12 [Layer Style] 대화상자에서 ❶ Gradient Overlay를 선택합니다. ❷ 옵션의 Gradient를 선택합니다.

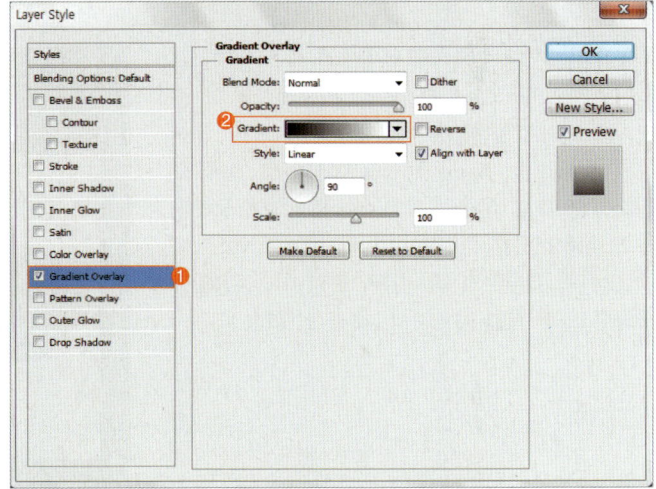

13 [Gradient Editor] 대화상자에서 ❶ 왼쪽 슬라이더를 선택한 후, ❷ 색상 값을 '#4c3f99'로 입력하고, ❸ [OK] 버튼을 클릭합니다.

 오른쪽 슬라이더가 흰색이 아니라면, 같은 방법으로 색상 값을 '#ffffff'로 입력합니다.

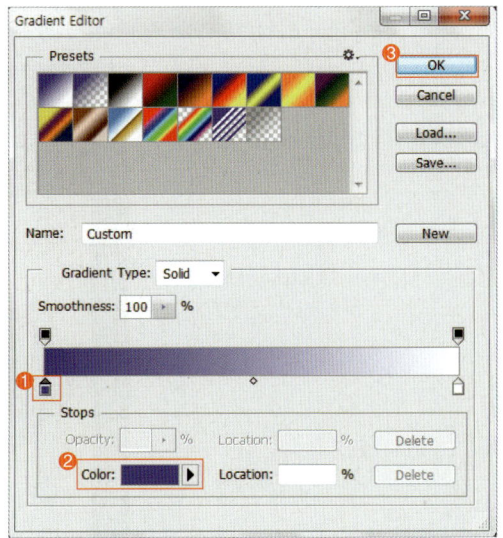

14 단축키 Ctrl + + 를 눌러 이미지를 확대합니다. ❶ 도구상자에서 네모 선택 툴(▦)을 선택한 후, ❷ 작업 창을 드래그한 후 Delete 키를 눌러 그레이디언트 된 네모들을 지워줍니다. 규칙 없이 반복하여 윗부분을 들쭉날쭉하게 만들어 줍니다.

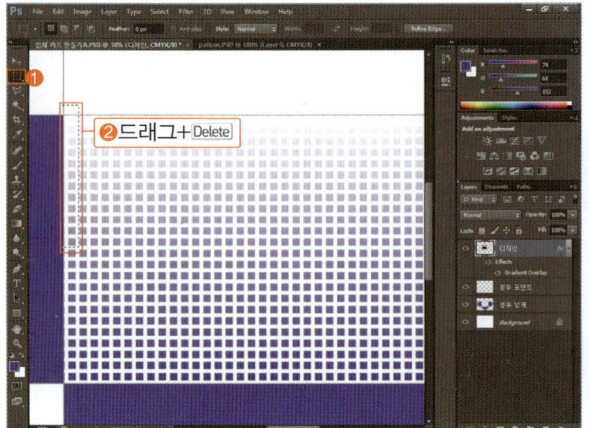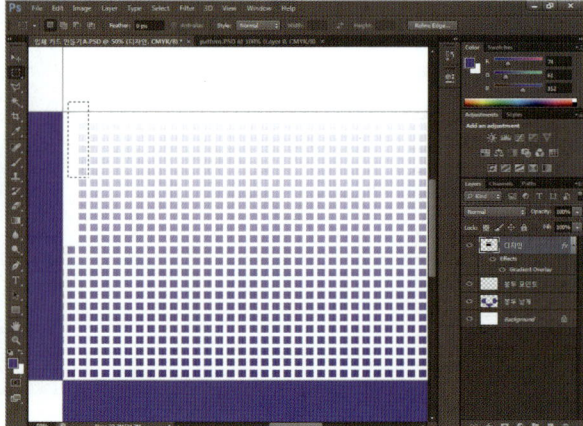

15 도구상자에서 사각형 툴(▭)을 길게 선택하면 숨어있는 도구 리스트를 볼 수 있는데, ❶ 그 중 커스텀 셰이프 툴(▨)을 선택합니다. ❷ 상단 옵션 바의 [Mode]를 'Pixels'로 설정합니다. ❸ '봉투 포인트' 레이어를 선택합니다. ❹ 작업 창에서 마우스 오른쪽 버튼을 클릭합니다. ❺ 셰이프 리스트에서 오른쪽 윗부분의 톱니바퀴 모양 아이콘(⚙)을 클릭하고, ❻ 팝업 메뉴에서 'All'을 선택합니다.

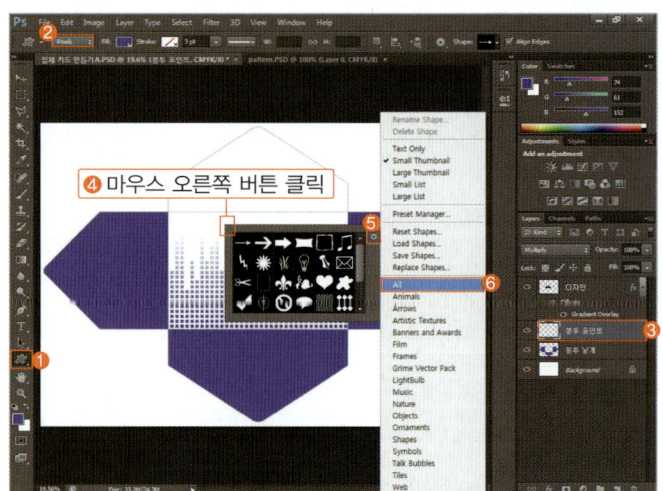

16 셰이프 리스트 중 'sun1'을 선택합니다.

 커스텀 셰이프 리스트 이미지 위에 마우스 커서를 올려 놓으면 셰이프 이미지의 이름을 알 수 있습니다.

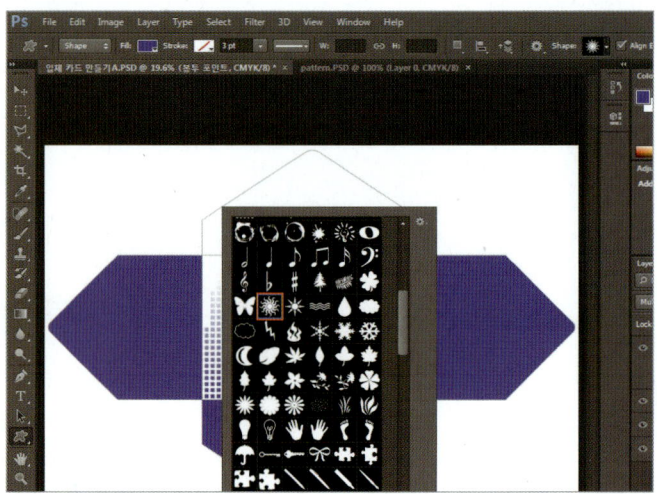

17 ❶ 그림을 참고하여 Shift 키를 누른 상태로 해당 위치에 드래그합니다. ❷ 도구상자에서 이동 툴()을 선택하고, 적당한 곳으로 위치를 이동시킵니다.

> **잠깐** 셰이프를 선택한 후, 작업 창을 한 번 더 클릭하면 [Create Custom Shape] 대화상자가 나타날 수 있습니다. 이때는 사이즈를 입력한 후 [OK] 버튼을 클릭하거나, 같은 비율로 크기를 늘릴 수 있는 Shift 키를 누른 상태로 드래그하여 이미지를 드로잉하세요.

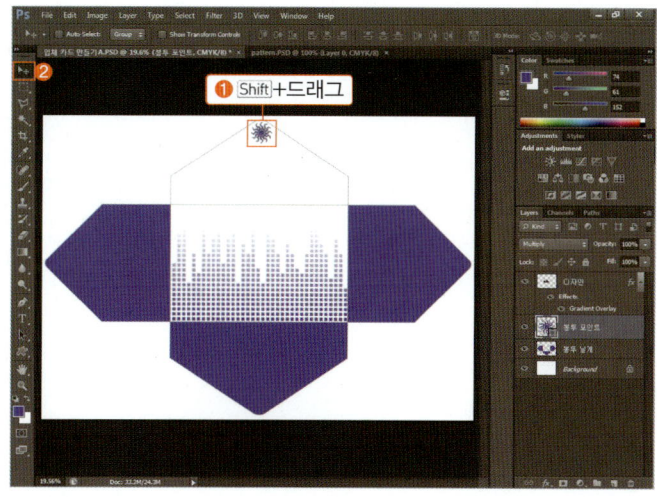

Step 02 카드 만들기

01 메뉴 바에서 [File] – [Open](단축키 Ctrl +O)을 선택하여 〈Sample/61/입체 카드 만들기B.psd〉 파일을 엽니다. ❶ 도구상자에서 돋보기 툴(🔍)을 선택하고, ❷ 상단 옵션 바의 [Fit Screen](단축키 Ctrl+O)을 선택해 작업 창에 이미지 크기를 맞춥니다.

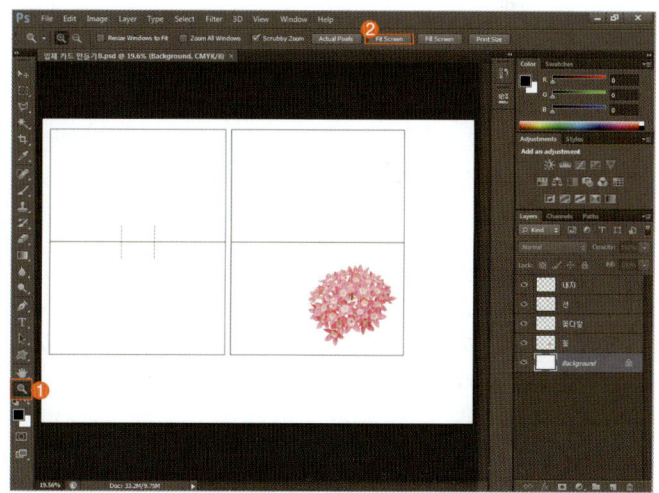

02 ❶ 도구상자에서 마술봉 툴(🪄)을 선택합니다. ❷ 'Background'를 선택합니다. ❸ Shift 키를 누른 상태로 카드의 오른쪽 위아래 부분을 클릭하여 활성화합니다.

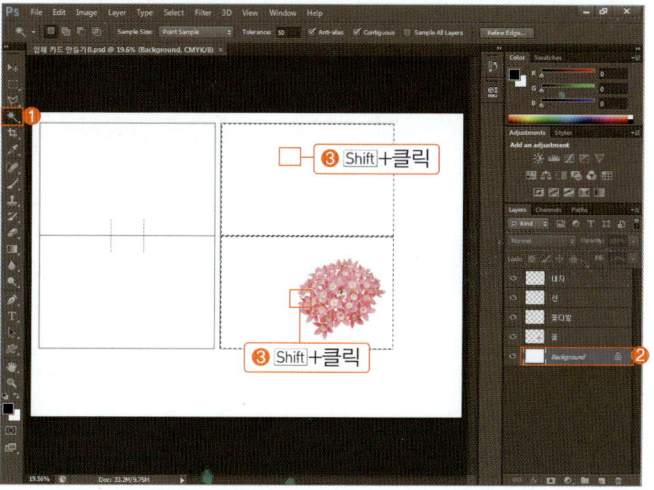

03 메뉴 바에서 [Select] – [Modify] – [Expand]를 선택합니다.

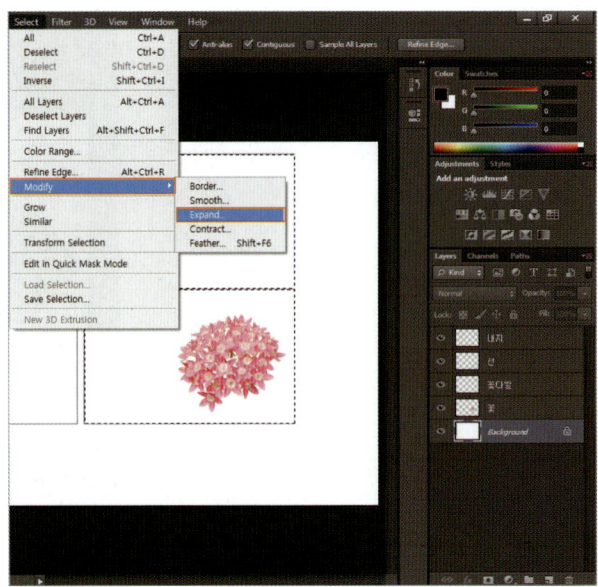

04 [Expand] 대화상자에서 ❶ Expand by 값을 '1 Pixels'로 입력하고, ❷ [OK] 버튼을 클릭합니다.

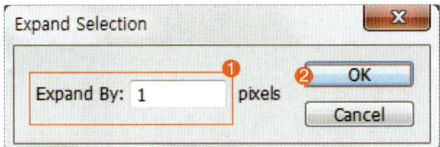

05 ❶ 전경색을 선택합니다. [Color Picker] 대화상자에서 ❷ 색상 값을 '#4b3f99'로 입력하고, ❸ [OK] 버튼을 클릭합니다. ❹ 단축키 Alt+Delete를 눌러 색상을 채워줍니다. ❺ 메뉴 바에서 [Select] – [Deselect](단축키 Ctrl+D)를 선택하여 활성화를 해제하고, ❻ '꽃' 레이어의 여백을 더블클릭합니다.

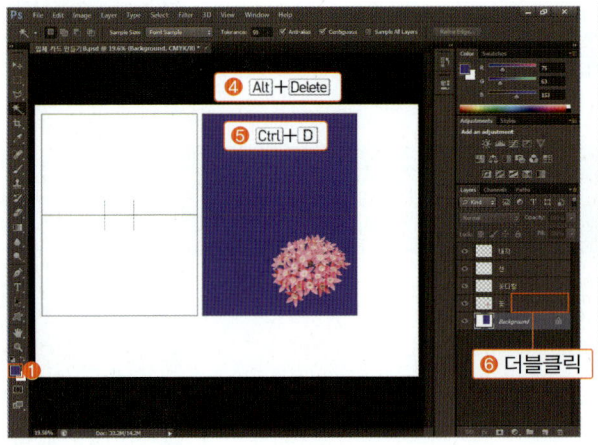
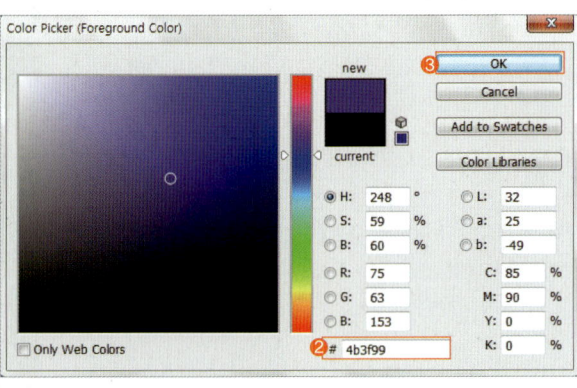

06 [Layer Style] 대화상자에서 **①** Stroke를 선택합니다. 옵션의 **②** Size 값을 '20px'로, Position을 'Outside'로 **③** Color를 '#ffffff'로 설정하고, **④** [OK] 버튼을 클릭합니다.

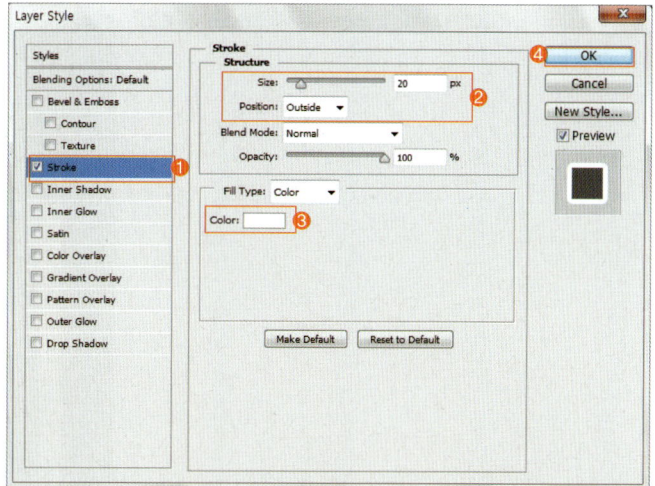

07 **①** 도구상자에서 가로 문자 툴(T)을 선택합니다. **②** 카드의 오른쪽 하단을 클릭한 후, '꽃을 닮은 그대에게'라고 입력합니다. **③** '꽃을 닮은 그대에게' 레이어를 클릭합니다. 상단 옵션 바의 **④** [Font Family]와 [Font Size]를 이미지와 어울리게 설정합니다. **⑤** [Font Color]는 '#ffffff'로 입력합니다.

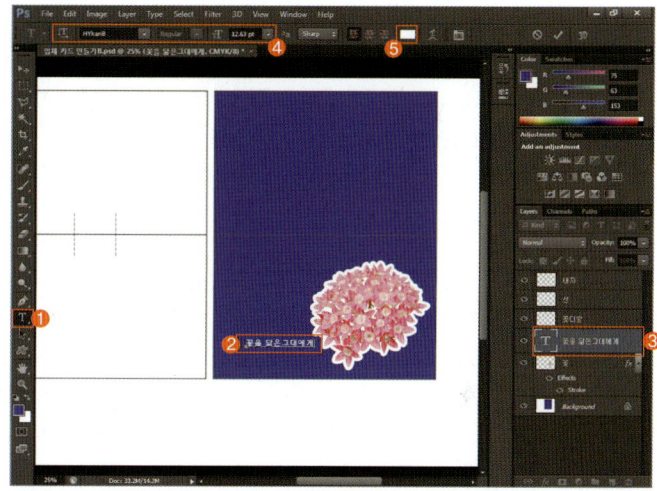

08 **①** '선' 레이어를 선택합니다. **②** 도구상자에서 브러시 툴(✐)을 선택합니다. **③** 작업 창에서 마우스 오른쪽 버튼을 클릭합니다. **④** 브러시 리스트에서 오른쪽 윗부분의 톱니바퀴 모양 아이콘(⚙)을 클릭한 후, **⑤** 팝업 메뉴에서 'Wet Media Brushes'를 선택합니다.

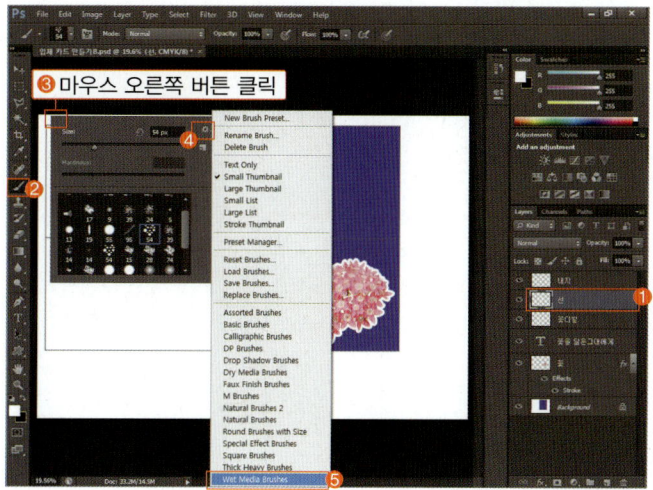

09 브러시 리스트에서 'Large Texture Stroke'
를 선택합니다.

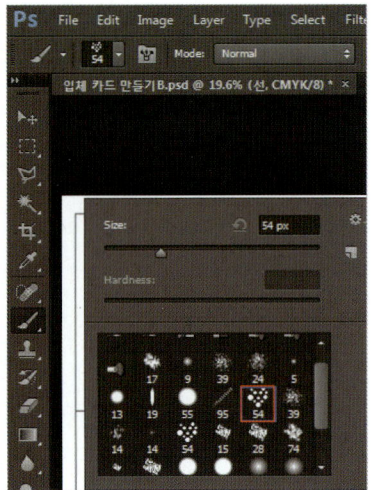

10 ❶ 도구상자에서 컬러 디폴트(▣)와 컬러 스
위치(⤢)를 선택합니다. ❷ 작업 창에서 글자의 윗
부분에 클릭하여 무늬를 줍니다. ❸ 도구상자에서
네모 선택 툴(▦)을 선택합니다. ❹ 그림을 참고하
여 카드의 윗부분에 드래그하여 활성화한 후, ❺
단축키 [Alt]+[Delete]를 눌러 활성화 영역에 색상을
채워줍니다.

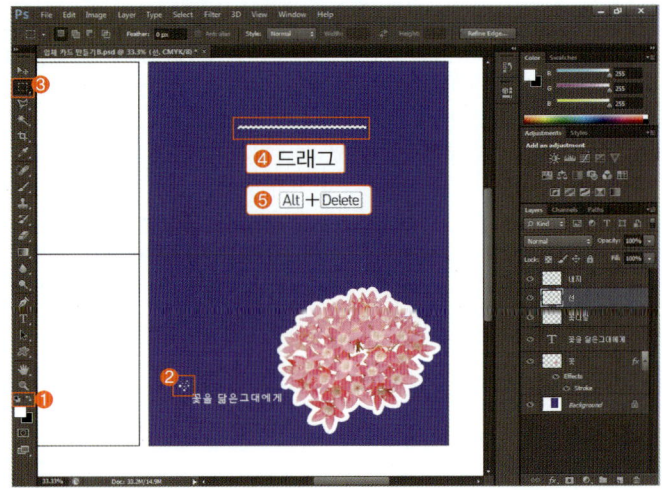

Photo**S**hop CS6

'Replace current brushes with the brushes from Wet Media Brushes?' 대화상자

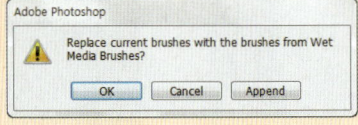

브러시 리스트를 추가할 때 다음과 같은 대화상자가 나타납니다. [OK] 버튼
을 클릭하면 기존의 브러시 리스트는 삭제되고 새로운 브러시 리스트만 보
입니다. [Append] 버튼을 클릭하면 기존의 브러시 리스트에 새로운 브러시
리스트가 추가됩니다.

11 ❶ 도구상자에서 가로 문자 툴(T)을 선택합니다. ❷ 작업 창을 클릭한 후 'The Boy is Sending a letter'라고 입력합니다. ❸ 'The Boy is Sending a letter' 레이어를 선택합니다. ❹ 상단 옵션 바의 [Font Family]와 [Font Size]를 이미지와 어울리게 설정합니다. ❺ [Font Color]의 색상값을 '#ffffff'로 입력합니다.

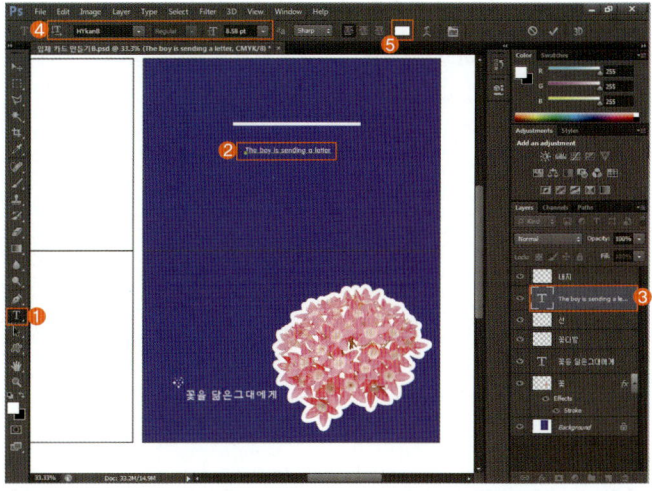

12 메뉴 바에서 [Edit] – [Transform] – [Rotate 180°]를 선택합니다.

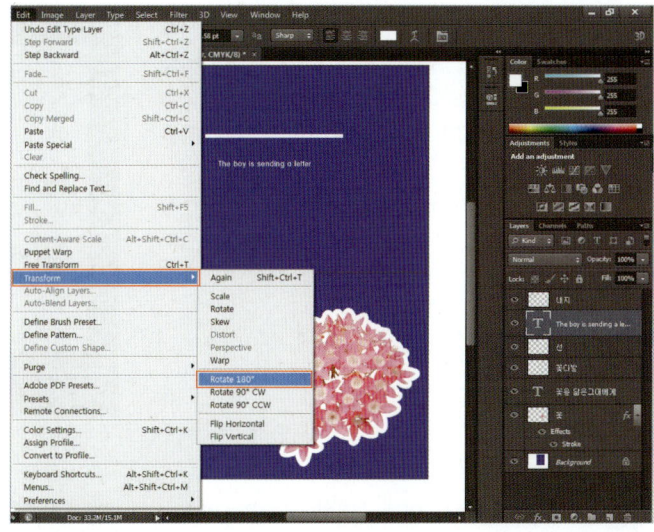

13 ❶ 도구상자에서 이동 툴(⊹)을 선택합니다. ❷ 그림을 참고하여 적당한 위치로 이동시킵니다. ❸ 전경색을 선택합니다.

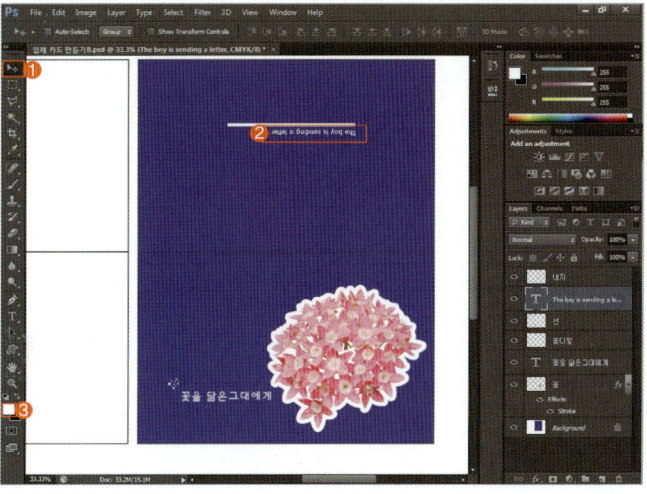

14 [Color Picker] 대화상자에서 ❶ 색상 값을 '#004b72'로 입력하고, ❷ [OK] 버튼을 클릭합니다.

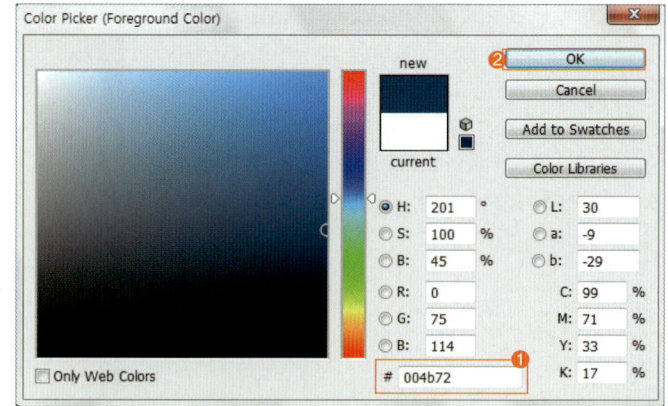

15 ❶ '내지' 레이어를 선택합니다. 도구상자에서 사각형 툴(▢)을 길게 선택하면 숨어있는 도구 리스트를 볼 수 있는데, ❷ 그 중 둥근 사각형 툴(▢)을 선택합니다. 상단 옵션 바의 ❸ [Mode]를 'Pixels'로, ❹ [Radius]를 '30px'로 설정합니다. ❺ 그림을 참고하여 작업 창의 카드 왼쪽 아랫부분을 드래그합니다.

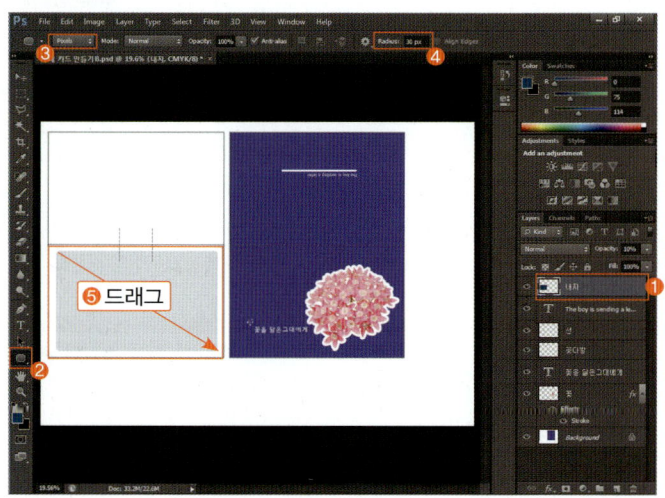

16 ❶ 도구상자에서 이동 툴(▸♦)을 선택합니다. ❷ '꽃' 레이어를 선택합니다. ❸ Alt 키를 누른 상태로 드래그하여 복제합니다.

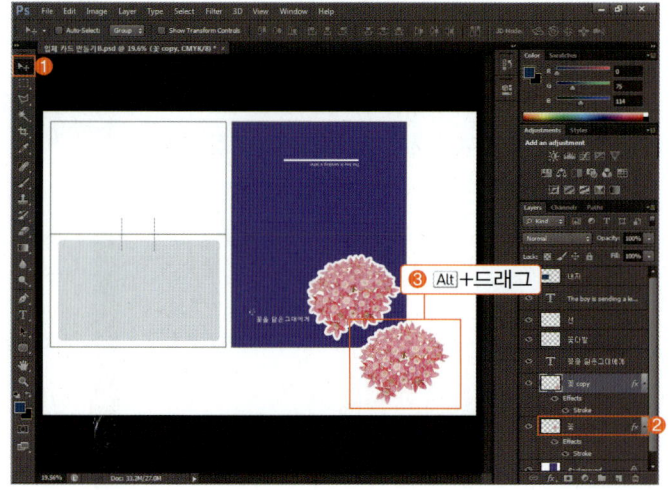

17 ❶ 메뉴 바에서 [Edit] − [Free Transform](단축키 Ctrl+T)을 선택합니다. ❷ Shift 키를 누른 상태로 변환 박스 모서리를 클릭한 후 안쪽으로 드래그하여 크기를 조절합니다. ❸ Enter 키를 누릅니다. ❹ '꽃 copy' 레이어를 드래그하여 '꽃다발' 레이어 위로 이동시킵니다. ❺ '꽃 Copy' 레이어의 여백을 더블클릭합니다.

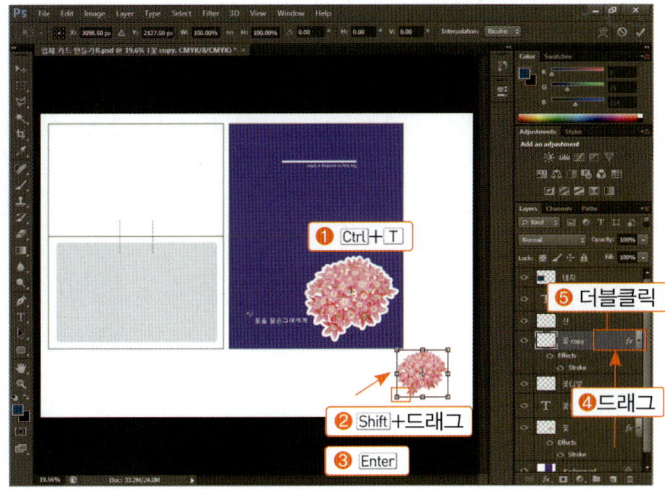

18 [Layer Style] 대화상자에서 ❶ Stroke를 선택합니다. 옵션의 ❷ Size 값을 '20px'로, Position을 'Outside'로, ❸ Color를 '#4d409a'로 설정하고, ❹ [OK] 버튼을 클릭합니다.

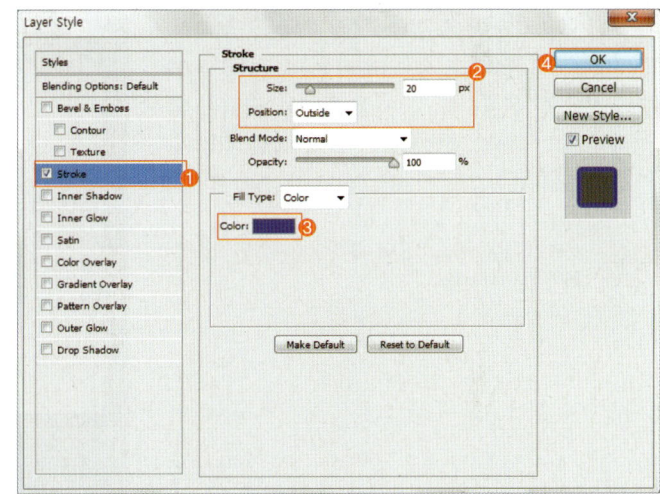

19 ❶ '꽃다발' 레이어를 선택합니다. 도구상자에서 올가미 툴(🔲)을 길게 선택하면 숨어있는 도구 리스트를 볼 수 있는데, ❷ 그 중 다각형 올가미 툴(🔲)을 선택합니다. ❸ 그림을 참고하여 고깔 모양이 되도록 활성화 영역을 그려줍니다.

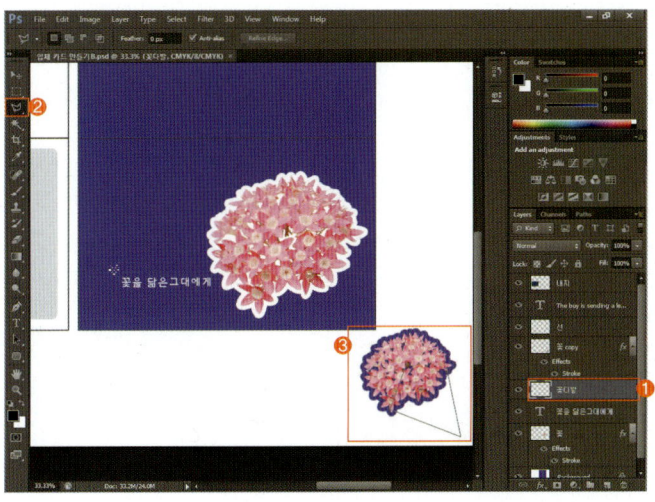

20 ❶ 전경색을 선택하여 색상 값을 '#4d409a' 로 입력한 후, ❷ 단축키 [Alt]+[Delete]를 눌러 활성화 영역에 색상을 채워줍니다. ❸ 메뉴 바에서 [Select] − [Deselect](단축키 [Ctrl]+[D])를 선택하여 활성화를 해제합니다.

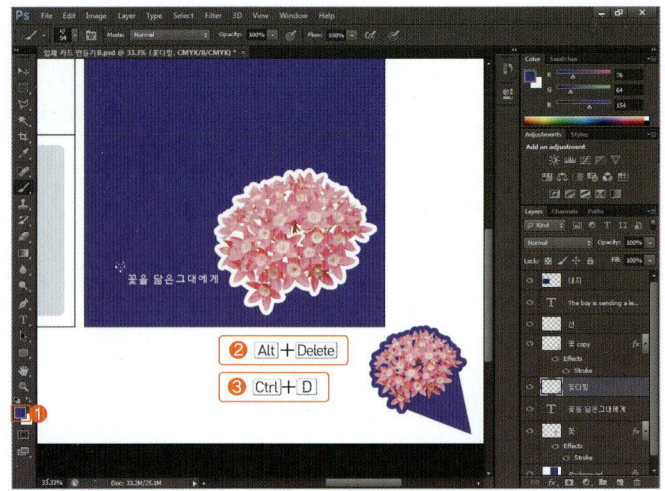

21 ❶ [Ctrl]키를 누른 상태로 '꽃 Copy', '꽃다발' 레이어를 선택합니다. ❷ 단축키 [Ctrl]+[T]를 눌러 변환 박스를 생성하고, 모서리 주변을 클릭한 후 드래그하여 적당히 회전시킵니다. ❸ [Enter]키를 누르면 완성입니다.

잠깐 도톰한 종이(120g 이상)에 출력하여 가위로 오린 후 접어서 사용하세요.

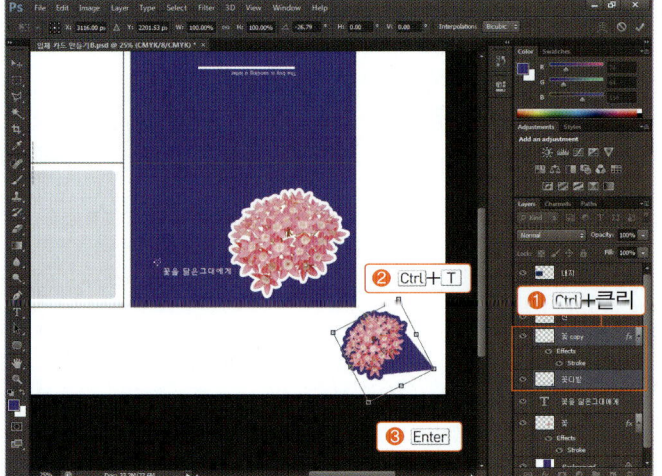

디자인 테이프 만들기

다이어리나 벽면을 꾸밀 때 자주 사용하는 디자인 테이프! 좀 더 다양하게 활용하고 싶은데, 만만치 않은 가격 때문에 걱정하고 있었다면 포토샵을 이용해 직접 만들어 보세요. 패턴만 있다면 디자인 테이프를 내 마음대로 제작하여 사용할 수 있답니다!

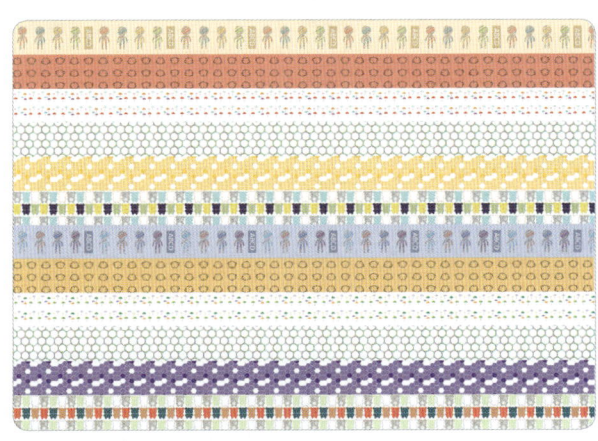

● [예제 파일] Sample/62/디자인 테이프 만들기.psd | Sample/62/P1.jpg | Sample/62/P2.jpg
　　　　　　 Sample/62/P3.jpg | Sample/62/P4.jpg | Sample/62/P5.jpg | Sample/62/P6.jpg
● [완성 파일] Sample/62/디자인 테이프 만들기.jpg

Step 01 이미지 다듬기

01 메뉴 바에서 [File] − [Open](Ctrl + O)을 선택하여 〈Sample/62/디자인 테이프 만들기.psd〉, 〈Sample/62/P1.jpg〉, 〈Sample/62/P2.jpg〉, 〈Sample/62/P3.jpg〉, 〈Sample/62/P4.jpg〉, 〈Sample/62/P5.jpg〉, 〈Sample/62/P6.jpg〉 파일을 열고, 'P1.jpg' 이미지 탭을 선택합니다.

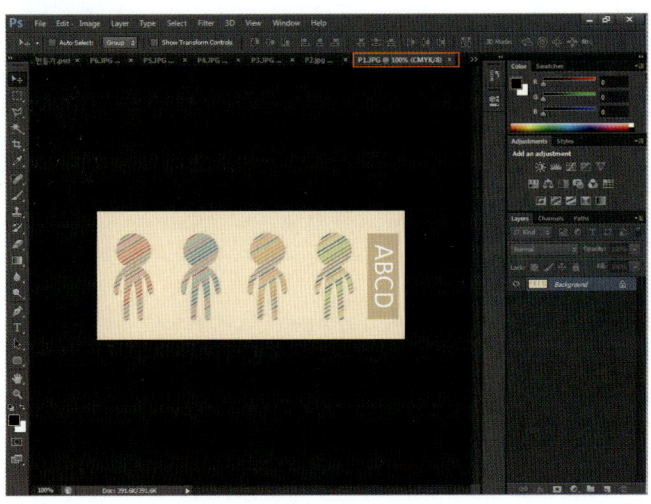

02 메뉴 바에서 [Edit] − [Define Pattern]을 선택합니다.

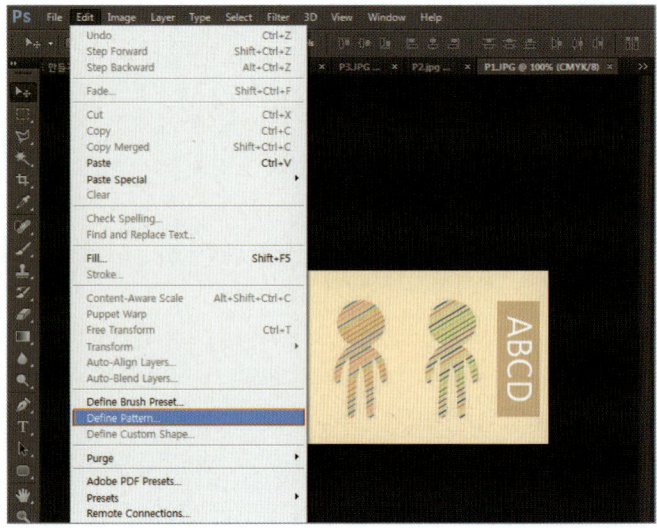

03 [Define Pattern] 대화상자에서 ❶ Name을 'P1.JPG'로 입력하고, ❷ [OK] 버튼을 클릭합니다.

04 'P1.jpg' 이미지 탭의 닫기 버튼을 클릭합니다. 'P2.jpg ~ P6.jpg'도 같은 방법으로 패턴을 지장합니다.

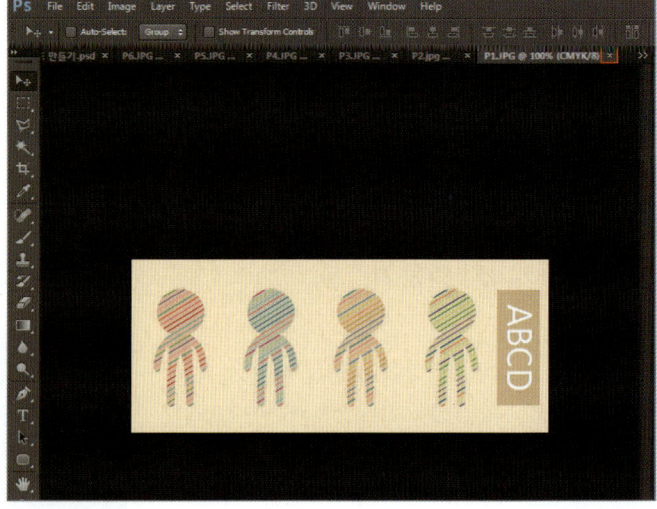

05 '디자인 테이프 만들기.psd' 이미지 탭을 선택합니다. ❶ 'P1' 레이어를 선택합니다. ❷ 메뉴바에서 [Edit] – [Fill](단축키 Shift + F5)을 선택합니다.

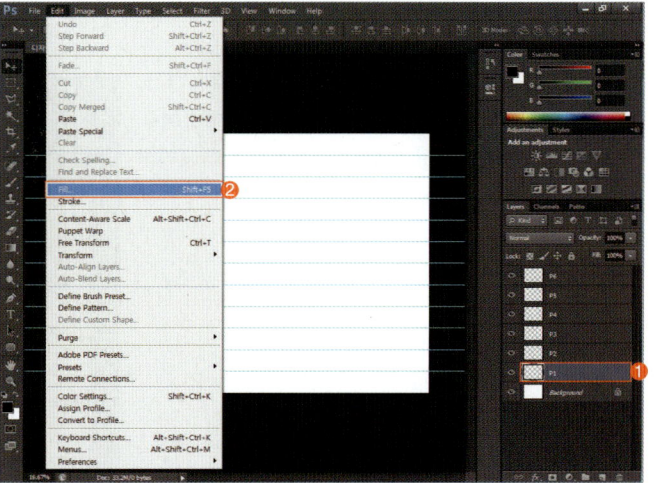

06 [Fill] 대화상자에서 ❶ Use를 'Pattern'으로, ❷ Custom Pattern을 'P1'로 설정하고, ❸ [OK] 버튼을 클릭합니다.

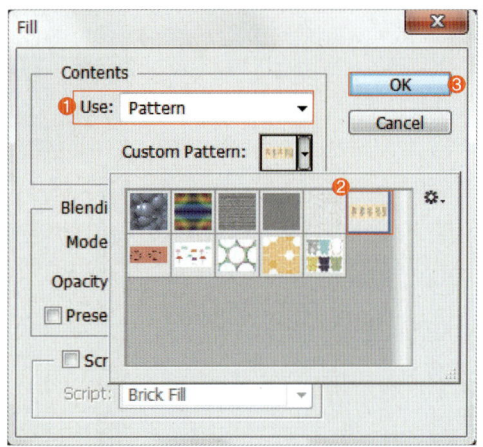

07 같은 방법으로 'P2~P6' 레이어에 해당하는 패턴을 칠합니다. Ctrl 키를 누른 상태로 'P2~P6' 레이어를 선택합니다.

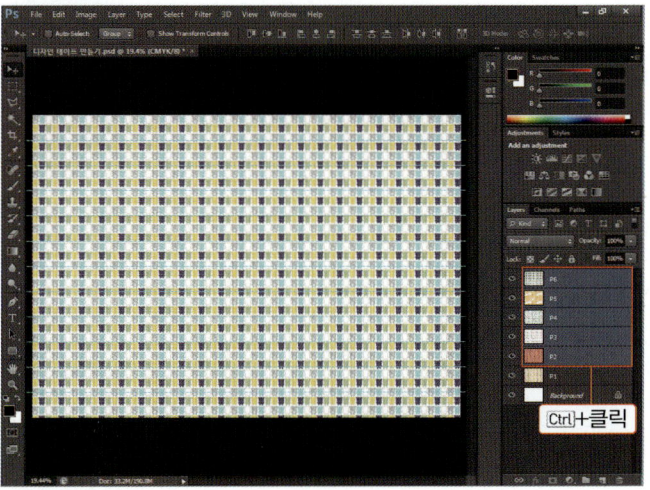

Step 02 디자인 테이프 정렬하기

01 ❶ 도구상자에서 이동 툴(🔾)을 선택합니다.
❷ Shift 키를 누른 상태로 작업 창을 드래그하여
첫 번째 안내선까지 이동시킵니다.

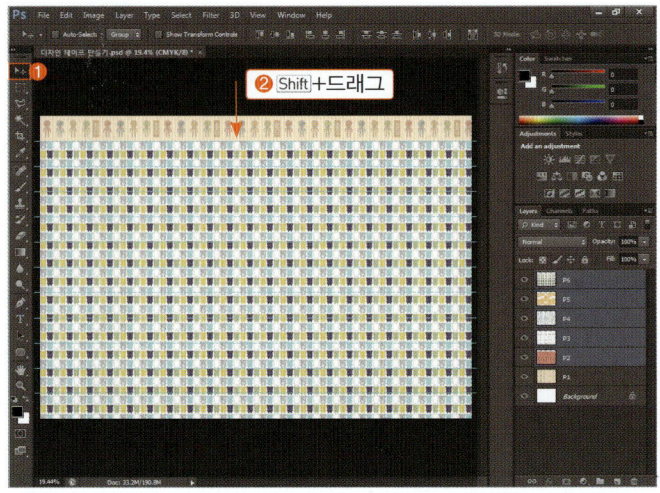

02 ❶ Ctrl 키를 누른 상태로 'P2' 레이어를 선택
합니다. ❷ Shift 키를 누른 상태로 작업 창을 드래
그하여 두 번째 안내선까지 이동시킵니다.

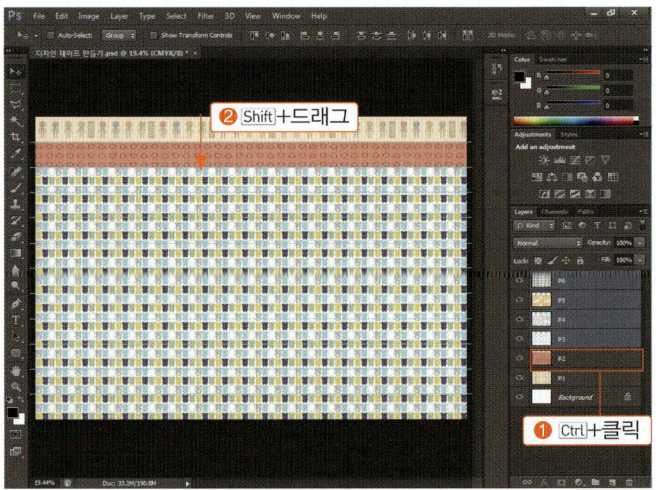

03 ❶ Ctrl 키를 누른 상태로 'P3' 레이어를 선택
합니다. ❷ Shift 키를 누른 상태로 작업 창을 드래
그하여 세 번째 안내선까지 이동시킵니다.

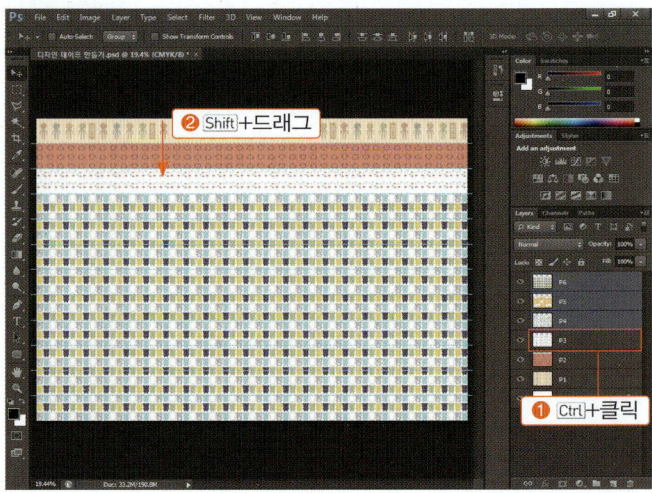

04 같은 방법으로 'P6' 레이어까지 모두 이동시 킵니다. ❶ Ctrl 키를 누른 상태로 'Background' 를 제외한 레이어를 모두 선택한 후, ❷ [Create a New Layer] 버튼(🔲)으로 드래그하여 복제합니다.

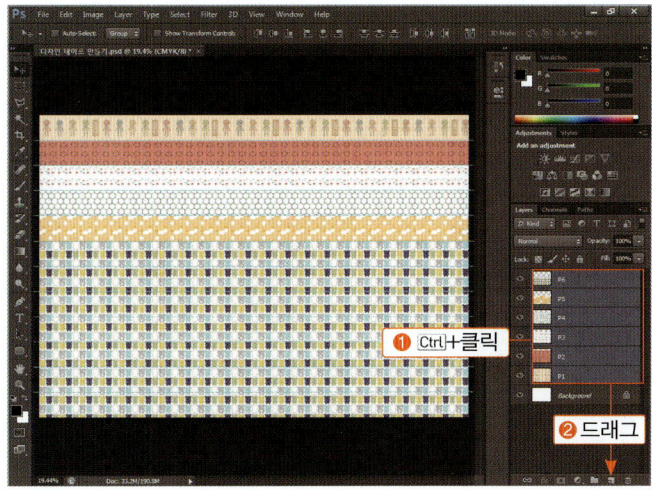

05 ❶ 복제된 이미지를 작업 창의 하단으로 이 동시킵니다. ❷ 복제된 이미지 중 제일 위에 있는 이미지 위에서 마우스 오른쪽 버튼을 클릭합니다. ❸ 이미지에 해당하는 레이어를 선택합니다.

잠깐 레이어 이미지가 많은데 그 중 하나를 선택해야 할 때 이 방법을 사용하면 편리합니다.

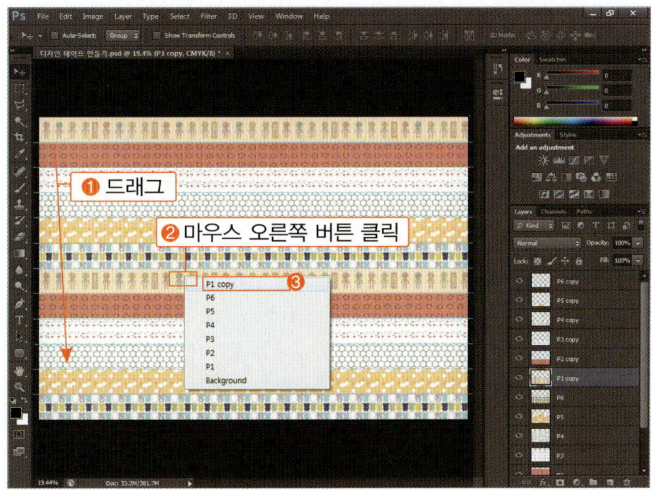

06 ❶ 메뉴 바에서 [Image] − [Adjustments] − [Hue/Saturation](단축키 Ctrl + U)을 선택합니다. ❷ Hue 값을 '−180'으로 입력하고, ❸ [OK] 버튼 을 클릭하면 같은 디자인이지만 다른 색상으로 이 용할 수 있습니다.

잠깐 작업한 이미지는 라벨지에 출력하여 사용하세요.

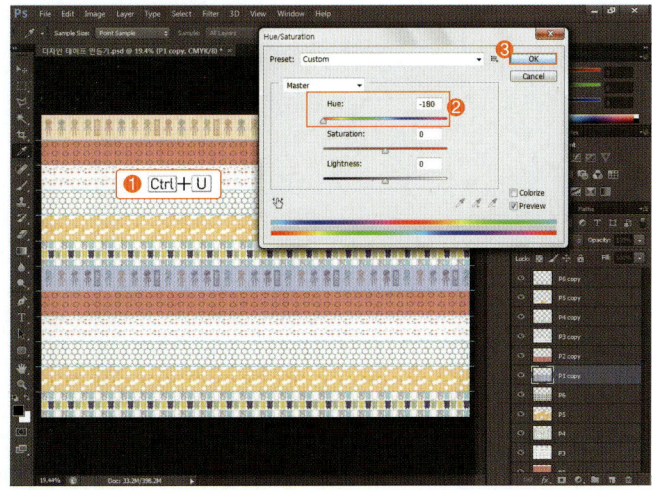

Section 63

새 학기 노트 만들기

매년 돌아오는 새 학기! 신입생들에게 선물하기 좋은 새 학기 노트를 직접 디자인해 만들어 볼까요? 세상에서 딱 한 권밖에 없는 노트이기에 더욱 의미 있고 소중한 선물로 기억될 거예요.

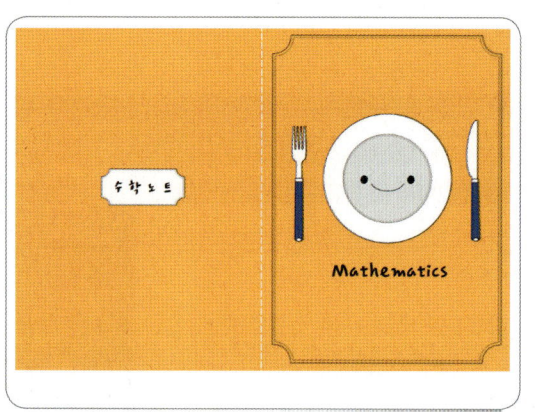

- ◉ **[예제 파일]** Sample/63/새 학기 노트 만들기A.psd │ Sample/63/새 학기 노트 만들기B.psd
- ◉ **[완성 파일]** Sample/63/새 학기 노트 만들기A-1.jpg │ Sample/63/새 학기 노트 만들기A-2.jpg
  Sample/63/새 학기 노트 만들기A-3.jpg │ Sample/63/새 학기 노트 만들기B.jpg

Step 01 표지 이미지 그리기

01 메뉴 바에서 [File] – [Open](단축키 Ctrl + O)을 선택하여 〈Sample/63/새 학기 노트 만들기A.psd〉 파일을 엽니다. ❶ 도구상자에서 돋보기 툴(🔍)을 선택하고, ❷ 상단 옵션 바의 [Zoom In](🔍)을 선택합니다. ❸ 작업 창의 포크 일러스트를 드래그하여 확대합니다(단축키 Ctrl + Space Bar + 드래그).

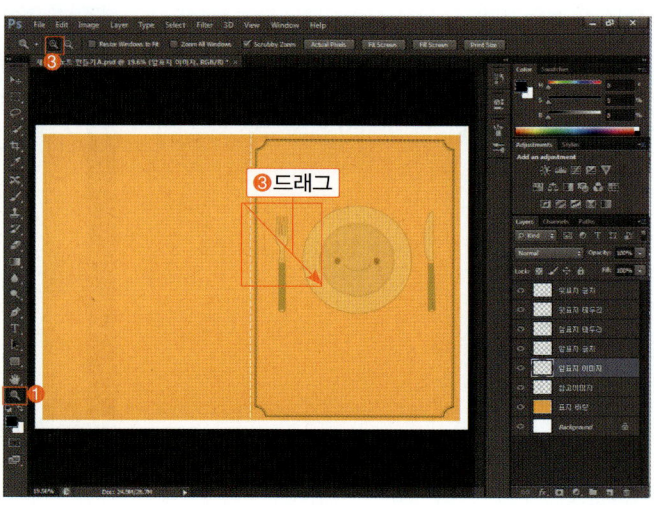

02 ● 도구상자에서 펜 툴()을 선택합니다.
● 상단 옵션 바의 [Mode]를 'Path'로 설정합니다.
● '앞표지 이미지' 레이어를 선택합니다. ● '참고
이미지' 레이어를 바탕으로 하여 펜 툴을 이용해
따라 그립니다.

> **잠깐** 펜 툴에 대한 자세한 사용법은 '두 번째 조각: 16. 깔
> 끔하게 선 따기 – 펜 툴'을 참고하세요.

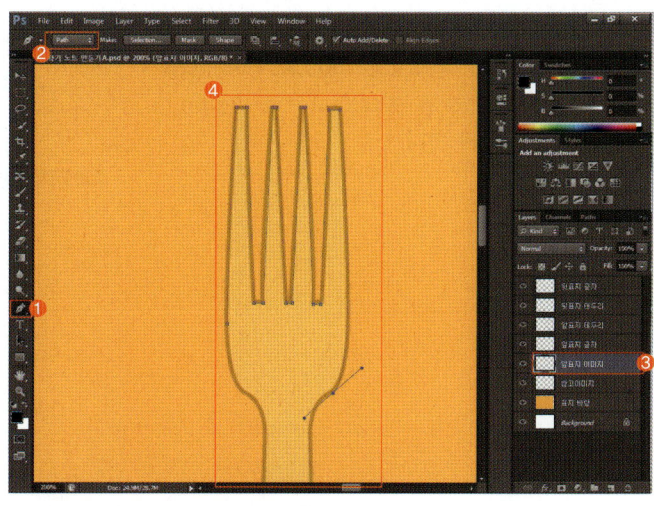

03 포크의 외곽선을 Path로 생성한 후, ● 도구
상자에서 컬러 디폴트(■)를 선택하고, 컬러 스위
치(■)를 선택합니다. ● 상단 옵션 바의 [Shape]
버튼을 클릭합니다.

04 ● '앞표지 이미지' 레이어 위에서 마우
스 오른쪽 버튼을 클릭합니다. ● 팝업 메뉴에서
'Rasterize Layer'를 선택합니다. ● '앞표지 이미
지' 레이어 여백을 더블클릭합니다.

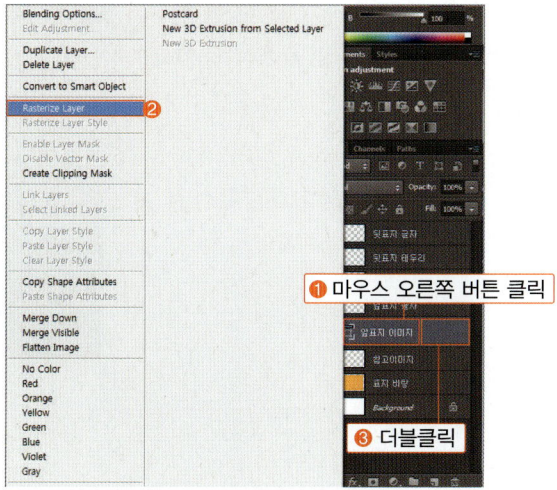

05 [Layer Style] 대화상자에서 ❶ Stoke를 선택합니다. ❷ 옵션의 Size 값을 '3px'로, Position을 'Outside'로, ❸ Color를 '#000000'으로 설정하고, ❹ [OK] 버튼을 클릭합니다.

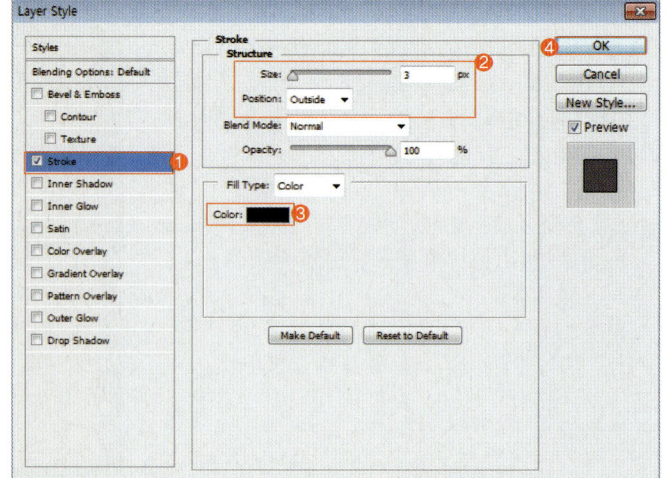

06 ❶ Ctrl 키를 누른 상태로 '앞표지 이미지' 레이어의 썸네일을 클릭합니다. ❷ 도구상자에서 네모 선택 툴(▣)을 선택합니다. ❸ Alt 키를 누른 상태로 포크 윗부분을 드래그하여 활성화를 해제합니다. ❹ 전경색을 선택합니다.

잠깐 포크의 손잡이 부분만 활성화 영역으로 지정된 상태입니다.

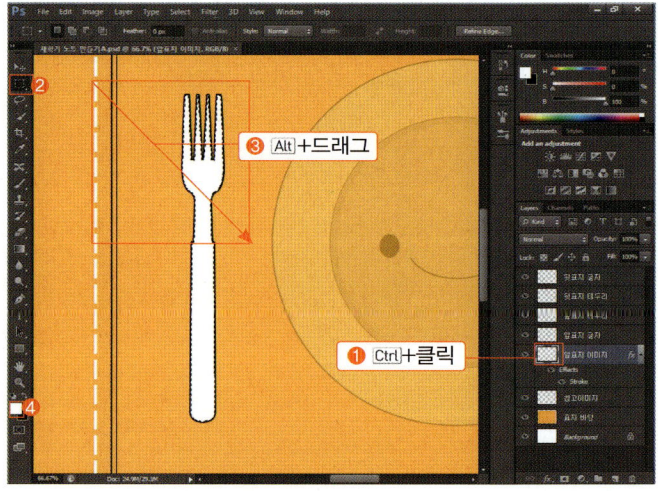

07 [Color Picker] 대화상자에서 ❶ 색상 값을 '#0c5695'로 입력하고, ❷ [OK] 버튼을 클릭합니다.

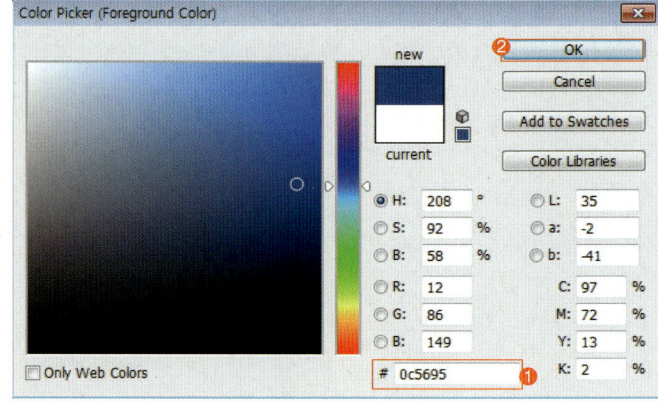

08 ❶ 단축키 Alt + Delete 를 눌러 포크 손잡이에 색상을 채워줍니다. ❷ 단축키 Ctrl + D 를 눌러 활성화 영역을 해제하고, ❸ '앞표지 이미지' 레이어 위에서 마우스 오른쪽 버튼을 클릭합니다. ❹ 팝업 메뉴에서 'Rasterize Layer Styles'를 선택합니다.

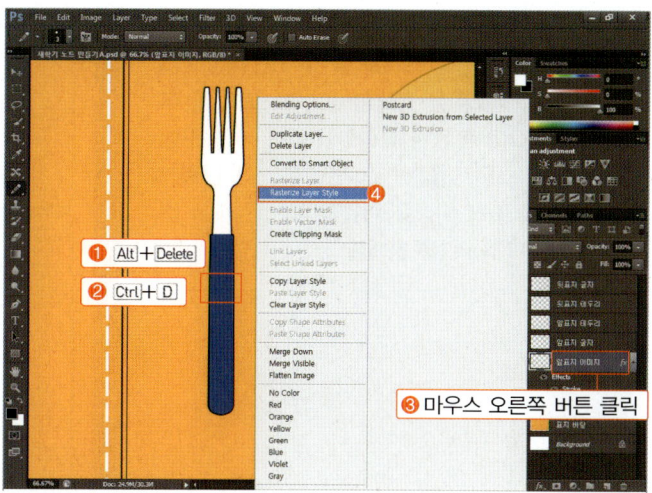

09 도구상자에서 브러시 툴(◪)을 길게 선택하면 숨어있는 도구 리스트를 볼 수 있는데, ❶ 그 중 연필 툴(◪)을 선택합니다. ❷ 상단 옵션 바의 [Brush Preset Piker]를 선택하여 Size 값을 '3px'로 입력합니다. ❸ 도구상자에서 컬러 디폴트(◪)를 선택합니다. 단축키 Ctrl + + 를 눌러 이미지를 확대하고, ❹ 포크의 손잡이 윗부분과 파란색이 겹치는 부분을 Shift 키를 누른 상태로 드래그하여 선을 그어줍니다.

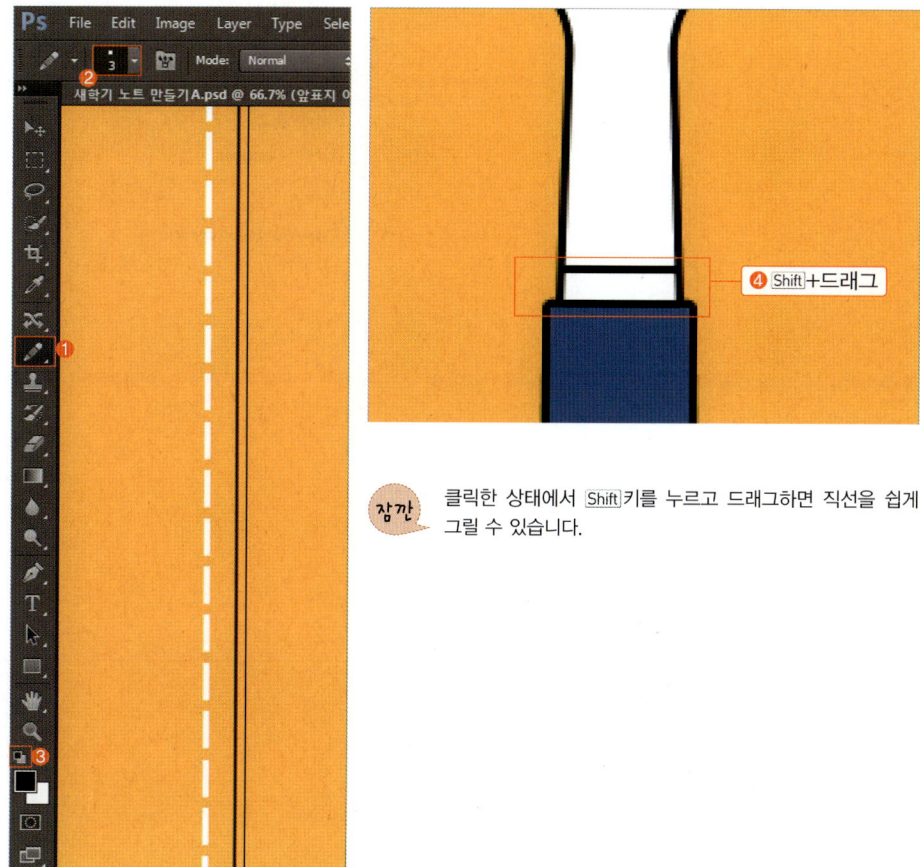

잠깐 클릭한 상태에서 Shift 키를 누르고 드래그하면 직선을 쉽게 그릴 수 있습니다.

10 도구상자에서 네모 선택 툴(▦)을 길게 선택하면 숨어있는 도구 리스트를 볼 수 있는데, ❶ 그 중 원형 선택 툴(◯)을 선택합니다. ❷ 포크 끝 부분을 드래그하여 둥글게 활성화합니다. ❸ 도구상자에서 컬러 스위치(⤢)를 선택합니다. ❹ 단축키 Alt + Delete 를 눌러 색상을 채워줍니다. ❺ 메뉴 바에서 [Edit] – [Stoke]를 선택합니다.

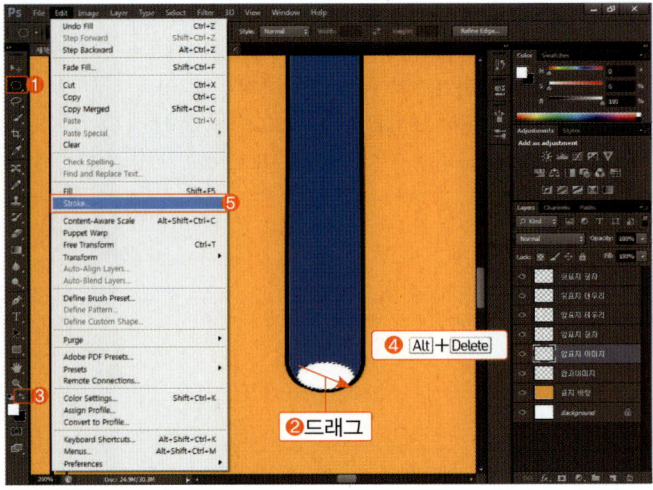

11 [Stroke] 대화상자에서 ❶ Width 값을 '3px'로, ❷ Color를 '#000000'으로, ❸ Location을 'Inside' 로 설정한 후, ❹ [OK] 버튼을 클릭합니다.

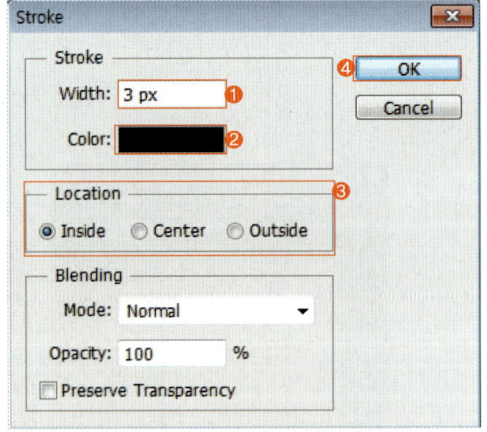

12 나머지 이미지들도 01~11을 참고하여 그림과 같이 만들어 주세요.

 Path가 보여서 작업 시 불편하다면, Path 패널의 Path 레이어를 삭제하세요.

Step 02 테두리 그리기

01 ❶ 도구상자에서 브러시 툴(🖌)을 선택합니다. 상단 옵션 바의 ❷ [Brush Preset Piker]를 선택하여 ❸ 'Hard Round' 브러시를 선택하고, ❹ Size 값을 '3px'로 입력합니다. ❺ '앞표지 테두리' 레이어를 선택합니다.

02 ❶ 도구상자에서 펜 툴(✒)을 선택하고, ❷ 상단 옵션 바의 [Mode]를 'Path'로 설정합니다. ❸ 그림을 참고하여 테두리를 그려줍니다.

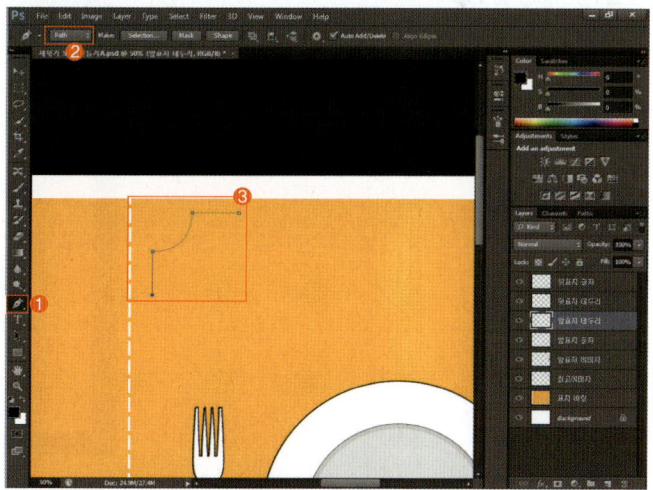

03 ❶ 패스 선택 툴(▶)을 선택합니다. ❷ 방금 그린 패스를 드래그하여 전체를 선택하고, ❸ Alt +Shift 키를 누른 상태에서 밑으로 드래그하여 복제합니다.

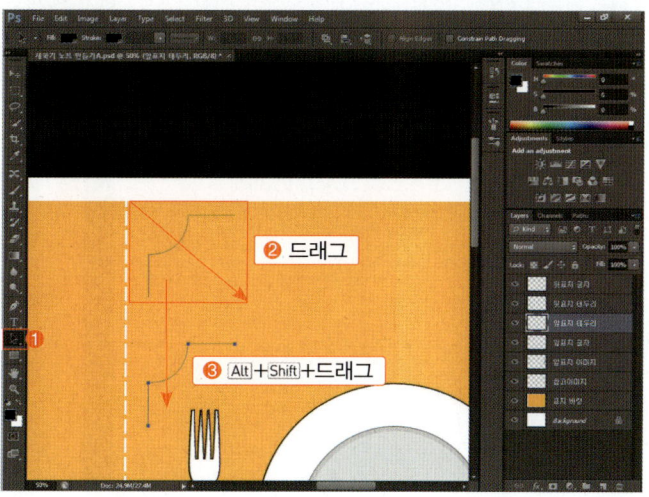

04 메뉴 바에서 [Edit] – [Transform Path] – [Flip Vertical]을 선택합니다.

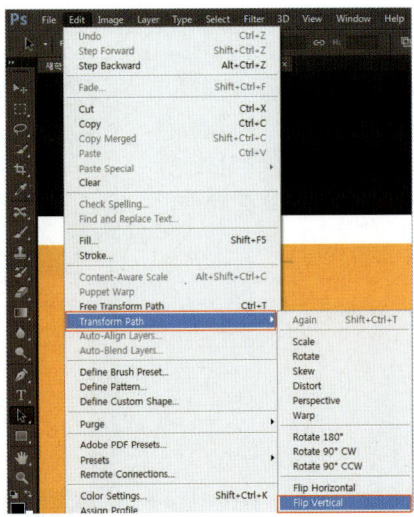

05 ❶ 반전된 패스를 Shift 키를 누른 상태로 드래그하여 이미지의 왼쪽 밑으로 이동시킵니다. ❷ 두 개의 패스를 드래그하여 선택합니다. ❸ Alt + Shift 키를 누른 상태에서 오른쪽으로 드래그하여 복제합니다.

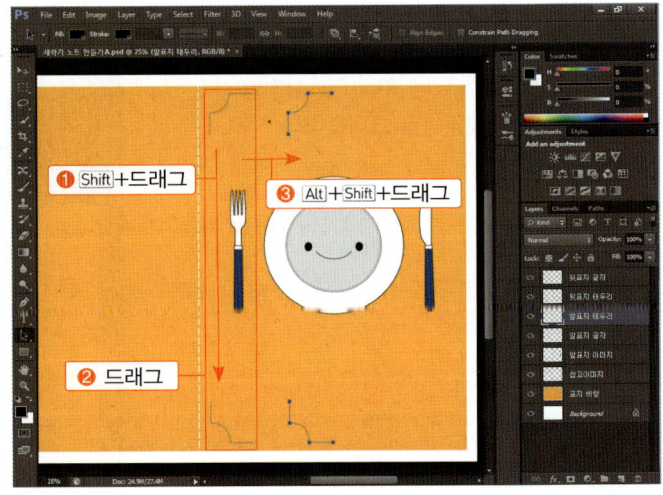

06 메뉴 바에서 [Edit] – [Transform Path] – [Flip Horizontal]을 선택합니다.

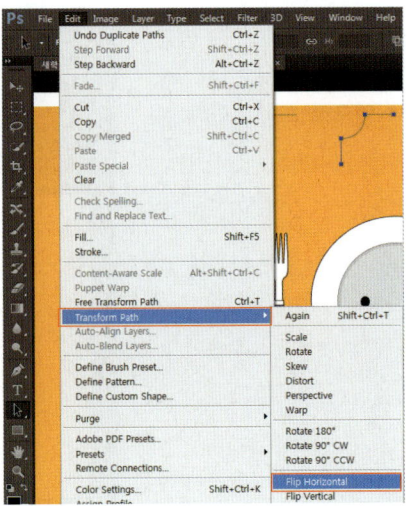

07 ❶ 반전된 패스를 Shift 키를 누른 상태로 드래 그하여 오른쪽으로 이동시킵니다. ❷ 도구상자에 서 펜 툴(✎)을 선택합니다.

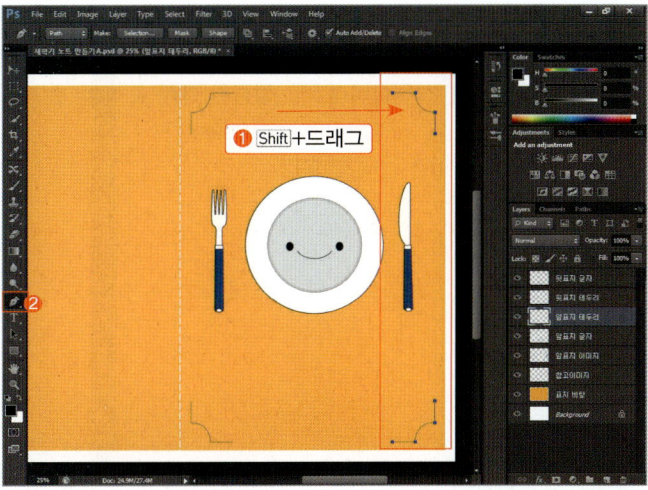

08 각 패스의 ❶ 끝과 ❷ 끝을 클릭하여 이어줍 니다. 연결되지 않은 다른 패스들도 같은 방법으로 클릭하여 이어줍니다. ❸ 작업 창에서 마우스 오른 쪽 버튼을 클릭합니다. ❹ 팝업 메뉴에서 'Stroke Path'를 선택합니다.

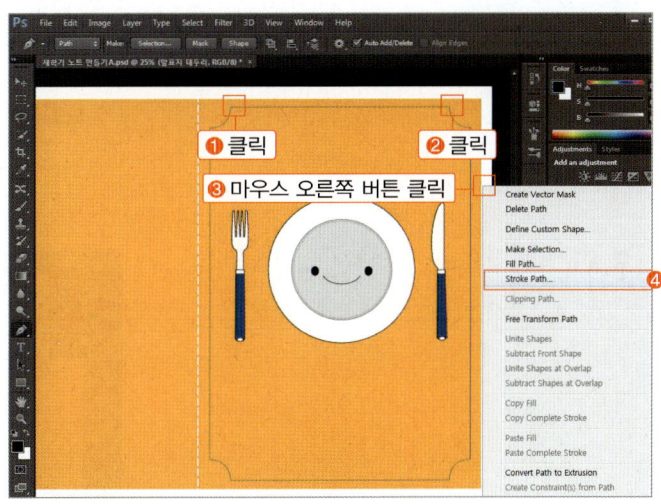

09 [Stoke Path] 대화상자에서 ❶ Tool을 'Brush'로 설정하고, ❷ [OK] 버튼을 클릭합니다.

 01에서 설정한 브러시 옵션이 적용됩니다.

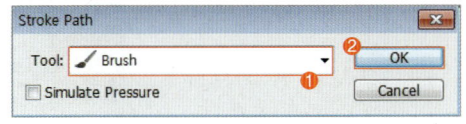

10 ❶ 작업 창에서 마우스 오른쪽 버튼을 클릭 합니다. ❷ 팝업 메뉴에서 'Delete Path'를 선택합 니다.

11 도구상자에서 빠른 선택 툴( )을 길게 선택하면 숨어있는 도구 리스트를 볼 수 있는데, ❶ 그 중 마술봉 툴( )을 선택합니다. ❷ 생성한 테두리 안쪽을 클릭합니다. ❸ 메뉴 바에서 [Select] − [Modify] − [Contract]를 선택합니다.

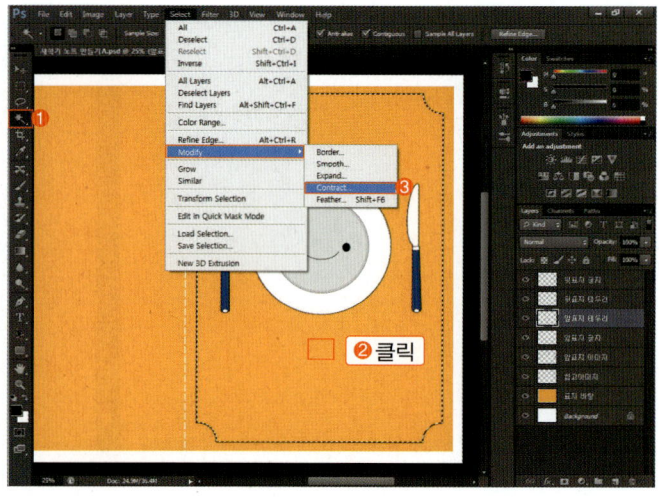

12 [Contract Selection] 대화상자에서 ❶ Contract By 값을 '15 Pixels'로 입력하고, ❷ [OK] 버튼을 클릭합니다.

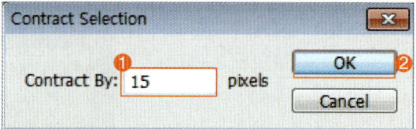

13 메뉴 바에서 [Edit] − [Stoke]를 선택합니다.

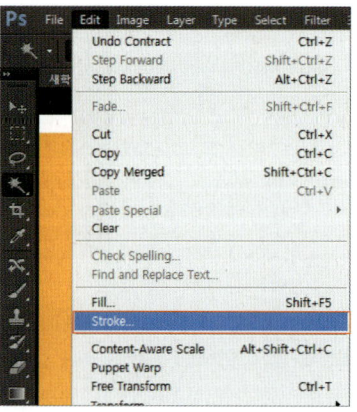

14 [Stoke] 대화상자에서 ❶ Width 값을 '1px'로, Color를 '#000000'로, Location을 'Inside'로 설정하고, ❷ [OK] 버튼을 클릭합니다.

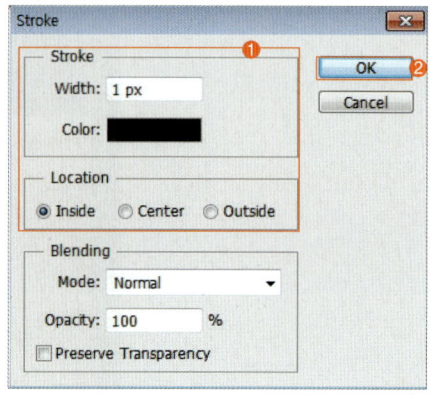

Step 03 글자 넣기

01 ❶ '앞표지 글자' 레이어를 선택합니다. ❷ 도구상자에서 컬러 디폴트(■)를 선택한 후, ❸ 가로 문자 툴(**T**)을 선택합니다. ❹ 작업 창을 클릭하여, 'Mathematics'라고 입력합니다. 단축키 Ctrl +A를 눌러 블록을 지정합니다. ❺ 상단 옵션 바의 [Font Family], [Font Size]를 이미지에 어울리도록 변경합니다. ❻ '앞표지 글자' 레이어를 선택합니다.

Step 04 표지 마무리하기

01 ❶ '뒤표지 테두리' 레이어를 선택합니다. ❷ Step 02 테두리 그리기의 01~13과 같은 방법으로 그림을 참고하여 테두리를 그려줍니다. ❸ 도구상자에서 마술봉 툴(✦)을 선택합니다. ❹ 뒤표지의 테두리를 클릭하여 활성화합니다.

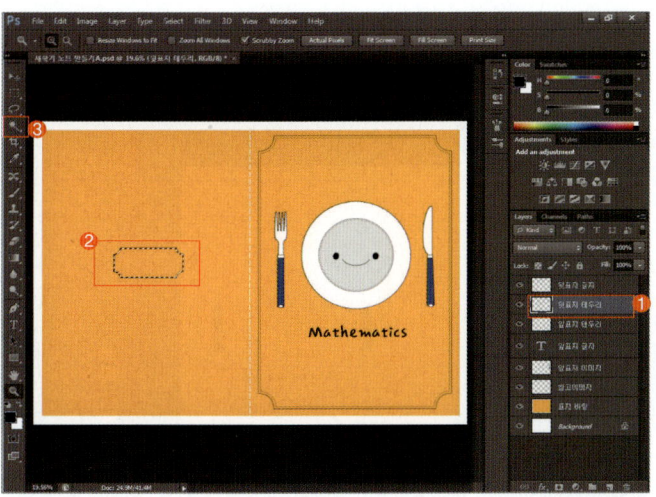

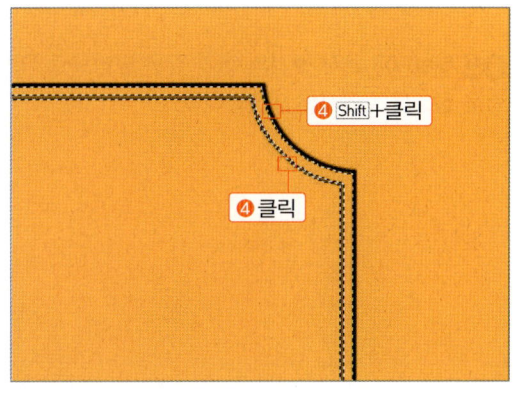

02 메뉴 바에서 [Select] − [Modify] − [Expand]를 선택합니다.

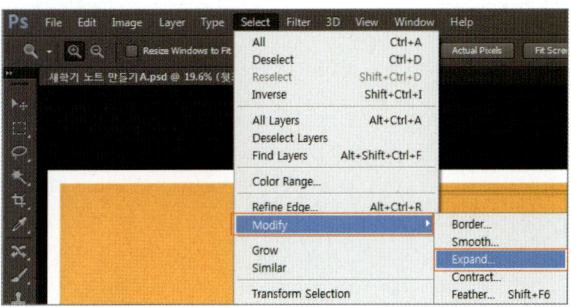

03 [Expand Selection] 대화상자에서 ❶ Expand By 값을 '2 Pixels'로 입력하고, ❷ [OK] 버튼을 클릭합니다.

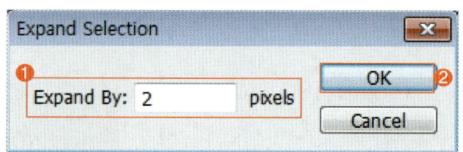

04 ❶ '앞표지 테두리' 레이어를 선택합니다. ❷ 도구상자에서 컬러 스위치( )를 선택하고, ❸ 단축키 Alt + Delete 를 눌러 색상을 채워줍니다.

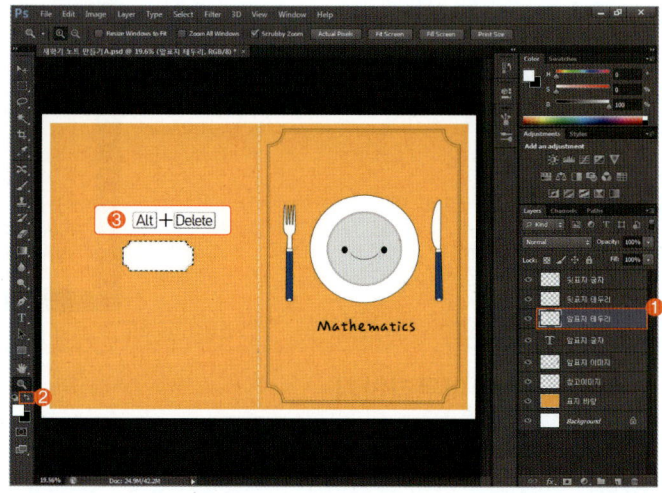

05 Step 03 글자 넣기의 01과 같은 방법으로 그림을 참고하여 글자를 입력합니다.

Step 05 내지 만들기

01 메뉴 바에서 [File] – [Open](단축키 Ctrl+O)을 선택하여 〈Sample/63/새 학기 노트 만들기 B.psd〉 파일을 엽니다. ❶ '내지 선' 레이어를 선택합니다. 도구상자에서 사각형 툴(▢)을 길게 선택하면 숨어있는 도구 리스트를 볼 수 있는데, ❷ 그 중 선 툴(╱)을 선택합니다. ❸ 상단 옵션 바의 [Mode]를 'Pixels'로 설정합니다. ❹ Shift 키를 누른 상태로 노트의 줄 길이만큼 드래그합니다.

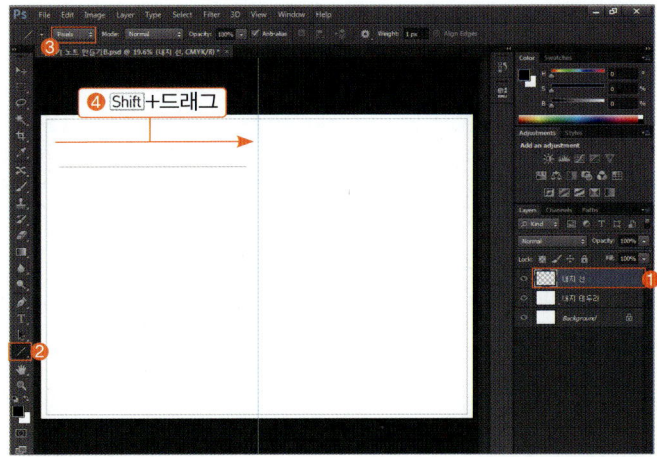

02 ❶ 도구상자에서 이동 툴(▶♦)을 선택합니다. ❷ Alt+Shift 키를 누른 상태에서 아래로 드래그하여 복사하고, 계속 반복하여 노트의 줄을 만들어 줍니다. ❸ '내지 테두리' 레이어와 'Background'를 제외한 나머지 레이어를 전부 선택한 후, ❹ 상단 옵션 바의 [Distribute Vertical Centers] 버튼(▤)을 클릭합니다. ❺ 단축키 Ctrl+E를 눌러 레이어를 합쳐줍니다.

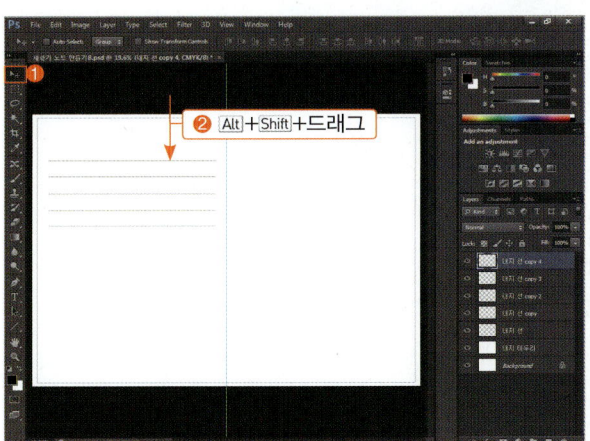

03 Alt+Shift 키를 누른 상태로 오른쪽으로 드래그하여 복사하면 완성입니다.

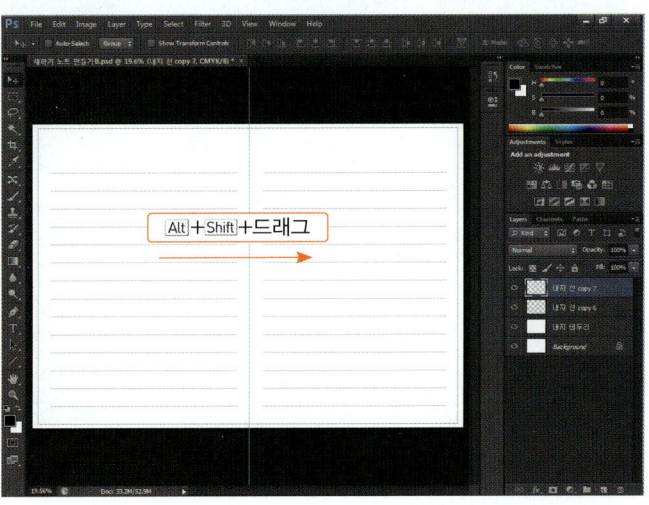

Section **64**

가족 달력 만들기

하루에도 몇 번씩 보게 되는 달력. 기억해야 할 일들을 체크하고, 기록해야 할 소중한 시간을 가족의 사진들로 만들어 걸어둔다면 꽤 의미 있는 디자인이 될 거예요! 가족 달력 만들기, 지금부터 시작해 볼까요?

- ◉ **[예제 파일]** Sample/64/가족 달력 만들기.psd
- ◉ **[완성 파일]** Sample/64/가족 달력 만들기.jpg

Step 01 달력 레이아웃 만들기

01 메뉴 바에서 [File] − [Open](단축키 Ctrl + O)을 선택하여 〈Sample/64/가족 달력 만들기.psd〉 파일을 엽니다. ❶ 도구상자에서 돋보기 툴(🔍)을 선택하고, ❷ 상단 옵션 바의 [Fit Screen](단축키 Ctrl + O)을 선택해 작업 창에 이미지 크기를 맞춥니다. ❸ 전경색을 선택합니다.

02 [Color Picker] 대화상자에서 ❶ 색상 값을 '#f0efef'로 입력하고, ❷ [OK] 버튼을 클릭합니다.

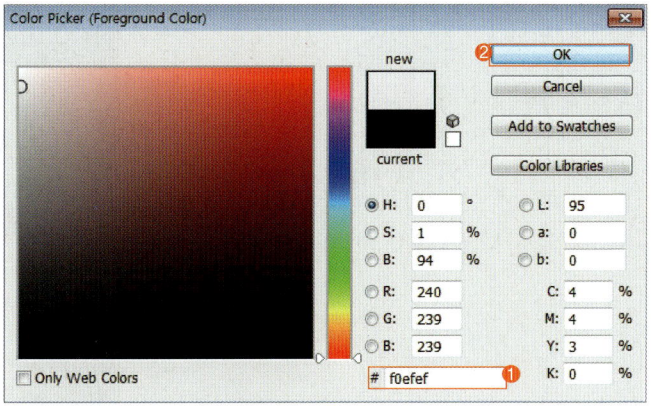

03 ❶ '테이블' 레이어를 선택합니다. 도구상자에서 사각형 툴(▢)을 길게 선택하면 숨어있는 도구 리스트를 볼 수 있는데, ❷ 그 중 둥근 사각형 툴(▢)을 선택합니다. ❸ 상단 옵션 바의 [Radius] 값을 '40px'로 입력합니다. ❹ 상단 옵션 바의 [Mode]를 'Pixels'로 설정합니다. ❺ 작업 창에서 이미지를 제외한 나머지 부분만큼 드래그하여 둥근 사각형을 그려줍니다. ❻ '테이블' 레이어의 여백을 더블클릭합니다.

04 [Layer Style] 대화상자에서 ❶ Stroke를 선택합니다. ❷ 옵션의 Size 값을 '15px'로, Position을 'Outside'로, ❸ Color를 '#59382d'로 설정하고 ❹ [OK] 버튼을 클릭합니다.

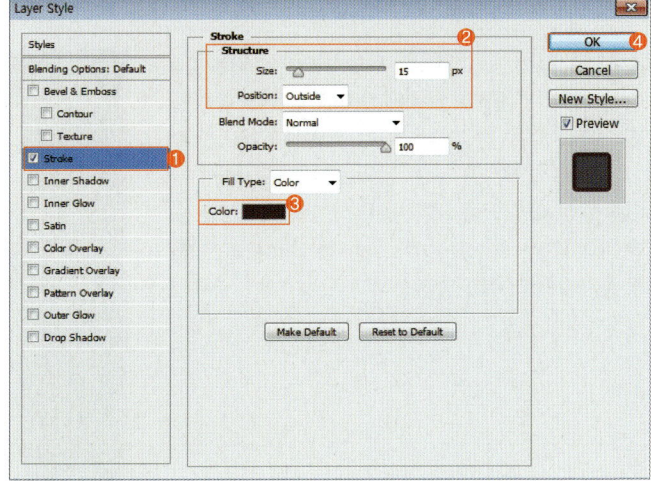

05 도구상자에서 사각형 툴(▣)을 길게 선택하면 숨어있는 도구 리스트를 볼 수 있는데, ❶ 그 중 선 툴(╱)을 선택합니다. ❷ 상단 옵션 바의 [Weight] 값을 '7px'로 입력합니다. ❸ Alt 키를 누르면 커서가 스포이트 툴(╱)로 바뀌게 되는데, '테이블' 레이어의 라인을 선택하여 색상을 추출합니다. ❹ '가로 라인' 레이어를 선택합니다.

06 ❶ Shift 키를 누른 상태에서 드래그하여 라인을 그려줍니다. ❷ 도구상자에서 이동 툴(▸)을 선택합니다. ❸ Alt 키를 누른 상태에서 아래로 드래그하여 복사합니다. 네 번 반복합니다. ❹ Ctrl 키를 누른 상태에서 '가로 라인' 이름을 가진 레이어를 모두 선택합니다.

07 ❶ 상단 옵션 바의 [Distribute Vertical Centers] 버튼(▤)을 클릭해 이미지를 정렬합니다. 05~06과 같은 방법으로 세로 라인을 6개 만들어줍니다. ❷ Ctrl 키를 누른 상태에서 '세로 라인' 이름을 가진 레이어를 모두 선택합니다. ❸ 상단 옵션 바의 [Distribute Horizontal Centers] 버튼(◫)을 클릭해 이미지를 정렬합니다.

08 ❶ Ctrl 키를 누른 상태에서 '라인' 이름을 가진 레이어를 모두 선택합니다. ❷ 단축키 Ctrl + E를 눌러 레이어를 합칩니다.

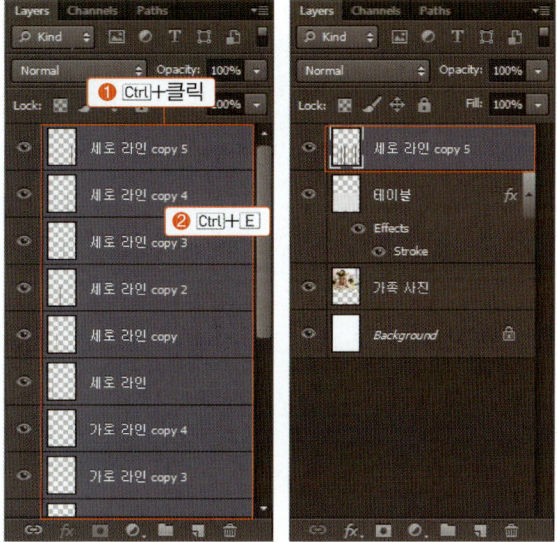

09 ❶ '세로 라인 copy 5' 레이어에서 마우스 오른쪽 버튼을 클릭합니다. ❷ 팝업 메뉴에서 'Create Clipping Mask'를 선택합니다.

10 ❶ Ctrl 키를 누른 상태로 '테이블' 레이어의 썸네일을 클릭합니다. ❷ 도구상자에서 네모 선택 툴(▣)을 선택합니다. ❸ Alt 키를 누른 상태로 테이블의 맨 윗줄을 제외한 나머지 부분을 드래그하여 활성화 영역을 축소합니다.

11 ❶ 전경색을 선택하여 색상 값을 '#cfa58c'로 설정합니다. ❷ '테이블' 레이어를 선택하고 ❸ 단축키 [Alt]+[Delete]를 눌러 색상을 채워줍니다. ❹ 메뉴 바에서 [Select] – [Deselect](단축키 [Ctrl]+[D])를 선택하여 활성화를 해제합니다.

Step 02 달력 문자 넣기

01 ❶ 도구상자에서 가로 문자 툴([T])을 선택합니다. ❷ 표의 첫 번째 칸을 클릭하여 'SUN'이라고 입력한 후, 단축키 [Ctrl]+[A]를 눌러 블록을 지정합니다. 상단 옵션 바의 ❸ [Font Family], [Font Size]를 어울리는 것으로 설정합니다. ❹ [Font Color]는 '#58372e'로 입력합니다.

02 ❶ 같은 방법으로 'MON', 'TUE', 'WED', 'THU', 'FRI', 'SAT', '2012.11'을 해당 자리에 입력합니다. ❷ '2012.11' 레이어의 여백을 더블클릭합니다.

03 [Layer Style] 대화상자에서 ❶ Stroke를 선택합니다. ❷ 옵션의 Size 값을 '10px'로, Position을 'Outside'로, ❸ Color를 '#ffffff'로 설정하고, ❹ [OK] 버튼을 클릭합니다.

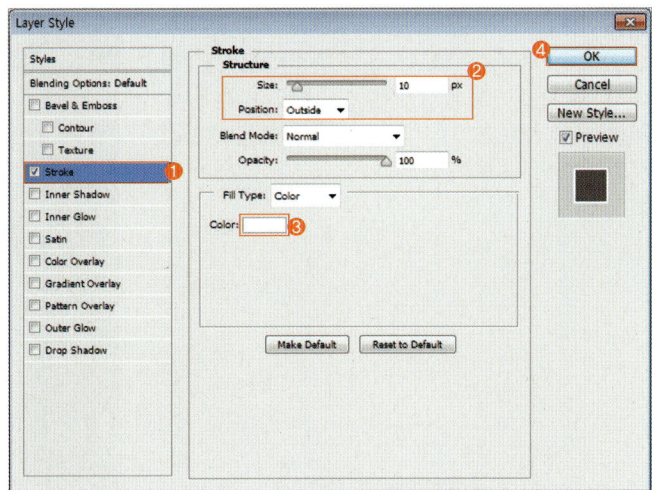

04 ❶ 표의 두 번째 줄을 클릭한 후, 01과 같은 방법으로 '1'을 입력합니다. ❷ 도구상자에서 이동 툴(▶)을 선택합니다. ❸ Alt + Shift 키를 누른 상태에서 오른쪽으로 드래그하여 복사합니다. 한 번 더 반복합니다.

05 ❶ 도구상자에서 가로 문자 툴(T)을 선택합니다. ❷ 'FRI' 글자 아래 있는 '1'을 드래그하여 블록을 지정하고, '2'라고 입력합니다. 같은 방법으로 나머지 날짜를 모두 입력합니다.

 문자 위에 마우스를 가져다 대면 커서가 변하는데, 그때 드래그하면 문자를 수정할 수 있습니다.

06 ❶ 도구상자에서 이동 툴()을 선택합니다. ❷ 문자 '3' 위에서 마우스 오른쪽 버튼을 클릭합니다. ❸ 팝업 메뉴에서 '3'을 선택합니다. ❹ Shift 키를 누른 상태로 '10', '17', '10', '24' 레이어를 선택합니다.

07 ❶ 도구상자에서 가로 문자 툴()을 선택합니다. 상단 옵션 바의 ❷ [Font Color]를 '#07849a'로 입력합니다. ❸ 일요일에 해당하는 날짜들도 같은 방법을 이용하여 수정하면 완성입니다.

잠깐 일요일의 색상 값은 '#f24614'입니다.

링크 이미지 위젯 만들기

위젯은 사용자가 자주 사용하는 기능들을 바로 보거나 사용할 수 있도록 모아놓은 미니 응용 프로그램입니다. 온라인 카페나 블로그의 하단에 링크시켜 뉴스나 날씨, 달력 등을 표시해 놓죠. 우리는 포토샵을 이용해 간단하게 만들 수 있는 링크 이미지 위젯을 만들어 볼 거예요! 네이버 블로그에 설치하는 방법도 함께 알아보기로 해요.

- ⦿ **[예제 파일]** Sample/65/링크 이미지 위젯 만들기.psd
  Sample/65/링크 이미지 위젯 만들기P.jpg
- ⦿ **[완성 파일]** Sample/65/링크 이미지 위젯 만들기.jpg

Step 01 테두리 만들기

01 메뉴 바에서 [File] – [Open](단축키 Ctrl+O)을 선택하여 〈Sample/65/링크 이미지 위젯 만들기.psd〉 파일을 엽니다. ❶ 도구상자에서 돋보기 툴(🔍)을 선택하고, ❷ 상단 옵션 바의 [Fit Screen](단축키 Ctrl+O)을 선택해 작업 창에 이미지 크기를 맞춥니다. ❸ 도구상자에서 컬러 디폴트(■)를 선택합니다.

02 ❶ 도구상자에서 브러시 툴(✏)을 선택합니다. ❷ 상단 옵션 바의 [Brush Preset Piker]를 선택합니다. ❸ 브러시 리스트에서 'Hard Round' 브러시를 선택합니다. ❹ Size 값을 '1px'로 입력합니다.

03 ❶ '테두리 만들기' 레이어를 선택합니다. 도구 상자에서 사각형 툴(▢)을 길게 선택하면 숨어있는 도구 리스트를 볼 수 있는데, ❷ 그 중 둥근 사각형 툴(▢)을 선택합니다. ❸ 상단 옵션 바의 [Mode]를 'Path'로 설정합니다. ❹ 상단 옵션 바의 [Radius] 값을 '10px'로 입력합니다. ❺ 작업 창에 그림과 같이 드래그하여 둥근 사각형을 만들어 줍니다.

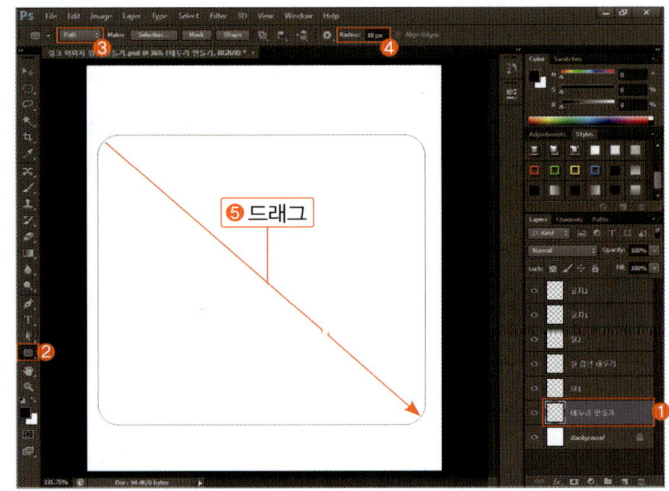

04 도구상자에서 패스 선택 툴(▶)을 길게 선택하면 숨어있는 도구 리스트를 볼 수 있는데, ❶ 그 중 직접 선택 툴(▷)을 선택합니다. ❷ 그림과 같이 왼쪽 상단 모서리의 앵커 포인트를 드래그한 후, Delete키를 누릅니다.

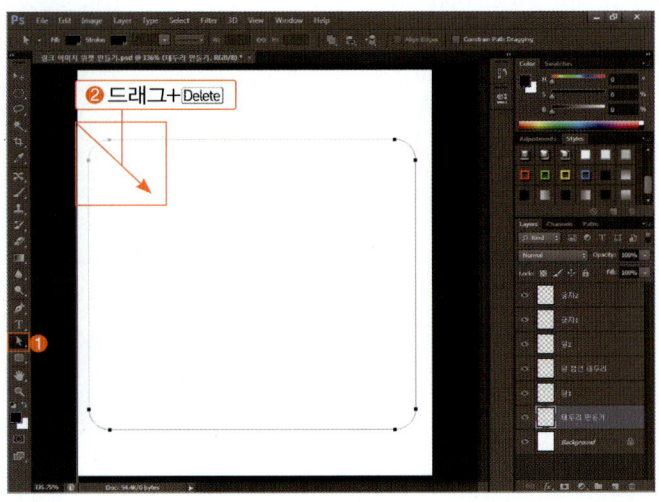

05 ❶ 도구상자에서 펜 툴( )을 선택합니다.
❷ 패스의 끝점을 클릭한 후 그림을 참고하여 그
려줍니다. ❸ 작업 창에서 마우스 오른쪽 버튼을
클릭합니다. ❹ 팝업 메뉴에서 'Stoke Path'를 선
택합니다. [Stroke Path] 대화상자에서 ❺ Tool을
'Brush'로 설정하고, ❻ [OK] 버튼을 클릭합니다.

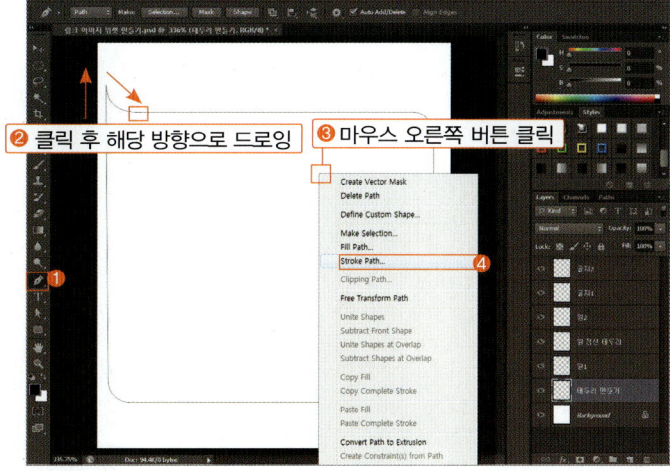

06 도구상자에서 빠른 선택 툴( )을 길게 선택
하면 숨어있는 도구 리스트를 볼 수 있는데, ❶ 그
중 마술봉 툴( )을 선택합니다. ❷ 이때 상단 옵
션 바의 [Contiguous]가 꼭 체크되어 있어야 합니
다. ❸ 그림을 참고하여 해당 부분을 클릭해 활성
화합니다. ❹ 메뉴 바에서 [Select] – [Modify] –
[Contract]를 선택합니다.

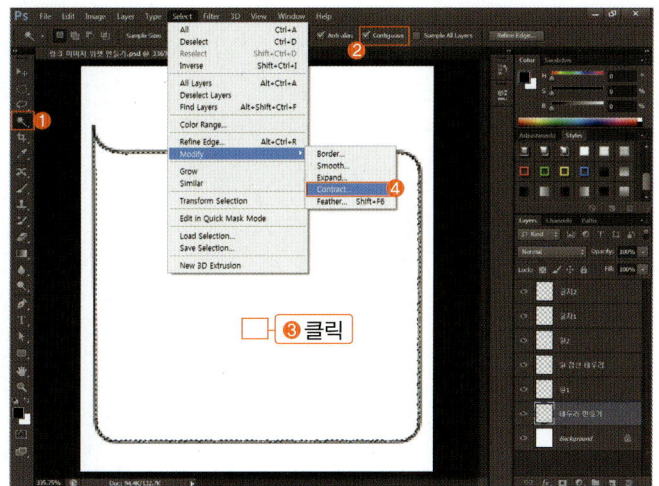

07 [Contract Selection] 대화상자에서 ❶
Contract By 값을 '3 pixels'로 입력하고, ❷ [OK]
버튼을 클릭합니다.

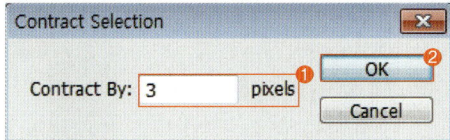

Step 02 이미지 꾸미기

01 메뉴 바에서 [File] – [Open](단축키 Ctrl+O)을 선택하여 〈Sample/65/링크 이미지 위젯 만들기 P.jpg〉 파일을 엽니다. ❶ 단축키 Ctrl+A를 눌러 이미지 전체를 활성화한 후, ❷ 단축키 Ctrl+C를 눌러 이미지를 복사합니다.

02 ❶ '네이버 블로그 위젯 만들기.psd' 이미지 탭을 클릭합니다. ❷ 메뉴 바에서 [Edit] – [Paste Special] – [Paste Into](단축키 Alt+Shift+Ctrl+V)를 선택합니다.

03 ❶ '원1' 레이어를 선택합니다. 도구상자에서 사각형 툴(■)을 길게 선택하면 숨어있는 도구 리스트를 볼 수 있는데, ❷ 그 중 원형 툴(●)을 선택합니다. ❸ 상단 옵션 바의 [Mode]를 'Pixels'로 설정합니다. ❹ 전경색을 선택해 색상 값을 '#ee6d68'로 입력합니다.

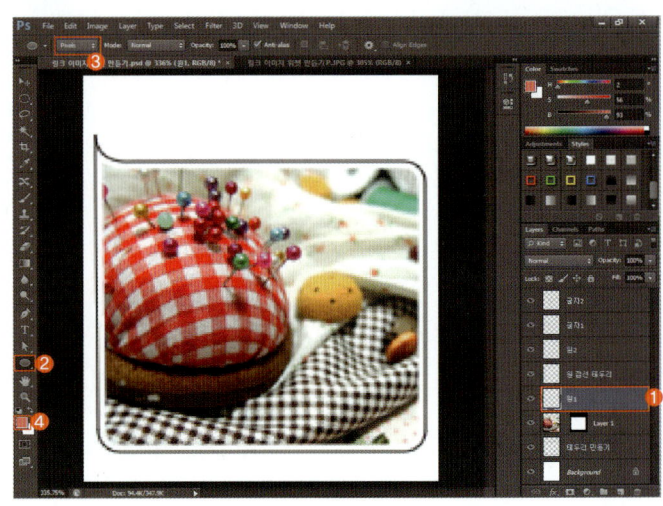

04 ❶ Shift 키를 누른 상태로 정원을 그립니다. ❷ 상단 옵션 바의 [Mode]를 'Shape'로 설정합니다. ❸ Fill의 색상 값은 'No Color'로, ❹ Stoke의 색상 값은 '#ee6d68'로, ❺ Stroke Width는 '1px'로, ❻ Stroke Type은 ❼ '굵은 점선'으로 설정합니다. ❽ '원 점선 테두리' 레이어를 선택합니다.

05 ❶ Shift 키를 누른 상태로 드래그하여 '원1' 레이어의 원보다 큰 정원을 그립니다. ❷ 상단 옵션 바의 [Mode]를 'Pixels'로 설정합니다. ❸ '원2' 레이어를 선택합니다. ❹ 전경색을 선택해 색상 값을 '#ffc90c'로 입력합니다.

06 ❶ Shift 키를 누른 상태로 드래그하여 작은 정원을 그립니다. ❷ '원2' 레이어의 여백을 더블클릭합니다.

07 [Layer Style] 대화상자에서 ❶ Stroke를 선택합니다. ❷ 옵션의 Size 값을 '2px'로, Position을 'Outside'로, ❸ Color를 '#4a3021'로 설정하고, ❹ [OK] 버튼을 클릭합니다.

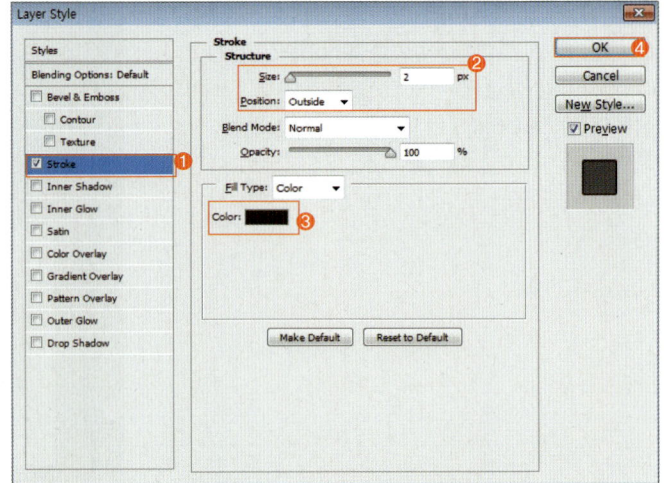

08 '글자1' 레이어를 선택합니다. 도구상자에서 컬러 디폴트(■)를 선택한 후, ❸ 가로 문자 툴(T)을 선택합니다. ❹ 작업 창을 클릭하여, 'sewing Tea' 라고 입력합니다. 단축키 Ctrl+A를 눌러 블록을 지정합니다. ❺ 상단 옵션 바의 [Font Family]와 [Font Size]를 이미지에 어울리는 설정으로 변경합니다.

09 ❶ '글자2' 레이어를 선택합니다. ❷ 08과 같은 방법으로 'GO' 글자를 만들어 주면 완성입니다.

Step 03 네이버 블로그에 위젯 등록하기

01 ❶ 블로그에 위젯으로 등록할 이미지를 업로드한 후, 이미지 위에서 마우스 오른쪽 버튼을 클릭합니다. ❷ 팝업 메뉴에서 '속성'을 선택합니다.

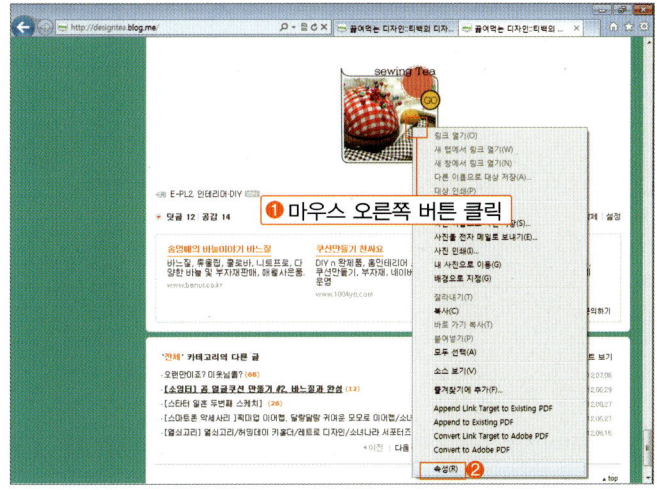

02 ❶ [속성]에서 주소(URL)를 드래그한 후 마우스 오른쪽 버튼을 클릭합니다. ❷ 팝업 메뉴에서 '복사'를 선택합니다.

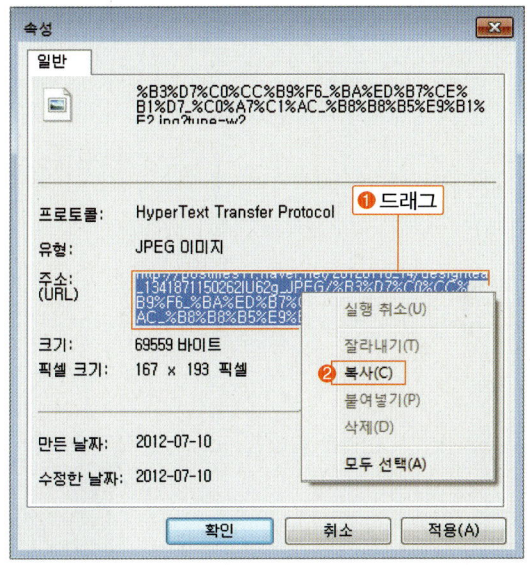

03 메모장을 실행시켜 메뉴 바에서 [파일] – [열기]를 선택하여 〈Sample/06_BT003/링크 태그.txt〉 파일을 엽니다. ❶ '이미지 주소'라고 적혀진 곳을 드래그한 후 마우스 오른쪽 버튼을 클릭합니다. ❷ 팝업 메뉴에서 '붙여넣기'를 선택합니다. 링크 주소에는 링크될 URL을 입력합니다. 단축키 Ctrl+A를 눌러 전체를 블록으로 지정한 후, 복사(단축키 Ctrl+C)합니다.

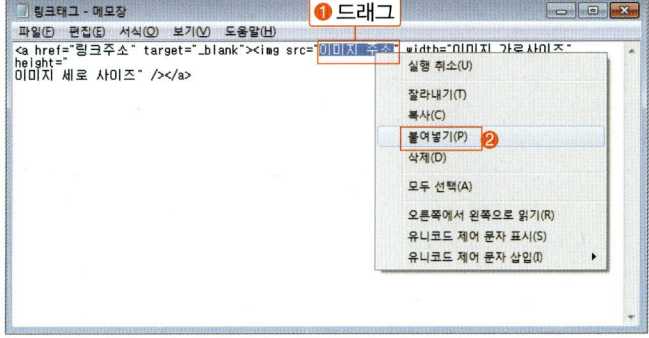

04 네이버 블로그의 [관리] 메뉴를 클릭합니다.

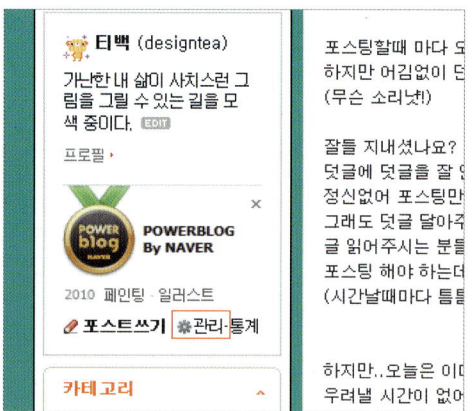

05 [레이아웃 위젯 설정]을 클릭합니다.

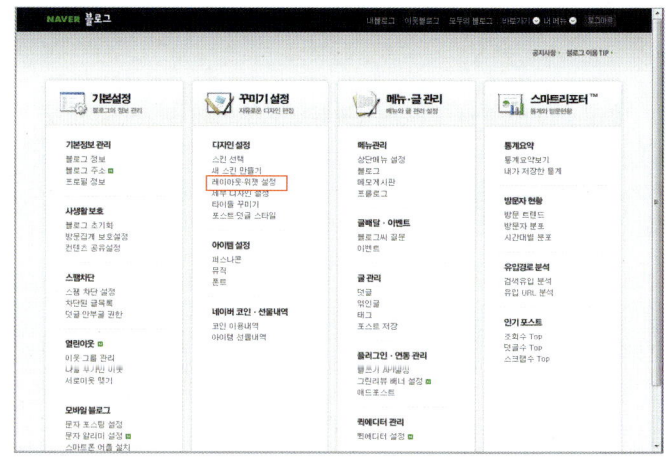

06 [위젯직접등록 BETA] 버튼을 클릭합니다.

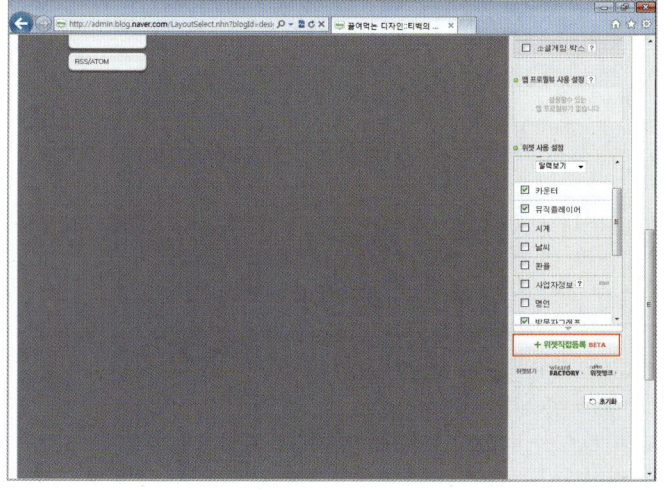

07 ❶ 위젯코드입력란에 복사한 태그를 붙여 넣습니다. ❷ [다음] 버튼을 클릭합니다.

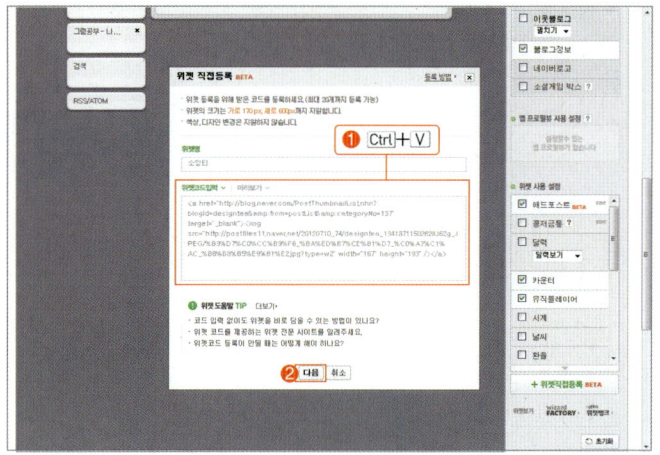

08 위젯 이미지를 확인할 수 있습니다.

블로그 스킨 디자인

예전에는 미니홈피가 대세였다면, 요즘은 블로그가 대세! 그동안 다른 사람들이 만들어 놓은 획일화된 디자인으로 블로그를 꾸며왔다면, 이제는 나만의 특별한 디자인을 적용해 블로그를 예쁘게 꾸며보아요!

◉ **[예제 파일]** Sample/66/블로그 스킨 디자인.psd
◉ **[완성 파일]** Sample/66/블로그 스킨 디자인.jpg

Step 01 이미지 다듬기

01 메뉴 바에서 [File] – [Open](단축키 Ctrl +O)을 선택하여 〈Sample/66/블로그 스킨 디자인.psd〉 파일을 엽니다. ❶ 도구상자에서 돋보기 툴(🔍)을 선택하고, ❷ 상단 옵션 바의 [Fit Screen](단축키 Ctrl+O)을 선택해 작업 창에 이미지 크기를 맞춥니다.

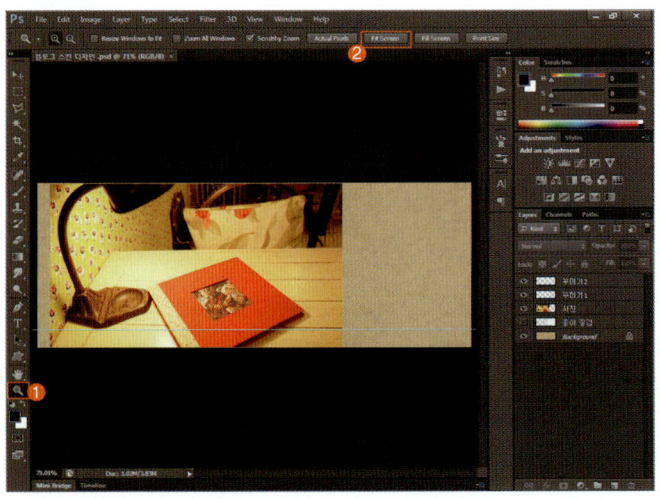

02 ❶ '사진' 레이어를 선택합니다. ❷ 메뉴 바에서 [Image] – [Adjustments] – [Photo Filter]를 선택합니다.

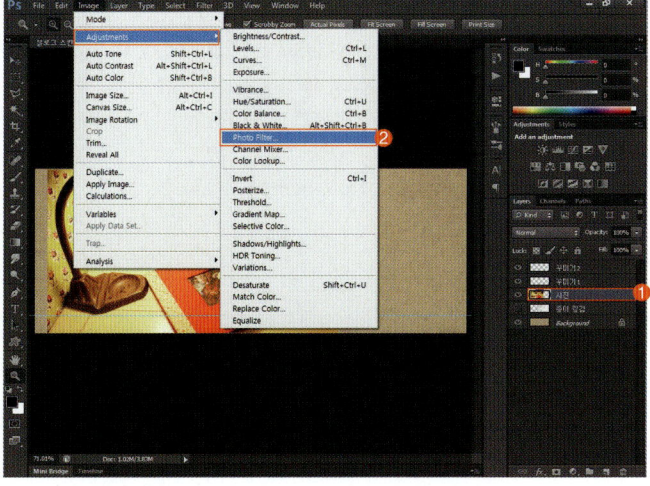

03 [Photo Filter] 대화상자에서 ❶ Use의 Filter를 'Cooling Filter(82)'로 설정하고, ❷ [OK] 버튼을 클릭합니다.

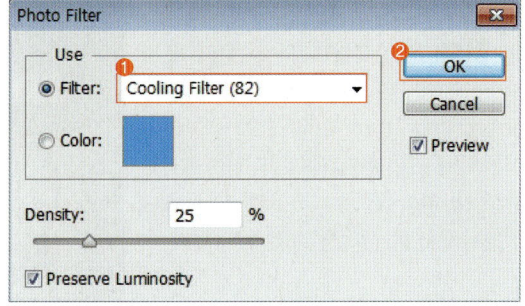

04 메뉴 바에서 [Image] – [Adjustments] – [Levels](단축키 Ctrl+L)를 선택합니다. ❶ Histogram 하단 슬라이더의 값을 각각 '8', '1.20', '255'로 입력합니다. ❷ Channel을 'Red'로 설정합니다. ❸ Histogram 하단 슬라이더의 값을 각각 '0', '0.70', '255'로 입력합니다. ❹ Channel을 'Blue'로 설정합니다. ❺ Histogram 하단 슬라이더의 값을 각각 '0', '1.32', '255'로 입력하고, ❻ [OK] 버튼을 클릭합니다.

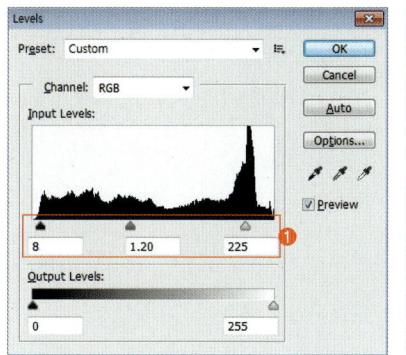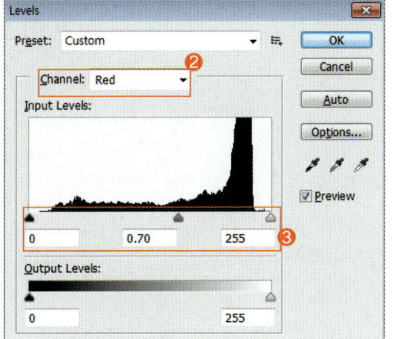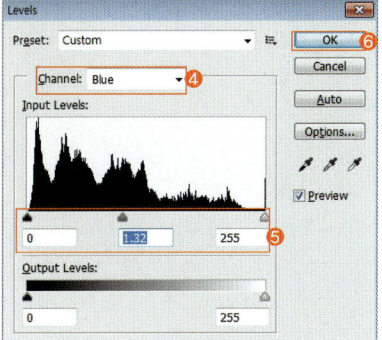

05 메뉴 바에서 [Image] – [Adjustments] – [Hue/Saturation](단축키 Ctrl+U)을 선택합니다. [Hue/Saturation] 대화상자에서 ❶ Saturation 값을 '−22'로 입력하고, ❷ [OK] 버튼을 클릭합니다.

잠깐 이미지가 바뀌는 모습을 보며 슬라이더를 움직여 보 정해도 좋습니다.

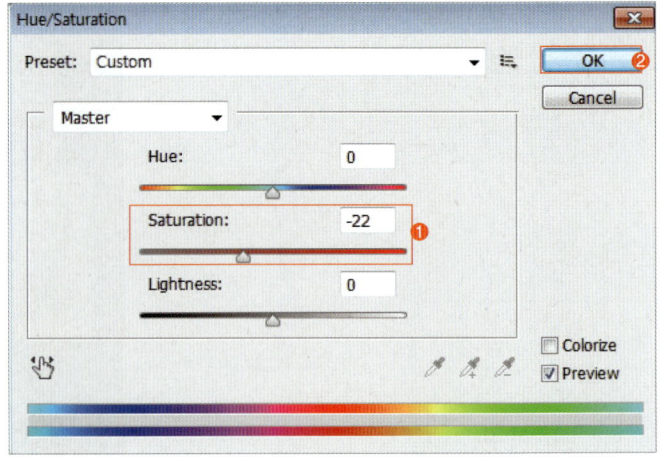

06 도구상자에서 사각형 툴(▢)을 길게 선택하면 숨어있는 도구 리스트를 볼 수 있는데, ❶ 그 중 둥근 사각형 툴(▢)을 선택합니다. ❷ 상단 옵션 바의 [Mode]를 'Path'로 설정합니다. ❸ 상단 옵션 바의 [Radius] 값을 '10px'로 입력합니다. ❹ 작업 창에서 이미지의 크기에 맞게 드래그합니다. ❺ 마우스 오른쪽 버튼을 클릭합니다. ❻ 팝업 메뉴에서 'Make Selection'을 선택합니다.

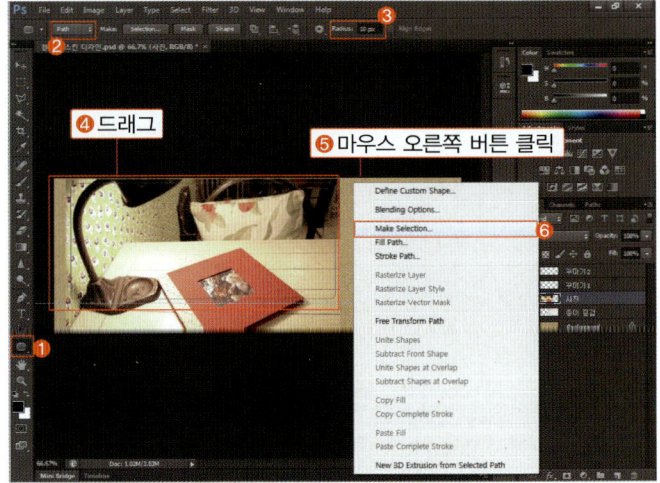

07 [Make Selection] 대화상자가 뜨면 [OK] 버튼을 클릭합니다.

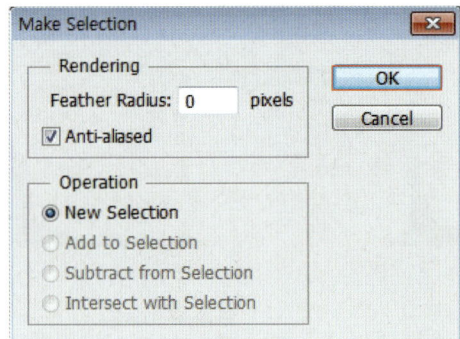

Step 02 이미지 효과내기

01 ❶ 메뉴 바에서 [Select] − [Inverse](단축키
Shift+Ctrl+I)를 선택합니다. ❷ Delete 키를 눌러
활성화 영역의 이미지를 지웁니다. ❸ 메뉴 바에서
[Select] − [Deselect](단축키 Ctrl+D)를 선택하
여 활성화를 해제합니다.

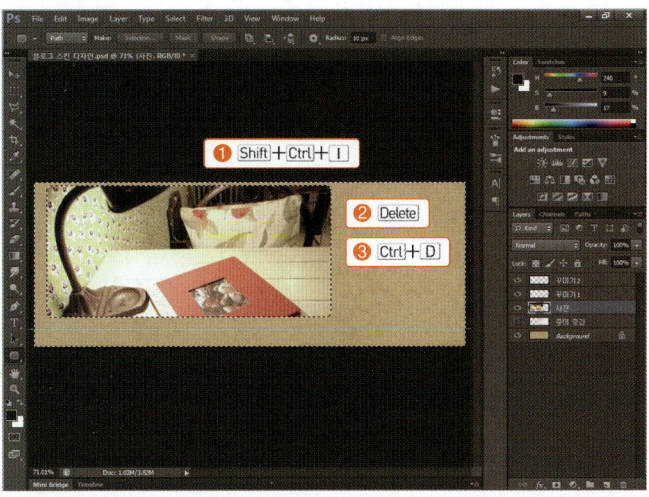

02 ❶ 메뉴 바에서 [Edit] − [Free Transform](단
축키 Ctrl+T)를 선택합니다. ❷ Shift 키를 누른
상태에서 변환 박스 모서리를 클릭한 후 안쪽으로
드래그하여 크기를 조절합니다. Enter 키를 누릅니
다. ❸ '사진' 레이어의 여백을 더블클릭합니다.

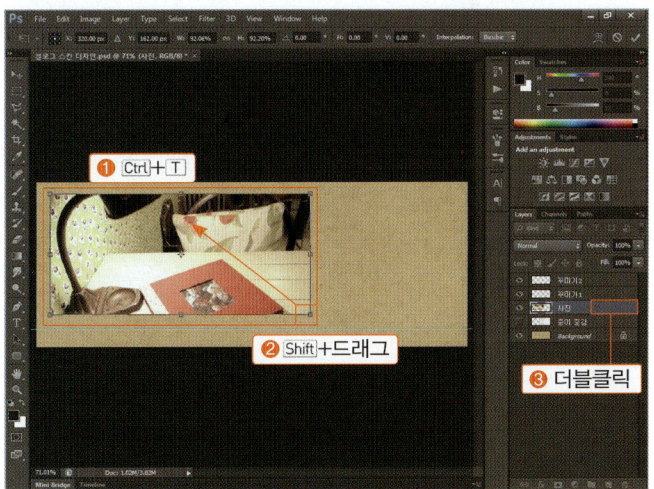

03 [Layer Style] 대화상자에서 ❶ Stroke를 선
택합니다. ❷ 옵션의 Size 값을 '5px'로, Position
을 'Outside'로, ❸ Color를 '#ffffff'로 설정하고, ❹
[OK] 버튼을 클릭합니다.

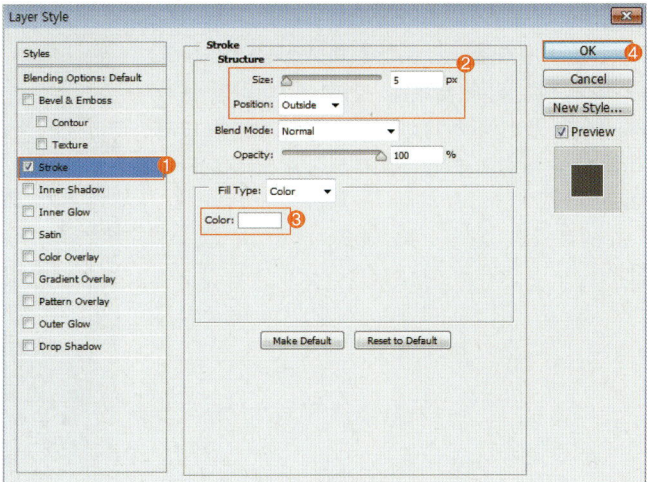

04 ❶ '사진' 레이어에서 마우스 오른쪽 버튼을 클릭합니다. ❷ 팝업 메뉴에서 'Rasterize Layer Style'을 선택합니다. ❸ '사진' 레이어의 여백을 더블클릭합니다.

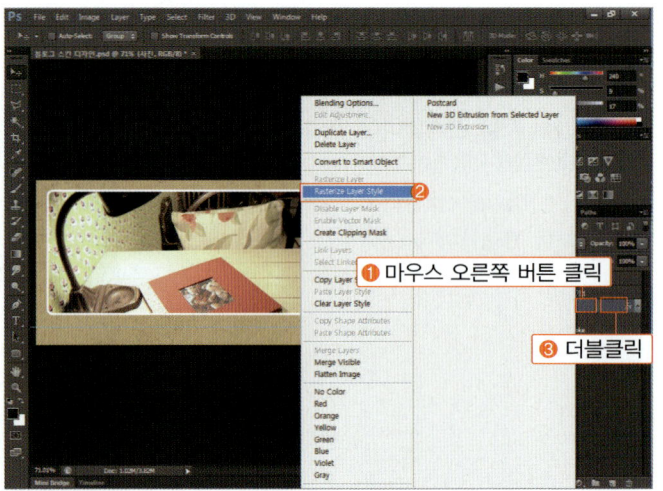

05 [Layer Style] 대화상자에서 ❶ Stroke를 선택합니다. ❷ 옵션의 Size 값을 '1px'로, Position을 'Outside'로, ❸ Color를 '#000000'으로 설정하고, ❹ [OK] 버튼을 클릭합니다.

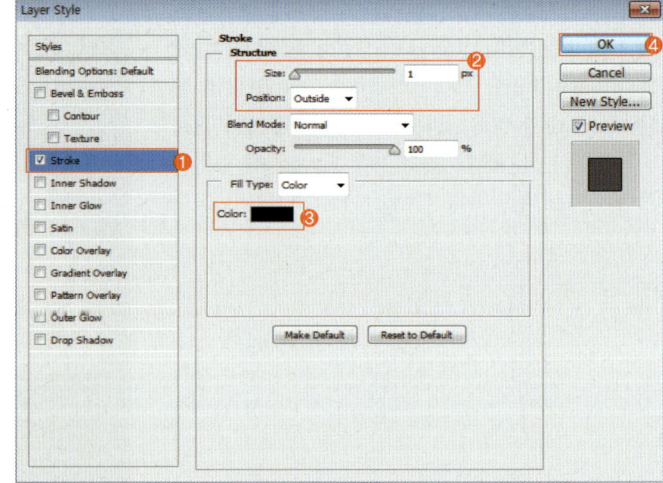

06 ❶ '꾸미기1' 레이어를 선택합니다. 도구상자에서 올가미 툴(◯)을 길게 선택하면 숨어있는 도구 리스트를 볼 수 있는데, ❷ 그 중 다각형 올가미 툴(◯)을 선택합니다. ❸ 이미지의 오른쪽 모서리를 그림과 같이 드래그하여 활성화 영역을 만들어줍니다.

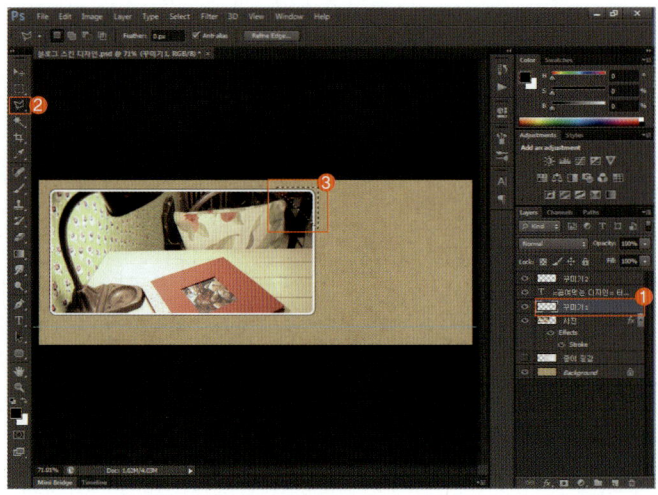

07 ❶ 도구상자에서 스포이트 툴(✒)을 선택합니다. ❷ 이미지의 분홍색 책의 색상을 추출하고, ❸ 단축키 [Alt]+[Delete]를 눌러 활성화 영역에 색상을 채웁니다. ❹ '꾸미기1' 레이어의 여백을 더블클릭합니다.

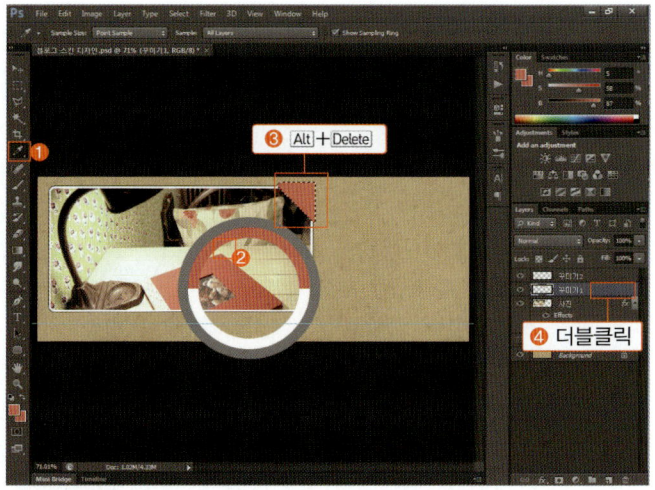

08 [Layer Style] 대화상자에서 ❶ Stroke를 선택합니다. ❷ 옵션의 Size 값을 '1px'로, Position을 'Outside'로, ❸ Color를 '#282828'로 설정하고, ❹ [OK] 버튼을 클릭합니다. ❺ 메뉴 바에서 [Select] – [Deselect](단축키 [Ctrl]+[D])를 선택하여 활성화를 해제합니다.

09 ❶ 도구상자에서 가로 문자 툴(T)을 선택합니다. ❷ 작업 창을 클릭하여 본인의 블로그 이름과 주소를 입력합니다. ❸ 방금 입력한 텍스트 레이어를 선택합니다. ❹ 상단 옵션 바의 [Font Family]와 [Font Size]를 이미지와 어울리게 변경하고, ❺ [Font Color]를 '#000000'으로 입력합니다.

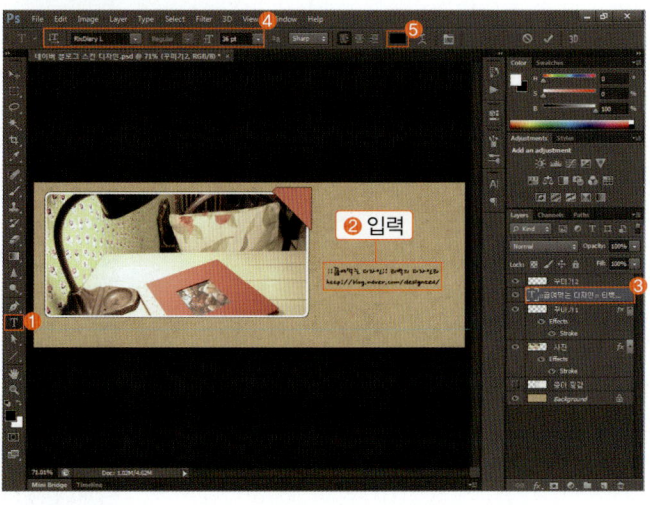

10 ❶ '꾸미기2' 레이어를 선택합니다. 도구상자에서 사각형 툴(▣)을 길게 선택하면 숨어있는 도구 리스트를 볼 수 있는데, ❷ 그 중 커스텀 셰이프 툴(▨)을 선택합니다. ❸ 도구상자에서 컬러 디폴트(▣)와 컬러 스위치(⬚)를 선택합니다. ❹ 상단 옵션 바에서 [Mode]를 'Pixels'로 설정합니다. ❺ 작업 창에서 마우스 오른쪽 버튼을 클릭합니다. ❻ 셰이프 리스트에서 오른쪽 윗부분의 톱니바퀴 모양 아이콘(⚙)을 클릭하고, ❼ 팝업 메뉴에서 'All'을 선택합니다. ❽ 다시 작업 창에서 마우스 오른쪽 버튼을 클릭합니다. ❾ 셰이프 리스트에서 'Home'을 선택합니다. ❿ 작업 창의 오른쪽 중간 부분에 Shift 키를 누른 상태로 드래그하여 집을 그려줍니다.

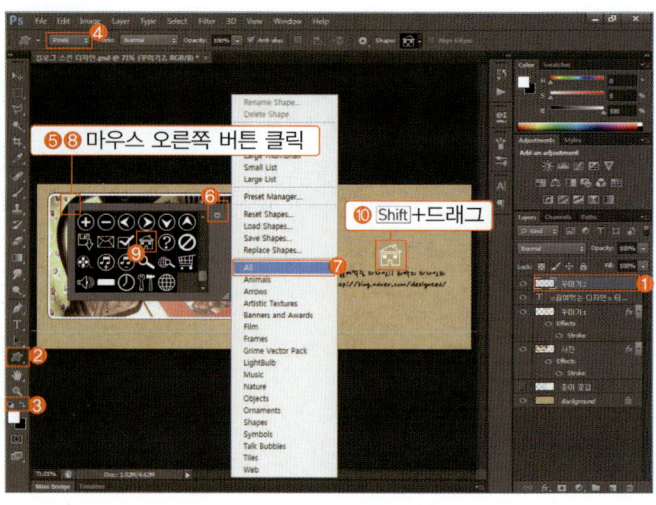

잠깐 간혹 셰이프 리스트에서 'Home' 선택 후 [Create Custom Shape] 대화상자가 나타난다면, 사이즈를 입력하여 그리거나 Esc 키를 눌러 대화상자를 빠져나온 후 드래그하여 그려주세요.

11 ❶ '종이 질감' 레이어의 눈 모양 아이콘(👁)을 클릭하여 이미지가 보이게 합니다. ❷ '종이 질감' 레이어를 선택합니다. ❸ [Add a Mask] 버튼(▣)을 클릭하고, ❹ 도구상자에서 그레이디언트 툴(▣)을 선택합니다. ❺ 상단 옵션 바의 [Radial Gradient] 버튼(▣)을 클릭한 후, ❻ 도구상자에서 컬러 디폴트(▣)를 선택합니다. ❼ 오른쪽에서 왼쪽으로 드래그하여 그러데이션을 줍니다.

잠깐 전경색은 흰색, 배경색은 검은색으로 설정하세요!

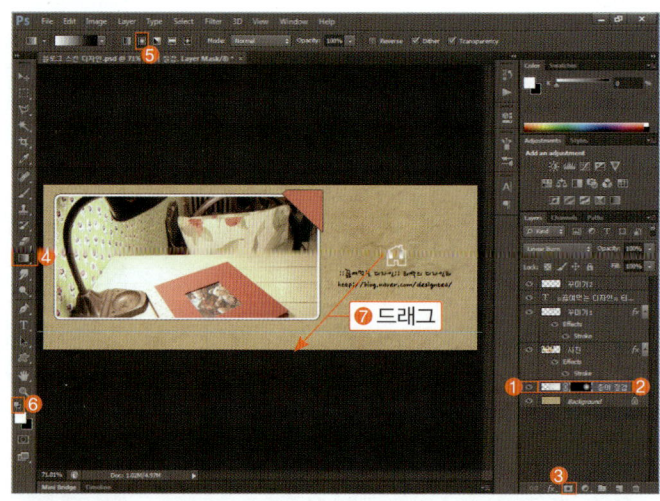

12 ❶ '종이 질감' 레이어의 블렌딩 모드를 'Linear Burn'으로 설정합니다. 도구상자에서 자르기 툴(▣)을 길게 선택하면 숨어있는 도구 리스트를 볼 수 있는데, ❷ 그 중 분할 툴(▨)을 선택합니다. ❸ 이미지의 안내선을 기준으로 드래그하여 분할합니다.

13 메뉴 바에서 [File] − [Save for Web]을 선택합니다.

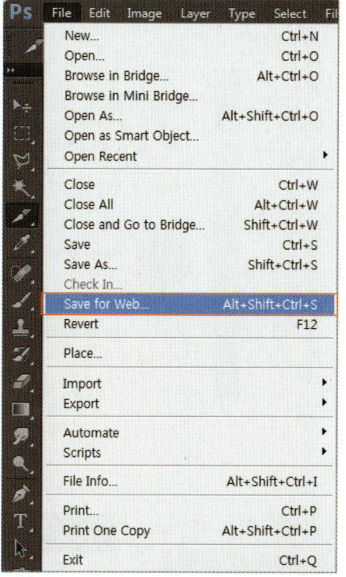

14 [Save for Web] 대화상자에서 ❶ File Format을 'GIF'로 설정하고, ❷ [Save] 버튼을 클릭합니다.

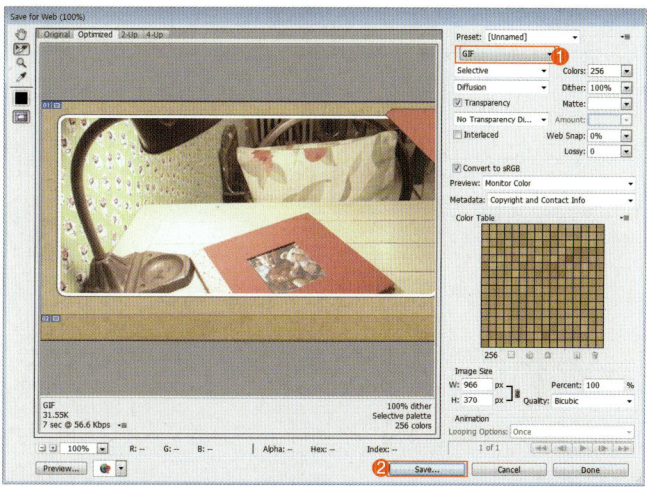

15 [Save Optimized As] 대화상자에서 ❶ Format을 'Image Only'로 설정하고, ❷ [저장] 버튼을 클릭하여 완성합니다.

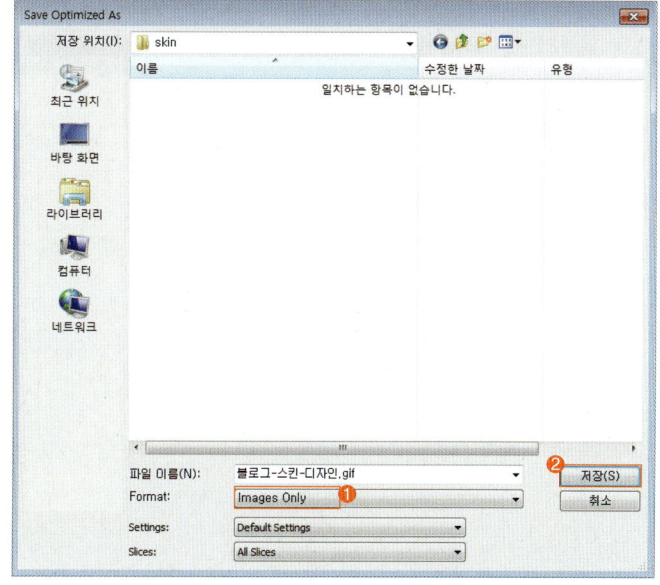

Step 03 블로그 스킨 등록하기

01 네이버에 로그인하여 '내 블로그'
에 접속합니다. ❶ [관리] 메뉴를 클릭
합니다. ❷ [세부 디자인 설정]을 클릭
합니다.

 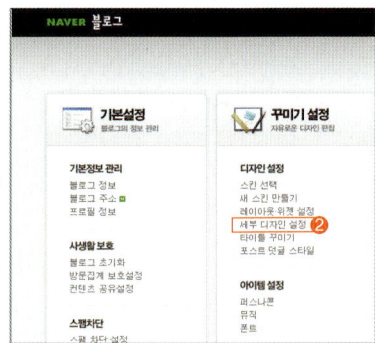

02 ❶ [리모콘]에서 타이틀을 선택합니다. ❷ 높
이를 '300'으로 입력하고, ❸ [적용] 버튼을 클릭합
니다. ❹ [배경선택]에서 [찾기] 버튼을 클릭해 이
미지를 불러와 업데이트합니다.

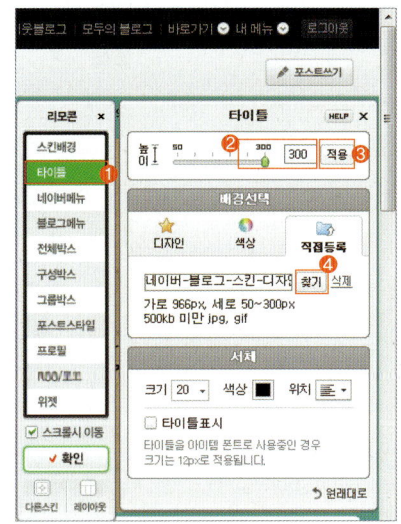

03 ❶ [리모콘]에서 블로그메뉴를 선택합니다.
❷ 높이를 '70'으로 입력하고, ❸ [찾기] 버튼을 클
릭해 이미지를 불러와 업데이트합니다.

 업데이트가 잘 안 될 때는 이미지의 이름을 영어나 숫
자로 바꿔 보세요!

Section **67**

홈페이지 만들기

포토샵을 이용하여 홈페이지의 디자인뿐 아니라 간단한 제작까지 할 수 있다는 사실, 혹시 알고 계셨나요? 이번 예제에서는 완성된 이미지를 자르고 링크를 걸어 심플한 홈페이지를 만들어 보도록 하겠습니다.

- ◉ [예제 파일] Sample/67/홈페이지 만들기.jpg
- ◉ [완성 파일] Sample/67/home/index.html

Step 01 이미지 자르기

01 메뉴 바에서 [File] − [Open](단축키 Ctrl+O)을 선택하여 〈Sample/67/홈페이지 만들기.jpg〉 파일을 엽니다. ❶ 도구상자에서 돋보기 툴(🔍)을 선택하고, ❷ 상단 옵션 바의 [Fit Screen](단축키 Ctrl+O)을 선택해 작업 창에 이미지 크기를 맞춥니다.

02 메뉴 바에서 [View] – [Rulers]를 선택합니다.

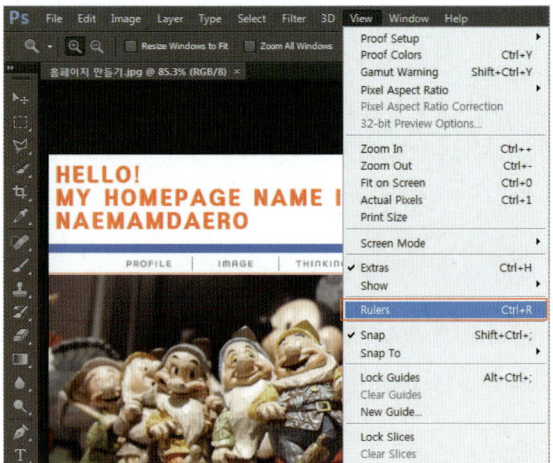

03 작업 창의 위쪽과 왼쪽에 자 형태의 Rulers가 생성된 것을 확인할 수 있습니다. ❶ 도구상자에서 이동 툴(　)을 선택합니다. ❷ 위쪽 Rulers에서 밑으로 드래그하면 안내선이 생성됩니다. 이미지의 버튼 부분에 맞춰 드래그하여 분할 표시합니다.

04 이외에도 버튼이 될 부분에 그림과 같이 안내선으로 표시합니다. 도구상자에서 자르기 툴(　)을 길게 선택하면 숨어있는 도구 리스트를 볼 수 있는데, ❶ 그 중 분할 툴(　)을 선택합니다. ❷ 안내선을 따라 드래그하여 이미지를 모두 분할합니다.

05 도구상자에서 자르기 툴(■)을 길게 선택하면 숨어있는 도구 리스트를 볼 수 있는데, ❶ 그 중 분할 선택 툴(■)을 선택합니다. ❷ 02번 분할 이미지 'site map'을 더블클릭합니다.

잠깐 분할 선택 툴로 잘못 분할한 이미지 영역이 있다면, 클릭하여 수정합니다.

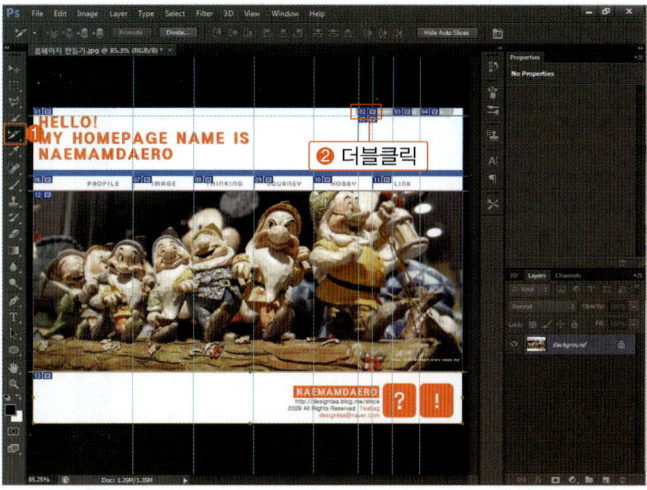

06 [Slice Options] 대화상자에서 ❶ Name을 버튼의 이름으로 변경하고, ❷ URL은 이동할 사이트 주소를 입력합니다. ❸ Target은 '_blank'로 입력하고, ❹ [OK] 버튼을 클릭합니다. 다른 버튼도 같은 방법으로 Name, URL, Target을 설정합니다.

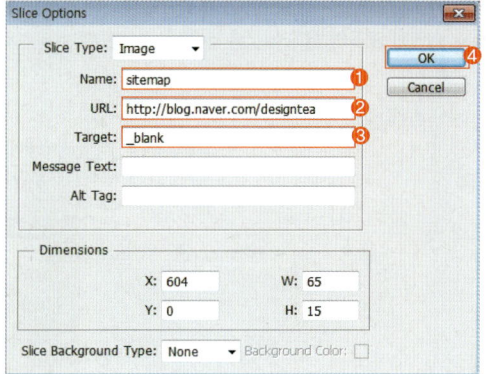

홈페이지를 만들기 위해 꼭 알아야할 Target 옵션

- _blank : 새 창을 열어서 링크된 페이지를 엽니다. 기존의 창은 그대로 남겨져 있습니다.
- _self : 현재 창에서 링크된 페이지를 엽니다.
- _parent : 현재 프레임의 부모 프레임에서 새 페이지가 열립니다. 예를 들면, A페이지에서 B페이지를 열었을 때 B에서 '_parent'로 링크를 지정하면 A창에서 열리게 됩니다.
- _top : 최상위 프레임에서 링크된 페이지가 열립니다.

Step 02 이미지 저장내기

01 메뉴 바에서 [File] – [Save For Web]을 선택합니다.

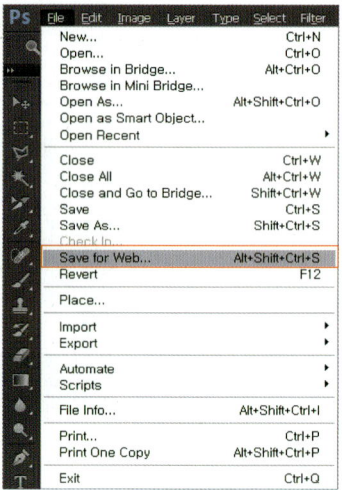

02 [Save for web] 대화상자에서 [Save] 버튼을 클릭합니다.

03 ❶ 파일 이름을 'index.html'로, ❷ Format을 'HTML and Images'로 설정하고, ❸ [저장] 버튼을 클릭하여 완성합니다.

 계정에 홈페이지를 업데이트할 때 첫 화면의 이름이 'Index.html'로 설정해야 바로 보이게 됩니다.

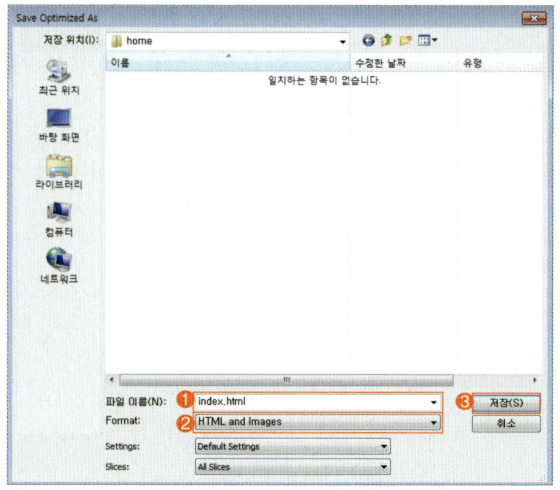

사진으로 일러스트 그리기

많은 사람이 그림을 잘 그리기를 꿈꾸지만, 실력이 하루아침에 늘어나지는 않습니다. 그러나 포토샵을 이용해 사진으로 일러스트를 그린다면 가능합니다. 사진에 그림이 녹아들어 독특한 느낌이 나는 이미지를 만들어 드로잉 실력을 키워볼 시간입니다.

● [예제 파일] Sample/68/사진으로 일러스트 그리기.psd
● [완성 파일] Sample/68/사진으로 일러스트 그리기.jpg

Step 01 면 채우기

01 메뉴 바에서 [File] − [Open](단축키 Ctrl+O)를 선택하여 〈Sample/68/사진으로 일러스트 그리기.psd〉 파일을 엽니다. ❶ 도구상자에서 돋보기 툴(🔍)을 선택하고, ❷ 상단 옵션 바의 [Zoom In](🔍)을 선택합니다. ❸ 작업 창의 얼굴 부분을 드래그하여 확대합니다(단축키 Ctrl+Space Bar+드래그).

02 ❶ 도구상자에서 퀵 마스크 모드(■)를 선택하고, ❷ 도구상자에서 브러시 툴(✎)을 선택합니다. ❸ 작업 창의 인물을 색칠하여 면을 채워줍니다.

잠깐 기본적으로 퀵 마스크 모드에서 전경색 색상 값이 '#000000'이어야 색상이 칠해집니다.

03 ❶ 도구상자에서 퀵 마스크 모드(■)를 선택하고, ❷ 컬러 디폴트(■)와 컬러 스위치(↻)를 선택합니다. ❸ '실루엣' 레이어를 선택하고, ❹ 단축키 Alt + Delete 를 눌러 색상을 채워줍니다. ❺ 메뉴 바에서 [Select] − [Deselect](단축키 Ctrl + D)를 선택하여 활성화를 해제합니다. ❻ '실루엣' 레이어의 어백을 더블클릭합니다.

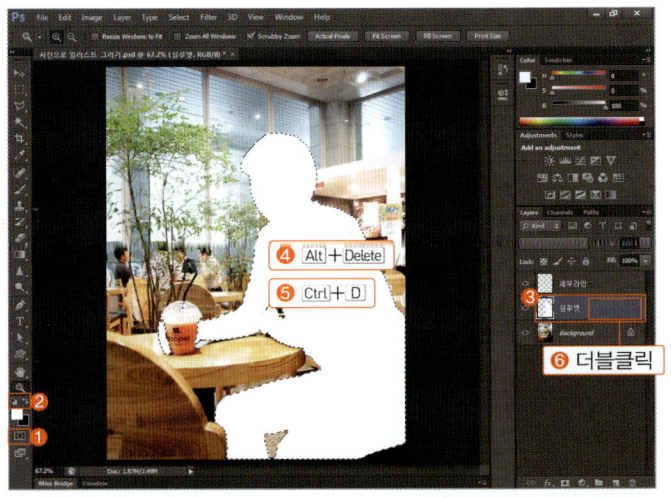

04 [Layer Style] 대화상자에서 ❶ Stroke를 선택합니다. ❷ 옵션의 Size 값을 '2px'로, Position을 'Outside'로, ❸ Color를 '#000000'으로 설정한 후, ❹ [OK] 버튼을 클릭합니다.

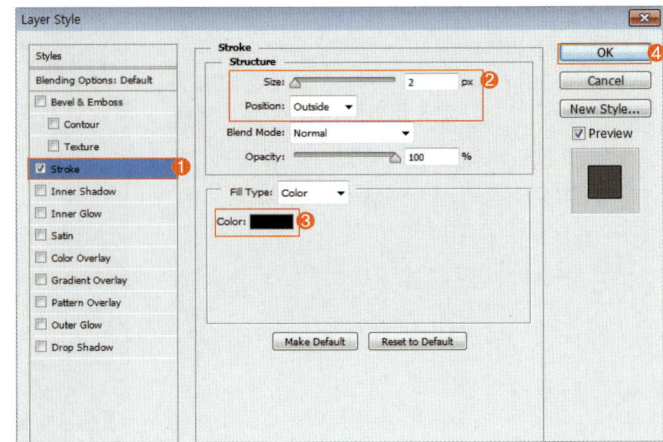

05 '실루엣' 레이어의 Opacity 값을 '70%'로 설정합니다.

Step 02 선 그리기

01 ❶ '세부 라인' 레이어를 선택합니다. ❷ 도구 상자에서 브러시 툴(🖌)을 선택합니다. ❸ 상단 옵션 바의 ❸ [Brush Preset Piker]를 선택합니다. ❹ 브러시 리스트에서 'Hard Round' 브러시를 선택하고, ❺ Size 값을 '3px'로 입력합니다. ❻ 도구상자에서 컬러 스위치(🔄)를 선택합니다.

02 단축키 [,]를 이용해 브러시의 사이즈를 조절해가며 이미지의 경계면을 따라 선을 그려줍니다.

03 ❶ '실루엣' 레이어에서 마우스 오른쪽 버튼을 클릭합니다. ❷ 팝업 메뉴의 'Rasterize Layer Style'을 선택합니다.

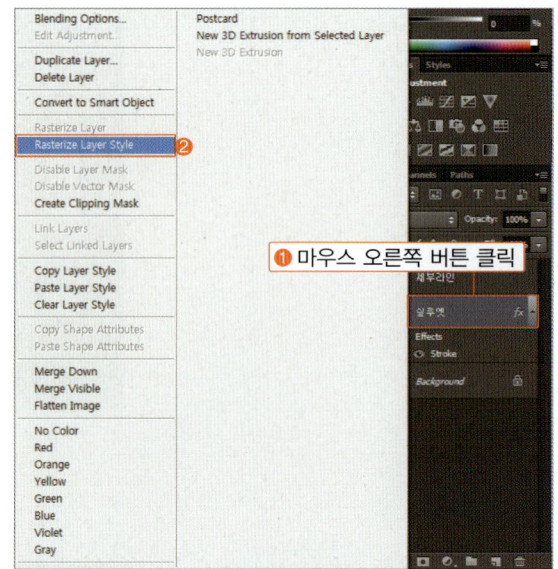

04 ❶ 도구상자에서 지우개 툴()을 선택합니다. ❷ 음료수를 잡고 있는 손 부분을 비롯하여 잘못 그린 선들을 정리합니다. ❸ '실루엣' 레이어의 Opacity 값을 '100%'로 설정하여 완성합니다.

선으로 만드는 기하학 무늬

이런저런 도형과 선들이 뒤엉킨 기하학 무늬는 추상적이면서도 독특한 모양으로 사람들에게 많은 사랑을 받고 있습니다. 포토샵으로 여러 도형을 조합시켜 새로운 형태의 기하학 무늬를 만들어 볼까요?

- ◉ [예제 파일] Sample/69/선으로 만드는 기하학 무늬.psd
- ◉ [완성 파일] Sample/69/선으로 만드는 기하학 무늬.jpg

Step 01 Path 생성하기

01 메뉴 바에서 [File] – [Open](단축키 Ctrl +O)을 선택하여 〈Sample/69/빈티지 라벨 디자인.psd〉 파일을 엽니다. ❶ 도구상자에서 돋보기 툴(🔍)을 선택하고, ❷ 상단 옵션 바의 [Fit Screen](단축키 Ctrl+O)을 선택해 작업 창에 이미지 크기를 맞춥니다.

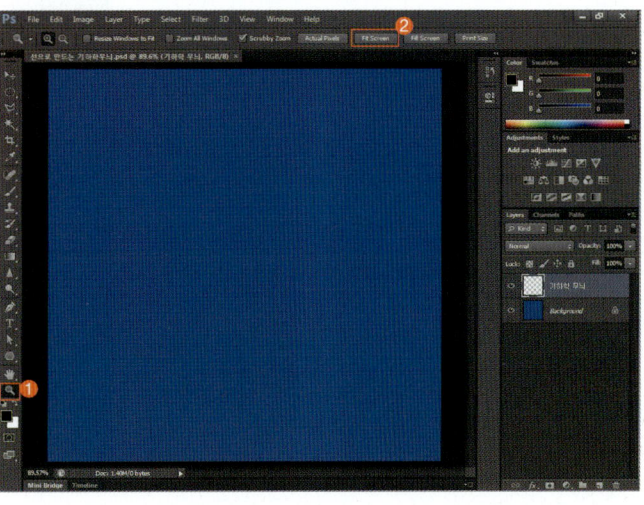

02 ❶ 도구상자에서 브러시 툴(🖊)을 선택합니다. ❷ 상단 옵션 바의 [Brush Preset Piker]를 선택합니다. ❸ 브러시 리스트에서 'Hard Round' 브러시를 선택하고, ❹ Size 값을 '1px'로 입력합니다.

03 도구상자에서 사각형 툴(▭)을 길게 선택하면 숨어있는 도구 리스트를 볼 수 있는데, ❶ 그 중 원형 툴(⬭)을 선택합니다. ❷ 상단 옵션 바의 [Mode]를 'Path'로 설정합니다. ❸ 작업 창에 세로로 길쭉한 타원이 되도록 드래그합니다.

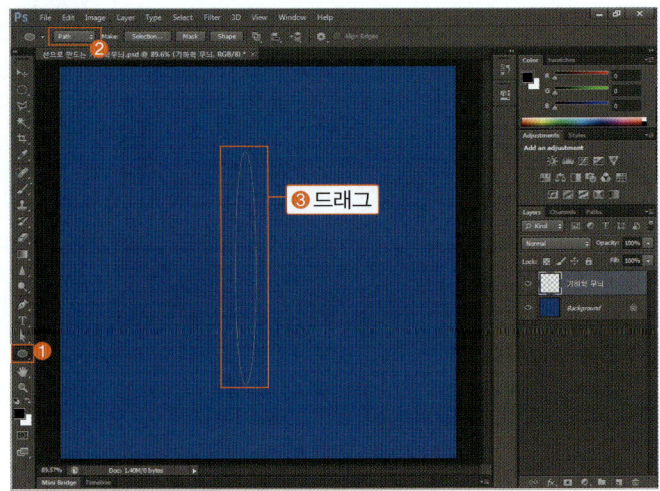

04 ❶ 도구상자에서 패스 선택 툴(▶)을 선택합니다. ❷ 작업 창의 타원을 드래그하여 Path를 선택합니다.

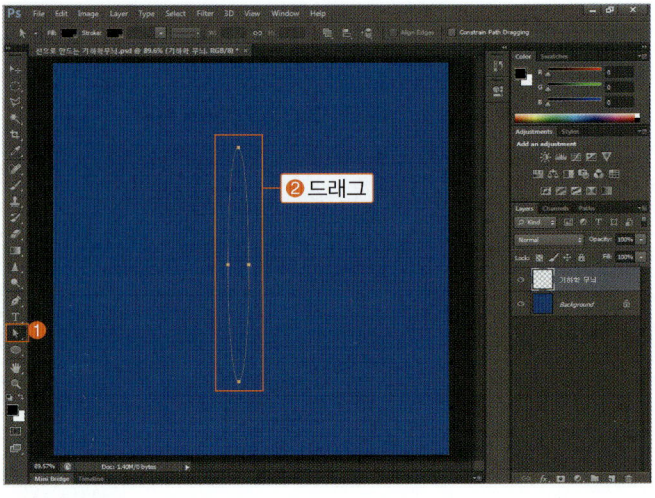

05 ❶ 도구상자에서 펜 툴(✏)을 선택합니다. ❷ Alt 키를 누른 상태에서 타원의 위, 아래의 앵커 포인트를 클릭합니다. ❸ 도구상자에서 패스 선택 툴(▶)을 선택합니다. ❹ 타원을 드래그하여 Path를 선택하고, ❺ 단축키 Ctrl+C 를 눌러 복사한 뒤, ❻ 단축키 Ctrl+V 를 눌러 붙여 넣습니다.

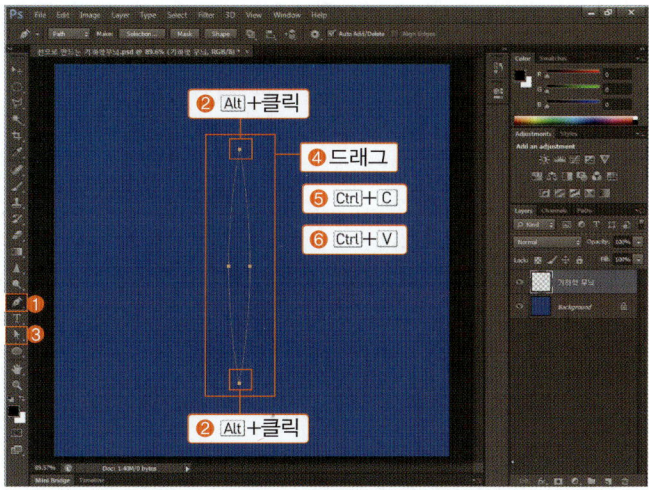

06 ❶ 메뉴 바에서 [Edit] - [Free Transform] (단축키 Ctrl+T)을 선택합니다. ❷ Shift 키를 누른 상태에서 변환 박스 모서리 주변을 클릭한 후 시계방향으로 드래그하여 90° 회전시킨 후 Enter 키를 누릅니다.

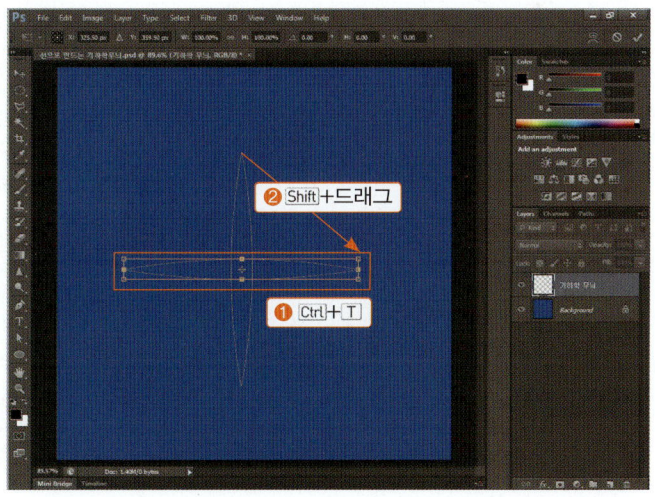

07 ❶ 05~06을 반복하여 별 모양이 되도록 타원을 생성해줍니다.

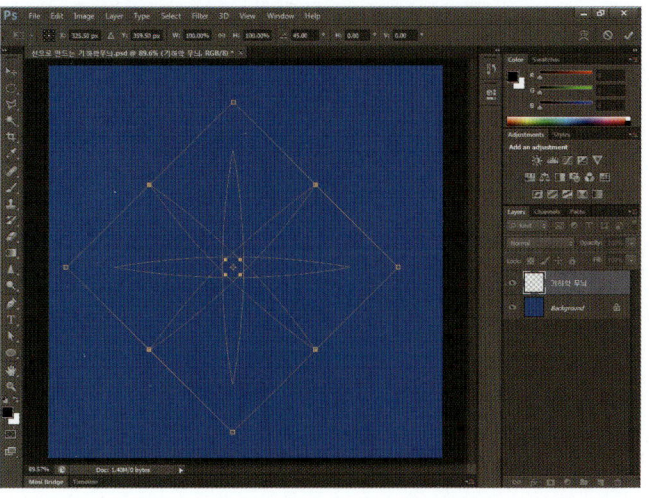

08 도구상자에서 사각형 툴()을 길게 선택하면 숨어있는 도구 리스트를 볼 수 있는데, ❶ 그 중 다각형 툴(■)을 선택합니다. ❷ 작업 창을 클릭합니다. [Create Polygon] 대화상자에서 ❸ Width, Height 값을 각각 '400px'로, Number of Sides 값을 '8'로 입력하고, Star에 체크합니다. Indent Sides By 값을 '60%'로 입력하고, ❹ [OK] 버튼을 클릭합니다.

> **잠깐** 자신이 생성한 Path 사이즈에 따라 Width와 Height를 조정합니다.

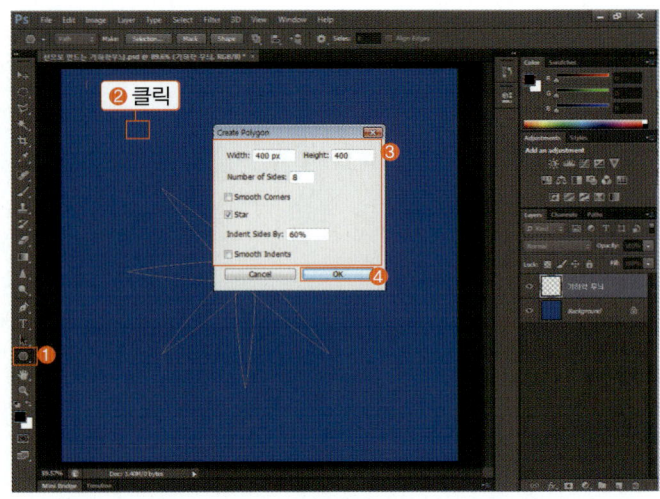

09 ❶ 도구상자에서 패스 선택 툴(■)을 선택합니다. ❷ 작업 창을 드래그하여 전체 Path를 선택한 후, ❸ 상단 옵션 바의 [Path Alignment] 버튼(■)을 클릭하여 ❹ 'Horizontal Centers', ❺ 'Vertical Centers'를 설정합니다.

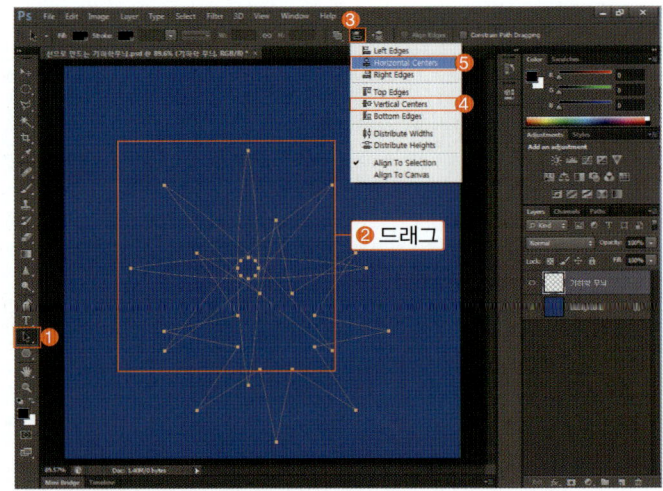

10 ❶ 다각형 툴로 만든 Path를 선택합니다. ❷ 단축키 Ctrl+T를 누르고, ❸ 변환 박스 모서리 주변을 클릭한 후 시계방향으로 드래그하여 그림과 같이 회전시킨 후 Enter키를 누릅니다.

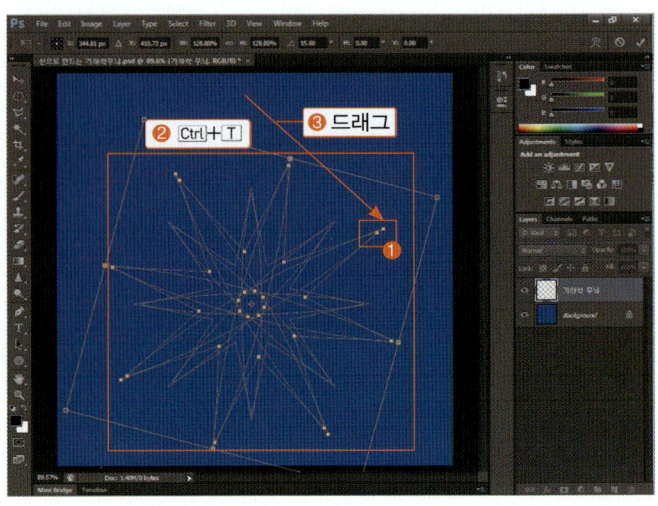

Step 02 선 만들고 효과 넣기

01 ❶ 도구상자에서 패스 선택 툴(🔧)을 선택한 후, 작업 창을 드래그하여 전체 Path를 선택합니다. ❷ '기하학 무늬' 레이어를 선택합니다. ❸ 작업 창에서 마우스 오른쪽 버튼을 클릭한 후 ❹ 팝업 메뉴에서 'Stroke Path'를 선택합니다.

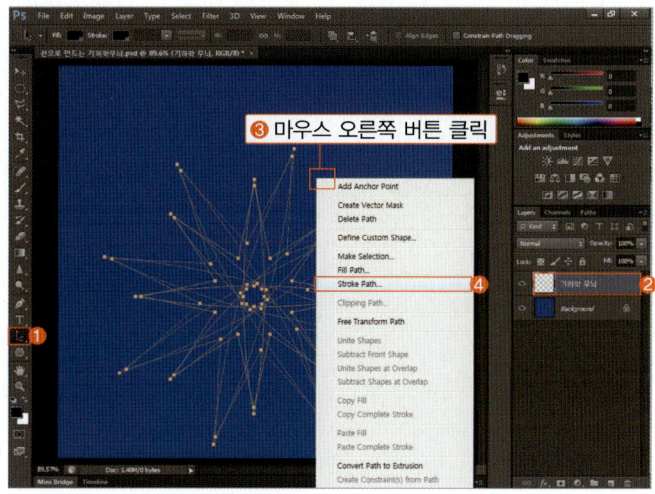

02 [Stroke Path] 대화상자에서 ❶ Tool을 'Brush'로 선택하고, ❷ [OK] 버튼을 클릭합니다.

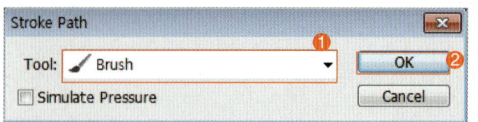

03 ❶ 작업 창에서 마우스 오른쪽 버튼을 클릭합니다. ❷ 팝업 메뉴에서 'Delete Path'를 선택합니다.

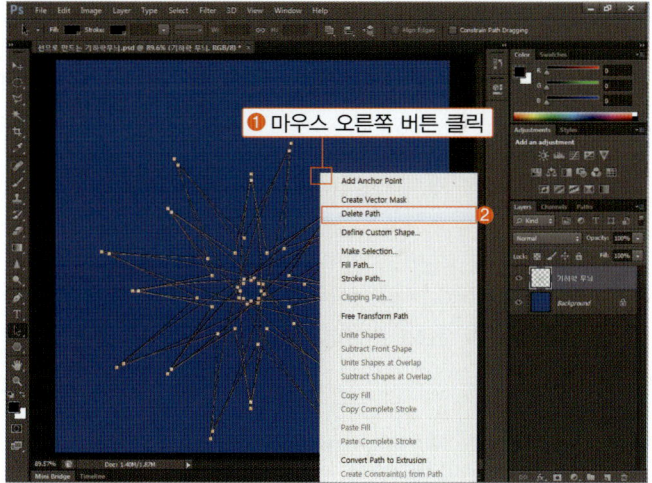

04 ❶ Ctrl키를 누른 상태로 'Background', '기하학 무늬' 레이어를 선택합니다. ❷ 도구상자에서 이동 툴(⯈⊹)을 선택합니다. 상단 옵션 바의 ❸ [Align Vertical Centers] 버튼(▦), ❹ [Align Horizontal Centers] 버튼(▦)을 클릭해 이미지를 정렬합니다. ❺ '기하학 무늬' 레이어의 여백을 더블클릭합니다.

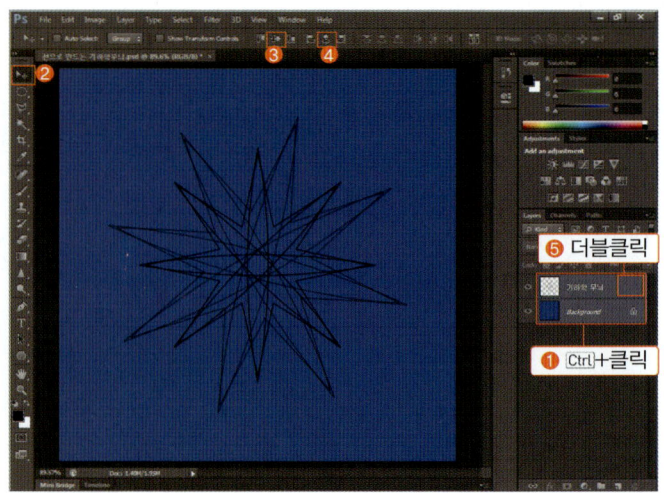

05 [Layer Style] 대화상자에서 ❶ Gradient Overlay를 선택합니다. ❷ 옵션의 Gradient를 선택합니다.

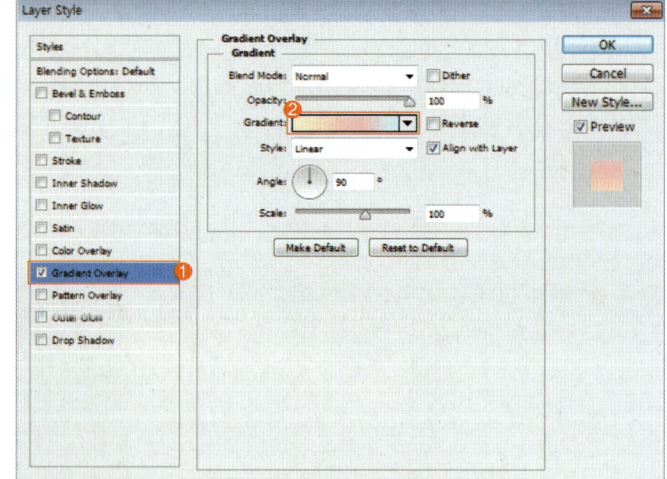

06 [Gradient Editor] 대화상자에서 ❶ 슬라이더를 선택하여 ❷ 각 색상을 지정하고, ❸ [OK] 버튼을 클릭합니다.

 Alt키를 누른 상태로 좌측 슬라이더를 오른쪽으로 드래그하면 슬라이더를 복사할 수 있습니다. 색상 값은 왼쪽부터 '#fff0c9', '#ffc0c0', 'ccfeff'입니다.

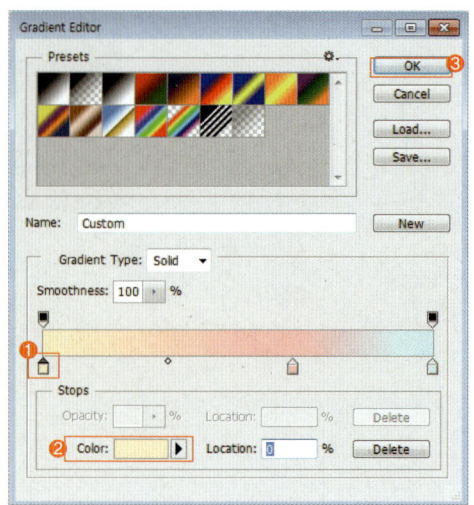

07 도구상자에서 빠른 선택 툴(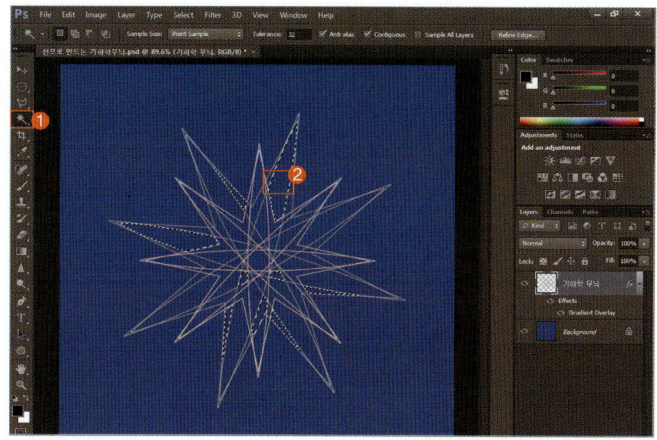)을 길게 선택하면 숨어있는 도구 리스트를 볼 수 있는데, ❶ 그중 마술봉 툴(　)을 선택합니다. ❷ Shift 키를 누른 상태로 도형의 선을 제외한 몇 부분을 무작위로 클릭하여 활성화합니다.

08 메뉴 바에서 [Select] − [Modify] − [Expand]를 선택합니다.

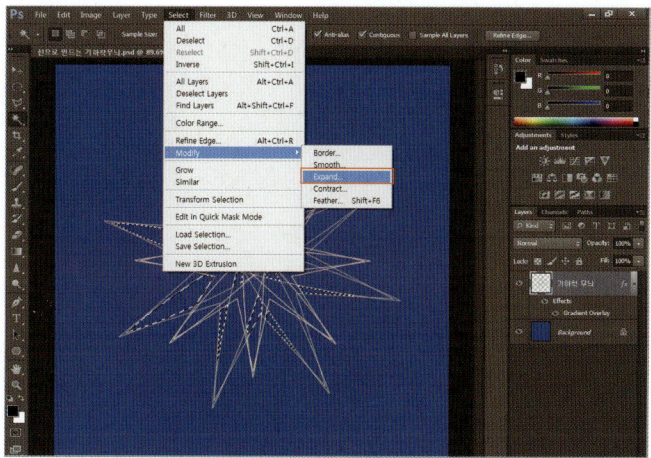

09 [Expand Selection] 대화상자가 나타나면 [OK] 버튼을 클릭합니다.

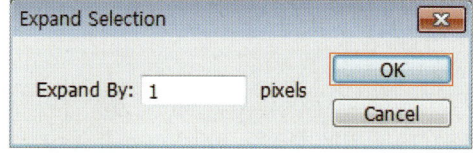

10 단축키 Alt + Delete 를 눌러 색상을 채워주면 완성입니다.

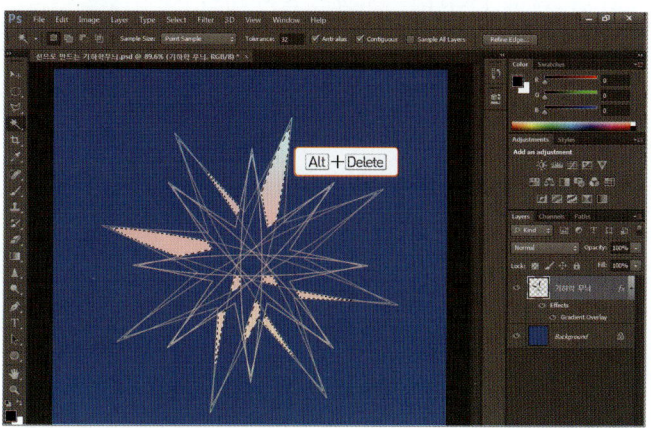

Section 70

즐거운 콜라주 이미지 만들기

종이를 이리저리 잘라붙여 만드는 콜라주는 다양한 이미지와 종이의 따뜻한 느낌이 어우러져 오묘한 분위기를 자아내는 무척이나 매력적인 기법입니다. 수작업 냄새가 물씬 풍기는 콜라주 역시 포토샵으로 작업할 수 있어요. 직접 손으로 만드는 콜라주와는 느낌이 어떻게 다를까요?

- ◉ [예제 파일] Sample/70/즐거운 콜라주 이미지 만들기.psd
- ◉ [완성 파일] Sample/70/즐거운 콜라주 이미지 만들기.jpg

Step 01 이미지 만들기

01 메뉴 바에서 [File] – [Open](단축키 Ctrl+O)을 선택하여 〈Sample/70/즐거운 콜라주 이미지 만들기.psd〉 파일을 엽니다. ❶ 도구상자에서 돋보기 툴(🔍)을 선택하고, ❷ 상단 옵션 바의 [Fit Screen](단축키 Ctrl+O)을 선택해 작업 창에 이미지 크기를 맞춥니다.

02 ❶ '오리' 레이어를 선택합니다. ❷ 메뉴 바에서 [Image] – [Adjustments] – [Threshold]를 선택합니다.

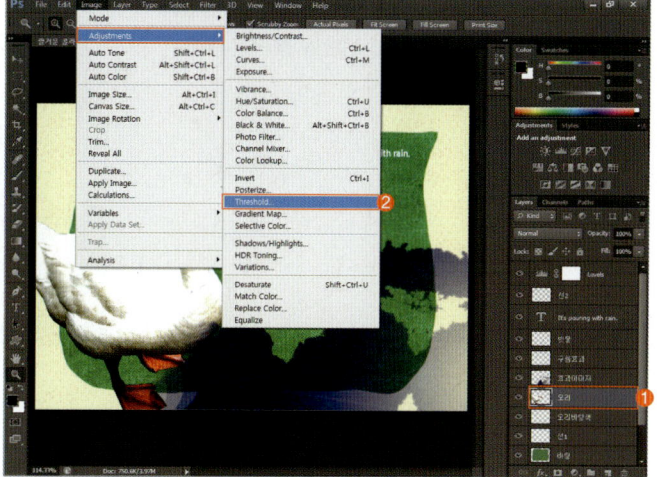

03 [Threshold] 대화상자에서 ❶ Threshold Level 값을 '128'로 입력하고, ❷ [OK] 버튼을 클릭합니다.

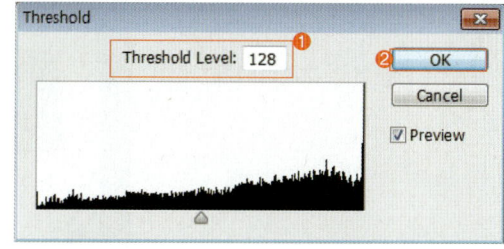

04 도구상자에서 빠른 선택 툴(🖌)을 길게 선택하면 숨어있는 도구 리스트를 볼 수 있는데, ❶ 그 중 마술봉 툴(🪄)을 선택합니다. ❷ 상단 옵션 바의 [Contiguous]의 체크를 풀어줍니다. ❸ 오리의 흰 부분을 클릭하고, ❹ 전경색을 선택합니다.

 Contiguous의 체크를 풀면, 마술봉 툴로 선택한 색상 값들이 해당 레이어에서 모두 활성화됩니다.

05 [Color Picker] 대화상자에서 ❶ 색상 값을 '#9d4680'로 입력하고 ❷ [OK] 버튼을 클릭합니다.

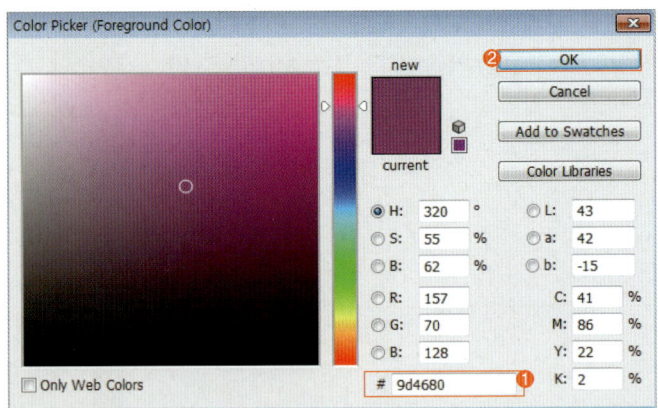

06 ❶ '오리 바탕색' 레이어를 선택합니다. ❷ 단축키 Alt + Delete를 눌러 활성화 영역에 색상을 채워준 후, ❸ 블렌딩 모드를 'Vivid Light'로 설정합니다. ❹ 메뉴 바에서 [Select] – [Deselect](단축키 Ctrl + D)를 선택하여 활성화를 해제합니다.

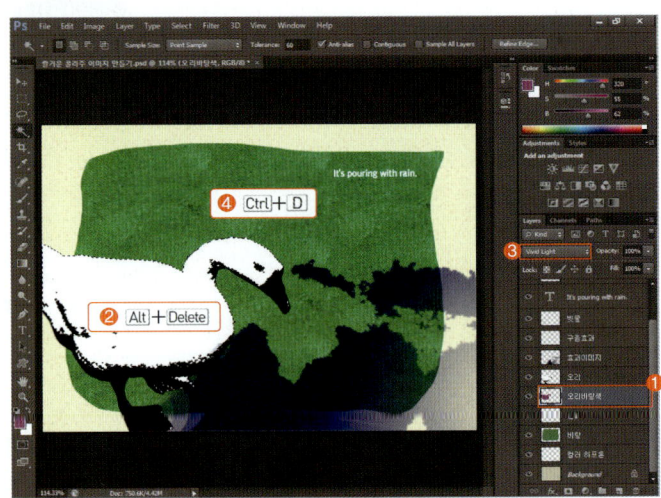

Step 02 효과 넣기

01 ❶ '오리' 레이어를 선택하고, ❷ 블렌딩 모드를 'Mutiply'로 설정합니다.

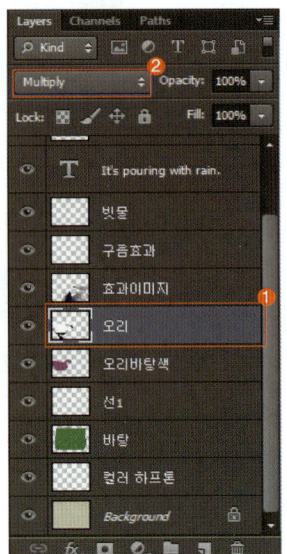

02 ❶ '바탕' 레이어를 선택하고, ❷ [Add a Mask] 버튼(▣)을 클릭합니다. ❸ 도구상자에서 컬러 디폴트(▣)와 컬러 스위치(↔)를 선택한 후, ❹ 그레이디언트 툴(▣)을 선택합니다. ❺ 상단 옵션 바의 [Radial Gradient] (▣)를 선택한 후, ❻ 작업 창에서 그림과 같이 드래그하여 그러데이션을 줍니다. ❼ 상단 옵션 바의 [Edit the Gradient]를 선택합니다.

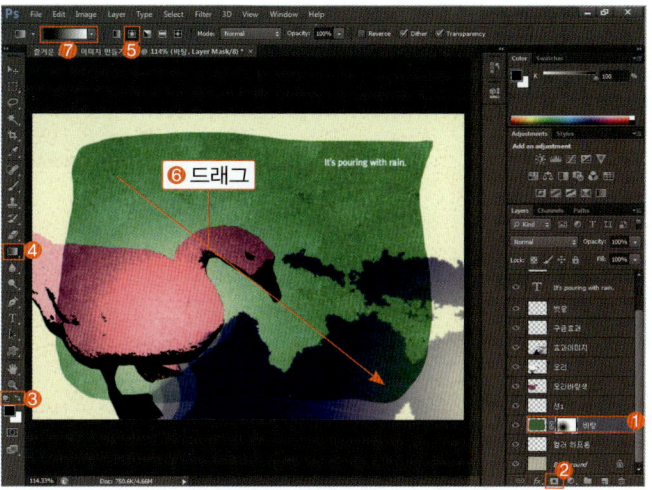

03 [Gradient Editor] 대화상자의 ❶ Presets에서 해당 그레이디언트를 선택하고, ❷ [OK] 버튼을 클릭합니다.

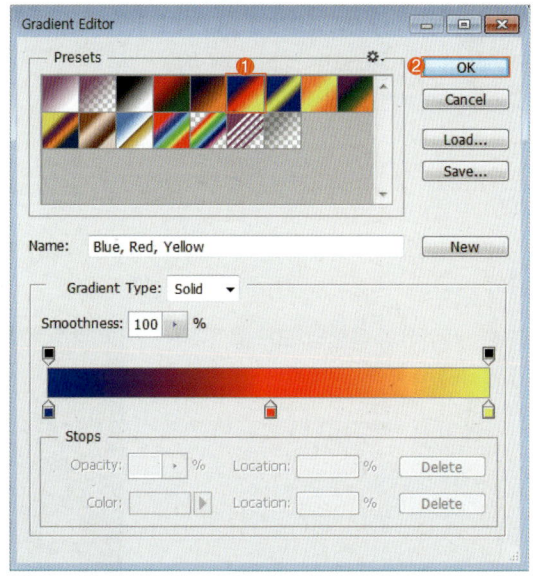

04 ❶ '컬러 하프톤' 레이어를 선택합니다. ❷ 작업 창에서 그림과 같이 드래그하여 그러데이션을 줍니다.

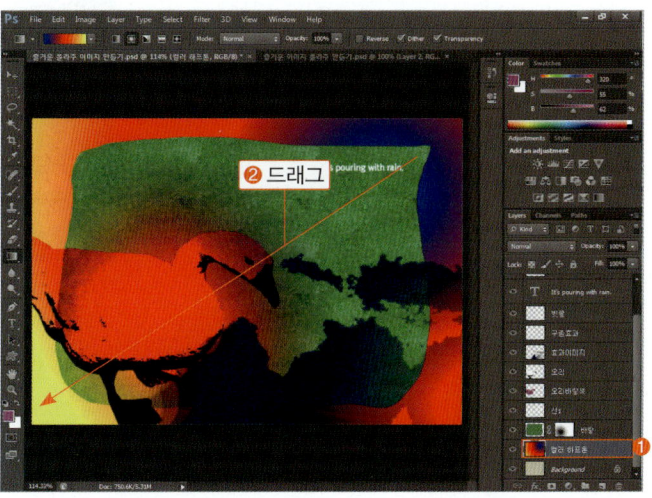

05 메뉴 바에서 [Filter] – [Pixelate] – [Color Halftone]을 선택합니다.

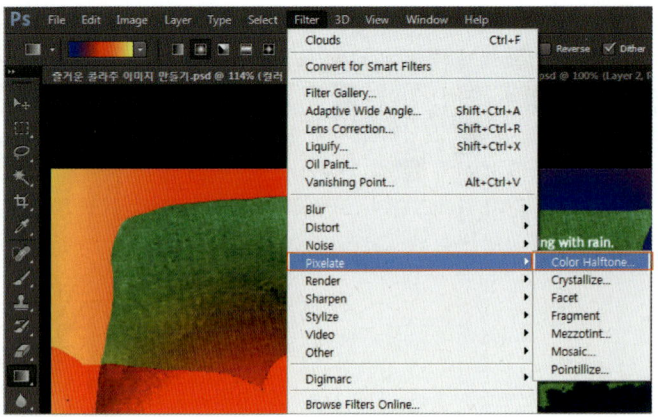

06 [Color Halftone] 대화상자에서 ❶ Max. Radius 값을 '8px'로, Channel 1을 '108'로, Channel 2를 '162'로, Channel 3을 '90'으로, Channel 4를 '45'로 입력하고, ❷ [OK] 버튼을 클릭합니다.

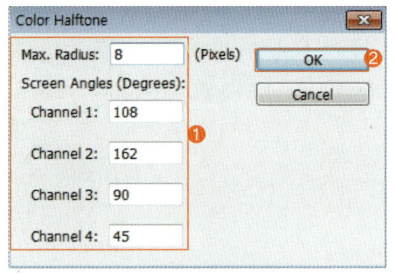

07 '컬러 히프톤' 레이어의 블렌딩 모드를 'Color Dodge'로 설정합니다.

08 ❶ '구름효과' 레이어를 선택합니다. ❷ 도구
상자에서 컬러 디폴트(▣)를 선택합니다. ❸ 메뉴
바에서 [Filter] – [Render] – [Clouds]를 선택합
니다.

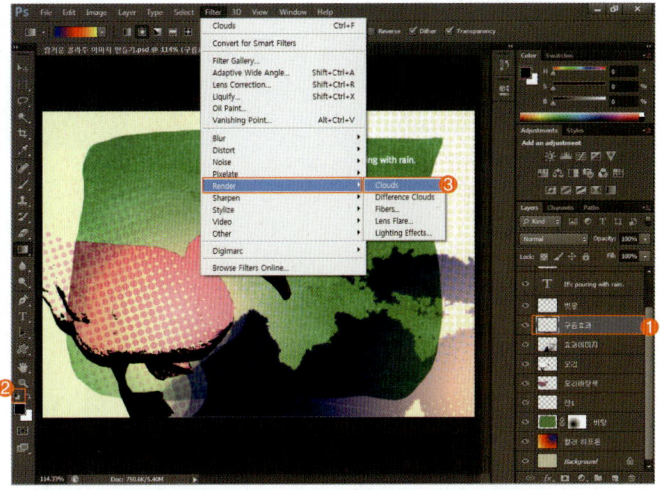

09 ❶ '구름효과' 레이어의 블렌딩 모드를 'Hard
Light'로 설정합니다. ❷ '효과이미지' 레이어를 선
택한 후, ❸ 블렌딩 모드를 'Linear Dodge'로 설정
합니다.

10 ❶ '선1' 레이어를 선택합니다. 도구상자에서
네모 선택 툴(▥)을 길게 선택하면 숨어있는 도구
리스트를 볼 수 있는데, ❷ 그 중 세로선 선택 툴
(▥)을 선택합니다. ❸ 도구상자에서 컬러 스위치
(▣)를 선택한 후, ❹ 작업 창을 클릭하고 ❺ 단축
키 [Alt]+[Delete]를 눌러 활성화 영역에 색상을 채워
줍니다.

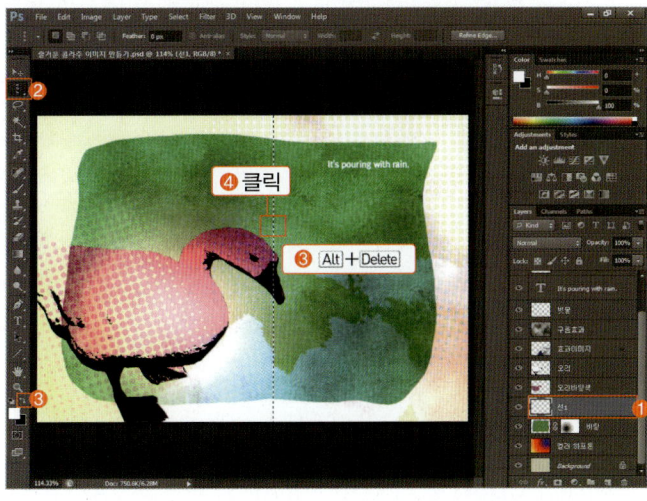

11 ❶ 도구상자에서 이동 툴(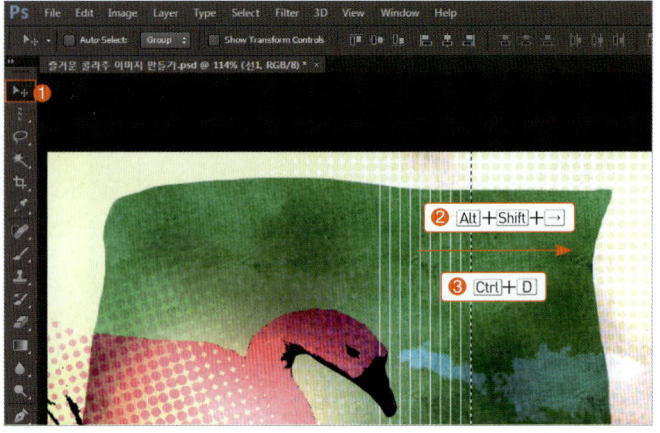)을 선택합니다. ❷ Alt+Shift+→를 눌러 세로선을 복사합니다. 여러 번 반복하여 세로선을 복사해주세요. ❸ 메뉴바에서 [Select] – [Deselect](단축키 Ctrl+D)를 선택하여 활성화를 해제합니다.

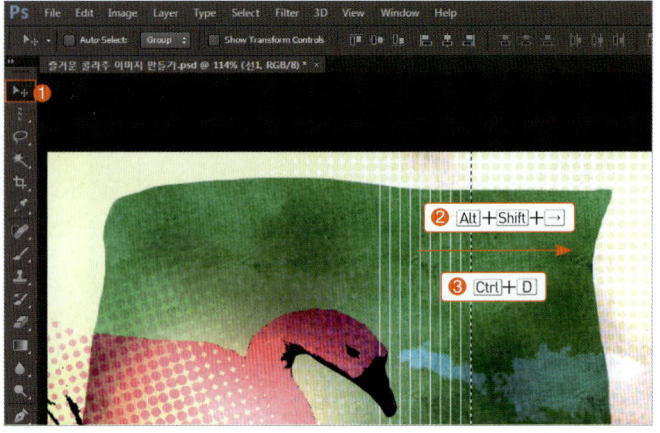

12 메뉴 바에서 [Filter] – [Distort] – [Twirl]을 선택합니다.

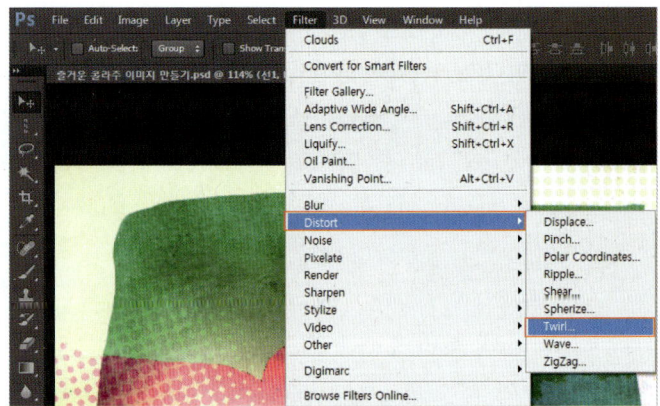

13 [Twirl] 대화상자에서 ❶ Angle 값을 '150°'로 입력하고, ❷ [OK] 버튼을 클릭합니다.

잠깐 Angle 값에 따라 곡선이 다양하게 연출됩니다.

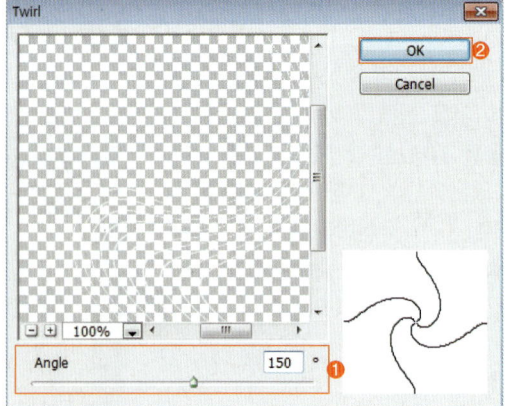

14 ❶ '선2' 레이어를 선택합니다. 도구상자에서 네모 선택 툴(▦)을 길게 선택하면 숨어있는 도구 리스트를 볼 수 있는데, ❷ 그 중 가로선 선택 툴 (▬)을 선택합니다. ❸ 전경색을 선택하여 색상 값을 '#ffb2b2'로 입력합니다. 작업 창을 클릭하여 10~13과 같은 방법으로 선을 생성한 후 [Twirl] 효과를 줍니다

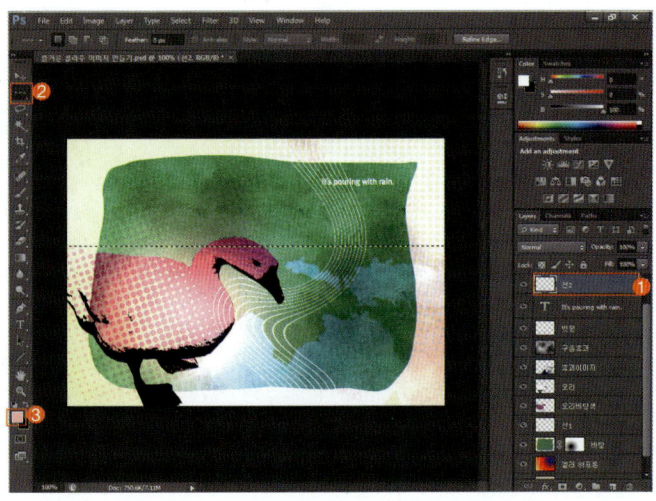

15 ❶ 도구상자에서 이동 툴(⊕)을 선택합니다. ❷ '선1' 레이어와 '선2' 레이어를 드래그하여 마음에 드는 위치로 이동시킵니다.

16 도구상자에서 사각형 툴(▢)을 길게 선택하면 숨어있는 도구 리스트를 볼 수 있는데, ❶ 그 중 커스텀 셰이프 툴(🗽)을 선택합니다. ❷ 작업 창에서 마우스 오른쪽 버튼을 클릭하고, ❸ 셰이프 리스트에서 오른쪽 윗부분의 톱니바퀴 모양 아이콘(⚙)을 클릭합니다. ❹ 팝업 메뉴에서 'All'을 선택합니다. ❺ 불러온 리스트에서 물방울 이미지를 클릭합니다.

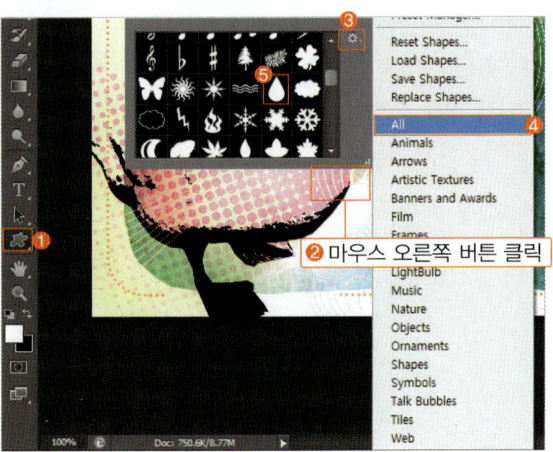

17 ❶ 상단 옵션 바의 [Mode]를 'Pixels'로 설정합니다. ❷ 전경색을 선택하여 색상 값을 '#6becd6'로 입력합니다. ❸ '빗물' 레이어를 선택합니다. ❹ 작업 창에서 Shift 키를 누른 상태로 드래그하여 셰이프를 생성합니다.

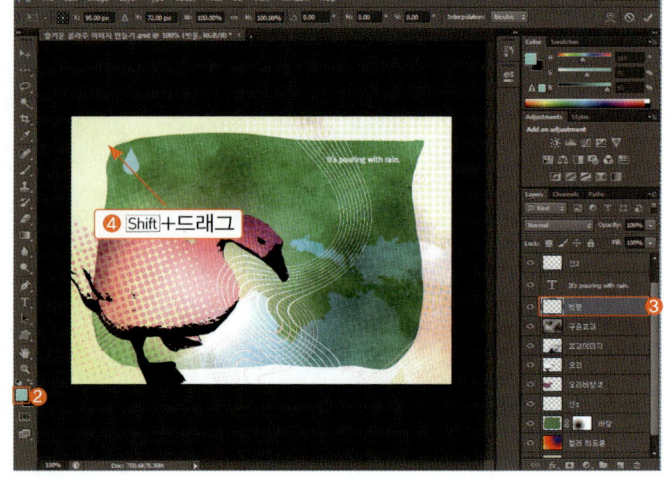

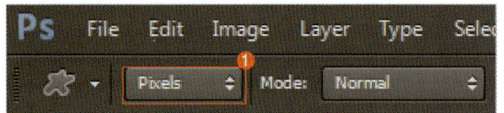

18 ❶ 메뉴 바에서 [Edit] – [Free Transform](단축키 Ctrl+T)을 선택합니다. ❷ 변환 박스 모서리 주변을 클릭한 후 드래그하여 회전시키고, Enter 키를 누릅니다.

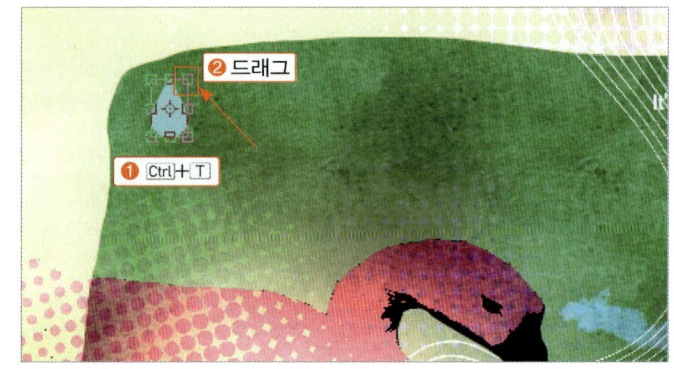

19 ❶ 도구상자에서 이동 툴(🔁)을 선택합니다. ❷ Alt 키를 누른 상태에서 드래그하여 물방울 이미지를 복제합니다. ❸ 같은 방법으로 빗물의 크기와 방향을 수정합니다. 반복하여 여러 개의 물방울 이미지를 생성합니다.

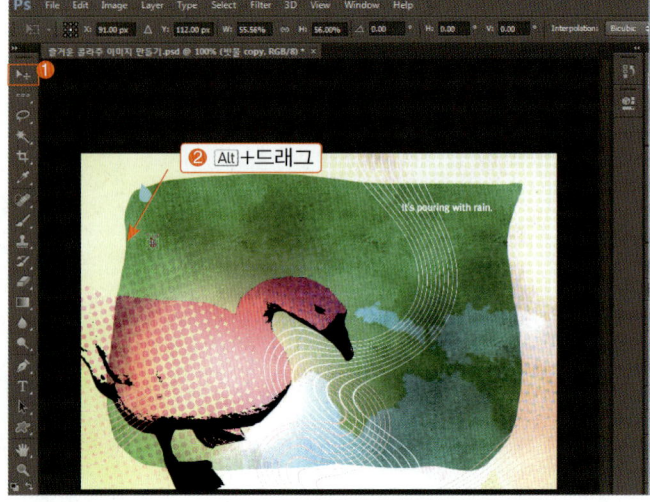

20 ❶ Ctrl키를 누른 상태로 '빗물' 레이어와 '빗물 copy' 레이어들을 모두 선택한 후, ❷ 단축키 Ctrl+E를 눌러 레이어를 합칩니다.

21 ❶ [Layers] 패널의 [Create a New Layer] 버튼(⬚)을 클릭하여 레이어를 생성합니다. ❷ 레이어 이름을 '새'라고 변경합니다. ❸ 도구상자에서 컬러 디폴트(⬛)와 컬러 스위치(⬛)를 선택하고, ❹ 커스텀 셰이프 툴(⬚)을 선택합니다. ❺ 작업 창에서 마우스 오른쪽 버튼을 클릭한 후, ❻ 리스트에서 새 이미지를 선택합니다.

22 ❶ Shift키를 누른 상태로 작업 창에 드래그하여 이미지를 생성합니다. ❷ 도구상자에서 둥근 사각형 툴(⬚)을 선택합니다. ❸ 상단 옵션 바의 [Mode]를 'Shape'로 설정합니다. ❹ [Fill]은 'No color'로, [Stroke]는 '#f78e57'로, [Stroke Type]은 세 번째 점선으로 선택합니다. ❺ 작업 창에 드래그하여 테두리를 만들어 주면 완성입니다.

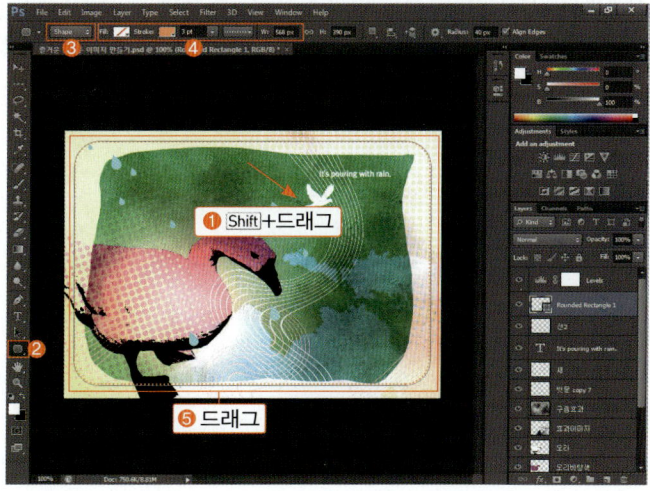

곰돌이 형광펜 문자 디자인

이번 활용은 배열과 크기를 조절하여 만드는 문자 디자인입니다. 모두가 가지고 있을법한 아주 심플한 폰트로 화려하면서도 다이내믹해 보이는 디자인으로 연출해 보도록 하겠습니다. 자신이 좋아하는 글자들을 입력해 만들면 더욱 재미있을 거예요!

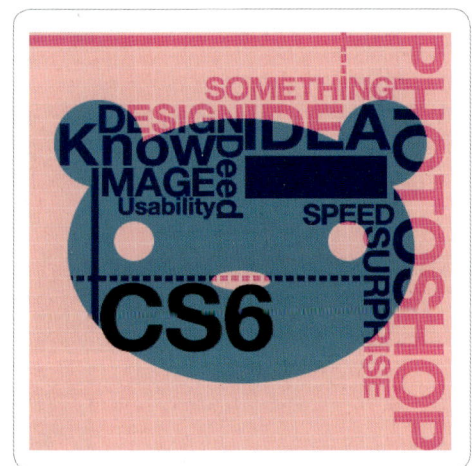

◉ **[예제 파일]** Sample/71/곰돌이 형광펜 문자 디자인.psd
◉ **[완성 파일]** Sample/71/곰돌이 형광펜 문자 디자인.jpg

Step 01 곰 얼굴 그리기

01 메뉴 바에서 [File] – [Open](단축키 Ctrl+O)을 선택하여 〈Sample/71/곰돌이 형광펜 문자 디자인.psd〉 파일을 엽니다. 도구상자에서 돋보기 툴(🔍)을 선택하고, ❷ 상단 옵션 바의 [Fit Screen](단축키 Ctrl+O)을 선택해 작업 창에 이미지 크기를 맞춥니다. ❸ '곰 얼굴' 레이어를 선택합니다. ❹ [Channels] 패널을 선택합니다.

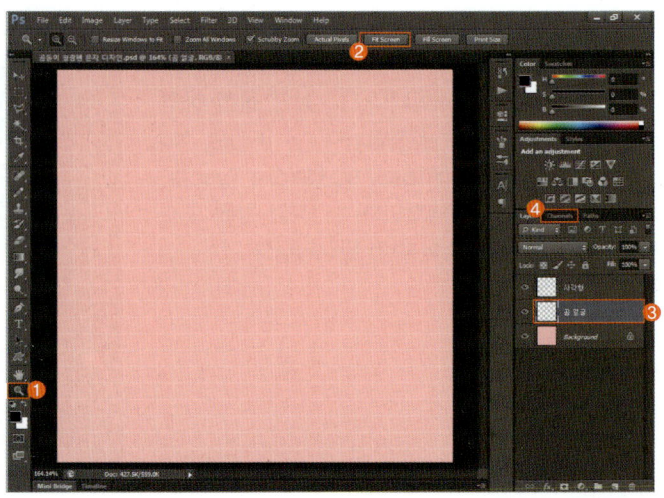

02 ❶ Ctrl 키를 누른 상태로 'Alpha1'의 썸네일을 클릭합니다. ❷ [Layers] 패널을 선택합니다. ❸ 전경색을 선택합니다.

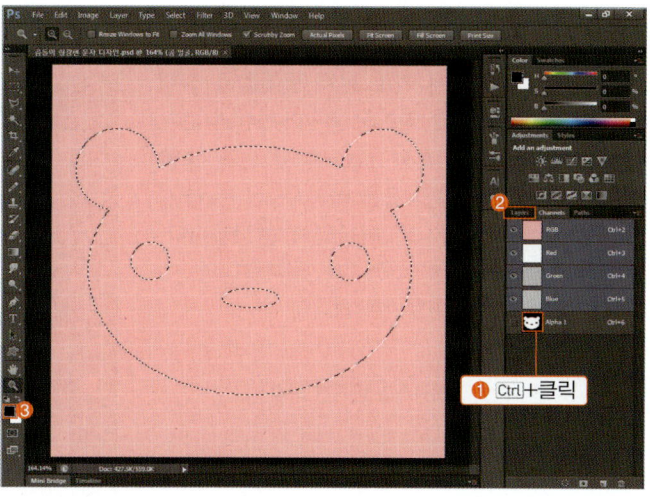

03 [Color Picker] 대화상자에서 ❶ 색상 값을 '0589a5'로 입력하고, ❷ [OK] 버튼을 클릭합니다.

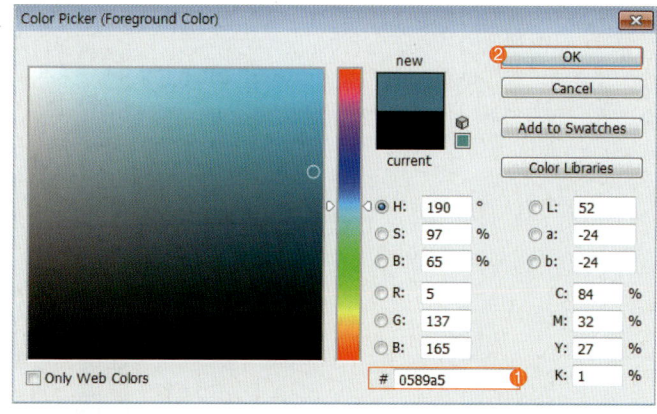

04 ❶ 단축키 Alt + Delete 를 눌러 활성화 영역에 색상을 채워줍니다. ❷ 메뉴 바에서 [Select] − [Deselect](단축키 Ctrl + D)를 선택하여 활성화를 해제합니다.

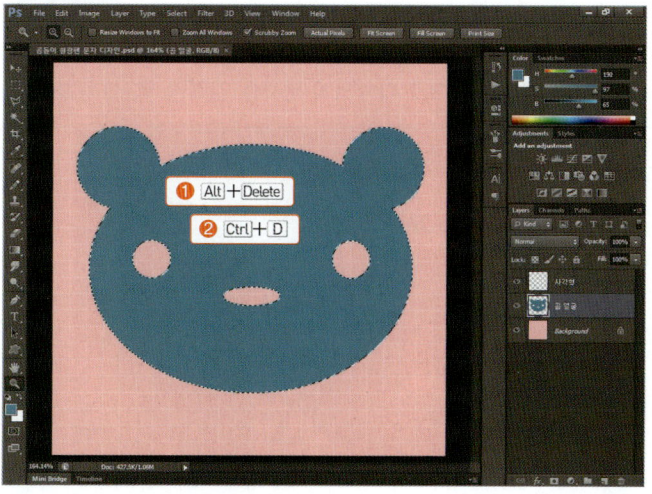

Step 02 문자 배열하기

01 ❶ 도구상자에서 가로 문자 툴(T)을 선택합니다. ❷ 작업 창을 클릭한 후 'PHOTOSHOP' 이라고 입력하고, 단축키 Ctrl + A 를 눌러 블록을 지정합니다. ❸ 상단 옵션 바의 [Font Family], [Font Size]를 이미지와 어울리게 설정합니다. ❹ [Font Color]는 '#373354'로 입력합니다. ❺ 'PHOTOSHOP' 레이어를 선택합니다.

잠깐 본 예제의 폰트 사이즈는 '61.73pt'입니다.

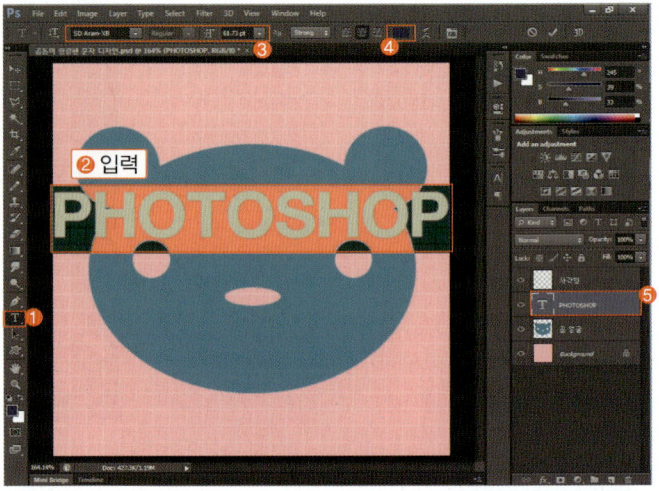

02 ❶ 메뉴 바에서 [Edit] – [Free Transform](단축키 Ctrl + T)을 선택합니다. ❷ 변환 박스 모서리 주변을 클릭한 후 시계방향으로 드래그하여 90˚ 회전시킵니다.

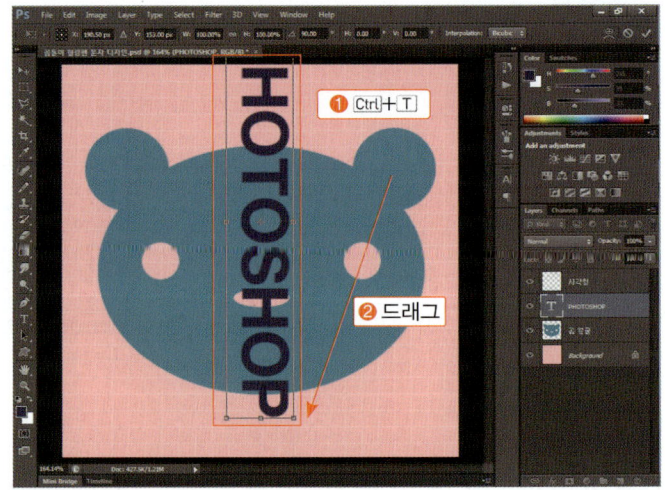

03 01과 같은 방법으로 다양하게 문자를 입력한 후, 그림과 같이 배치합니다.

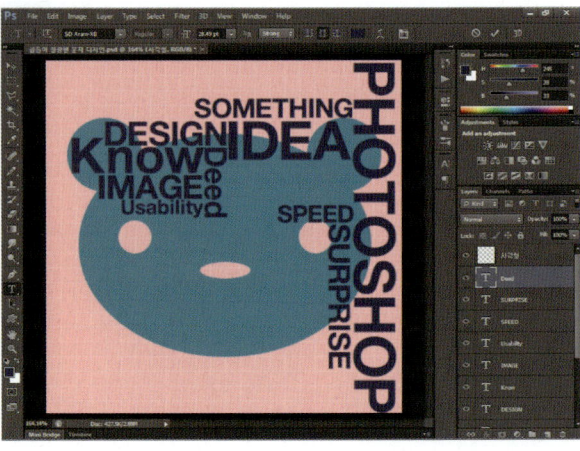

04 ❶ '사각형' 레이어를 선택합니다. ❷ 전경색을 선택해 색상 값을 '#373354'로 입력합니다. ❸ 도구 상자에서 사각형 툴(▢)을 선택합니다. ❹ 상단 옵션 바의 [Mode]를 'Pixels'로 설정합니다. ❺ 문자의 빈 부분에 드래그하여 사각형을 생성합니다.

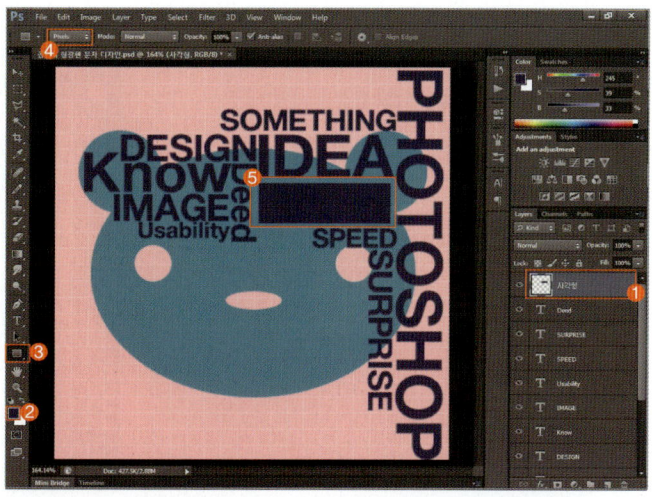

05 ❶ Ctrl키를 누른 상태로 'Background', '곰얼굴' 레이어를 제외한 모든 레이어를 선택합니다. ❷ 단축키 Ctrl+E를 눌러 레이어를 합칩니다.

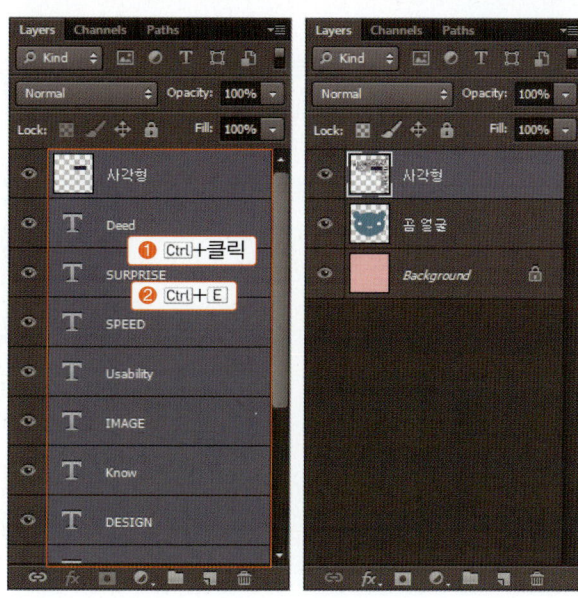

Step 03 효과 넣기

01 ❶ 도구상자에서 네모 선택 툴(▢)을 선택합니다. ❷ 작업 창에서 P의 끝 부분을 드래그하여 활성화합니다.

02 ❶ 도구상자에서 이동 툴(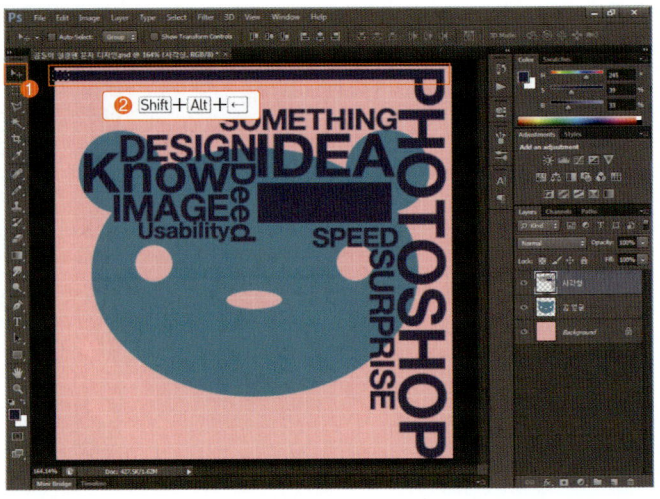)을 선택합니다.
❷ Shift+Alt키를 누른 상태에서 연속으로 방향키
←를 눌러 이미지를 늘려줍니다.

03 ❶ 다른 문자들도 같은 방법으로 길이를 늘려
그림과 같이 만들어 주세요. ❷ '사각형' 레이어의
블렌딩 모드를 'Vivid Light'로 설정합니다.

04 ❶ 도구상자에서 가로 문자 툴(T)을 선택합
니다. ❷ 작업 창을 클릭한 후 'CS6'라고 입력하
고, ❸ 단축키 Ctrl+A를 눌러 블록을 지정합니다.
❹ 상단 옵션 바의 [Font Family], [Font Size]를 이
미지와 어울리게 설정합니다. ❺ [Font Color]를
'#000000'로 입력하면 완성입니다.

Section 72

그라피티 문자 디자인

래커를 이용하여 벽에 그림을 그리는 자유로운 예술 그라피티! 그라피티만의 자유로운 느낌을 포토샵을 이용해 문자 디자인으로 표현해 보고, 합성까지 더해 좀 더 재미있는 이미지로 만들어 보도록 하겠습니다.

- ● [예제 파일] Sample/72/그라피티 문자 디자인.psd
  Sample/72/그라피티 문자 디자인.jpg
- ● [완성 파일] Sample/72/그라피티 문자 디자인 완성.jpg

Step 01 그라피티 문자 만들기

01 메뉴 바에서 [File] – [Open](단축키 Ctrl +O)을 선택하여 〈Sample/72/그라피티 문자 디자인.psd〉 파일을 엽니다. ❶ 도구상자에서 돋보기 툴(🔍)을 선택하고, ❷ 상단 옵션 바의 [Fit Screen](단축키 Ctrl+O)을 선택해 작업 창에 이미지 크기를 맞춥니다. ❸ 'DESIGNTEA' 레이어의 여백을 더블클릭합니다.

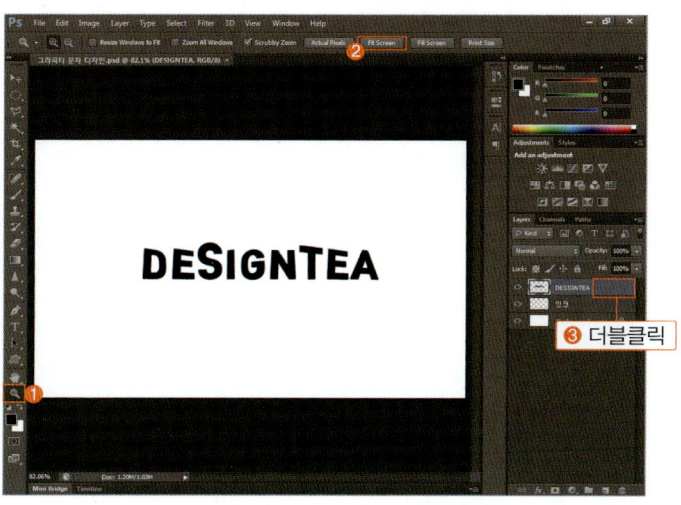

02 [Layer Style] 대화상자에서 ❶ Gradient Overlay를 선택합니다. ❷ 옵션의 Gradient를 선택합니다.

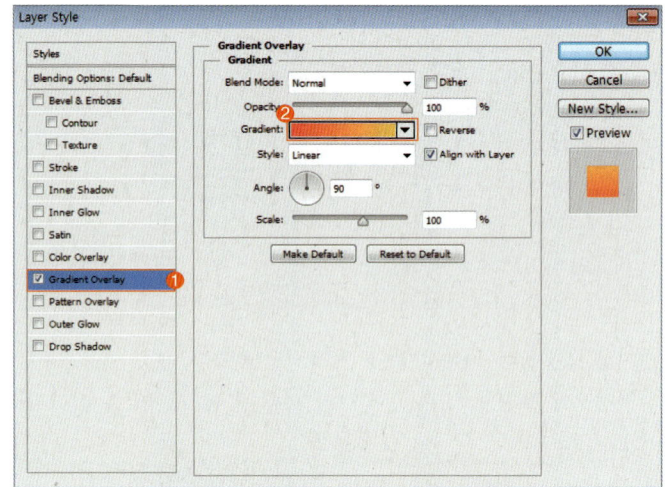

03 [Gradient Editor] 대화상자에서 ❶ 오른쪽 슬라이더를 선택한 후, ❷ Color를 '#ffcd2e'로 입력합니다. ❸ 왼쪽 슬라이더를 선택한 후 ❹ Color를 '#ff4f4f'로 입력하고, ❺ [OK] 버튼을 클릭합니다.

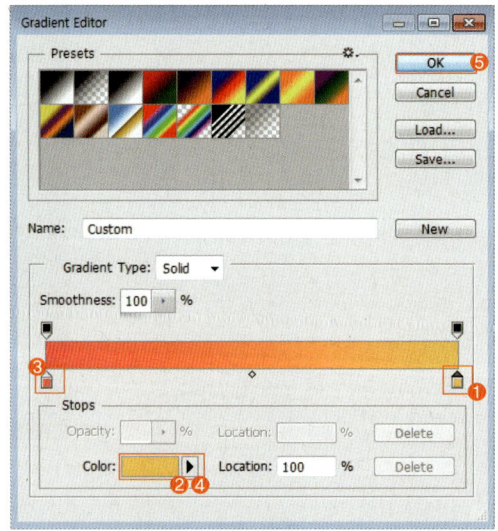

04 [Layer Style] 대화상자에서 ❶ Stroke를 선택합니다. ❷ 옵션의 Size 값을 '5px'로, Position을 'Outside'로, ❸ Color를 '#000000'으로 설정하고, ❹ [OK] 버튼을 클릭합니다.

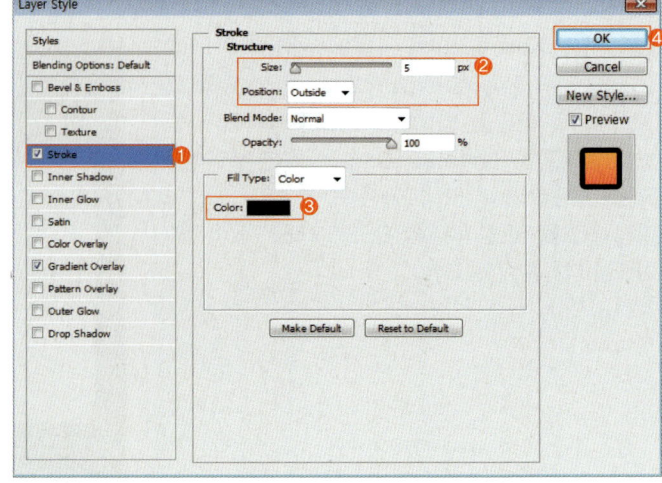

05 ❶ 'DESIGNTEA' 레이어를 [Create a New Layer] 버튼(🔲)으로 드래그하여 복제하면, 'DESIGNTEA copy' 레이어가 생성됩니다. ❷ 'DESIGNTEA' 레이어의 여백을 더블클릭합니다.

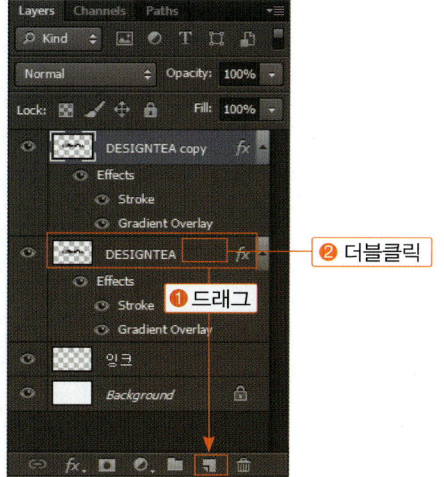

06 [Layer Style] 대화상자에서 ❶ Gradient Overlay의 체크를 풀어줍니다. ❷ Color Overlay 를 선택합니다. ❸ 옵션의 Color를 '#000000'으로 입력하고, ❹ [OK] 버튼을 클릭합니다.

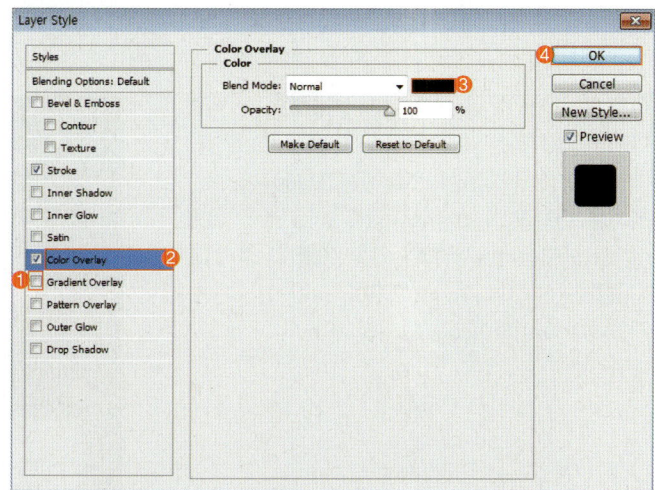

07 도구상자에서 ❶ 이동 툴(🔹)을 선택합니다. ❷ Shift 키를 누른 상태에서 밑으로 드래그하여 그림과 같이 그림자 느낌을 줍니다.

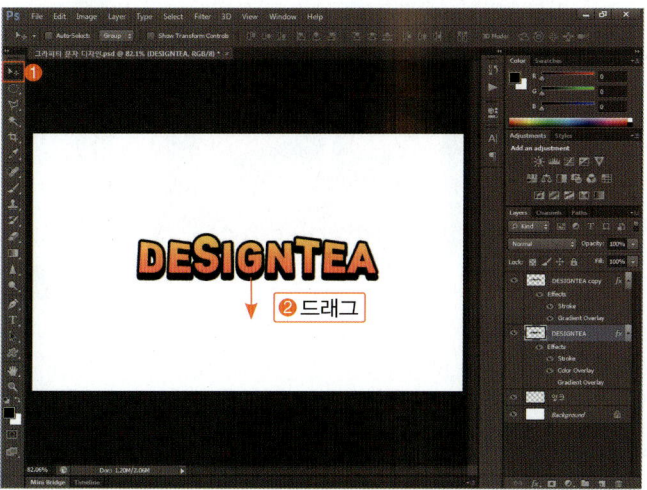

08 ❶ Ctrl 키를 누른 상태에서 'DESIGNTEA', 'DESIGNTEA copy' 레이어를 선택한 후, ❷ 단축키 Ctrl+E를 눌러 레이어를 합칩니다.

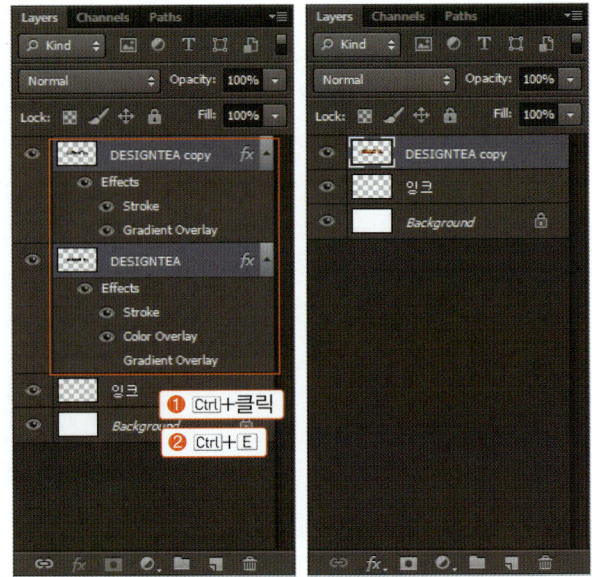

09 ❶ 도구상자에서 브러시 툴(✎)을 선택합니다. ❷ 상단 옵션 바의 [Brush Preset Piker]를 선택합니다. ❸ 브러시 리스트에서 'Hard Round' 브러시를 선택하고, ❹ Size 값을 '4px'로 입력합니다. ❺ 도구상자에서 컬러 디폴트(▣)와 컬러 스위치(↻)를 선택합니다. ❻ 그림과 같이 이미지에 드래그하여 하이라이트를 그려줍니다.

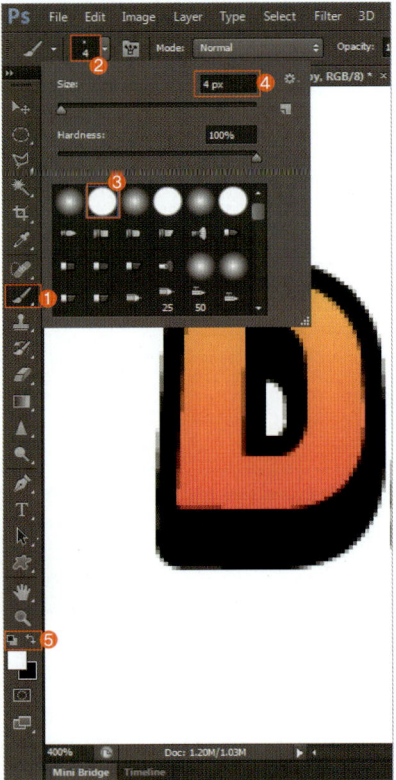

10 메뉴 바에서 ❶ [Edit] – [Free Transform](단축키 Ctrl + T)를 선택합니다. ❷ 상단 옵션 바의 [Warp Mode]를 선택합니다.

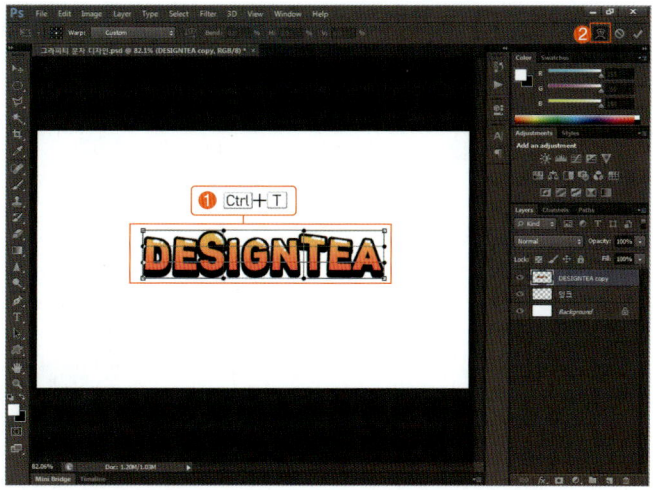

11 ❶ 변환 박스의 모서리와 핸들을 드래그하여 그림과 같이 물결치는 모양으로 만들어 줍니다. ❷ Enter 키를 누릅니다.

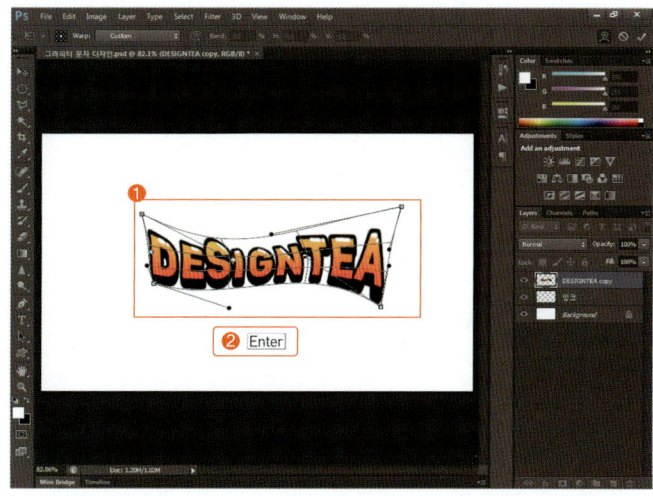

12 ❶ '잉크' 레이어를 선택합니다. 도구상자에서 사각형 툴(■)을 길게 선택하면 숨어있는 도구 리스트를 볼 수 있는데, ❷ 그 중 커스텀 셰이프 툴(❖)을 선택합니다. ❸ 상단 옵션 바의 [Mode]를 'Pixels'로 설정합니다. ❹ 작업 창에서 마우스 오른쪽 버튼을 클릭합니다. ❺ 셰이프 리스트에서 오른쪽 윗부분의 톱니바퀴 모양 아이콘(⚙)을 클릭합니다. ❻ 팝업 메뉴에서 'All'을 선택합니다.

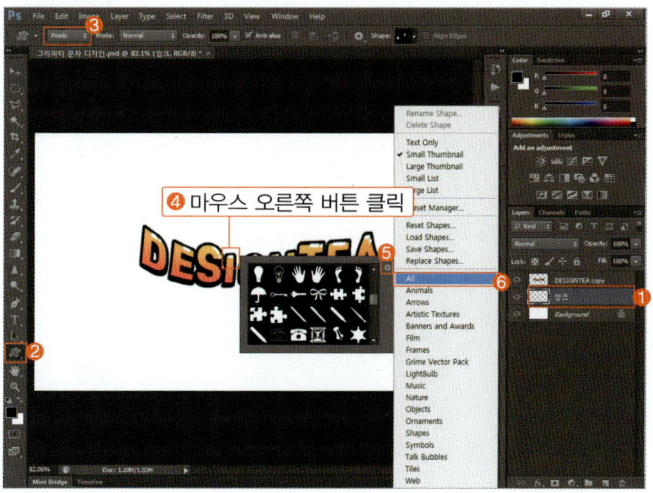

13 ❶ 셰이프 리스트에서 'Splatter'를 선택합니다.
❷ 도구상자에서 컬러 디폴트()를 선택합니다.

잠깐 커스텀 셰이프 리스트 이미지 위에 마우스 커서를 올려놓으면 셰이프 이미지의 이름을 알 수 있습니다.

14 Shift 키를 누른 상태로 드래그하여 물감이 튄 듯한 느낌을 줍니다.

15 ❶ 작업 창에서 마우스 오른쪽 버튼을 클릭합니다. ❷ 셰이프 리스트에서 'Grime 7'을 선택합니다.

16 Shift 키를 누른 상태로 드래그하여 물감이 튄 듯한 느낌을 줍니다.

17 ❶ '잉크' 레이어를 [Create a New Layer] 버튼(🔲)으로 드래그하여 복제하면, '잉크 copy' 레이어가 생성됩니다. ❷ 메뉴 바에서 [Edit] − [Transform] − [Flip Horizontal]을 선택합니다.

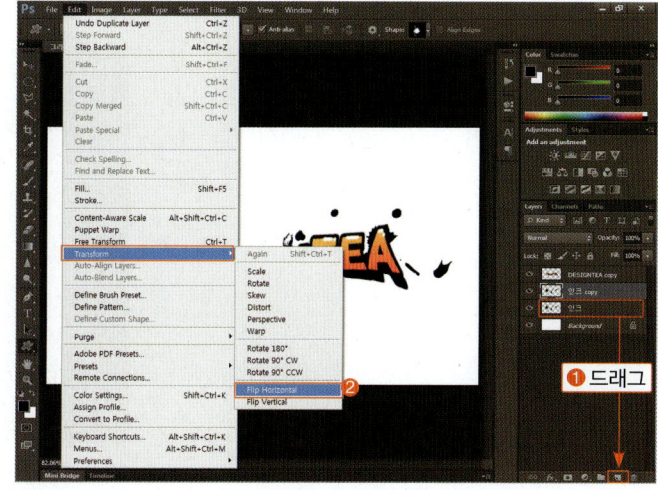

18 ❶ 메뉴 바에서 [Edit] − [Free Transform](단축키 Ctrl + T)를 선택합니다. ❷ Alt + Shift 키를 누른 상태로 변환 박스 모서리를 클릭한 후 안쪽으로 드래그하여 축소합니다.

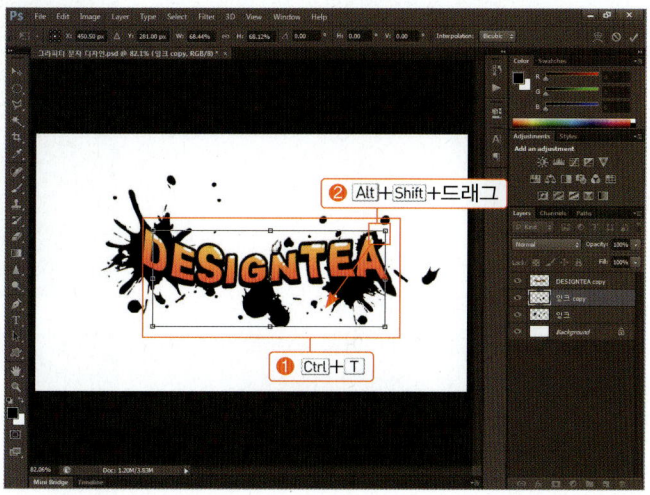

Step 02 사진과 합성하기

01 메뉴 바에서 [File] – [Open](단축키 Ctrl +O)을 선택하여 〈Sample/72/그라피티 문자 디자인.jpg〉 파일을 엽니다. ❶ 작업 창의 '그라피티 문자 디자인.psd' 이미지 탭을 드래그하여 새 창으로 분리합니다. ❷ Ctrl 키를 누른 상태에서 'Background'를 제외한 나머지 레이어를 모두 선택합니다. ❸ 도구상자에서 이동 툴(▶)을 선택합니다. ❹ '그라피티 문자 디자인.psd' 작업 창에서 '그라피티 문자 디자인.jpg' 작업 창으로 드래그하여 복사합니다. ❺ '그라피티 문자 디자인.psd' 작업 창의 [Minimize]를 클릭해 이미지를 최소화시켜 놓습니다.

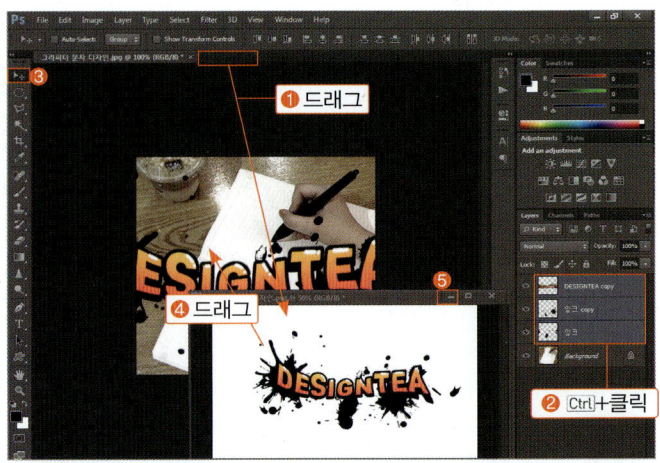

02 ❶ '그라피티 문자 디자인.jpg' 작업 창을 클릭합니다. ❷ 메뉴 바에서 [Edit] – [Free Transform](단축키 Ctrl+T)을 선택합니다. ❸ Shift 키를 누른 상태에서 변환 박스 모서리를 클릭한 후 안쪽으로 드래그하여 축소합니다.

03 ❶ 변환 박스 모서리 주변을 클릭한 후 시계 반대방향으로 드래그하여 회전시킵니다. 크기와 각도를 적당히 맞춘 후 Enter 키를 누릅니다. ❷ 단축키 Ctrl+E를 눌러 레이어를 합칩니다.

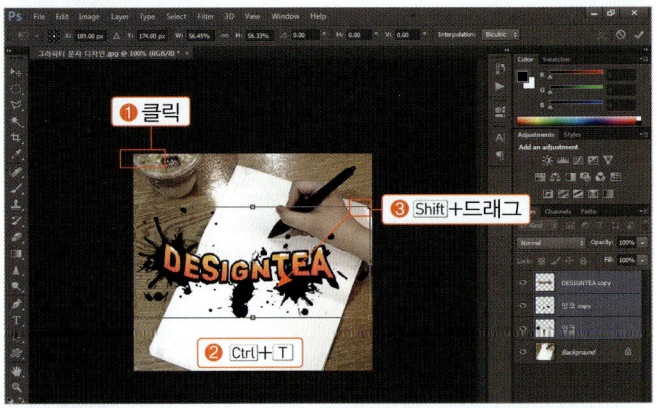

04 ❶ 'DESIGNTEA' 레이어를 선택합니다. ❷ Opacity 값을 '80%'로 설정하면 완성입니다.

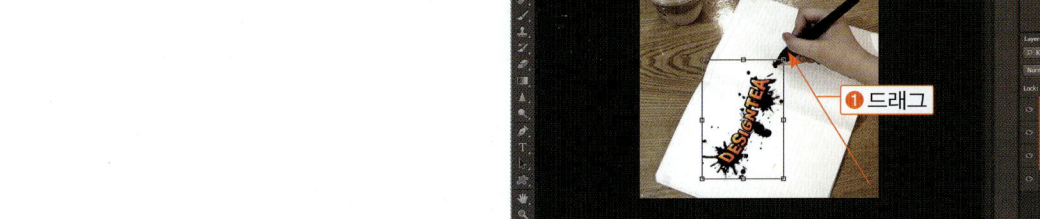

Section 73

동영상 캡처 애니메이션

직접 촬영한 동영상 혹은 TV 속 한 장면을 짤막한 애니메이션 형태로 만들어 볼까요? 용량이 큰 동영상을 포토샵의 Timeline 기능을 이용해 웹상에 올리기 좋은 작은 용량의 애니메이션으로 재편집해보도록 하겠습니다.

◉ [예제 파일] Sample/73/동영상 캡처 애니메이션.psd
◉ [완성 파일] Sample/73/동영상 캡처 애니메이션.gif

Step 01 동영상 캡처하기

01 네이버(naver.com)에서 곰 플레이어를 검색한 후 다운로드 받아 설치합니다.

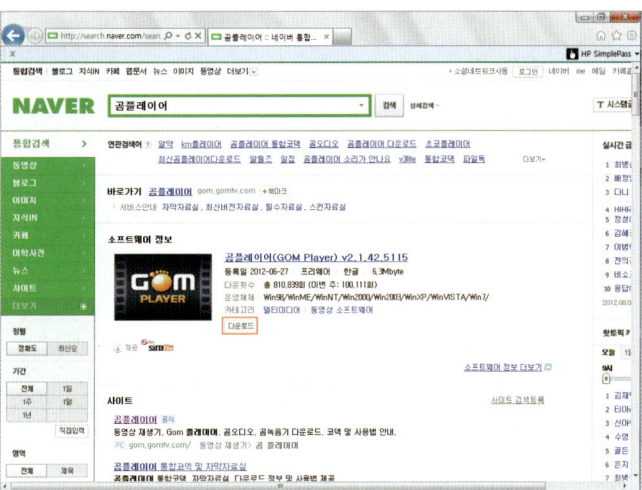

02 곰 플레이어를 실행한 후, ❶ [열기] 버튼을 클릭해 〈Sample/73/동영상 캡처 애니메이션.mp4〉 파일을 불러옵니다. ❷ 단축키 Ctrl+E를 연속해서 눌러 화면을 스틸 컷으로 저장합니다.

03 ❶ [윈도우 탐색기]에서 〈내문서/GomPlayer/Capture〉의 경로로 들어갑니다. ❷ Ctrl 키를 누른 상태에서 4의 배수로 이미지를 선택합니다.

> 잠깐 꼭 4의 배수가 아니어도 됩니다. 일정한 간격으로 이미지를 선택하면 OK!

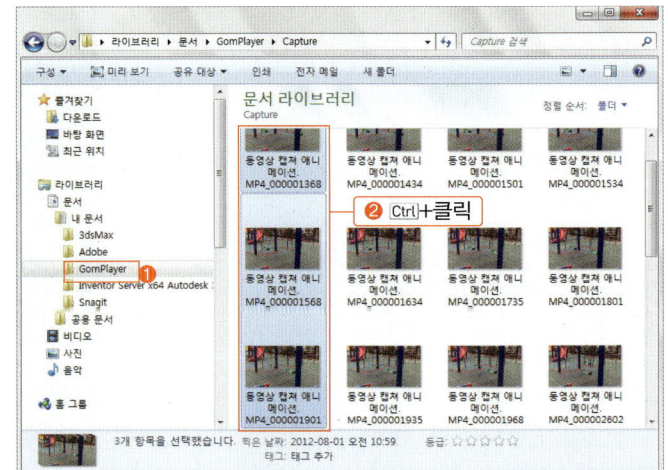

04 포토샵으로 드래그하여 이미지를 불러옵니다.

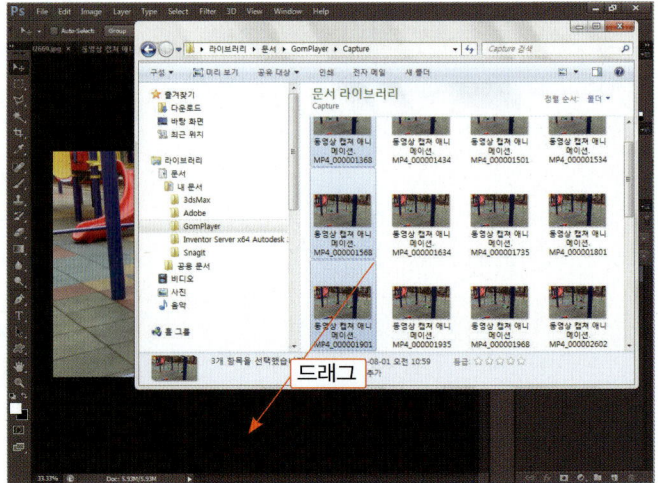

05 메뉴 바에서 [Window] – [Arrange] – [Float All in Windows]를 선택합니다.

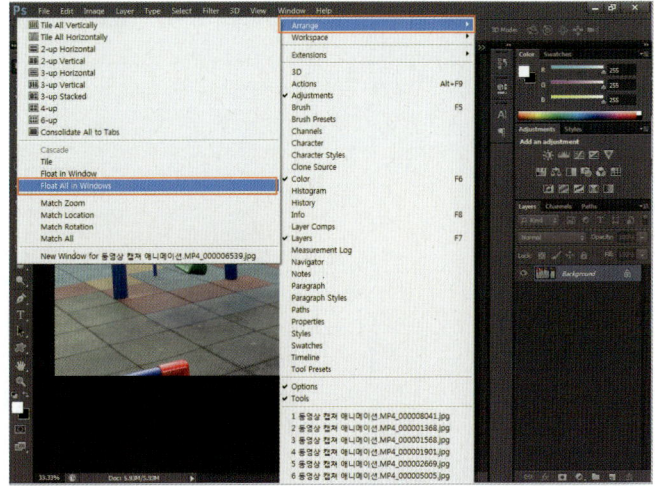

06 ❶ 도구상자에서 이동 툴()을 선택합니다. ❷ 하나의 작업 창을 임의로 선택한 후, 그 외의 다른 작업 창 이미지를 Shift 키를 누른 상태에서 모두 드래그하여 모아줍니다. ❸ 불러온 이미지의 수와 레이어의 수가 같은지 확인합니다.

> **잠깐** 하나의 작업 창에 이미지를 모을 때 파일명 순서대로 모으는 것이 좋습니다.

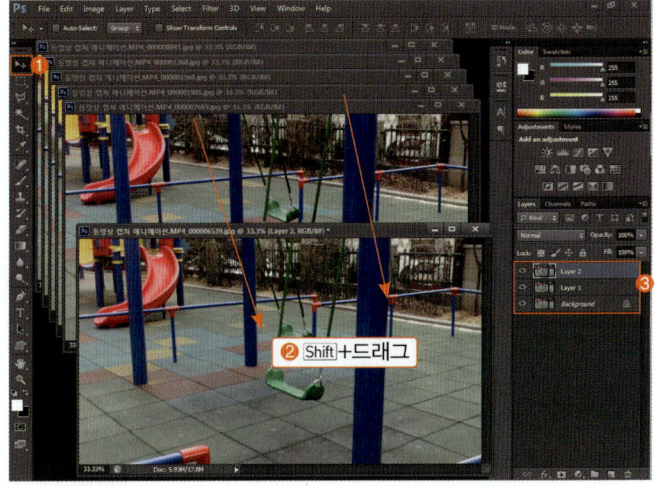

Step 02 이미지 프레임으로 나열하기

01 ❶ 도구상자에서 돋보기 툴()을 선택한 후, ❷ 상단 옵션 바의 [Fit Screen](단축키 Ctrl + 0)을 선택해 작업 창에 이미지 크기를 맞춥니다.

> **잠깐** 〈Sample/73/동영상 캡처 애니메이션.psd〉 파일은 캡처 화면이 저장된 파일이니, 캡처를 할 줄 아는 분이라면 바로 이 파일을 열어 실습해도 좋습니다.

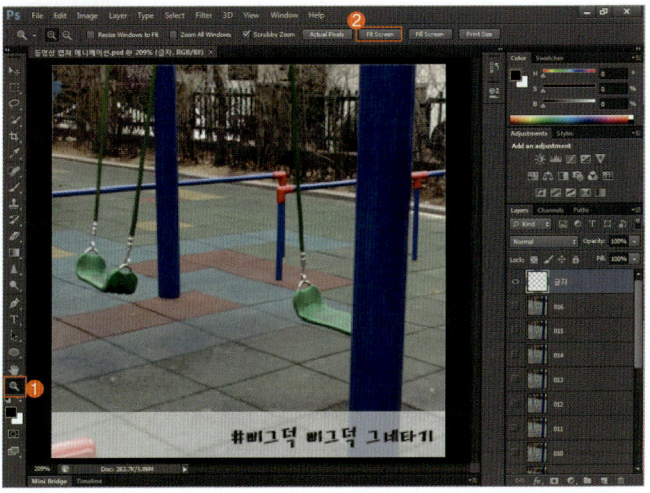

02 메뉴 바에서 [Window] – [Timeline]을 선택합니다.

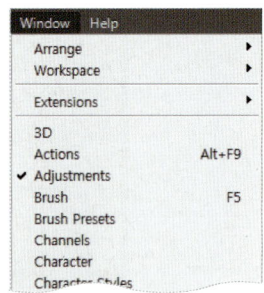

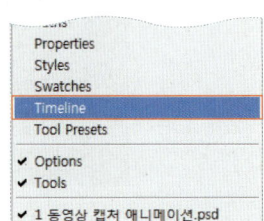

03 [Timeline] 패널이 열리면 [Layers] 패널에서 '글자' 레이어와 '001' 레이어를 제외한 나머지 레이어의 눈 모양 아이콘(◉)을 클릭하여 이미지를 감춥니다.

 눈 모양 아이콘의 라인을 드래그하면, 눈 모양 아이콘을 한꺼번에 감출 수 있습니다.

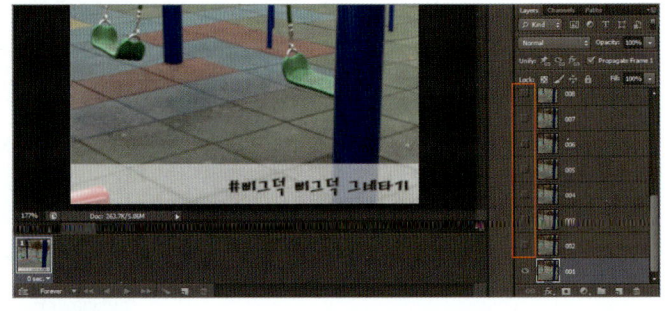

04 ❶ [Timeline] 패널의 [Duplicates Selected Frames] 버튼(▣)을 클릭합니다. ❷ '002' 레이어의 눈 모양 아이콘(◉)을 클릭하여 이미지가 보이게 합니다.

05 ❶ 다시 [Timeline] 패널의 [Duplicates Selected Frames] 버튼(▣)을 클릭합니다. ❷ '003' 레이어의 눈 모양 아이콘(◉)을 클릭하여 이미지가 보이게 합니다.

06 같은 방법으로 레이어를 순서대로 16번 프레임까지 연결해줍니다.

Step 03 프레임 설정하기

01 Ctrl 키를 누른 상태에서 1번 프레임부터 15번 프레임까지 선택합니다.

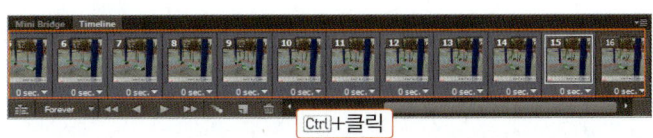

02 ❶ [Timeline] 패널의 [Duplicates Selected Frames] 버튼(▣)을 클릭합니다. ❷ 복사된 프레임을 오른쪽 끝으로 드래그하여 이동시킵니다.

03 ❶ [Timeline] 패널의 오른쪽 상단 메뉴 버튼(▤)을 클릭하여 ❷ 팝업 메뉴에서 'Reverse Frames'를 선택합니다. ❸ [Play Animation] 버튼(▶)을 클릭해 애니메이션을 확인합니다.

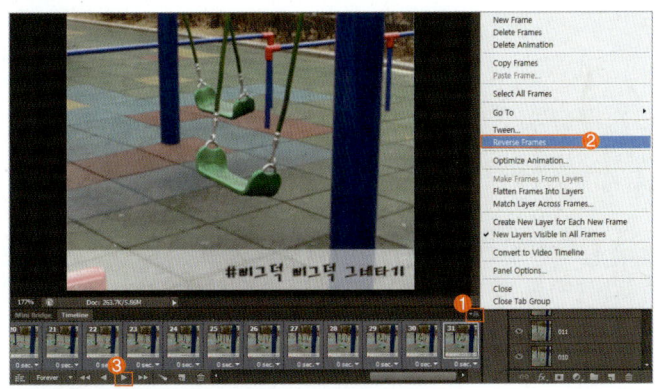

04 ❶ Ctrl 키를 누른 상태로 모든 프레임을 선택합니다. ❷ 프레임 하단의 [Frame Delay Time]을 선택합니다. ❸ 팝업 메뉴에서 '0.1 seconds'를 선택합니다.

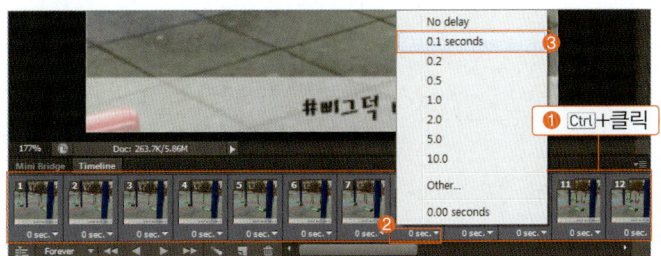

05 메뉴 바에서 [File] – [Save for Web](단축키 Alt+Shift+Ctrl+S)을 선택합니다.

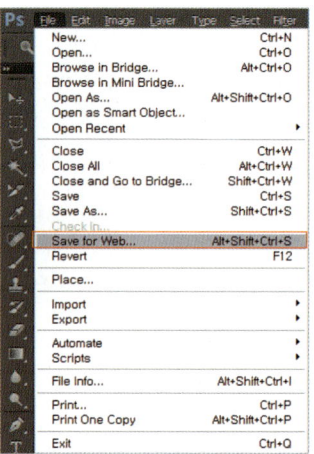

06 [Save for Web] 대화상자에서 ❶ File Format 을 'GIF'로 설정합니다. ❷ [Save] 버튼을 클릭합 니다.

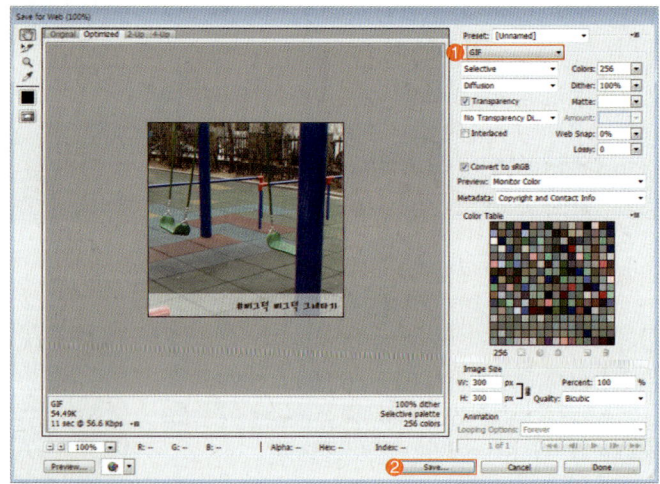

07 ❶ Format을 'Images Only'로 설정하고, ❷ [저장] 버튼을 클릭하여 완성합니다.

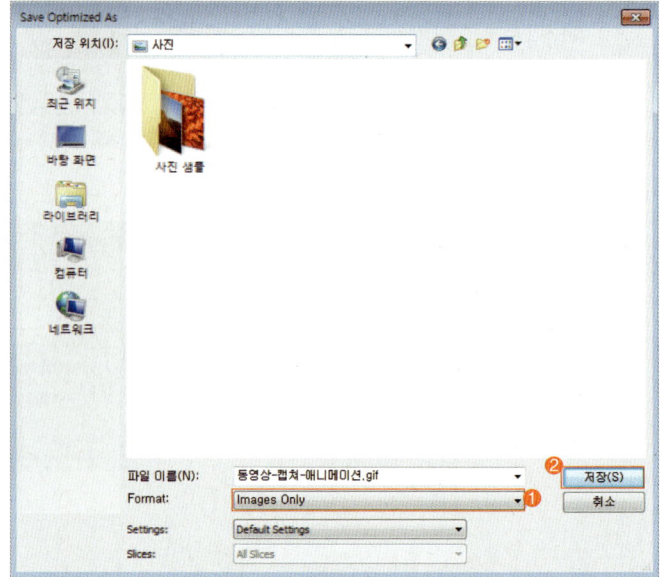

달려가는 기차 애니메이션

포토샵에서 일러스트를 이용한 애니메이션 만들기는 레이어의 상하관계를 이해하는 데 큰 도움이 됩니다. 움직임을 나타낼 때의 프레임별 레이어에 주목하면서, 이번 예제도 차근차근 따라해 보세요!

● [예제 파일] Sample/74/달려가는 기차 애니메이션.psd
● [완성 파일] Sample/74/달려가는 기차 애니메이션.gif

Step 01 기차 이동시키기

01 메뉴 바에서 [File] − [Open](단축키 Ctrl+O)을 선택하여 〈Sample/74/달려가는 기차 애니메이션.psd〉 파일을 엽니다. ❶ 도구상자에서 돋보기 툴(🔍)을 선택하고, ❷ 상단 옵션 바의 [Fit Screen](단축키 Ctrl+0)을 선택해 작업 창에 이미지 크기를 맞춥니다.

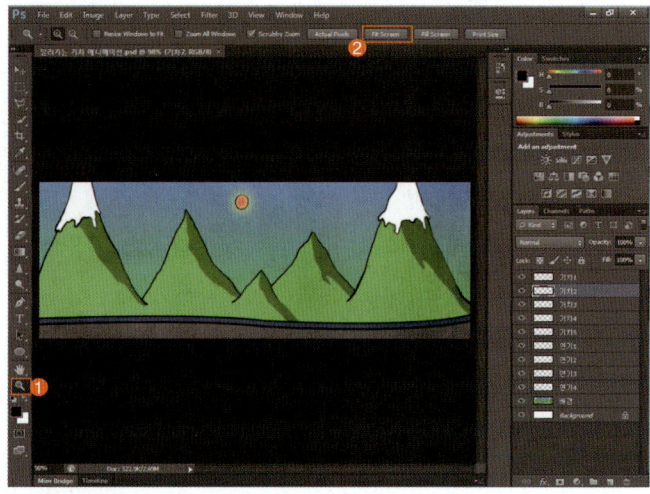

02 메뉴 바에서 [Window] – [Timeline]을 선택합니다.

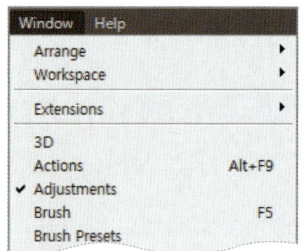

03 ❶ 도구상자에서 이동 툴(▶⊕)을 선택합니다. ❷ [Timeline] 패널의 [Duplicates Selected Frames] 버튼(🖿)을 클릭합니다. ❸ Ctrl 키를 누른 상태로 '배경' 레이어와 'Background'를 제외한 레이어를 모두 선택합니다. ❹ Shift 키를 누른 상태로 키보드의 방향키 ←를 10번 누릅니다.

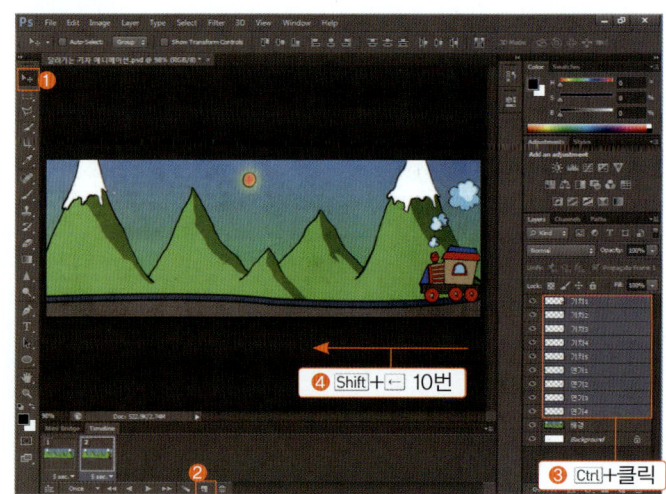

04 ❶ [Timeline] 패널의 [Duplicates Selected Frames] 버튼(🖿)을 클릭합니다. ❷ Shift 키를 누른 상태로 키보드의 방향키 ←를 10번 누릅니다.

05 기차가 12번 프레임에서 사라질 때까지 같은 방법으로 반복합니다.

Step 02 기차 표현하기

01 ❶ 2번 프레임을 선택합니다. ❷ '연기2', '연기3', '연기4' 레이어의 눈 모양 아이콘(👁)을 클릭하여 이미지를 감춥니다.

02 ❶ 3번 프레임을 선택합니다. ❷ '연기1', '연기3', '연기4' 레이어의 눈 모양 아이콘(👁)을 클릭하여 이미지를 감춥니다. ❸ '기차1' 레이어를 선택합니다. ❹ Shift 키를 누른 상태로 키보드의 방향키 ↑를 1번 누릅니다.

03 ❶ 4번 프레임을 선택합니다. ❷ '연기1', '연기4' 레이어의 눈 모양 아이콘(👁)을 선택하여 이미지를 감춥니다. ❸ '기차2' 레이어를 선택합니다. ❹ Shift 키를 누른 상태로 키보드의 방향키 ↑를 1번 누릅니다.

아래 표를 참고하여 12번 프레임까지의 변화를 레이어에 설정하세요.

프레임	감추는 레이어(눈 모양 아이콘(👁)을 선택하여 감추는 레이어)	이동 레이어(Shift+방향키 ↑ 1번)
5번 프레임	'연기1', '연기2' 레이어	'기차3' 레이어
6번 프레임	'연기2', '연기3', '연기4' 레이어	'기차4' 레이어
7번 프레임	'연기1', '연기4' 레이어	'기차5' 레이어
8번 프레임	'연기1', '연기2' 레이어	'기차1' 레이어
9번 프레임	'연기1', '연기2', '연기3' 레이어	'기차2' 레이어
10번 프레임		'기차3' 레이어
11번 프레임		
12번 프레임		

*표의 빈 곳은 보이지 않기 때문에 조작하지 않아도 됩니다.

04 ❶ Ctrl 키를 누른 상태로 모든 프레임을 선택합니다. ❷ 프레임 하단의 [Frame Delay Time]을 선택합니다. ❸ 팝업 메뉴에서 '0.2 seconds'를 선택합니다.

Step 03 저장하기

01 메뉴 바에서 [File] – [Save for Web]을 선택합니다.

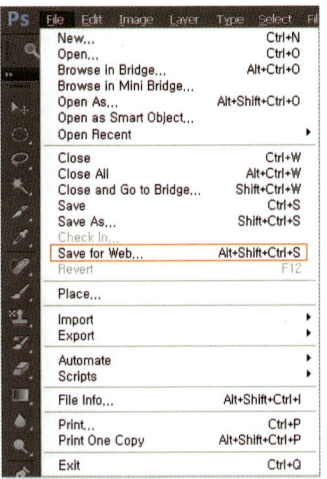

02 [Save for Web] 대화상자에서 ❶ File Format 을 'GIF'로 설정하고, ❷ [Save] 버튼을 클릭합니다.

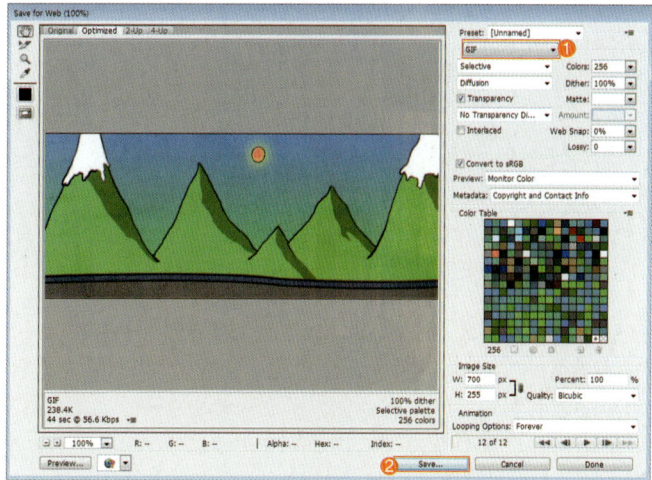

03 ❶ Format을 'Images Only'로 설정하고, ❷ [저장] 버튼을 클릭하면 완성입니다.

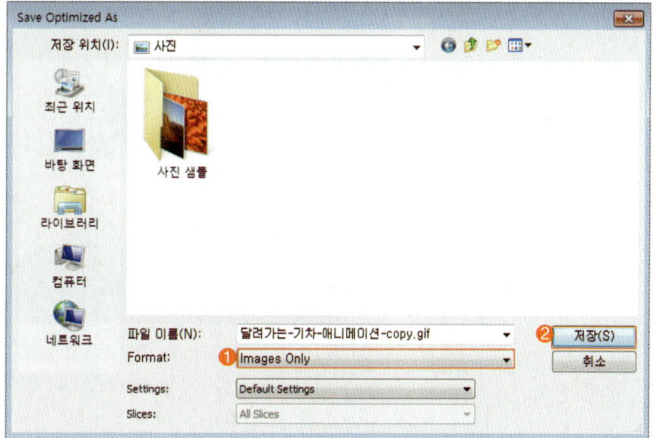

동영상에 말풍선 추가하기

포토샵 CS6에 새로 도입된 동영상 편집하기 기능! 기존 [Animation] 패널과는 차별화된 [Timeline] 패널은 다이내믹한 성능으로 동영상을 쉽고 빠르게 편집할 수 있도록 도와줍니다. 머리 아픈 동영상 편집은 이제 그만! 포토샵에서 사진을 편집하듯이 간단하게 동영상을 편집해 봅시다!

● **[예제 파일]** Sample/75/동영상에 말풍선 추가하기.mp4
● **[완성 파일]** Sample/75/동영상에 말풍선 추가하기 완성.mp4
＊동영상 편집 기능은 Photoshop CS6 Extended 버전에서만 지원됩니다.

Step 01 필요한 영상만 추출하기

01 메뉴 바에서 [File] − [Open](단축키 Ctrl+O)을 선택하여 〈Sample/75/동영상에 말풍선 추가하기.mp4〉 파일을 엽니다.

 동영상 편집 모드가 자동으로 실행됩니다.

02 ❶ 메뉴 바에서 [View] – [Rulers](단축키 Ctrl+R)를 선택합니다. ❷ 타임라인을 드래그하여 영상을 살펴본 후 필요한 장면과 필요 없는 장면을 ❸ 가위 아이콘(✂)을 이용하여 나누어 줍니다

03 필요 없는 프레임을 가지고 있는 영상은 클릭한 후 Delete 키를 눌러 지워줍니다.

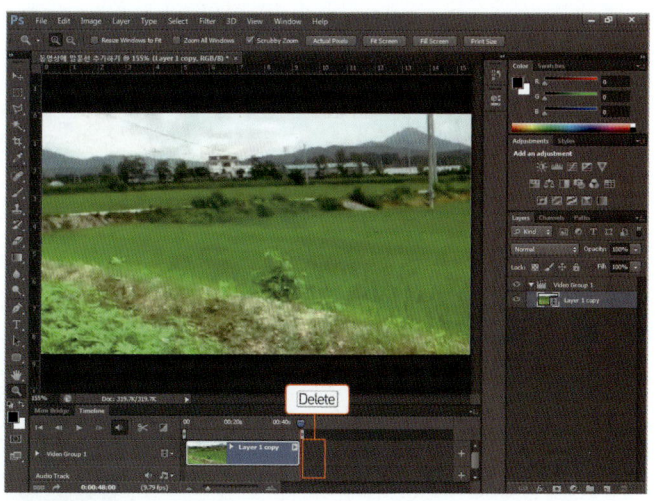

04 ❶ 인형을 잡고 있는 손이 보이는 지점까지 타임라인을 이동하며 확인한 후, Ruler에서 드래그하여 안내선을 생성해 표시합니다. ❷ 도구상자에서 자르기 툴(🔲)을 선택합니다. ❸ 안내선까지 드래그한 후 Enter 키를 누릅니다.

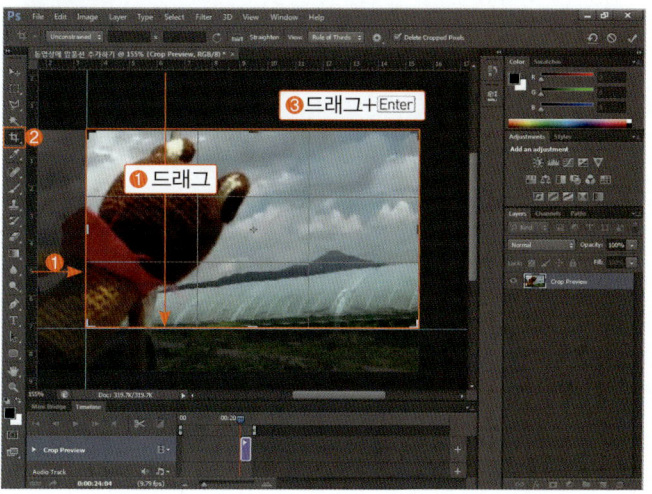

Step 02 동영상 밝기 보정하기

01 ❶ 도구상자에서 컬러 디폴트(▣)와 컬러 스
위치(⟳)를 선택합니다. ❷ 타임라인의 영상을 선
택합니다. ❸ [Adjustment Layer] 버튼(⊘)을 클
릭한 후, ❹ 팝업 메뉴에서 'Levels'를 선택합니다.

02 [Levels]의 슬라이더를 움직여 영상과 어울
리게 보정합니다.

Step 03 동영상에 말풍선 넣기

01 ❶ [Video Track] 버튼(⊞▾)을 클릭한 후, ❷ 팝업 메뉴에서 'New Video Group'을 선택합니다.

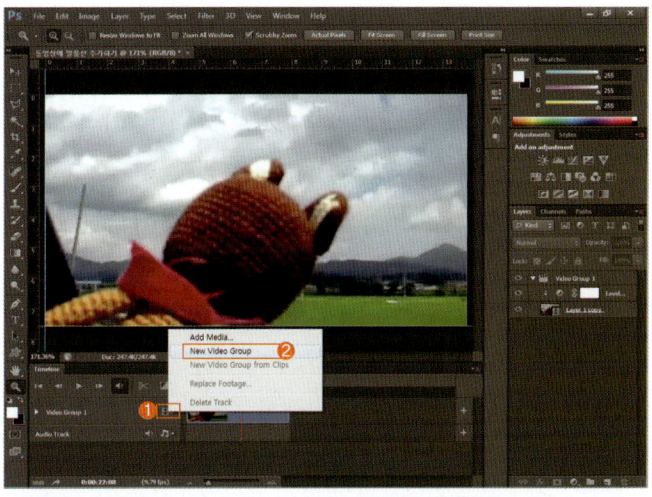

02 ❶ [Create a New Layer] 버튼(🔲)을 클릭하여 레이어를 생성합니다. 도구상자에서 사각형 툴(▢)을 길게 선택하면 숨어있는 도구 리스트를 볼 수 있는데, ❷ 그 중 커스텀 셰이프 툴(🗾)을 선택합니다. ❸ 상단 옵션 바의 [Mode]를 'Pixels'로 설정합니다. ❹ 작업 창에서 마우스 오른쪽 버튼을 클릭한 후, ❺ 셰이프 리스트에서 'talk 1'을 선택합니다.

03 ❶ Shift 를 누른 상태에서 작업 창에 드래그 하여 말풍선을 그려줍니다. ❷ 'Layer 1' 레이어의 여백을 더블클릭합니다.

 타임라인을 트랙에 생성된 레이어에 맞춰주어야 이미지 드로잉이 가능합니다.

04 [Layer Style] 대화상자에서 ❶ Stroke를 선택합니다. ❷ 옵션의 Size를 '3px'로, Position을 'Inside'로, ❸ Color를 '#000000'으로 설정하고, ❹ [OK] 버튼을 클릭합니다.

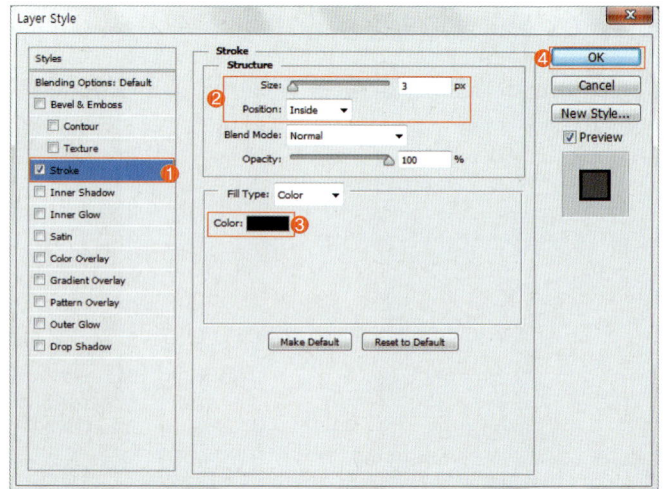

05 ❶ [Video Track] 버튼(▦▾)을 클릭한 후, ❷ 팝업 메뉴에서 'New Video Group'을 선택합니다.

06 ❶ 도구상자에서 가로 문자 툴(T)을 선택합니다. ❷ 말풍선을 클릭한 후 '안녕?'이라고 입력합니다. ❸ '안녕' 레이어를 선택합니다. 상단옵션 바의 ❹ [Font Family]와 [Font Size]를 이미지와 어울리게 설정합니다. ❺ [Font Color]는 '#000000'으로 입력합니다.

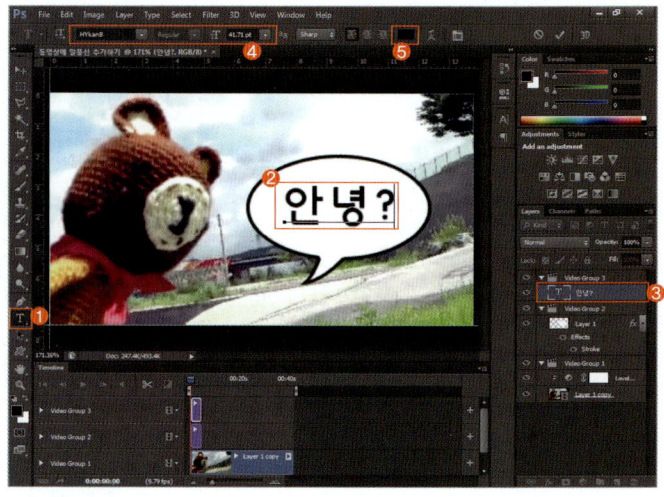

07 비디오 트랙의 이미지는 드래그하여 원하는 만큼 늘릴 수 있습니다. 적당한 화면까지 드래그합니다.

> **잠깐** 삼지창 모양으로 커서가 바뀌었을 때 드래그하면 늘어나거나 축소할 수 있습니다.

08 ❶ 같은 방법으로 자막이나 말풍선을 영상 사이사이에 삽입한 후, ❷ [Render Video] 버튼()을 클릭합니다.

09 ❶ 원하는 형태의 Format을 선택하고, ❷ [Render] 버튼을 클릭하면 완성입니다.

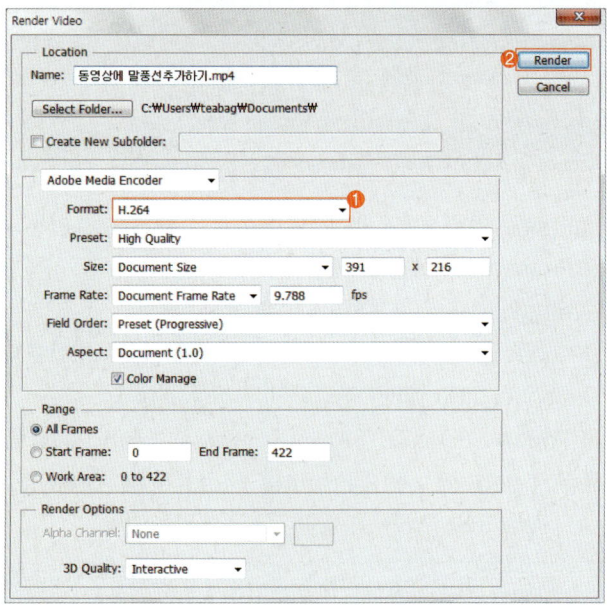

Timeline 살펴보기

기존의 [Animation] 패널이 CS6에서는 [Timeline] 패널로 이름이 변경되었습니다. 기존에는 애니메이션만을 다루었다면, 이번 CS6에서는 기능이 더욱 강력해져 동영상의 편집까지 가능해졌기 때문입니다. 한층 더 똑똑해진 [Timeline] 패널에 대해 알아볼까요?

◉ [Timeline] 패널 불러내기
메뉴 바에서 [Window] − [Timeline]을 선택합니다.

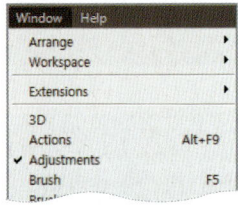

◉ Animation 모드
여러 레이어를 조합하여 프레임 애니메이션을 만듭니다. 레이어의 눈 모양 아이콘(👁)을 조작하여 프레임에 이미지를 담고 움직임을 나타냅니다.

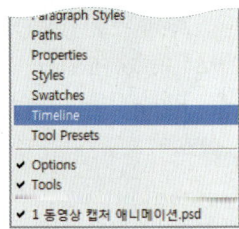

❶ Frame : 레이어의 눈 모양 아이콘이 체크되어 있는 이미지만 보입니다.

❷ Frame Delay Time : 하나의 Frame에 머무는 시간을 설정합니다.

❸ 비디오 모드로 변경합니다.

❹ Looping : 전체 애니메이션의 반복횟수를 설정합니다.

❺ Control : 프레임을 재생하거나 이동합니다.

❻ Tween Animation : Frame과 Frame 사이의 애니메이션을 자동으로 만들어 줍니다.

❼ Selected Frames : Frame을 생성합니다. 선택한 Frame을 버튼으로 드래그하면 복제됩니다.

❽ Delete : 프레임을 삭제합니다.

눈 모양 아이콘(◉)의 체크 여부에 따른 변화를 살펴볼까요? ❾ '1 Frame'에는 ❿ 눈 모양 아이콘이 모두 체크되어 있지요. ⓫ 그런데 '9 Frame'에는 ⓬ 눈 모양 아이콘이 세 개의 레이어에만 체크되어 있습니다. 이렇게 눈 모양 아이콘의 체크 여부에 따라 작업 창에 보이는 이미지가 달라집니다. 다시 말해 프레임은 눈 모양 아이콘의 체크를 기억하고 있으며, 눈 모양 아이콘이 체크되어 있는 이미지만을 프레임별로 저장하는 것이지요!

◉ Video 모드
동영상을 편집할 수 있는 [Timeline] 패널의 기능입니다.

❶ Control : 동영상 재생을 제어합니다.

❷ 음소거를 제어합니다.

❸ 프레임을 잘라냅니다.

❹ 서서히 사라지거나 나타나는 Fade 기능을 선택합니다.

❺ Timeline : 편집 중인 동영상의 시간과 프레임을 확인할 수 있습니다.

❻ Video Track : 동영상, 이미지, 문자 등을 추가하거나 편집할 수 있습니다.

❼ Audio Track : 사운드를 추가하거나 삭제할 수 있습니다.

❽ 해당 트랙의 파일을 추가합니다.

❾ 애니메이션 모드로 변경합니다.

❿ Render Video : 영상으로 만들어 내보냅니다.

조금 더 자세히 살펴볼까요? 동영상을 불러와 [Adjustment Layer]를 적용하면 전체 동영상을 보정할 수 있습니다. 포토샵의 기능을 알고 있는 것만으로도 동영상을 선명하고 화사하게 편집할 수가 있답니다.

동영상에 글자를 넣거나 그림을 넣어 좀 더 재미있게 표현할 수도 있습니다.

이렇게 편집된 영상을 [Render Video] 버튼을 클릭해 저장하면, 우리가 잘 알고 있는 동영상 프로그램을 통하여 재생할 수 있습니다.

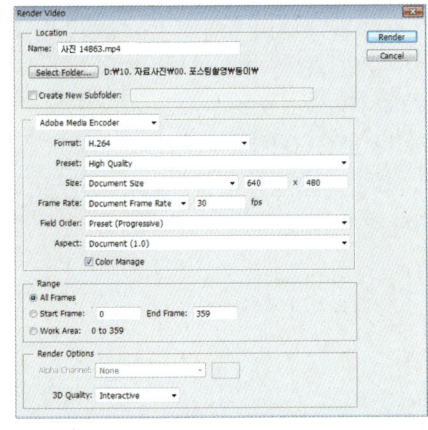 

Section 76

3D 입체 글자 만들기

포토샵의 3D 기능이 강력해지면서 문자를 입체적으로 표현할 수 있는 방법이 훨씬 다양해졌습니다. 3D의 다이내믹한 기능들을 이용해 입체 글자를 쉽고 빠르게 만들어 볼까요?

◉ [예제 파일] Sample/76/3D 입체 글자 만들기.psd
◉ [완성 파일] Sample/76/3D 입체 글자 만들기.jpg

＊3D 기능은 Photoshop CS6 Extended 버전에서만 지원됩니다.

Step 01 3D 글자 모델링

01 메뉴 바에서 [File] – [Open](단축키 Ctrl +O)을 선택하여 〈Sample/76/3D 입체 글자 만들기.psd〉 파일을 엽니다. ❶ 도구상자에서 돋보기 툴(🔍)을 선택하고, ❷ 상단 옵션 바의 [Fit Screen](단축키 Ctrl+O)을 선택해 작업 창에 이미지 크기를 맞춥니다. ❸ 'text' 레이어를 선택합니다.

02 메뉴 바에서 [3D] – [New 3D Extrusion from Selected Layer]를 선택합니다. 3D에 맞는 작업 환경으로 인터페이스가 변화하는 것을 확인할 수 있습니다.

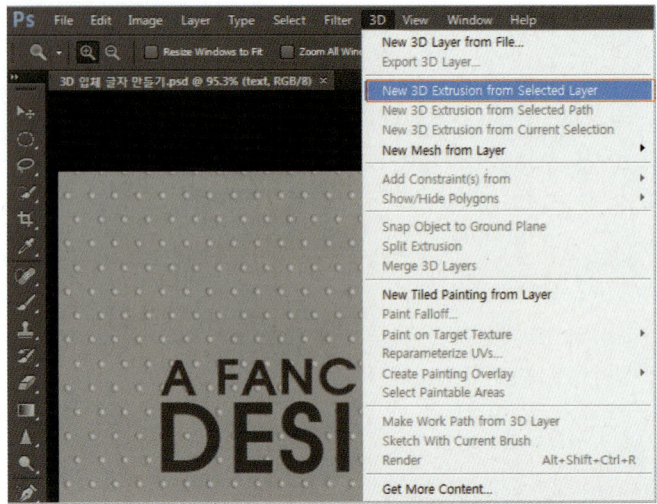

03 ❶ 상단 옵션 바의 [Rotate the 3D Object] 버튼(🔲)을 클릭합니다. ❷ 작업 창을 드래그하여 문자를 그림과 같은 시점으로 수정합니다.

잠깐 오브젝트를 클릭한 후 드래그하면 좌우로 회전하고, 오브젝트의 여백 공간을 클릭한 후 드래그하면 시점이 바뀝니다.

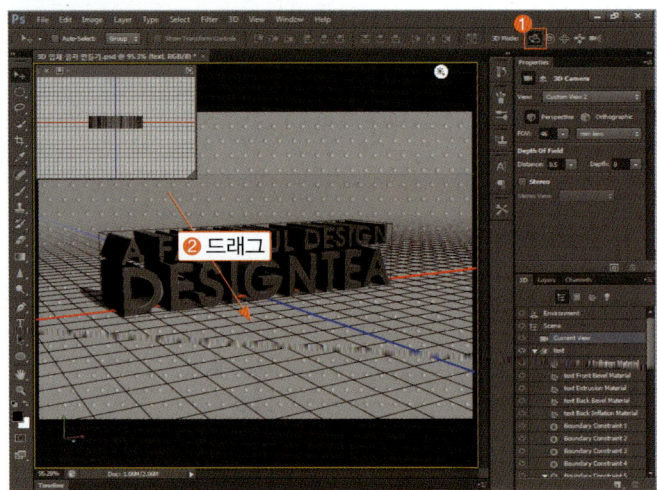

04 ❶ [3D] 패널의 'text'를 선택합니다. [Properties] 패널의 ❷ 'Catch Shadows', 'Cast Shadows'의 체크 박스를 클릭하여 보이지 않게 하고, ❸ Shape Preset을 클릭하여 ❹ 'Extrude'를 선택합니다.

05 [Properties] 패널의 ❶ 'Deform' 버튼(🖼)을 클릭합니다. 옵션의 ❷ Extrusion Depth 값을 '1378'로, ❸ Taper 값을 '39%'로, ❹ Horizontal Angle(X) 값을 '169°'로 설정합니다.

06 [Properties] 패널의 ❶ 'Cap' 버튼(🖼)을 클릭합니다. 옵션의 ❷ Width 값을 '10%'로, Angle 값을 '60°'로 설정합니다.

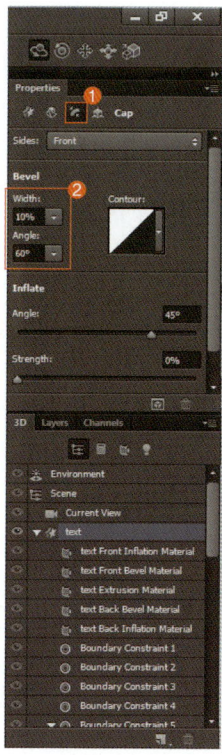

Step 02 3D 글자 맵핑

01 [3D] 패널의 ❶ 'Text Front Inflation Material'을 선택합니다. [Properties] 패널의 ❷ Specular의 Color를 '#fa35a9'로, ❸ Shine 값을 '10%'로 설정합니다. [3D] 패널의 ❹ 'Text Front Bevel Material'을 선택합니다. [Properties] 패널의 ❺ Diffuse, Specular의 Color를 '#fad9ee'로, ❻ Shine 값을 '10%'로 설정합니다. [3D] 패널의 ❼ 'Text Extrusion Material'을 선택합니다. [Properties] 패널의 ❽ Diffuse의 Color를 '#fad9ee'로, ❾ Shine 값을 '20%'로 설정합니다.

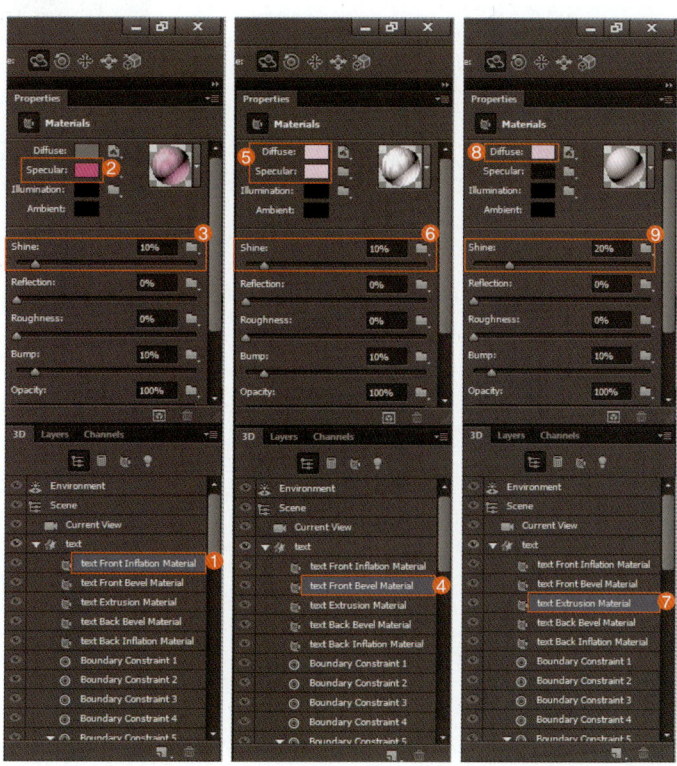

02 ❶ [Layers] 패널을 선택합니다. ❷ [Create a New Layer] 버튼(□)을 클릭하여 레이어를 생성하고, ❸ 레이어 이름을 '하이라이트'로 변경합니다. ❹ Ctrl 키를 누른 상태에서 'text' 레이어의 썸네일을 클릭합니다. ❺ 도구상자에서 퀵 마스크 모드(□)를 선택합니다.

잠깐 레이어의 텍스트 필드를 더블클릭하면 레이어의 이름을 수정할 수 있습니다.

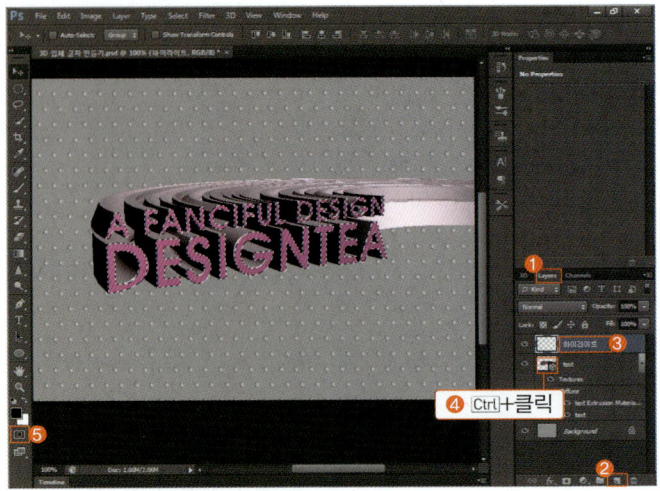

03 ❶ 도구상자에서 펜 툴(✎)을 선택합니다. ❷ 그림을 참고하여 드로잉한 후, ❸ 마우스 오른쪽 버튼을 클릭합니다. ❹ 팝업 메뉴에서 'Make Selection'을 선택합니다.

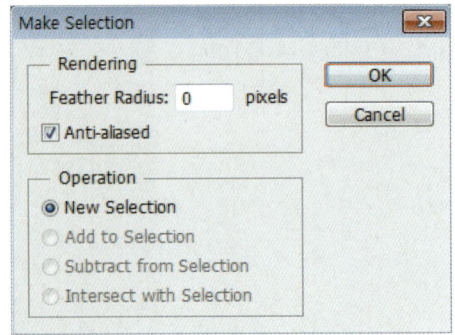

04 [Make Selection] 대화상자에서 [OK] 버튼을 클릭합니다.

05 ❶ Delete 키를 눌러 지워줍니다. ❷ 도구상자에서 퀵 마스크 모드(▣)를 선택합니다.

06 도구상자에서 ❶ 그레이디언트 툴(▣)을 선택합니다. ❷ Alt 키를 누른 상태로 글자 밑 부분을 클릭합니다. ❸ 밑으로 드래그하여 그러데이션을 준 후, ❹ 메뉴 바에서 [Select] − [Deselect](단축키 Ctrl + D)를 선택하여 활성화를 해제합니다.

07 메뉴 바에서 [Image] − [Adjustments] − [Hue/Saturation](단축키 Ctrl + U)을 선택합니다. [Hue/Saturation] 대화상자에서 ❶ Hue 값을 '+31'로 입력하고, ❷ [OK] 버튼을 클릭합니다.

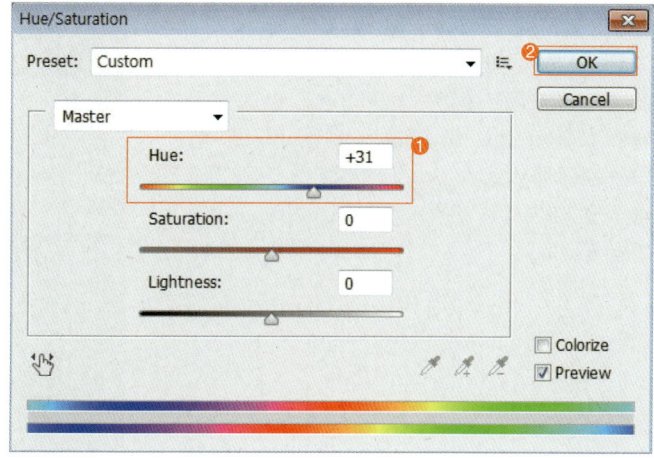

08 ❶ [Create a New Layer] 버튼(🔳)을 클릭하여 새 레이어를 생성하고, ❷ 레이어 이름을 '라인'으로 변경합니다. ❸ Ctrl 키를 누른 상태에서 'text' 레이어의 썸네일을 클릭합니다. ❸ 메뉴 바에서 [Edit] – [Stoke]를 선택합니다.

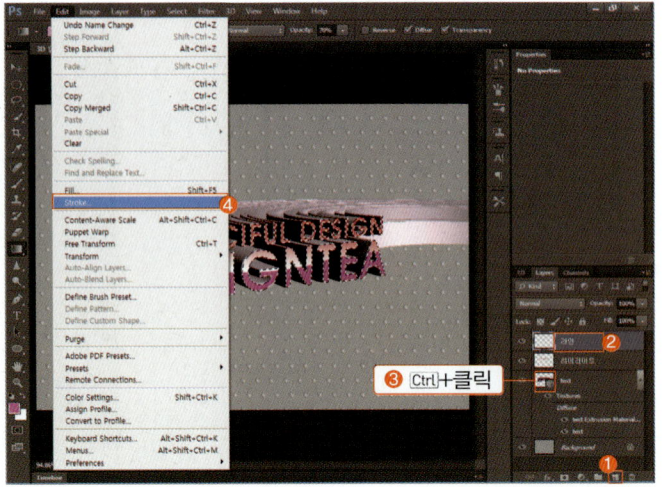

09 [Stroke] 대화상자에서 ❶ Width 값을 '1px'로, ❷ Color를 '#ffffff'로 설정하고, ❸ [OK] 버튼을 클릭합니다.

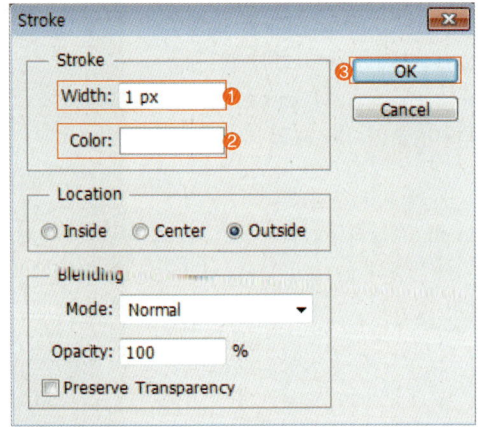

10 ❶ 메뉴 바에서 [Select] – [Deselect](단축키 Ctrl + D)를 선택하여 활성화를 해제합니다. ❷ [Add a Mask] 버튼(🔳)을 클릭한 후, ❸ 도구상자에서 컬러 디폴트(🔳)를 선택합니다. ❹ 도구상자에서 그레이디언트 툴(🔳)을 선택합니다. ❺ 상단 옵션 바에서 [Radial Gradient](🔳)를 선택합니다. ❻ 작업 창에서 오른쪽으로 드래그하여 그러데이션을 줍니다.

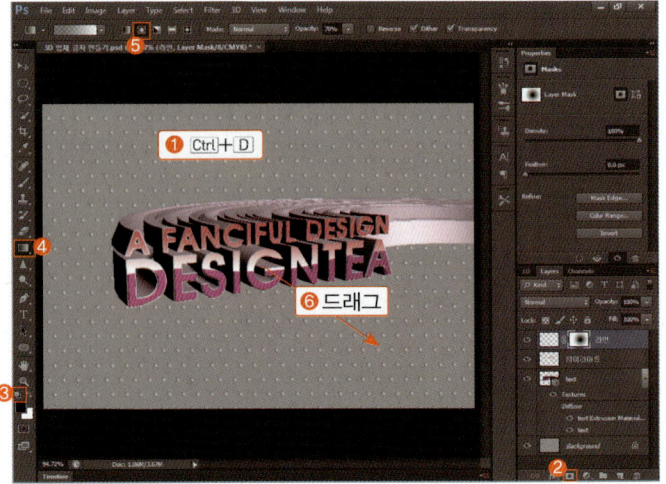

11 ❶ '하이라이트' 레이어를 선택한 후, ❷ 도구 상자에서 브러시 툴(✐)을 선택합니다. 상단 옵션 바의 ❸ [Brush Preset Picker]를 클릭한 후, ❹ 'Soft Round'를 선택하고, ❺ Size 값을 '40px'로 입력합니다. ❻ Opacity 값은 '50%'로, Flow 값은 '50%'로 설정합니다. ❼ 도구상자에서 컬러 스위 치(✐)를 선택합니다.

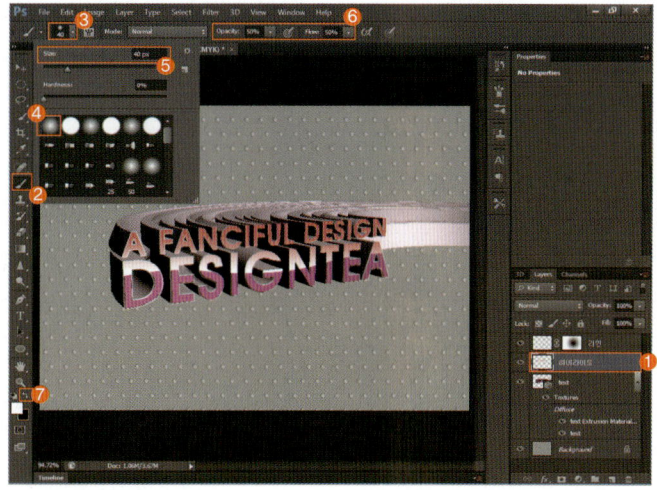

12 ❶ 작업 창을 중간 중간 클릭하여 그림과 같 이 반짝이는 듯한 느낌을 줍니다. ❷ 'text' 레이어 에서 마우스 오른쪽 버튼을 클릭합니다. ❸ 팝업 메뉴에서 'Rasterize 3D'를 선택합니다.

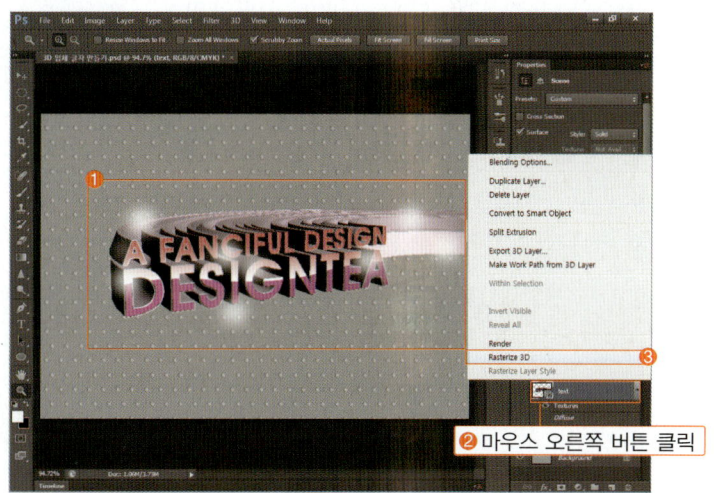

13 ❶ 'text' 레이어를 [Create a New Layer] 버 튼(◻)으로 드래그하여 복제하면, 'text copy' 레이 어가 생성됩니다. ❷ 'text' 레이어를 선택합니다.

14 메뉴 바에서 [Image] − [Adjustments] − [Hue/Saturation](단축키 Ctrl + U)을 선택합니다. [Hue/Saturation] 대화상자에서 ❶ Lightness 값을 '−100'으로 입력하고, ❷ [OK] 버튼을 클릭합니다.

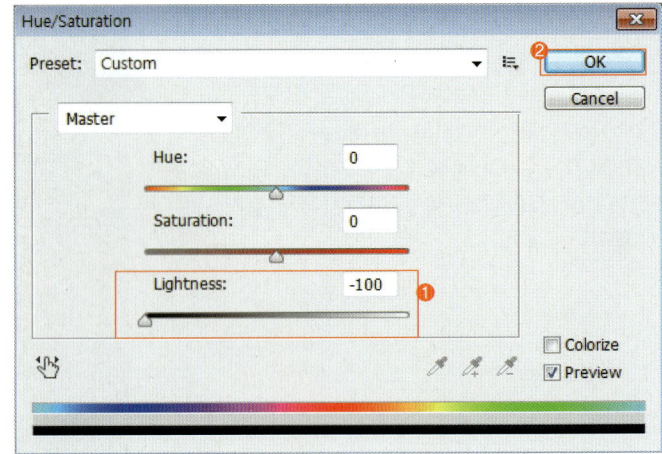

15 메뉴 바에서 ❶ [Edit] − [Free Transform] (단축키 Ctrl + T)를 선택합니다. ❷ Shift 키를 누른 상태로 변환 박스 모서리를 클릭한 후, 안쪽으로 드래그하여 크기를 줄이고, ❸ 변환 박스 안쪽에서 드래그하여 위치를 살짝 오른쪽으로 이동시킵니다.

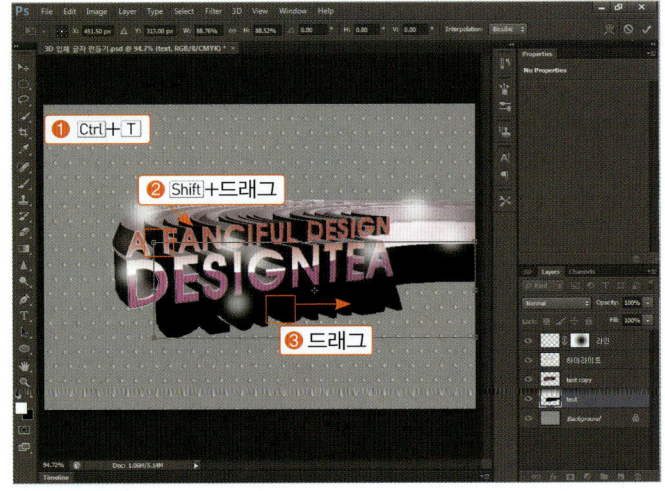

16 메뉴 바에서 [Filter] − [Blur] − [Gaussian Blur]를 선택합니다.

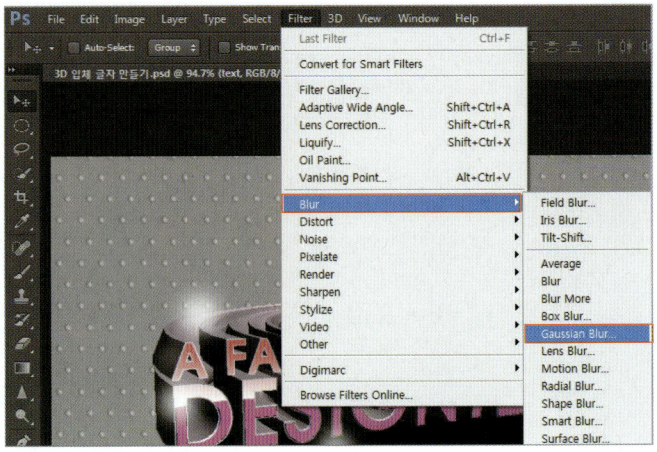

17 [Gaussian Blur] 대화상자에서 ❶ Radius 값을 '9.0 Pixels'로 입력하고, ❷ [OK] 버튼을 클릭합니다.

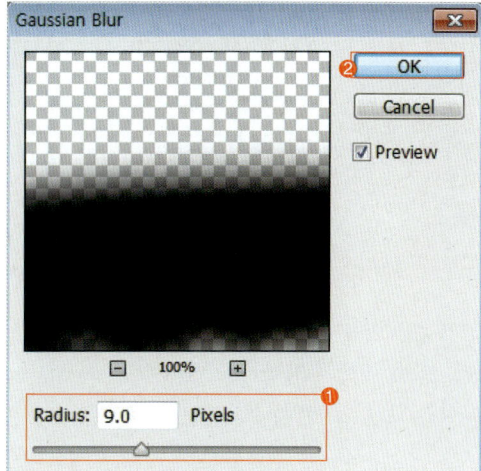

18 'text' 레이어의 Opacity 값을 '40%'로 설정하면 완성입니다.

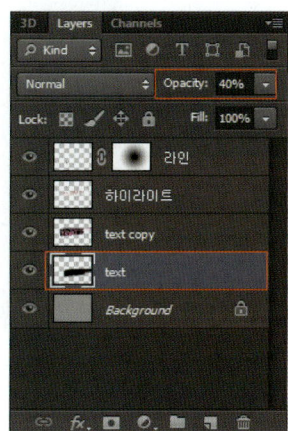

푸른 별 지구 만들기

포토샵 CS6의 3D 기능을 이용하면 간단한 셰이프를 입체로 생성할 수 있습니다. 더불어 원하는 그림을 가볍게 맵핑해볼 수도 있답니다. 이번 예제를 차근차근 따라 하다 보면, 포토샵에서도 어려운 3D 프로그램 못지않은 3D 이미지를 만들 수 있다는 것을 알게 될 거예요!

- ◉ **[예제 파일]** Sample/77/푸른 별 지구 만들기.psd
  Sample/77/푸른 별 지구 만들기 map.jpg
- ◉ **[완성 파일]** Sample/77/푸른 별 지구 만들기.jpg

＊3D 기능은 Photoshop CS6 Extended 버전에서만 지원됩니다.

Step 01 얼굴을 화사하게

01 메뉴 바에서 [File] – [Open](단축키 Ctrl +O)을 선택하여 〈Sample/77/푸른 별 지구 만들기.psd〉 파일을 엽니다. ❶ 도구상자에서 돋보기 툴(🔍)을 선택하고, ❷ 상단 옵션 바의 [Fit Screen](단축키 Ctrl+O)을 선택해 작업 창에 이미지 크기를 맞춥니다. ❸ '지구' 레이어를 선택합니다.

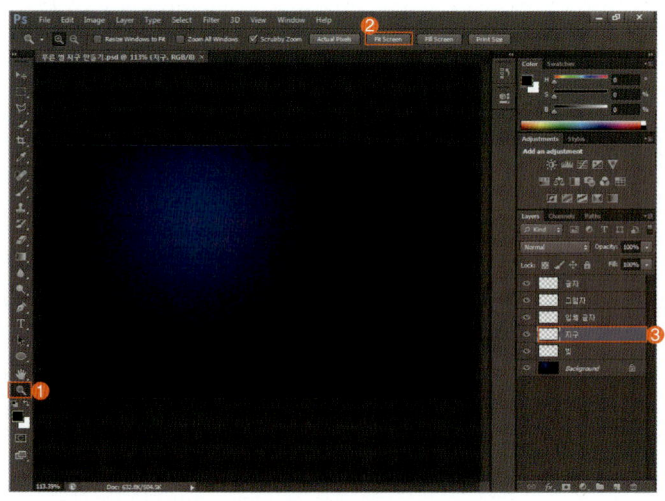

02 메뉴 바에서 [3D] – [New Mesh from Layer] – [Mesh Preset] – [Sphere]를 선택합니다.

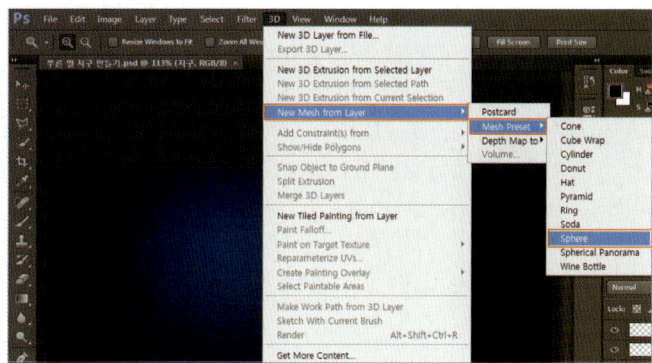

03 3D에 맞는 작업 환경으로 인터페이스가 변화하는 것을 확인할 수 있습니다. ❶ [Layers] 패널을 선택합니다. ❷ '지구' 레이어에 속한 레이어 이펙트 중 'Sphere_Material'을 더블클릭하면 ❸ '지구1.psd'가 새 작업 창으로 생성됩니다.

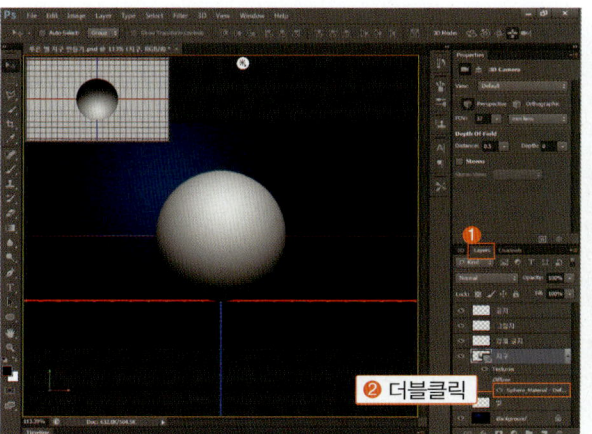

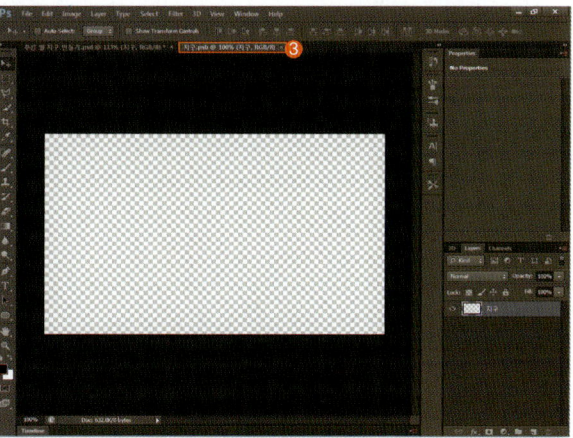

04 메뉴 바에서 [File] – [Open](단축키 Ctrl +O)을 선택하여 〈Sample/77/푸른 별 지구 만들기 map.jpg〉 파일을 엽니다. ❶ 단축키 Ctrl+A를 눌러 이미지 전체를 활성화한 후, ❷ 단축키 Ctrl +C를 눌러 복사합니다. ❸ '지구1.psd'의 이미지 탭을 선택합니다.

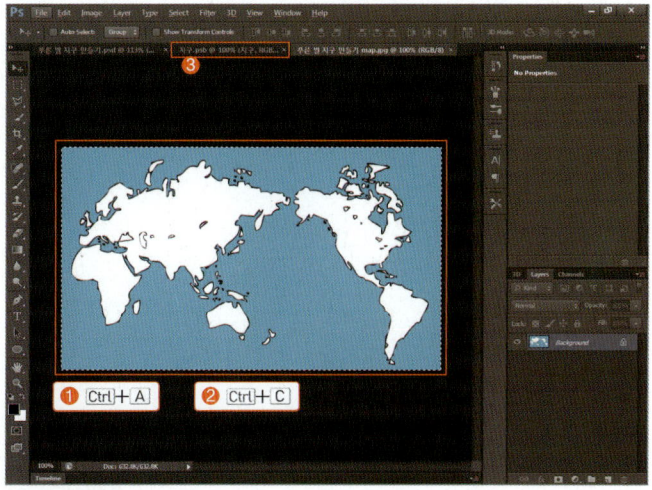

05 ❶ 단축키 Ctrl+V를 눌러 복사한 이미지를 붙여 넣습니다. ❷ '푸른 별 지구 만들기 map.jpg'를 닫아줍니다.

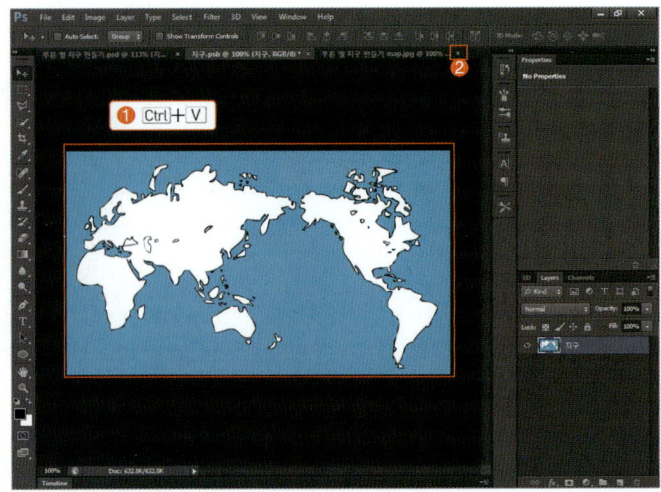

06 ❶ '푸른 별 지구 만들기.psd' 이미지 탭을 선택합니다. 세계지도가 구에 맵핑된 것을 확인할 수 있습니다. ❷ [3D] 패널을 선택합니다. ❸ 'Sphere'를 선택합니다. [Properties] 패널의 ❹ 'Catch Shadows', 'Cast Shadows'의 체크 박스를 클릭하여 보이지 않게 합니다. ❺ [Layers] 패널을 선택합니다.

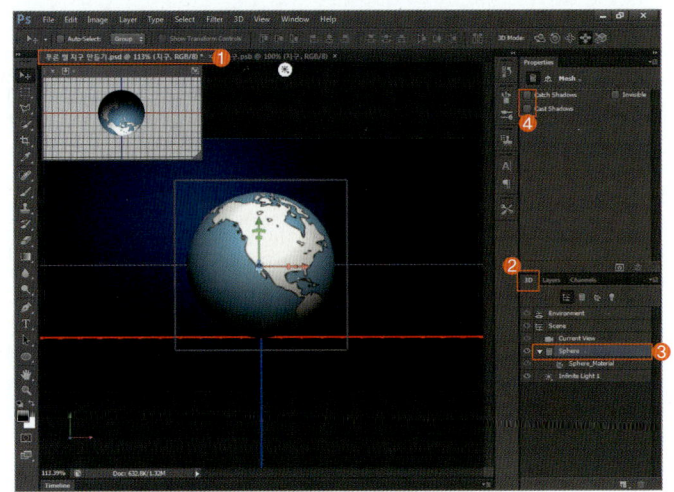

07 ❶ '지구' 레이어 위에서 마우스 오른쪽 버튼을 클릭합니다. ❷ 팝업 메뉴에서 'Rasterize 3D'를 선택합니다.

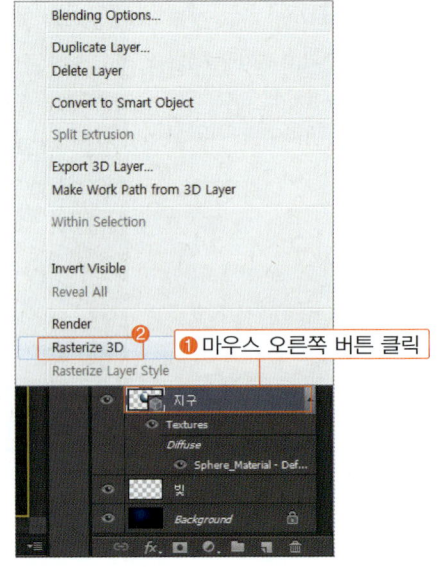

Step 02 입체 글자 만들기

01 ① '입체 글자' 레이어를 선택합니다. ② 도구 상자에서 가로 문자 툴()을 선택합니다. ③ 작업 창을 클릭하여 'E'를 입력하고 단축키 Ctrl+A를 눌러 글자에 블록을 지정합니다. ④ 상단 옵션 바의 [Font Family]와 [Font Size]를 이미지와 어울리게 변경합니다.

(잠깐) 본 예제의 폰트 사이즈는 '110.25px'입니다.

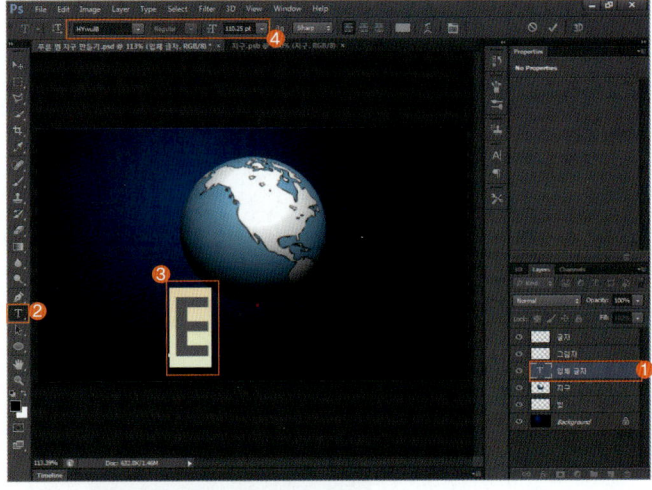

02 메뉴 바에서 [3D] − [New 3D Extrusion from Selected Layer]를 선택합니다.

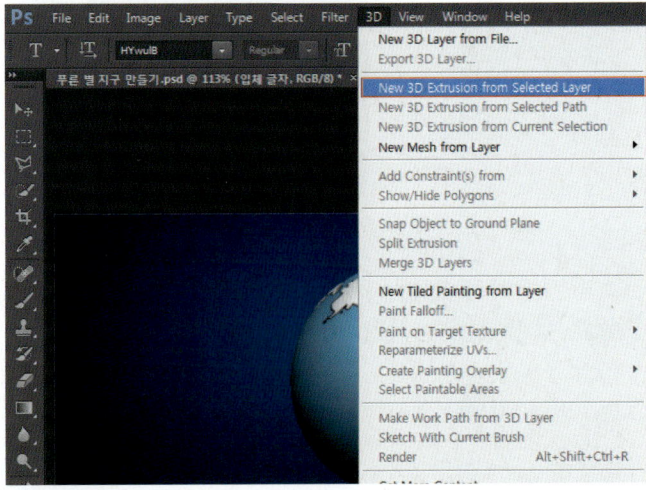

03 ① [3D] 패널의 ② 'Current View'를 선택합니다. ③ 상단 옵션 바의 [Rotate the 3D Object] 버튼()을 클릭합니다. ④ 작업 창을 드래그하여 문자를 그림과 같은 시점으로 수정합니다.

(잠깐) 오브젝트를 클릭한 후 드래그하면 좌우로 회전하고, 오브젝트의 여백 공간을 클릭한 후 드래그하면 시점이 바뀝니다.

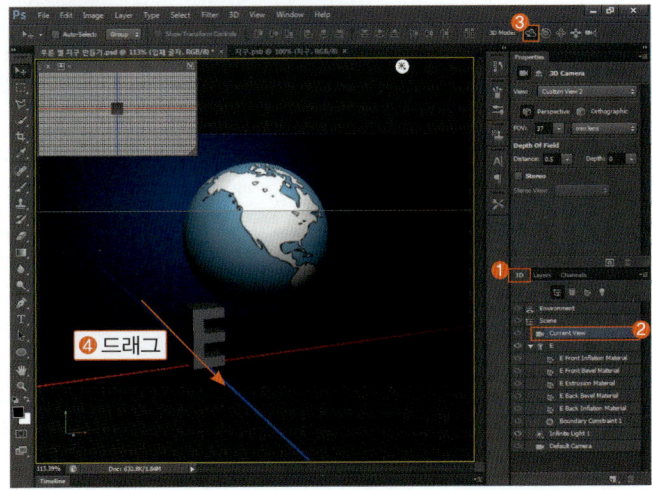

04 ❶ [3D] 패널의 'E Front Inflation Material'을 선택합니다. ❷ [Properties] 패널의 'Material Picker'를 선택합니다. ❸ 'Fabric Denim'을 선택합니다.

05 ❶ [3D] 패널의 'E Extrusion Material'을 선택합니다. ❷ [Properties] 패널에서 'Diffuse Color'를 선택합니다.

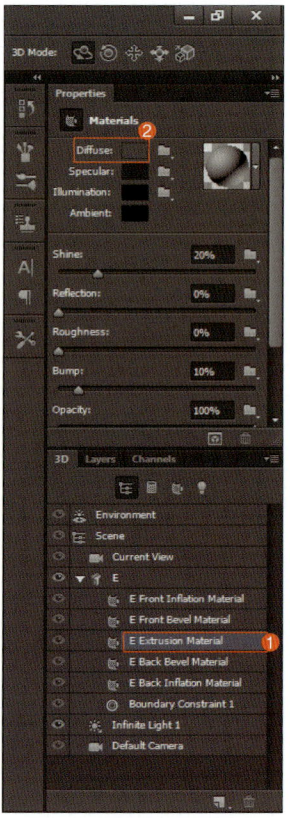

06 [Color Picker] 대화상자에서 ❶ 색상 값을 '#19507e'로 입력하고, ❷ [OK] 버튼을 클릭합니다.

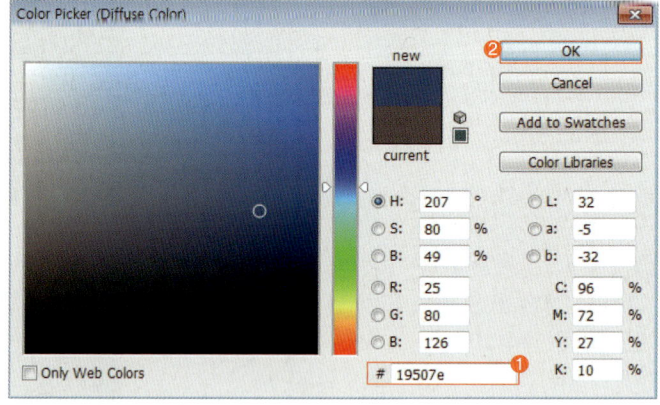

07 ① [3D] 패널에서 'E'를 선택합니다. [Properties] 패널의 ② 'Catch Shadows', 'Cast Shadows'의 체크 박스를 클릭하여 보이지 않게 합니다. ③ [Layers] 패널을 선택합니다.

08 ① '입체 글자' 레이어 위에서 마우스 오른쪽 버튼을 클릭합니다. ② 팝업 메뉴에서 'Rasterize 3D'를 선택합니다.

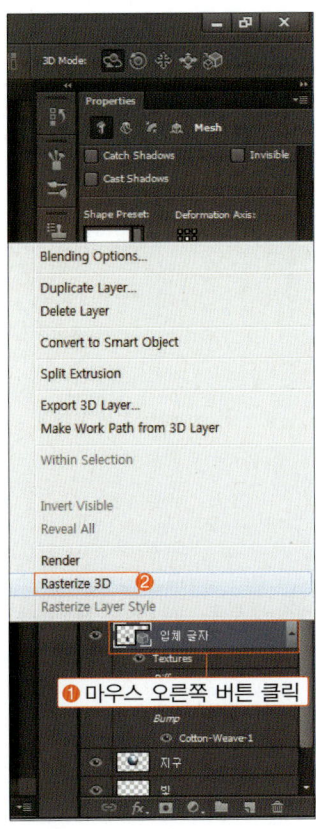

09 메뉴 바에서 ① [Edit] − [Free Transform] (단축키 Ctrl+T)를 선택합니다. ② 변환 박스 모서리 주변을 클릭한 후 드래그하여 회전시키고, Enter키를 누릅니다. ③ '입체 글자' 레이어의 여백을 더블클릭합니다.

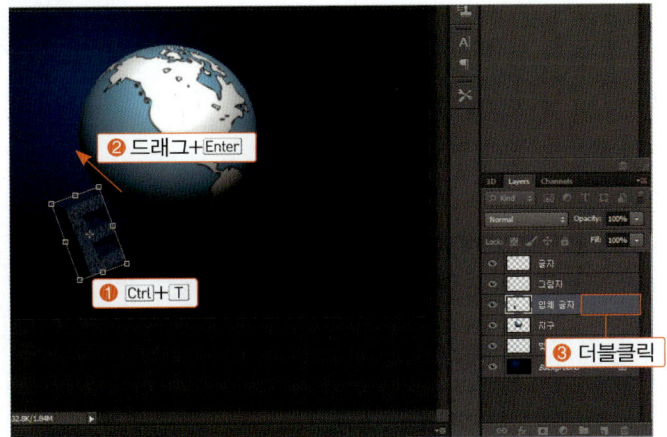

10 [Layer Style] 대화상자에서 ❶ Stoke를 선택합니다. ❷ 옵션의 Size 값을 '1px'로, Position을 'Outside'로, ❸ Opacity 값을 '40%'로, ❹ Color를 '#ffffff'로 설정하고, ❺ [OK] 버튼을 클릭합니다.

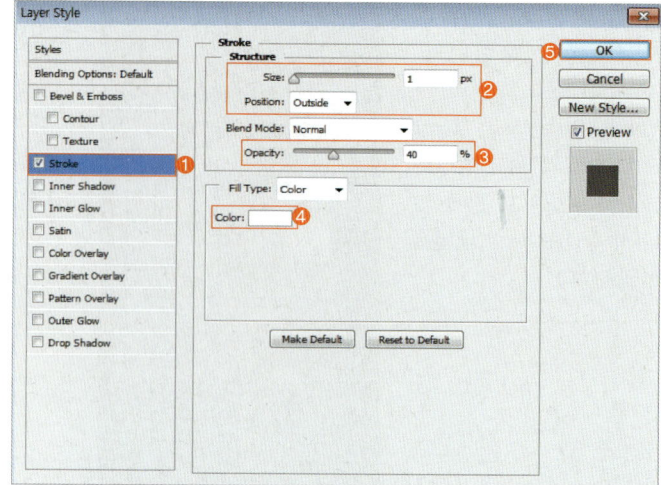

11 새로운 레이어를 생성하여 01~10과 같은 방법으로 'EARTH' 글자를 완성합니다.

Step 03 효과 넣기

01 ❶ '빛' 레이어를 선택합니다. 도구상자에서 네모 선택 툴(▨)을 길게 선택하면 숨어있는 도구 리스트를 볼 수 있는데, ❷ 그 중 원형 선택 툴(◯)을 선택합니다. ❸ 지구보다 크게 드래그하여 활성화합니다. ❹ 전경색을 선택합니다.

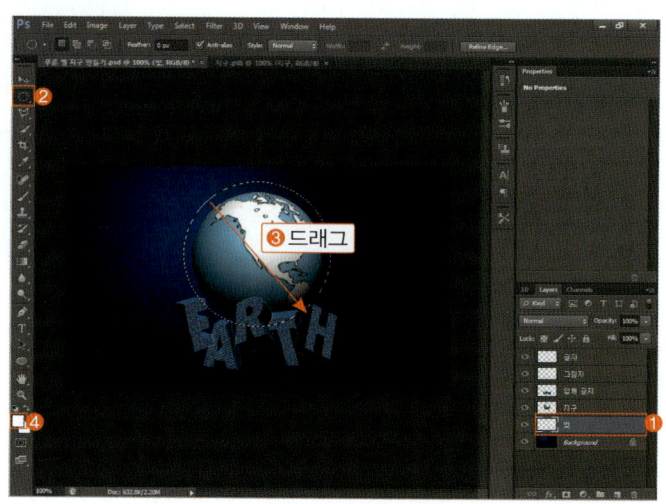

02 [Color Picker] 대화상자에서 ❶ 색상 값을 '#ffe476'로 입력하고, ❷ [OK] 버튼을 클릭합니다.

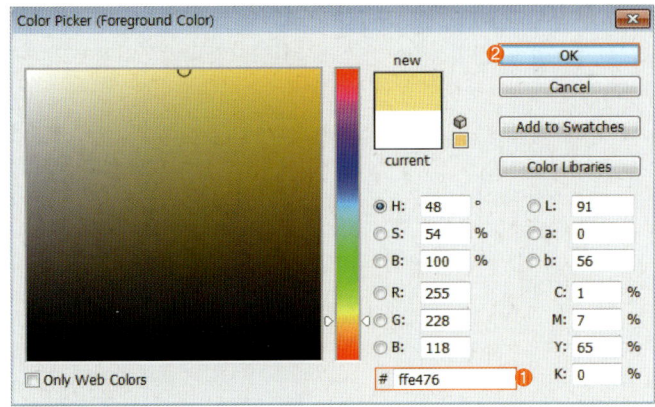

03 ❶ 단축키 Alt + Delete 를 눌러 색상을 채워준 후, ❷ 메뉴 바에서 [Select] – [Deselect](단축키 Ctrl + D)를 선택하여 활성화를 해제합니다.

04 메뉴 바에서 [Filter] – [Blur] – [Gaussian Blur]를 선택합니다.

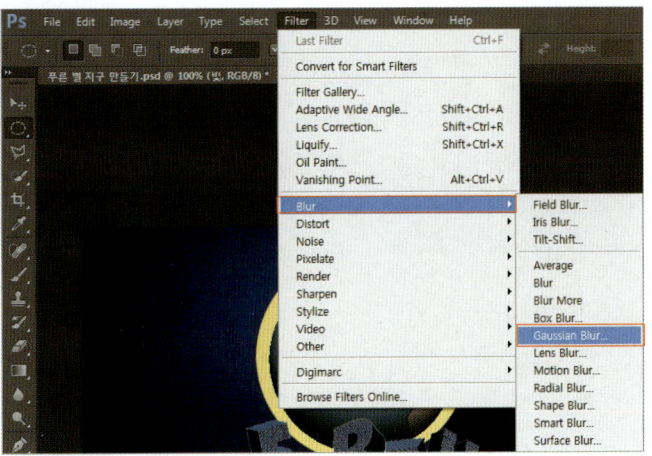

05 ❶ [Gaussian Blur] 패널에서 Radius 값을 '92.0 Pixels'로 입력하고, ❷ [OK] 버튼을 클릭합니다.

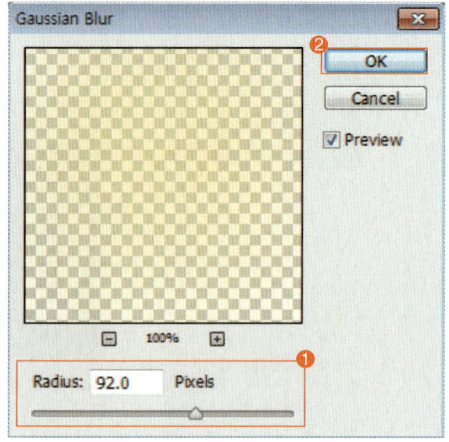

06 ❶ '글자' 레이어를 선택합니다. ❷ 도구상자에서 가로 문자 툴(T)을 선택합니다. ❸ 작업 창을 클릭하여 'I enjoyed a beautiful view of Earth.'라고 입력합니다. 단축키 Ctrl+A를 눌러 글자에 블록을 지정합니다. ❹ 상단 옵션 바의 [Font Family]와 [Font Size]를 이미지와 어울리게 변경하고, ❺ [Font Color]는 '#ffffff'로 설정합니다. ❻ '그림자' 레이어를 선택합니다.

> **잠깐** 본 예제의 폰트 사이즈는 '15.16px'입니다.

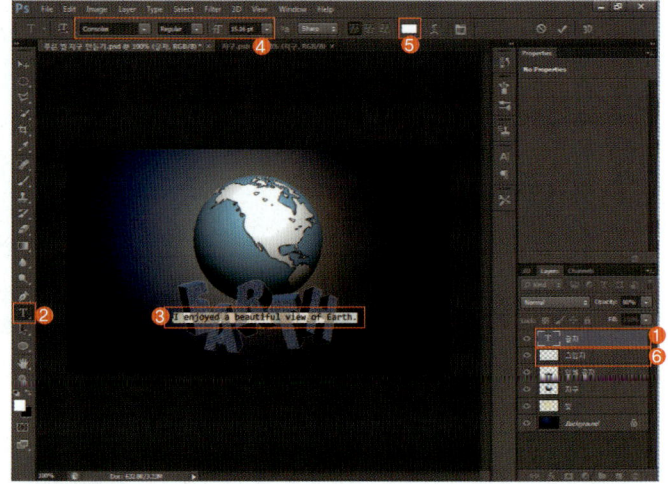

07 ❶ 도구상자에서 네모 선택 툴(▣)을 선택합니다. ❷ 작업 창에서 그림과 같이 드래그하여 활성화 영역을 만들어 줍니다.

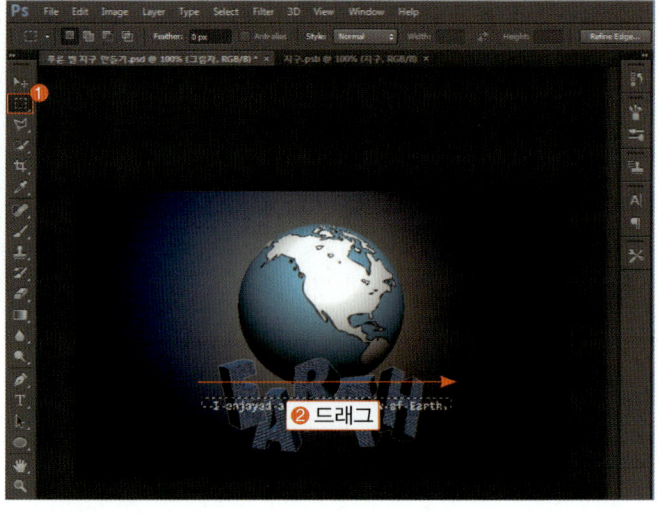

08 ❶ 도구상자에서 그레이디언트 툴(■)을 선택하고, ❷ 도구상자에서 컬러 디폴트(■)를 선택합니다. ❸ 상단 옵션 바의 [Edit the Gradient]를 선택합니다.

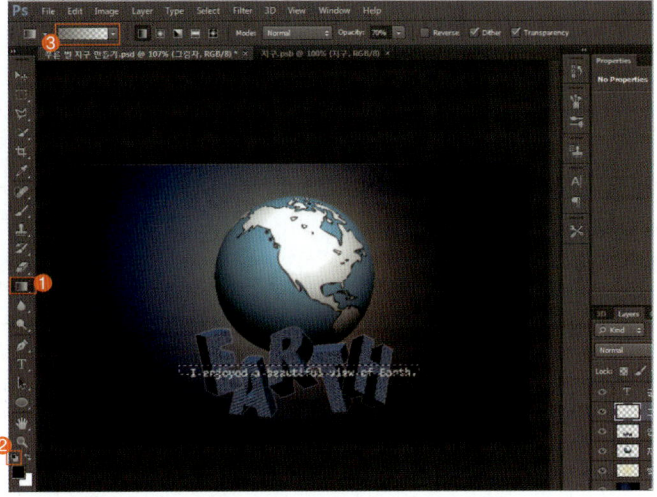

09 [Gradient Editor] 대화상자에서 ❶ Presets의 해당 그레이디언트를 선택하고, ❷ [OK] 버튼을 클릭합니다.

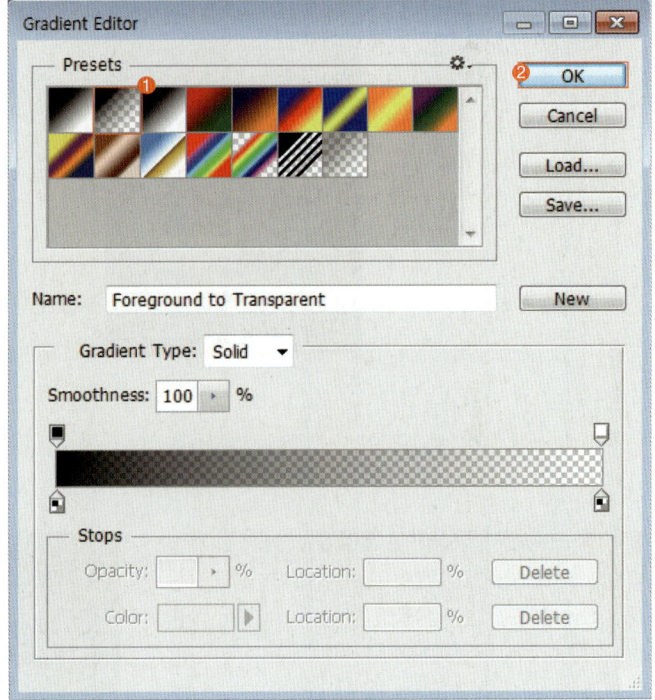

10 위쪽으로 드래그하여 그러데이션을 줍니다. ❷ 메뉴 바에서 [Select] - [Deselect](단축키 Ctrl+D)를 선택하여 활성화를 해제합니다.

잠깐 활성화 영역의 위쪽으로 2/3정도만 칠해지도록 드래그합니다. 한 번에 그려주어야 투명도가 살아납니다.

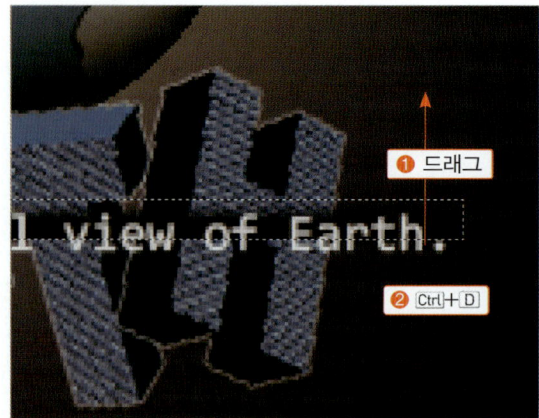

11 '그림자' 레이어를 [Create a New Layer] 버튼(⬜)으로 드래그하여 복제하면, '그림자 copy' 레이어가 생성됩니다.

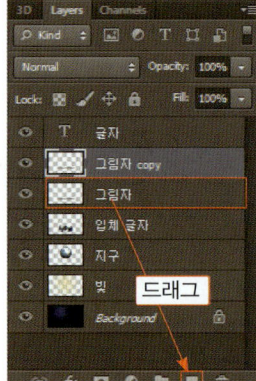

12 메뉴 바에서 [Edit] - [Transform] - [Flip Vertical]을 선택합니다.

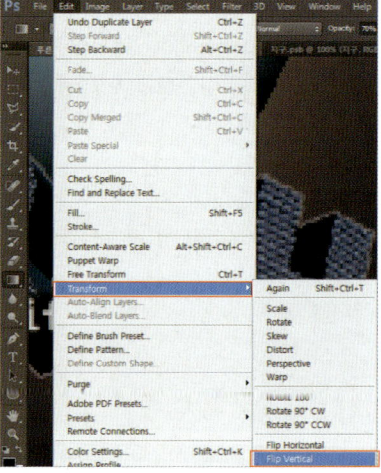

13 ❶ 도구상자에서 이동 툴(▶⊕)을 선택한 후 ❷ 밑으로 드래그하여 그림자 효과를 줍니다.

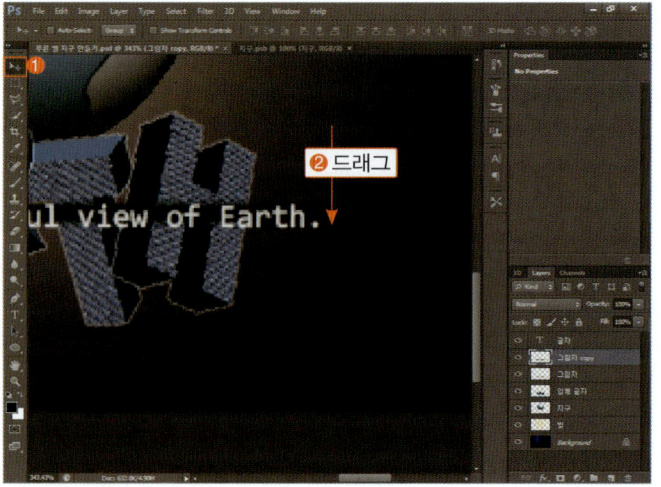

14 ❶ Ctrl키를 누른 상태로 '그림자', '그림자 copy' 레이어를 선택합니다. ❷ 단축키 Ctrl+E를 눌러 레이어를 합칩니다.

15 ❶ 도구상자에서 지우개 툴(🖊)을 선택합니다. 상단 옵션 바의 ❷ [Brush Preset Picker]를 클릭하여, ❸ 'Soft Round'를 선택하고, ❹ Size 값을 '90px'로 설정합니다. ❺ Opacity 값은 '30%'로, Flow 값은 '30%'로 설정합니다. ❻ 그림을 참고하여 그림자의 끝 부분을 자연스럽게 드래그하여 지워 줍니다.

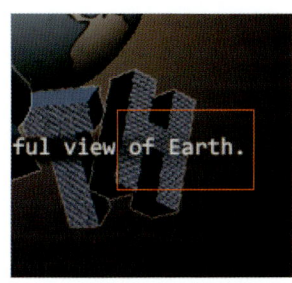

16 ❶ 도구상자에서 브러시 툴(🖊)을 선택합니다. 상단 옵션 바의 ❷ [Brush Preset Picker]를 클릭하여, ❸ 'Soft Round'를 선택하고, ❹ Size 값을 '2px'로 설정합니다. ❺ Opacity 값은 '100%'로, Flow 값은 '100%'로 설정합니다. ❻ 작업 창에 클릭하여 우주의 별처럼 연출하면 완성입니다.

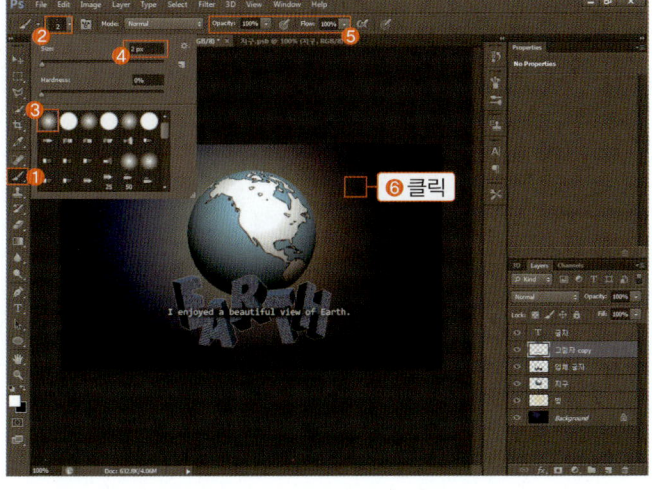

더욱 강력해진 3D 메뉴

포토샵 CS6가 공개된 후 가장 많은 이슈가 되었던 부분이 바로 3D 메뉴입니다. 사용하기 쉽게 설계된 인터페이스와 다양한 기능들의 추가로 만들 수 있는 3D 오브젝트가 확장되었기 때문인데요. 2D 프로그램을 넘어선 포토샵의 3D 기능에 대해 자세하게 알아볼까요?

◉ 3D 메뉴의 활성화

메뉴 바에서 [Edit] – [Preferences] – [General](단축키 Ctrl + K)을 선택합니다. [Preferences] 대화상자에서 ❶ Performance를 선택합니다. 옵션의 Graphics Processor Settings에서 ❷ 'Use Graphics Processor'의 체크 박스에 체크합니다.

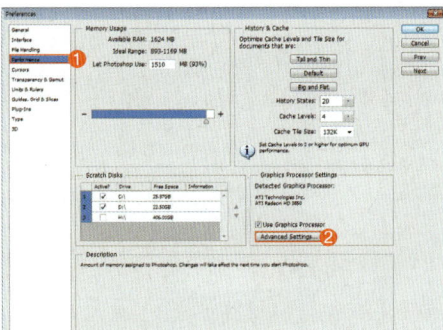

잠깐 3D 기능은 Photoshop CS6 Extended 버전에서만 지원됩니다.

◉ 3D 오브젝트 생성하기

❶ 메뉴 바에서 [3D]를 선택하면 각 특성에 맞는 3D 오브젝트를 생성할 수 있습니다(혹은 메뉴 바에서 [Window] – [3D] 패널을 선택). ❷ [3D] 패널은 3D 모드가 실행되기 전, 3D 오브젝트를 생성하는 패널로 사용됩니다. 좀 더 사용하기 편리한 [3D] 패널을 이용해 간단한 3D 오브젝트를 생성해 보도록 하겠습니다.

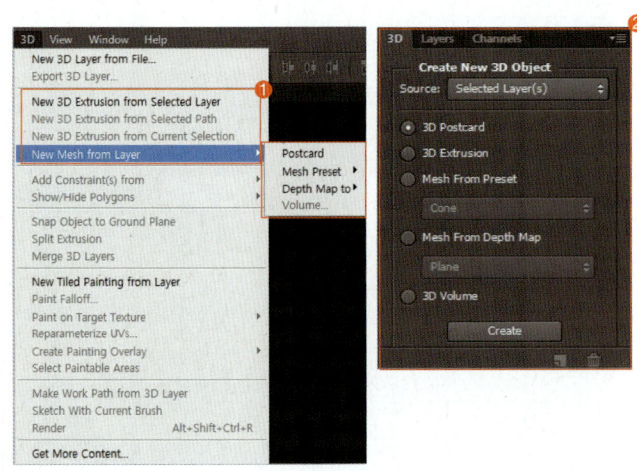

◉ 다양한 3D 오브젝트 만들기

3D 오브젝트를 만들어 볼 'HELLO!'라는 문자는 Text Layer 형태입니다.

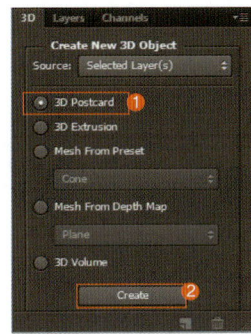

01 [3D] 패널에서 ❶ 3D Postcard 를 선택하고 ❷ [Create] 버튼을 클릭하면, ❸ 시점을 변화시켰을 때 면 위에 'HELLO!' 문자가 삽입되어 보입니다.

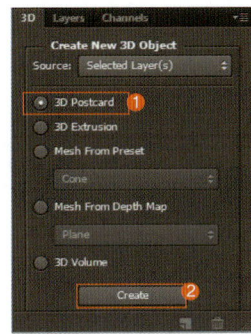

02 [3D] 패널에서 ❶ 3D Extrusion 을 선택하고 ❷ [Create] 버튼을 클릭하면, ❸ 그림과 같이 'HELLO!' 문자에 두께가 생성되는 것을 확인할 수 있습니다.

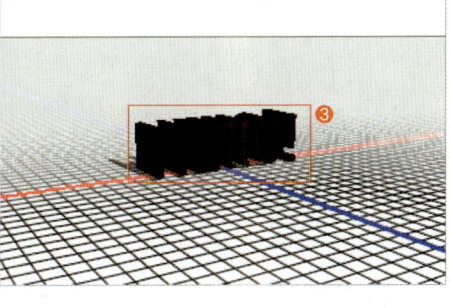

03 [3D] 패널에서 ❶ Mesh From Preset의 ❷ 'Cylinder'를 선택하고, ❸ [Create] 버튼을 클릭하면, ❹ 그림과 같이 원 기둥 입체 오브젝트에 'HELLO!' 문자가 싸여 있는 것을 확인할 수 있습니다.

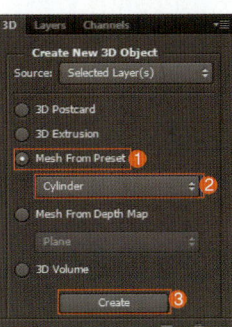
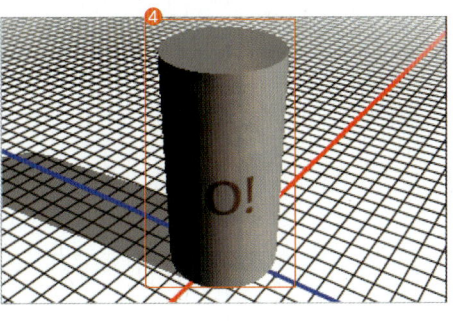

04 [3D] 패널에서 ❶ Mesh From Depth Map의 ❷ 'Sphere'를 선택하고, ❸ [Create] 버튼을 클릭하면, ❹ 그림과 같이 'HELLO!' 문자가 원형으로 둥글게 구부러진 것을 확인할 수 있습니다.

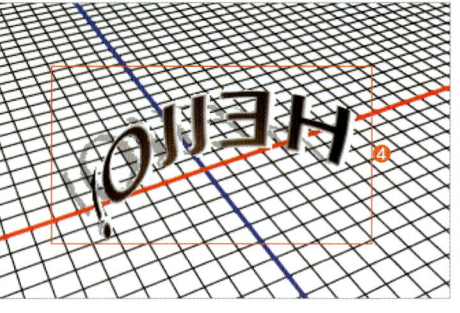

 Depth Map : 가까운 것은 화이트, 먼 것은 블랙, 혹은 그 반대로 거리에 따라 그레이디언트로 표현된 것을 말합니다. 거리 정보를 가지고 있어 입체 영상을 표현하는데 효율적으로 사용됩니다.

05 [Layers] 패널에서 사각형 이미지를 가진 레이어를 두 개 추가했습니다. ❶ 'Background'를 제외한 나머지 레이어를 모두 선택합니다. ❷ [3D] 패널에서 3D Volume을 선택하고, ❸ [Create] 버튼을 클릭합니다. 위에서 내려다보는 시점으로 변경해보면, ❹ 그림과 같이 레이어의 상하관계에 따라 거리 표현이 된 것을 확인할 수 있습니다.

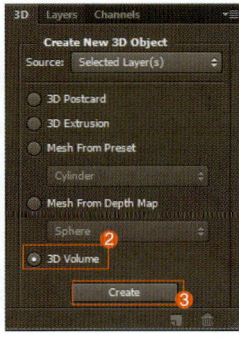

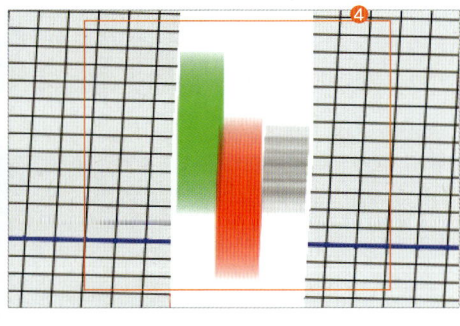

◉ 3D 오브젝트 편집

01 이렇게 만들어진 3D 오브젝트는 이동 툴(▶✛) 상단 옵션 바의 조작 버튼으로 시점, 크기, 방향 등을 설정할 수 있습니다.

02 3D 모드가 실행되면 ❶ [3D] 패널의 옵션이 달라집니다. [3D] 패널의 ❷ [Scene Elements] 버튼(📧)을 클릭하면 3D 모드의 모든 장면 요소를 표시합니다.

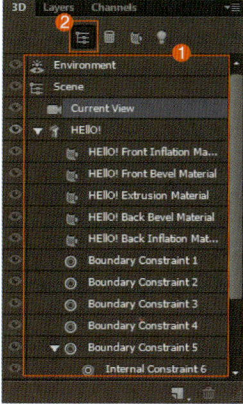

03 [3D] 패널의 옵션이 달라지면 [Properties] 패널의 구성도 변화합니다. ❶ [3D Mesh and 3D Extrusion] 버튼(📧)을 클릭하면 3D 오브젝트의 형태를 변형할 수 있는 메뉴들이 ❷ [Properties] 패널에 보이게 됩니다.

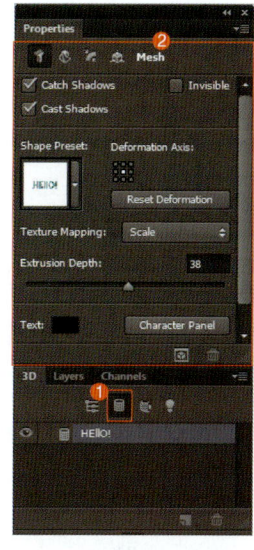

04 [3D] 패널의 ❶ [Materials] 버튼(📧)을 클릭하면 3D 오브젝트의 각 면을 선택할 수 있고, ❷ [Properties] 패널에서 색상과 질감 등을 부여할 수 있습니다.

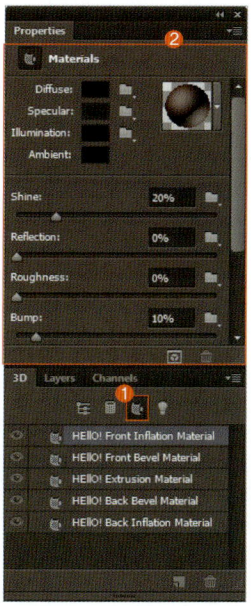

05 [3D] 패널의 ❶ [Lights] 버튼(📧)을 클릭하면 ❷ [Properties] 패널에서 빛의 방향 및 세기를 조절할 수 있습니다. ❸ 작업 창을 드래그하여 빛을 직접 조정하거나, 광원의 위치를 바꿀 수도 있습니다.

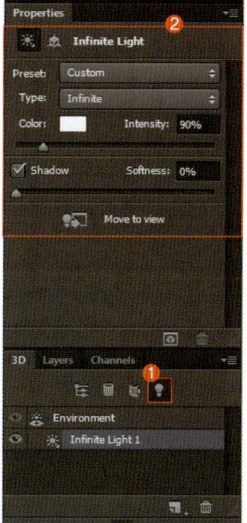

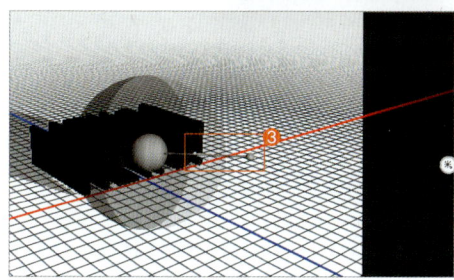

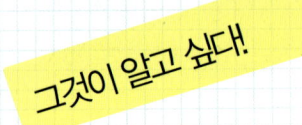

포토샵 Q & A

◉ 포토샵 활용에 관한 Q&A

Q 포토샵을 잘하려면 어떻게 해야 하나요?

A 툴이나 메뉴들은 무작정 따라해 보아야 이해할 수 있습니다. 포토샵 기능들이 조금씩 익숙해질 때쯤, 포토샵으로 만들어진 이미지나 활용 이미지들을 보고 어떤 툴을 사용하여 어떻게 만들었을지 곰곰이 생각해 봅니다. 그리고 생각한 방법이 맞는지 팁을 보지 않고 만들어 보는 거죠. 마지막으로, 팁을 보고 내가 한 방법과 비교해 봅니다. 이렇게 하면 나만의 포토샵 활용법과 다른 사람의 활용법까지 모두 흡수할 수 있답니다.

Q 매번 포토샵을 배우지만 계속 포기하게 돼요!

A 포토샵을 '공부'와 '일'이 아닌 '생활'이라는 시각으로 접근하면 포기할 일은 없어요. 부모님께 드릴 선물의 포장지를 만든다든지, 찍어두었던 사진을 폴라로이드 형태로 디자인해본다든지, 사랑하는 사람의 사진을 이용해 휴대폰 배경화면으로 만들어 본다든지……, 내 손으로 직접 디자인할 수 있다는 것에 대한 매력을 느끼기 시작하면 포토샵 실력도 자연스럽게 성장하게 됩니다. 취업을 위한 수단이 아닌, 삶을 디자인하는 프로그램이라고 생각한다면 더 흥미롭게 느껴지지 않을까요?

◉ 포토샵 기능에 관한 Q&A

Q 도구상자와 패널이 갑자기 보이지 않아요!

A 1. Tab키를 눌러보세요. Tab키는 화면을 넓게 사용하기 위해 도구상자와 패널을 가리는 기능을 합니다.
2. 작업 창이 최대화 상태인지 확인해 보세요.
3. F키를 눌러보세요. F키 또한 화면에 보이는 요소들을 달리하여 사용자의 편리함을 돕는 기능을 한답니다.

Q 단축키가 먹히지 않아요!

A 포토샵의 단축키는 영문키로 설정되어있을 때만 실행됩니다.

Q 작업 화면 색상이 갑자기 이상해졌어요!

A 작업 창 주변의 바탕에서 마우스 오른쪽 버튼을 클릭하여 'Default' 값을 선택합니다. 보통은 'Default' 값을 많이 사용하지만, 사람마다 느끼는 편안한 색상이 다르므로 이 부분을 조작하여 자신에게 맞는 바탕색을 선택할 수 있습니다.

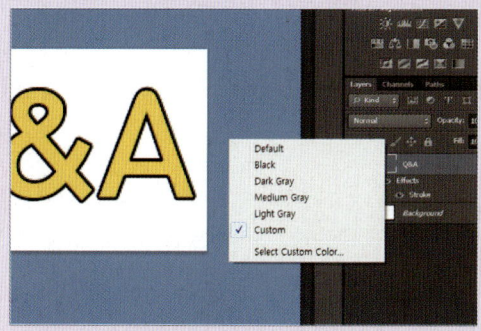

Q 도구상자의 자르기 툴(타)을 사용했는데 이미지가 자꾸만 작게 잘라져요!

A 이럴 때는 상단 옵션 바의 옵션 값이 잘못 입력된 경우가 많습니다. 자르기 툴뿐만 아니라 선택 툴의 옵션인 Feather도 가끔 잘못 입력되어 이미지가 흐리게 편집되곤 해요. 상단 옵션 바를 확인한 후 잘못 입력된 값을 삭제하세요.

Q 마우스 커서가 이상해요!

A Caps Lock 키를 눌러보세요.

Q 포토샵을 잘못 만졌더니 뒤죽박죽되었어요! 어떻게 해야 하나요?

A Ctrl + Alt + Shift 키를 동시에 누른 상태에서 [시작] – [모든 프로그램] – [Adobe Photoshop CS6]를 클릭합니다. 경고창이 뜨면 [OK] 버튼을 클릭합니다.

Q 저는 3D 메뉴가 없어요!

A 포토샵 CS6의 3D 기능은 Windows7 환경에 최적화되어 있습니다. 또한 몇몇 기능은 Photoshop CS6 Extended 버전에서만 실행할 수 있으며, 그래픽 카드 드라이버를 설치하지 않았을 시 실행되지 않는 경우가 있습니다.

Q 스포이트 툴(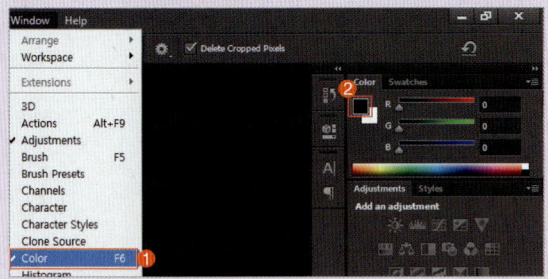)로 색상을 추출하는데 자꾸 배경색으로 나타나요!

A 메뉴 바에서 ❶ [Window] – [Color] 패널을 선택한 후, ❷ 전경색을 클릭합니다.

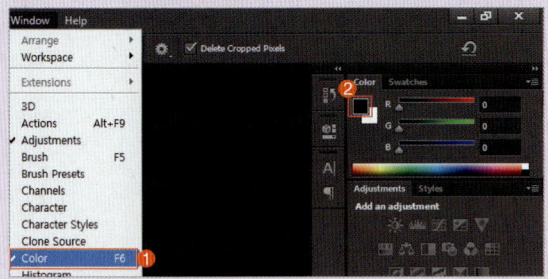

Q 레이어를 선택하고 편집하려는데 이미지에 적용이 안 돼요!

A 1. 퀵 마스크 모드인지 확인합니다(단축키 Q). 레이어의 색상이 회색이면 퀵 마스크 모드입니다.
2. 레이어 이미지가 스마트 오브젝트인지 확인합니다. 스마트 오브젝트는 편집 기능을 제한적으로 제공하고 있으므로, 편집하기 위해서는 레이어 위에서 마우스 오른쪽 버튼을 클릭하여 'Rasterize Layer'를 선택합니다.
3. 눈에 보이지 않는 활성화 영역이 있을 수 있으므로 단축키 Ctrl + D를 눌러 활성화를 해제합니다.

Q 포토샵 작업 창을 열면 격자무늬가 계속 생겨요!

A 메뉴 바에서 [View] – [Show] – [Grid]를 선택합니다. 확대 시 생기는 격자무늬는 단축키 Ctrl + H를 사용하여 잠시 꺼둘 수 있습니다. 혹은, 메뉴 바에서 [Edit] – [Preferences] – [Performance]의 Graphics Processor Settings에 'Use Graphics Processor' 체크를 풀어줍니다. 단, 포토샵의 많은 기능을 사용할 수 없게 됩니다.

Q [Filter] 메뉴가 선택되지 않아요!

A 1. 'CMYK' 모드인지 확인합니다. 'CMYK' 모드일 경우 일부 [Filter] 기능을 지원하지 않습니다. 'RGB' 모드로 변경하여 사용하세요.
2. 레이어 이미지가 스마트 오브젝트인지 확인합니다. 스마트 오브젝트는 편집 기능을 제한적으로 제공하고 있으므로, 편집하기 위해서는 레이어 위에서 마우스 오른쪽 버튼을 클릭하여 'Rasterize Layer'를 선택합니다.

＊그밖에 모르는 것이 있거나 잘 풀리지 않아 답답할 때는 'designtea@naver.com'으로 문의주세요. 질문 주신 내용은 'http://designtea.blog.me'를 통해 자세히 알려 드리도록 하겠습니다.

◉ 자주 사용하는 단축키

툴	단축키	툴	단축키
이동 툴	V	닷지 툴 / 번 툴 / 스머지 툴	O
네모 선택 툴 / 원형 선택 툴	M	펜 툴	P
올가미 툴 / 다각형 올가미 툴	L	가로 문자 툴 / 세로 문자 툴	T
빠른 선택 툴 / 마술봉 툴	W	패스 선택 툴	A
자르기 툴 / 분할 툴 / 분할 선택 툴	C	사각형 툴 / 커스텀 셰이프 툴	U
스포이트 툴	I	손바닥 툴 / 회전 보기 툴	Space Bar , H / R
스팟 힐링 브러시 툴 / 패치 툴	J	돋보기 툴	Z
브러시 툴 / 연필 툴	B	컬러 디폴트	D
복제 도장 툴 / 패턴 도장 툴	S	컬러 스위치	X
히스토리 브러시 툴	Y	퀵 마스크 모드	Q
지우개 툴 / 배경 지우개 툴	E	창 모드 변환	F
그레이디언트 툴 / 페인트 통 툴	G		

◉ 메뉴 단축키 (★은 자주 사용하는 단축키이므로 외워두는 것이 좋습니다.)

File	단축키		Edit	단축키	
New	Ctrl + N	★	Undo/Redo	Ctrl + Z	
Open	Ctrl + O	★	Step Forward	Shift + Ctrl + Z	★
Browse in Bridge	Alt + Ctrl + O		Step Backward	Alt + Ctrl + Z	★
	Shift + Ctrl + O		Fade	Shift + Ctrl + F	
Open As	Alt + Shift + Ctrl + O		Cut	Ctrl + X , F2	★
Close	Ctrl + W	★	Copy	Ctrl + C , F3	★
Close All	Alt + Ctrl + W		Paste	Ctrl + V , F4	★
Close and Go to Bridge	Shift + Ctrl + W		Paste in Place	Shift + Ctrl + V	
Save	Ctrl + S	★	Paste Into	Alt + Shift + Ctrl + V	
Save As	Alt + Ctrl + S	★	Fill	Shift + F5	
	Shift + Ctrl + S		Content−Aware Scale	Alt + Shift + Ctrl + C	
Save for Web	Alt + Shift + Ctrl + S	★	Free Transform	Ctrl + T	★
Revert	F12		Again	Shift + Ctrl + T	
File Info	Alt + Shift + Ctrl + I		Color Settings	Shift + Ctrl + K	
Print	Ctrl + P		Keyboard Shortcuts	Alt + Shift + Ctrl + K	
Print One Copy	Alt + Shift + Ctrl + P		Menus	Alt + Shift + Ctrl + M	
Exit	Ctrl + Q	★	General	Ctrl + K	

Image	단축키		Fliter	단축키
Levels	Ctrl + L	★	Last Filter	Ctrl + F
Curves	Ctrl + M	★	Adaptive Wide Angle	Shift + Ctrl + A
Hue/Saturation	Ctrl + U	★	Lens Correction	Shift + Ctrl + R
Color Balance	Ctrl + B		Liquify	Shift + Ctrl + X
Black&White	Alt + Shift + Ctrl + B		Vanishing Point	Alt + Ctrl + V
Invert	Ctrl + I		**3D**	**단축키**
Desaturate	Shift + Ctrl + U		Within Selection	Alt + Ctrl + X
Auto Tone	Shift + Ctrl + L		Reveal All	Alt + Shift + Ctrl + X
Auto Contrast	Alt + Shift + Ctrl + L		Render	Alt + Shift + Ctrl + R
Auto Color	Shift + Ctrl + B		**Window**	**단축키**
Image Size	Alt + Shift + I	★	Action	Alt + F9, F9
Canvas Size	Alt + Shift + C		Brush	F5
Layer	**단축키**		Color	F6
New Layer	Shift + Ctrl + N	★	Info	F8
Layer Via Copy	Ctrl + J		Layers	F7
Layer Via Cut	Shift + Ctrl + J		전경색 칠하기	Alt + Delete	★
Create/Relese Clipping Mask	Alt + Ctrl + G		배경색 칠하기	Ctrl + Delete	★
Group Layers	Ctrl + G		확대	Ctrl + Space Bar + 클릭	★
Ungroup Layers	Shift + Ctrl + G		축소	Alt + Space Bar + 클릭	★
Bring to Front	Shift + Ctrl +]		**View**	**단축키**
Bring Forward	Ctrl +]		Proof Color	Ctrl + Y
Send Backward	Ctrl + [		Gamut Warning	Shift + Ctrl + Y
Send to Back	Shift + Ctrl + [		Zoom in	Ctrl + +, Ctrl + =
Merge Layers	Ctrl + E	★	Zoom Out	Ctrl + −	★
Merge Visible	Shift + Ctrl + E		Fit Screen	Ctrl + 0
Select	**단축키**		Actual Pixels	Ctrl + 1, Alt + Ctrl + 0
All	Ctrl + A	★	Extras	Ctrl + H	★
Deselect	Ctrl + D	★	Target Path	Shift + Ctrl + H
Reselect	Shift + Ctrl + D		Grid	Ctrl + '
Inverse	Shift + Ctrl + I	★	Guides	Ctrl + ;
	Shift + F7		Rulers	Ctrl + R	★
All Layer	Alt + Ctrl + A		Snap	Shift + Ctrl + ;
Find Layer	Alt + Shift + Ctrl + F		Lock Guides	Alt + Ctrl + ;
Refine Mask	Alt + Ctrl + R			
Feather	Shift + F6			

Index
찾아보기

바로바로 할 수 있는

포토샵 CS6

강의교안 PPT 파일 제공

[바로바로 할 수 있는 포토샵 CS6] 서적을 교재로 선정하시는
교수님, 강사님께 강의교안 PPT 파일을 제공하여 드립니다.

문의 : 제우미디어 홈페이지 (www.jeumedia.com)의 〈독자참여 – 질문과 답변〉
혹은 이메일(book@jeumedia.com)을 통해 문의 바랍니다.

* 신청 시 〈교수님 성함/학교/학과명/연락처/이메일 주소〉를 남겨주시기 바랍니다.